吐蕃至归义军时期
敦煌佛教经济研究

A Study on Buddhism Economy in Dunhuang from the Tibetan
Occupation to the Return-to-Allegiance Army Period

王祥伟 著

图书在版编目(CIP)数据

吐蕃至归义军时期敦煌佛教经济研究/王祥伟著. —北京:中华书局,2015.11（2024.4重印）
(国家社科基金后期资助项目)
ISBN 978-7-101-11004-3

Ⅰ.吐… Ⅱ.王… Ⅲ.佛教-经济学-研究-敦煌(历史地名) Ⅳ.B94

中国版本图书馆CIP数据核字(2015)第118190号

书　　名	吐蕃至归义军时期敦煌佛教经济研究
著　　者	王祥伟
丛 书 名	国家社科基金后期资助项目
责任编辑	吴爱兰
责任印制	陈丽娜
出版发行	中华书局
	(北京市丰台区太平桥西里38号　100073)
	http://www.zhbc.com.cn
	E-mail:zhbc@zhbc.com.cn
印　　刷	三河市中晟雅豪印务有限公司
版　　次	2015年11月第1版
	2024年4月第2次印刷
规　　格	开本/710×1000毫米　1/16
	印张 23½　插页 2　字数 310 千字
国际书号	ISBN 978-7-101-11004-3
定　　价	78.00元

国家社科基金后期资助项目出版说明

后期资助项目是国家社科基金设立的一类重要项目，旨在鼓励广大社科研究者潜心治学，支持基础研究多出优秀成果。它是经过严格评审，从接近完成的科研成果中遴选立项的。为扩大后期资助项目的影响，更好地推动学术发展，促进成果转化，全国哲学社会科学规划办公室按照"统一设计、统一标识、统一版式、形成系列"的总体要求，组织出版国家社科基金后期资助项目成果。

全国哲学社会科学规划办公室

凡　例

一、本书所引录的敦煌文献，不管依据何种录文本，均与相关图版进行了核对。若所据录文与图版无误，则仅注明录文本信息；若所据录文与图版有出入，则据图版改之，并在注明录文本信息的同时加以说明。

二、录文尽可能按照原件格式分行进行，每行前加阿拉伯数字表示行号，如字数过多，一行排不了，则移行接排。

三、对原件因残损而导致的缺字，用□表示，每□表示缺一字，但不知残缺字数者，则用▭表示前缺，▭表示后缺，▭表示中缺；但若能根据文义可补者，则在[　]中补入。

四、对原件中因抄写而导致的脱文、漏字，若根据文义可补者，则在[　]中补入。

五、对原件辨认不清或释读不出的字，用□表示，每□表示缺一字，但辨认不出字数者用▭表示。

六、原件字迹不全或不清的，据残存笔画及文义能确知为某字者，补全后在外加□表示；无法补拟者，作为缺字，直接用□表示。

七、原件中的俗体字、异体字，一般改为正体字，但个别文字则照录；原件中的同音假借字和数字大小写照录。

八、原件中出现的错别字，在其后于(　)中补入正字；对有异议而无法确定的字，在其后用(?)表示。原件文字旁有倒字符号者，一律改正。有涂改、修改符号者，只录修改后的文字，不能断定哪几个字是修改后应保留的，两存之。有涂抹符号者，不能断定确为作废者，照录；能断定确为作废者，一般不录，但若有必要保留时则照录。原写于行外的补字，径行补入行内，不能确定补于何处者，仍照原样补于夹行中。

九、"P."表示法国国立图书馆藏敦煌文献伯希和编号。"P.T."表示法国国立图书馆藏敦煌藏文文献伯希和编号。"S."表示英国国家图书馆藏敦煌文献斯坦因编号。"Дx."表示俄罗斯科学院东方学研究所圣彼得堡分所藏敦煌文献编号。"Ф."表示俄罗斯科学院东方学研究所圣彼得堡分所藏敦煌文献弗鲁格编号。"北敦""BD"或"北图"表示北京图书馆(今中国国家图书馆)藏敦煌文献编号。"北大 D."表示北京大学图书馆藏敦煌文献编号。"浙敦"表示浙江省博物馆藏敦煌文献编号。"V"表示文书背面。

目 录

导　论 …………………………………………………………… 1
　一、敦煌历史上的吐蕃统治时期及归义军统治时期 ……… 1
　二、敦煌佛教经济的内涵 …………………………………… 2
　三、佛教传入敦煌的时间及敦煌佛教经济的主体
　　　——"寺院经济"的出现 ………………………………… 5
　四、敦煌佛教经济研究现状简评 …………………………… 11
第一章　敦煌都司及其下设机构的经济经营 ………………… 13
　第一节　敦煌都司的设置考论 ……………………………… 13
　　一、都司设置的时间考察 ………………………………… 14
　　二、都司设置的背景 ……………………………………… 23
　　三、都司的设置地点 ……………………………………… 25
　第二节　敦煌都司及其下设机构的经济经营 ……………… 26
　　一、都司经济论略 ………………………………………… 26
　　二、都司下设机构的经济经营 …………………………… 37
第二章　敦煌寺院经济的发展及主要收入构成 ……………… 56
　第一节　敦煌寺院经济的发展及其不平衡性 ……………… 56
　第二节　敦煌寺院经济的主要收入构成
　　　　——影响寺院经济发展不平衡的主要因素 ………… 63
　　一、布施收入 ……………………………………………… 64
　　二、利息收入 ……………………………………………… 71
　　三、碾硙和油梁收入 ……………………………………… 74
　　四、地产收入 ……………………………………………… 82
　　五、后论 …………………………………………………… 94
第三章　敦煌寺院财产的管理 ………………………………… 97
　第一节　管理机构 …………………………………………… 98

一、寺院仓司机构及其演变 …………………………………… 98
　　二、其他机构及其与仓司的关系 ……………………………… 106
第二节　管理人员 ……………………………………………………… 125
　　一、纲管体系管理人员——敦煌寺院纲管新论 …………… 125
　　二、其他管理人员 …………………………………………… 141
　　三、管理人员的管理活动 …………………………………… 146
　　四、管理人员的任免与监督 ………………………………… 149
　　五、管理人员的组织形式及连署制度 ……………………… 156
第三节　管理方式 ……………………………………………………… 170
　　一、便和贷 …………………………………………………… 170
　　二、算会和点检 ……………………………………………… 178
第四节　敦煌寺院财产管理的个案研究
　　　　——以净土寺为例 …………………………………… 182
　　一、常住斛斗的管理机构及其经营 ………………………… 183
　　二、常住斛斗的核算与交接 ………………………………… 186
　　三、常住什物的点检与交接 ………………………………… 192

第四章　敦煌石窟、兰若和佛堂经济论略 ………………………… 196
第一节　敦煌石窟经济 ……………………………………………… 196
　　一、敦煌石窟经济的内容 …………………………………… 198
　　二、敦煌石窟经济的管理 …………………………………… 202
　　三、都司与世俗政权对石窟经济的干预 …………………… 204
第二节　敦煌兰若和佛堂经济 ……………………………………… 209
　　一、敦煌兰若和佛堂的经济收入来源 ……………………… 210
　　二、敦煌兰若和佛堂经济的特征 …………………………… 214

第五章　敦煌僧尼的私有经济 ……………………………………… 220
第一节　敦煌僧尼私有经济的收入来源和贫富分化 …………… 221
　　一、僧尼私有经济的收入来源及差距 ……………………… 221
　　二、僧尼贫富分化的表现 …………………………………… 242
第二节　从佛教经律的规定看敦煌亡僧财产的处理 …………… 251
　　一、佛教经律对亡僧财产归属的规定及在唐代的执行 …… 251
　　二、敦煌亡僧财产的处理与佛教经律的背驰 ……………… 254

第六章 吐蕃和归义军政权对敦煌佛教经济的管制 ………………… 261
　第一节 吐蕃政权对寺院财产的核算监督及向寺院征税课役 … 266
　　一、对寺院财产的核算监督 ………………………………… 266
　　二、向寺院征税课役 ………………………………………… 271
　　三、后论 ……………………………………………………… 276
　第二节 归义军政权对寺院财产的核算监督
　　　　 及向寺院征税课役 …………………………………… 279
　　一、"酉年算会"及其继续 ………………………………… 279
　　二、归义军时期寺院财产算会与点检帐的一式多份 …… 288
　　三、归义军时期寺院的税役负担 …………………………… 293
　第三节 吐蕃和归义军政权对寺院属民的管理 ……………… 307
　　一、对寺院属民的户册管理 ………………………………… 308
　　二、都司对寺院属民的管理及其实质 ……………………… 313
　　三、分都司改革与放免寺户 ………………………………… 317
　第四节 吐蕃和归义军政权对寺院宅舍的管理 ……………… 324
　　一、敦煌寺院宅舍的来源 …………………………………… 324
　　二、吐蕃和归义军政权对寺院宅舍的管理 ………………… 330
　第五节 吐蕃和归义军政权对僧尼地产的管理 ……………… 333
　　一、土地私有化背景下敦煌僧尼的占田 …………………… 334
　　二、吐蕃和归义军政权对僧尼地产的管理 ………………… 346
结　论 ……………………………………………………………… 353
主要参考文献 ……………………………………………………… 355

导　论

一、敦煌历史上的吐蕃统治时期及归义军统治时期

安史之乱前，虽然唐蕃之间在交界地区不断发生战争，但双方一直处于一种相对均衡的态势。安史乱后，驻扎在西域河西的精兵强将被召回中原平叛，从而造成唐朝在西北边境地区驻兵数量及其战斗力的锐减，吐蕃军队乘机很快攻占了包括西域河西在内的唐朝大片领土。其中大约在唐贞元二年(786)，吐蕃军队攻陷了沙州(敦煌)，敦煌历史进入到吐蕃统治时期①。会昌二年(842)，吐蕃赞普郎达玛被僧人射杀，吐蕃内乱，吐蕃在西域河西地区的统治随之很快土崩瓦解。大中二年(848)，敦煌人张议潮率领蕃汉军民赶走了吐蕃统治者，并派遣使者入唐告捷。大中五年(851)，唐朝在敦煌设置归义军，并任命张议潮为首任节度使，敦煌历史进入到归义军时期。天复七年(907)，唐朝灭亡，公元910年，张氏归义军最后一任节度使张承奉在敦煌建立西汉金山国，自号白衣皇帝。公元914年，曹议金废掉张承奉，恢复归义军建制，自任节度使。清泰二年(935)，曹氏归义军首任节度使曹议金卒后，其后继任归义军节度使者前后有曹元德(935—939)、曹元深(939—944)、曹元忠(944—974)、曹延恭(974—976)、曹延禄(976—1002)、曹宗寿(1002—1014)、曹贤顺(1014—1030?)等人，在最后一位节度使曹贤顺亡后，归义军统治敦煌的

---

① 学界对吐蕃占领敦煌的时间多有讨论，但观点并不一致，主要有大历十二年(777)、建中二年(781)、贞元元年(785)、贞元二年(786)、贞元三年(787)及贞元四年(788)等说法，其中2000年前的相关研究成果及其观点、论据等，金滢坤先生在《敦煌陷蕃年代研究综述》(《丝绸之路》1997年第1期，第47—48页)一文中集中进行了介绍。此后，学界对敦煌陷蕃时间的讨论还在继续，如赵晓星先生认为敦煌陷蕃在建中二年，参赵晓星《敦煌陷蕃、"归化"、"蕃和"和"丙寅年"时间考——有关敦煌陷蕃前后时间的几个问题》，《江西社会科学》2004年第12期，第31—37页；李正宇先生又坚持贞元四年说，参李正宇《沙州贞元四年陷蕃考》，《敦煌研究》2007年第4期，第98—103页。可见，时至今日，关于吐蕃占领敦煌的具体时间仍存争议，这里我们暂时采用贞元二年说。

历史亦随之结束①。

从吐蕃攻占敦煌的786年至归义军政权统治敦煌历史的结束，期间有两个时间段较为特殊，即从大中二年（848）张议潮推翻吐蕃对敦煌的统治至大中五年（851）归义军政权正式建立、从公元910年西汉金山国建立至914年张承奉被废，在这两个较短的时段内，严格地说，统治敦煌的并不是归义军政权，但学界所称的敦煌归义军时期一般仍包含这两个时间段。同时，学界将吐蕃攻占敦煌的786年至归义军政权结束的这段敦煌历史时期有中晚唐五代宋初、唐后期五代宋初、吐蕃和归义军时期、吐蕃占领期与归义军时期、吐蕃归义军时期等不同的表述法，不管哪种表述法均将这两个时间段包含在内而未将其专门分离出去。

二、敦煌佛教经济的内涵

对中国佛教经济的研究，日本学者早在20世纪30年代之前就已经开始，而中国学者的研究主要兴起于20世纪30年代。并且，从20世纪30年代至80年代，日本学者对中国佛教经济的研究遥遥领先于中国学者。同时在佛教经济的研究中存在这样一种现象，即中国大陆学者很少使用"佛教经济"而更多地使用"寺院经济"的概念。直至今天，一提到与佛教相关的经济，大家仍习惯性地称为寺院经济。

与大陆学者相较，台湾和国外学者使用"佛教经济"概念的现象较为普遍，如台湾学者吴永猛先生的《中国佛教经济发展之研究》一书即是。吴永猛先生在该书中对中国佛教的福田思想、无尽藏及金融事业、慈善事业、丛林财经制度等问题进行了通论②。该书内容后又以"中国佛教经济之发展"为题收入张曼涛先生主编的《佛教经济研究论文集》中。《佛教经济研究论文集》亦以"佛教经济"为题，该文集中另外还收录了其他13篇与寺

---

① 在几代敦煌学者的努力探究下，我们对敦煌归义军的历史有了梗概了解。但由于受资料等因素的限制，目前我们所了解的归义军历史甚为有限，学界在诸如西汉金山国建立的时间、归义军政权覆亡的时间等问题上亦存在分歧。关于对敦煌归义军历史研究的综合成果，请参荣新江《归义军史研究——唐宋时代敦煌历史考索》，上海古籍出版社，1996年；冯培红《敦煌的归义军时代》，甘肃教育出版社，2013年。

② 吴永猛：《中国佛教经济发展之研究》，文津出版社，1976年。

院、僧侣经济活动相关的论文①。此外，吴永猛先生还在《佛教经济研究的回顾》一文中指出："从二千五百多年佛教徒的经济活动算起，传播到今天世界各地的佛教经济活动，都是佛教经济史所涵盖的研究资料。"在该观点之下，吴先生对此前大陆、台湾、日本等学者的相关研究成果，包括对佛教经济思想、寺院和僧侣的经济活动等的研究均冠以"佛教经济"的概念进行了回顾②。

国外学者使用"佛教经济"概念者更为普遍。起码在20世纪30年代前后，日本学者在相关研究中就已经使用"佛教经济"的概念了，如三岛一先生的《支那佛教经济史の研究》即是③。论著之外，日本的相关研究机构和刊物亦使用"佛教经济"的概念，如日本驹泽大学还曾设立了佛教经济研究所，并于1968年7月创办了《佛教经济研究》专刊。此外，为学界熟知的由法国学者谢和耐先生所著、耿昇先生翻译的《中国五—十世纪的寺院经济》一书是谢和耐先生于1956年在当时设在西贡的法兰西远东学院发表的博士论文，但耿昇先生在"译者的话"中说"原文的确切译文应为《五—十世纪中国社会中佛教的经济形态》，但一般都统称为《中国五—十世纪的寺院经济》"，可见，耿昇先生将谢和耐书名中的"佛教经济"翻译为"寺院经济"在很大程度上是受了大陆学者习惯性称呼的影响④。何兹全先生主编的《五十年来汉唐佛教寺院经济研究》一书后附录的"台湾、香港及东南亚地区学者研究中国汉唐寺院经济主要论著目录（三十至八十年代）"中将谢和耐书译为《五至十世纪中国佛教经济概况》⑤，故谢和耐亦是以"佛教经济"命题的。

一般来说，"寺院经济"的内涵要小于"佛教经济"⑥，凡是与佛教相关

---

① 张曼涛主编：《佛教经济研究论文集》，大乘文化出版社，1977年，第285—395页。
② 吴永猛：《佛教经济研究的回顾》，《华冈佛学学报》第4期，1980年，第274—283页。
③ ［日］三岛一：《支那佛教经济史の研究》，《历史学研究》一卷二号，1933年。
④ ［法］谢和耐著、耿昇译：《中国五—十世纪的寺院经济》，甘肃人民出版社，1987年，第3页。以下凡引该书观点时均依据此版本。
⑤ 何兹全主编：《五十年来汉唐佛教寺院经济研究》，北京师范大学出版社，1986年，第363页。
⑥ 这里所说的寺院是指纯粹意义上的佛教寺院，不包括那种掺杂着佛、道等多宗教并因这些不同宗教而获得经济收入的庙宇。

的经济,包括寺院经济均可以归到佛教经济名下,但不是所有与佛教相关的经济皆可称之为寺院经济。"寺院经济"一词可以从两方面来理解,一是指与寺院相关的一切资产,即佛教经律中所说的属于寺院的佛物、法物、僧物,如寺院的土地、宅舍、属民、油梁、碾硙、斛斗、织物及法器、供养具,等等;二是指与寺院相关的经济活动,如借贷、种植、经商,等等。其中僧物中还包括属于僧侣的私有财物,即佛教经律中所说的"现前现前僧物"、"十方现前僧物"[①],因为按照佛教经律的规定,僧尼亡后其财产要归僧团所有[②],并且僧尼住寺过着集体修行的生活而与俗家没有经济关系,故僧尼的私有财产可以被纳入到寺院经济的范畴。但是,随着佛教的发展,某时期某地区的佛教会产生新情况、新问题,此时,"寺院经济"一词可能并不能完整地涵盖该时期该地区的佛教经济状况。如吐蕃归义军时期的敦煌佛教有其特殊的时代背景和地域特征,"寺院经济"一词就不足以涵盖敦煌佛教经济的内容。下面我们对此略作分析说明。

首先,敦煌僧尼的私有经济很难全部归入寺院经济之列。谢重光先生在专门讨论敦煌僧尼私有经济与寺院集体经济之间的区别与联系时认为,僧尼私有经济是寺院集体经济的对立物,僧尼私有经济的发展对寺院集体经济的发展带来了不利影响。但同时又认为双方存在密切联系,并认为将双方联系起来的关键是僧尼没有子嗣,僧尼亡后其财产按照佛教经律的规定归寺院集体所有。虽然敦煌僧尼存在将私有财产留与俗家亲属的现象,但主要还是归僧团所有。并指出:在某一特定阶段,僧尼私有经济与寺院集体经济是相互区别、相互排斥的,但从长远的总体的观点来看,两者又是相互联系、相互统一的[③]。事实上,吐蕃归义军时期就是属于"特定阶段",在此特定时期,敦煌地区的僧尼与世俗家庭之间有着非常密切的联系,有的僧尼不住寺院而居于俗家,僧尼亦可以将自己的财产在亡后留与俗家亲

---

① 丁福保编:《佛学大辞典》,上海书店,1991年,第797页。
② 参本书第五章第二节。
③ 谢重光:《关于唐后期五代间沙州寺院经济的几个问题》,载韩国磐主编《敦煌吐鲁番出土经济文书研究》,厦门大学出版社,1986年,第501—504页。该文后又收入谢重光《中古佛教僧官制度和社会生活》,商务印书馆,2009年,第334—375页。

属而不一定要留给僧团①,甚至僧人还可以继承俗家财产②。在这种情况下,敦煌僧尼与寺院之间的关系,包括经济关系就比较松散了。故此时敦煌僧尼的私有经济是难以被完全纳入寺院经济范畴的。

其次,吐蕃归义军时期敦煌设置有最高僧务管理机构——都司,在都司之下又设有许多"司"名机构,都司及其下属的有些机构还拥有自己的经济③。但由于这些机构和寺院在功能、内部组织及僧团中的地位等方面均不相同,故这些僧务管理机构的经济显然亦是不能名之为寺院经济的。

虽然吐蕃归义军时期的敦煌僧尼私有经济、僧务管理机构的经济是难以名之为寺院经济的,但将其纳入到佛教经济名下则是可以的。此外,吐蕃归义军时期敦煌还有为数众多的石窟、兰若和佛堂,这些石窟和有的兰若、佛堂亦经营有自己的经济,且其亦属敦煌佛教经济的组成部分。

总之,吐蕃归义军时期敦煌区域佛教的特殊性决定了敦煌佛教经济由寺院经济、僧尼私有经济、都司及其下属其他机构的经济、石窟经济、兰若和佛堂经济等部分构成,只有将这些构成敦煌佛教经济的不同部分兼顾,才能全面地对敦煌佛教经济进行考察。

三、佛教传入敦煌的时间及敦煌佛教经济的主体
——"寺院经济"的出现

在中国佛教史上,敦煌无疑是一个极其响亮的名字。由于特殊的地理位置,敦煌在佛教最初传入中国内地时就与其结下了不解之缘。但在敦煌

---

① 学界对敦煌俗居在家僧尼的看法有所不同,那波利贞先生在《中晚唐时代に于ける伪滥僧に关する——根本史料の研究》(《龙谷大学佛教史学论丛》,1939年)一文中将这些僧尼称为"伪滥僧"。白文固先生在《唐代僧籍管理制度》(《普门学报》第15期,2003年,第233—266页)一文中认为这些俗居在家僧尼是受持八关斋戒者,因为受持八关斋戒者须一日一夜离开家庭,赴僧团居住,其他时间可住家修习。白文后又收入白文固、赵春娥:《中国古代僧尼名籍制度》,青海人民出版社,2002年,第48—79页。郝春文先生对那波利贞的观点进行了否定,并对敦煌僧尼与世俗家庭的关系进行了深入探讨,详参郝春文《唐后期五代宋初敦煌僧尼的社会生活》(中国社会科学出版社,1998年)第二章和第七章。这里需要说明的是,此后会频繁引用到郝春文先生《唐后期五代宋初敦煌僧尼的社会生活》一书的观点,而该书的许多内容在出版前已公开发表,为了方便与精简起见,若无特殊需要,在引用该书观点时一般不再注明此前已公开发表的单篇文章信息。

② 参本书第五章第一节。

③ 参本书第一章第二节。

区域佛教史上,有许多问题,如佛教是什么时候初传敦煌的、敦煌寺院经济形成于何时等依然是需要人们去孜孜探索的。对于前一个问题,学界至今仍在关注并讨论。但对于后一个问题,似乎没有人专门进行过探讨。

(一)佛教传入敦煌的时间

佛教传入敦煌的时间与佛教传入中国内地的时间和路线密切相关。关于佛教传入中国内地的时间,一直是众说纷纭。有三代以前已知佛教说、周代传入说、战国末年传入说、先秦已有阿育王寺说、秦始皇时外国僧众来华说、汉武帝时已知佛教说、刘向发现佛经说,等等①。目前一般认为,佛教传入内地的时间当在两汉之际,即公元前后。

同时,学界对佛教传入中国内地的路线问题亦有分歧,其中最主要的是海路说和陆路说。海路说早期的代表人物主要是梁启超先生,其在《佛教之初输入》中云:"举要言之,则佛教之来,非由陆路而由海,其最初之根据地,不在京洛而在江淮。"②但是汤用彤先生对梁启超先生的海路说进行了反驳,指出:"佛教东渐,首由西域之大月氏、康居、安息诸国。其交通多由陆路,似无可疑。……梁任公谓汉代佛法传入,先由海道,似不可信也。"③此后,陆路说基本成为中国治佛教史学家一般持有的观点。但是,近些年随着考古资料的新发现,海路说又开始兴起,较有代表性的成果是吴廷璆和郑彭年先生合著的《佛教海上传入中国之研究》一文④。但荣新江先生在回顾过去海、陆两说和对相关考古资料进行梳理说明的基础上,针对吴、郑二人的文章对海路说进行了批判,最后认为:"综合已有的历史文献及20世纪80年代以来的考古图像资料,特别是考虑到阿富汗最近新发现的公元1世纪早期的佛教文献,我认为佛教从西北印度大月氏(今阿富汗和巴基斯坦)经陆路传入汉代中国的说法最为合理。在进入中国以后,与初期道教及中国传统方术结合,佛教图像受到盲目的崇拜。而真正意义上的佛教,是东汉末年安世高来洛阳后,通过翻译佛经和教授弟子而

---

① 任继愈主编:《中国佛教史》(第一卷),中国社会科学出版社,1981年,第45—67页。
② 梁启超:《佛教之初输入》,载梁启超《佛学研究十八篇》,中华书局,1989年,第25页。
③ 汤用彤:《汉魏两晋南北朝佛教史》,上海书店,1991年,第80—86页。
④ 吴廷璆、郑彭年:《佛教海上传入中国之研究》,《历史研究》1995年第2期,第20—39页。

传播开来的。"①李正宇先生亦在《敦煌学导论》中依据敦煌悬泉汉简中新发现的一支"浮屠简"支持陆路说，反驳海路说②。总之，陆路说依然是被今日学术界较为普遍接受的观点。

佛教在两汉之际经由西域从陆路传入中国内地，敦煌应该是必经之地。关键的问题是，当时佛教在敦煌仅仅是"过路"还是"生根发芽"？对于该问题，目前学界的看法似乎并不一致。严耕望先生认为："敦煌为汉代以来旧疆最西之郡，佛教东传，此为首站，故佛教传扬，亦当最早。"按此，佛教在经由敦煌传入内地时应仅非"过路"。但严耕望先生又在"汉末佛教流布区域图"中列出的15个佛教流播地区是洛阳、南阳、颍川、许昌、梁国、彭城、下邳、广陵、东海、平原、丹阳、会稽、苍梧、南海、交趾等，其中却没有敦煌③。胡戟、傅玫先生认为，佛教在敦煌地区的传播稍晚于中土，最初佛教经过这里时，似未留驻④。颜廷亮先生亦认为，敦煌是佛教从西域进入中原的第一站，在刚开始的时候，敦煌地区可能只是充当过站，佛教未必在敦煌地区驻足。但这种情形不会持续过久，至迟在曹魏时期，佛教在敦煌地区就已开始驻足并产生了影响⑤。可见，要准确说清佛教最早是什么时候传入敦煌地区的，似乎并不比说清佛教传入中原内地的时间更加容易。

但是，随着新资料的发现，历史的真相会离我们越来越近。在敦煌悬泉汉简中的"浮屠简"发现之前，文献中明确所载的敦煌地区早期的佛教活动主要在两晋时期，如西晋时期被誉为"敦煌菩萨"的竺法护"八岁出家、事外国沙门竺高座为师"及其于太康五年(284)在敦煌的译经活动，单道开等十人于公元3世纪70年代末至80年代初在莫高窟附近的习禅活动⑥，乐僔于前秦建元二年(366)在莫高窟的开窟活动，等等。显然，所有这些活动的时间与公元前后佛教传入中土的时间相距较远。敦煌"浮屠简"公布以

---

① 荣新江：《陆路还是海路？——佛教传入汉代中国的途径与流行区域研究述评》，载荣新江《中国中古史研究十论》，复旦大学出版社，2005年，第15—43页。原载《北大史学》9，北京大学出版社，2003年。
② 参李正宇《敦煌学导论》，甘肃人民出版社，2008年，第16页及注1。
③ 分别参严耕望《魏晋南北朝佛教地理稿》，上海古籍出版社，2007年，第87、5页。
④ 胡戟、傅玫：《敦煌史话》，中华书局，1995年，第28页。
⑤ 颜廷亮：《关于敦煌地区早期宗教问题》，《敦煌研究》2010年第1期，第57页。
⑥ 关于单道开等人在莫高窟附近习禅的时间等问题，请参郭锋《敦煌莫高窟究竟创建于何时》，《甘肃社会科学》1987年第6期，第110页。

后,引起了学界的极大关注和争议,争议的焦点主要是对简文文意的理解不同,但对简文中"浮屠里"之"浮屠"一词还是理解为与佛教有关。故该简无疑是帮助我们了解佛教是什么时候传入敦煌的重要资料。李正宇先生在前述《敦煌学导论》中依据敦煌"浮屠简"认为佛教在东汉时就已经传入敦煌,且明帝时敦煌已有佛寺。张德芳先生亦对该"浮屠简"进行了考证,认为该简的时间当在东汉明帝于公元58年即位以后的半个世纪之内,并指出:"根据悬泉浮屠简的记载,早在公元一世纪下半叶,佛教就已传入敦煌,而且一开始就流行在民间。它比竺法护在敦煌译经的时间早200年,比乐僔在莫高窟开凿洞窟的时间早300年。"①此外,张俊民先生据与"浮屠简"同出土层位的纪年简牍"多为东汉中后期",从而认为:"此时出现的'小浮屠里'与佛教东传的时间大体相当"②。而赵宠亮先生依据与"浮屠简"同出的简大多为明帝、和帝时期,从而认为将该简定为东汉中期似应较妥③。可见,李正宇先生认为该简的时间应在东汉早期,张德芳、赵宠亮、张俊民三位先生认为该简的时间依次应是东汉中前期、东汉中期、东汉中后期④,故即便在东汉早期或中前期佛教没有传入到敦煌地区,但至迟在东汉中后期应已传入到敦煌了。且从已经据"浮屠"而设汉代基层行政组织——"里"来看,当时佛教应已经在敦煌流行了较长的时间,并在敦煌地区的社会生活中产生了一定影响。此处还需要强调的是,东汉时期佛教在敦煌的流行,尽管仍不能说明最初佛教经由敦煌传入内地时是否在敦煌"生根发芽"的问题,但亦不能断然说最初佛教在敦煌仅仅是过路而已。

(二)敦煌佛教经济的主体——"寺院经济"的出现

早期佛教经济主要是由寺院经济和僧尼私有经济构成,虽然早期亦存

---

① 郝树声、张德芳:《悬泉汉简研究》,甘肃文化出版社,2009年,第186—194页;张德芳:《悬泉汉简中的"浮屠简"略考——兼论佛教传入敦煌的时间》,载郑炳林主编《中国敦煌吐鲁番学会2008年度理事会暨"敦煌汉藏佛教艺术与文化学术研讨会"论文集》,三秦出版社,2011年,第276—287页。

② 张俊民:《悬泉汉简所见敬称和谦称》,《秦汉研究》(第四辑),三秦出版社,2010年,第84—86页。

③ 赵宠亮:《"悬泉浮屠简"辨正》,《南方文物》2011年第4期,第33—36页。

④ 除了李正宇、张德芳、张俊民和赵宠亮先生的研究成果外,李永平《敦煌悬泉置遗址F13出土部分简牍文书性质及反映的东汉早期历史》(《敦煌研究》2010年第5期,第105—107页)和王裕昌《敦煌悬泉置遗址F13出土简牍文书研究》(《考古与文物》2011年第4期,第77—80页)二文亦对敦煌"浮屠简"进行了研究,但李、王二氏的文章内容基本一致。

在僧人私有经济不完全属于寺院的现象①,但寺院经济无疑是佛教经济的主体。

寺院经济的形成首先要依赖于寺院组织的建立。我们认为,竺法护于西晋太康五年(284)在敦煌进行译经时应该依止于寺院,就像其在长安、洛阳译经时就是在白马寺等寺院里进行的一样,可惜其在敦煌译经的寺院没有记载。敦煌最早的寺院建于何时,目前无法确知,前述李正宇先生曾依据敦煌"浮屠简"认为东汉明帝时敦煌已有佛寺。但目前所见明确记载敦煌建立寺院的时间是在竺法护的得意弟子竺法乘时期,《高僧传》载:"(竺法乘)依竺法护为沙弥。清真有志气,护甚嘉焉。……乘后西到燉煌,立寺延学,忘身为道,海而不倦……"②竺法乘在敦煌"立寺延学"的具体时间不明,但亦当在西晋时期,且其所建寺院不应是敦煌最早的寺院。又《魏书·释老志》载:"凉州自张轨后,世信佛教。敦煌地接西域,道俗交得其旧式,村坞相属,多有塔寺。"③言下之意,敦煌地区有佛教的历史要早于张轨后的凉州,且早有塔寺。可见,至迟到两晋之际,敦煌已经建有寺院是无疑的。但由于东汉西晋时期,"唯听西域人得立寺都邑,以奉其神,其汉人皆不得出家。魏承汉制,亦修前规"④,故此时寺院可能主要是为外来僧人所建。可惜的是,汉晋北朝时期敦煌的寺院名称在传统文献中很少有明确记载,李正宇先生曾从传统文献、敦煌文书和莫高窟石窟题记中搜罗考证出十六国北朝时期的敦煌寺院有建文寺、法海寺、普济寺、永隆寺、福祥寺等十余所⑤。

既然最晚在两晋之际敦煌已经有了寺院,那么是否意味着这些寺院的经济已经形成了呢?一般认为,中土寺院经济形成于南北朝时期。如吴永猛先生认为汉魏晋时期的寺院"只不过是贵宾馆或招待所而已,并没有构成僧伽经营事业的场所","虽《洛阳伽蓝记》谓晋时洛中有佛寺四十二所,

---

① 如《晋书》卷95《鸠摩罗什传》记载鸠摩罗什在受纳姚兴赐给的伎女十人后"不住僧坊,别立解舍",在这种情况下,鸠摩罗什的私有财产很难说会转变为僧坊的财产。
② [梁]释慧皎撰:《高僧传》,汤用彤校注,中华书局,1991年,第155页。
③ [北齐]魏收撰:《魏书》卷114,中华书局,1974年,第3032页。
④ 《高僧传》卷9《佛图澄传》引后赵中书著作郎王度的奏文。见[梁]释慧皎撰《高僧传》,汤用彤校注,第352页。又《晋书》卷95《佛图澄传》同。
⑤ 李正宇:《敦煌地区古代祠庙寺观简志》,《敦煌学辑刊》1988年第1、2期合刊,第74—75页。

但住寺僧人皆受供养,从事译经或谈玄已无暇日,并不治经济行业",经汉末乱世,五胡之祸,人民纷纷逃难投入寺院,寺院因此吸收不少人力与财力,故至南北朝时期,寺院经济应运而生了①。黄敏枝先生关于中土寺院经济形成的背景与时间的观点与吴永猛先生一致,并指出南北朝时期寺院经济形成的过程就是土地的获得、僧众及奴婢的投靠、具有货币功能的钱布帛的获得②。张弓先生将汉唐寺院经济的发展分为以下几个阶段:东汉西晋为早期供养与募化时期、东晋至隋为非自主发展前期、初唐盛唐为非自主发展后期、中唐晚唐为半自主发展时期。其中又将东汉西晋称为汉地佛寺自营经济形成以前时期,晋唐为寺院自营经济逐渐发育成熟时期。张弓先生划分寺院经济发展阶段的标准是寺院土地、寺庄和佃客、寺院营利业等的出现和发展情况。如在东汉西晋时期,寺院没有自己的固有地产、寺庄和佃客,亦没有自己的营利业,而在非自主发展时期寺院开始有了自己的地产、寺庄和佃客、营利业③。亦就是说,寺院土地、寺庄和佃客、寺院营利业等的出现意味着寺院经济的形成。同时,张弓先生所说的寺院经济非自主发展的前期即是东晋南北朝和隋朝时期。故张弓和黄敏枝先生对中土寺院经济形成的认识标准及寺院经济形成的时间基本上亦是一致的。

如张弓先生所说,在东汉西晋时期,由于寺院没有自己的固有地产、寺庄和佃客,亦没有自己的营利业,此时寺院经济的主要来源是朝廷、士人和民间的资助供养和募化,故前述两晋之际敦煌寺院经济的来源亦可能主要是资助和募化。同时,与内地一致,至东晋南北朝时期,敦煌寺院应该已经开始有了自己的土地,如《高僧传》载:"昙摩密多,此云法秀,罽宾人也。年至七岁,神明澄正,每见法事,辄自然欣跃,其亲爱而异之,遂令出家……遂度流沙,进到燉煌,于闲旷之地,建立精舍。植奈千株,开园百亩,房阁池沼,极为严净。顷之,复适凉州,仍于公府旧事,更葺堂宇,学徒济济,禅业甚盛。……以宋元嘉元年(424)辗转至蜀……以元嘉十九年(442)七月六日卒于上寺,春秋八十有七……"④此处"植奈千株,开园百亩"不论有无夸

---

① 张曼涛主编:《佛教经济研究论文集》,第303—304页。
② 黄敏枝:《南北朝寺院经济的形成与发展》,载张曼涛主编《佛教经济研究论文集》,第1—18页。
③ 张弓:《汉唐佛寺文化史》(上),中国社会科学出版社,1997年,第275—325页。
④ [梁]释慧皎撰:《高僧传》,汤用彤校注,第120—122页。

张之成分,均在一定程度上反映出当时敦煌寺院已经开始拥有自己的土地等基本生产资料了,亦即寺院经济已经出现。当然,此时的敦煌寺院经济应该还属于初期的雏形阶段,资助与募化对寺院组织的运转依然发挥着重要的作用。但即便如此,此时的寺院经济为以后隋唐时期敦煌寺院经济的繁荣奠定了一定基础。

当然,不排除在建立寺院之前,在敦煌地区活动的僧人已经拥有私有经济的可能。但严格地说,作为佛教经济主体的寺院经济的形成,才意味着敦煌佛教经济的真正形成。

四、敦煌佛教经济研究现状简评

中外学者对敦煌佛教经济的研究成果较多,这些研究成果在本书后面各章节的具体讨论中一般均会提及,故此处不再对所有相关研究成果的题目及内容进行详细说明,而仅仅对取得的成绩及存在的问题进行简要述评。

较早对敦煌佛教经济进行研究的国外学者主要有日本的那波利贞、竺沙雅章、道端良秀、北原熏、三岛一、堀敏一、藤枝晃和法国的谢和耐等人,中国学者对敦煌佛教经济的关注是20世纪80年代后期的事,代表人物有姜伯勤、唐耕耦、郝春文和谢重光等人。中外学者对敦煌佛教经济的研究致力甚勤,取得了丰硕的成果。这些成果主要集中在两个方面:一是对敦煌佛教经济文书的整理;二是对寺院经济的传统研究领域如寺院的阶级结构和依附关系、寺院土地的经营与性质、寺院的加工业、寺院僧尼的赋役负担和寺院的借贷等进行的研究,涉及敦煌寺院经济的多个方面。

虽然学界对敦煌佛教经济的主体——"寺院经济"的研究成果较多,但由于受以往所见敦煌文书还不全面等因素的限制,已有研究成果对敦煌寺院经济有些方面的讨论并不是很深入,甚至有些观点还有重新讨论的必要。同时,学界对敦煌寺院经济的有些问题,如寺院的财务管理是如何进行的、吐蕃和归义军政权是如何对寺院经济进行管制的等问题的关注不够,虽然近年来有学者开始对这些问题进行探讨,但是相关的研究成果还相当欠缺。不仅如此,学界对都司等僧务管理机构的经济和僧尼私有经济的研究亦存在不足,甚至对敦煌佛教经济的某些问题还存在很少有人问津的现象,如到目前为止,还没有对作为敦煌佛教经济重要组成部分的石窟经济、兰若和佛堂经济进行系统研究的成果问世。故对敦煌佛教经济的研究还有必要再继续下去。

  时至今日,散藏于世界各地的敦煌文书基本上得到全面公布,学界的整理工作亦取得了长足发展,这为更全面深入地研究敦煌佛教经济提供了资料上的便利。而在学界已有研究成果的基础上,充分利用敦煌文书及其他相关资料对敦煌佛教经济再进行深入研究,探幽发微,拾遗补缺,这无疑对更全面地展现敦煌区域佛教经济的历史原貌、认识同时期其他地区佛教经济的相关情况和丰富中国佛教经济史的内容等均具有积极意义。

第一章　敦煌都司及其下设机构的经济经营

　　都司是吐蕃归义军时期在敦煌设置的最高僧务管理机构,同时在都司下还设有其他不同的"司"名机构,如莫高窟第346窟题记云"社子释门法律知应管内二部大众诸司都判官兼常住仓务阐扬三□(教)法师临□(坛)大德沙门法眼一心供养"①,其中"诸司"就是指都司下设的各个"司"名机构。又P.3730《酉年正月奉仙等牒并荣照判辞》载乐人奉仙等人牒都教授荣照时云:"所赐赏劳,对何司取,请处分。"②其中"对何司取"亦明确告诉我们,都司下应该设有不同的"司"名机构。而在敦煌文书和莫高窟供养人题记中所载的佛教"司"名机构除了都司外,还有儭司、行像司、道场司、福田司、营设司、公廨司、堂斋司、招提司、功德司、经司、修造司、厨田司、西仓司、南仓司、仓司、灯司,等等,这些"司"名机构有的属都司下设机构,有的属寺院内部机构,甚至有的都司和寺院均会设置,还有的"司"名机构是随设随废,并不常设。

第一节　敦煌都司的设置考论

　　在敦煌文书中可以看到,都司最早出现于吐蕃统治敦煌时期,在敦煌地区的佛教界和世俗界均扮演着非常重要的角色。那么,敦煌都司究竟是在吐蕃占领沙州之前唐朝设置的,还是占领沙州之后吐蕃政权设置的呢?其设置背景又怎样呢?下面我们就对这些问题试做探讨。

---

　　① 敦煌研究院编:《敦煌莫高窟供养人题记》,文物出版社,1986年,第140页。
　　② [日]池田温著,龚泽铣译:《中国古代籍帐研究》(中华书局2007年)"录文与插图"部分第407页将此酉年定为841年。《中国古代籍帐研究》一书最早于1979年在日本刊行,1984年中华书局出版了由龚泽铣先生翻译的中译本,2007年中华书局再次印行了该中译本,并补入了旧版中未能收入的全部录文与图版部分,以下凡引该书观点时均依据2007年版。竺沙雅章先生在《敦煌吐蕃期的僧官制度——とくに教授について》一文中认为P.3730《酉年正月奉仙等牒并荣照判辞》的酉年是829年,参[日]竺沙雅章《中国佛教社会史研究(增订版)》(朋友书店2002年)"补编"部分第46页,该文原载于《布目潮渢博士古稀记念论集·东アジアの法と社会》,汲古书院,1990年,第281—302页。

一、都司设置的时间考察

白文固先生在讨论中国古代僧司设置问题时认为：东晋、南朝虽然设置了僧官，但没有成制的僧官机构，不设官署。北魏的中央僧司机构为监福曹（后改称昭玄寺），而地方僧官机构与当时的行政体制相适应，分州、郡、县三级。州郡的僧务官署称僧曹，相应的正副僧官有州统、州都统、郡统、郡维那等。县一级仅置县维那一人，不设官署，亦无统、都之职。唐代撤消了中央到地方的僧务专设官署，中唐以前，唐代僧务管理权常隶属于中央政府的常设官署如鸿胪寺、祠部、宗正寺或主客等，而不再设专门的僧务机构，从而纳僧尼管理权于中央政府。进入中唐以后，虽曾设置多由权宦充任使职的左右街功德使管理全国僧尼事务，但时设时废而渐趋废弛。在僧务管理上出现了俗官与僧官混存共管的情况[①]。可见，白文固先生认为唐代没有设置僧司机构。但谢重光先生认为晋代已经设置僧官官署——"僧司"，宋、齐、梁、陈沿而不替，僧司既有中央的，又有地方的。谢重光先生还倾向于唐代地方设置有僧司的观点，其依据是敦煌地区设置有都司[②]。而我们知道，敦煌地区的都司最早见于吐蕃统治敦煌时期，故谢重光先生的观点等于认为敦煌都司是吐蕃统治敦煌之前唐朝设置的。但事实上，吐蕃统治敦煌时期的情况并不能代表同时期、甚至更早时期唐代的情况。换句话说，吐蕃时期的敦煌都司不一定是由唐朝政府在吐蕃攻占敦煌之前设置的。反之，我们认为，都司应是吐蕃统治敦煌以后由吐蕃政权设置的。对此问题，我们可以通过考察唐朝其他州县有无僧司设置的情况来回答，因为吐蕃统治之前的沙州作为唐朝一州，其情况应与他州一致。假若唐朝其他州没有设置专门的由僧官负责的僧司机构，则说明唐朝在沙州亦没有设置该机构。由于吐蕃是从大历十一年（776）攻打敦煌，大约到贞元二年（786）正式占领敦煌的，而结束对敦煌的统治是在大中二年（848），故在具体讨论中，我们以大中二年前唐朝是否在其他州县设置过僧司机构为主。

[①] 白文固：《南北朝隋唐僧官制度探究》，载何兹全主编《五十年来汉唐佛教寺院经济研究》，第266—277页。原载《世界宗教研究》，1984年第1期。

[②] 谢重光：《晋—唐僧官制度考略》，载何兹全主编《五十年来汉唐佛教寺院经济研究》，第323—350页。

讨论中唐以前唐朝其他州县有无僧司设置的情况,我们可以从古代僧司的职能入手。中国古代僧司机构的主要职能是管理佛教事务,其中需要官方处理的佛教事务一般是先报僧司,再由僧司报官方处理。如赞宁《大宋僧史略》卷中"杂任职员"条所云:"或有事则先白录司,后报官方也。"①这里的"录司"系指宋代"左右街僧录司"。但此前中国古代的僧司机构亦具有该职能,如《入唐求法巡礼行记》载会昌元年"[六月]十一日……南天竺三藏宝月入内对君王,从自怀中拔出表进,请归本国。不先咨,开府恶发。""[六月]十五日军内收禁犯越官罪故:宝月弟[子]三人各决七棒,通事僧决十棒。不打三藏,不放归国。"②文中的开府指仇士良,此时仇士良还任中唐以后管理佛教事务的左街功德使,说明在此时的长安,僧尼事务需先报左右街功德使,再上报官方。反之,官方的旨意往往亦由僧司机构转达给各地方寺院。从敦煌文书来看,吐蕃归义军时期的敦煌都司有经济、宗教等多方面的职能,同时,代表世俗政权管理佛教事务、向僧团传达世俗政权旨意亦是其主要职能。由于吐蕃时期的敦煌文书关于都司的资料非常少且很零散,同时归义军时期的佛教政策,特别是在僧官和僧务机构的设置等方面深受吐蕃制度的影响,故我们主要先借助于归义军时期的记载来了解都司的此项职能。

S.1604《天复二年(902)四月廿八日沙州节度使帖都僧统等》载:

1　使帖都僧统等。
2　右奉处分,盖缘城煌(隍)或有役(疫)疾,不免
3　五根。所以时起祸患,皆是僧徒不律定心,不
4　虔经力,不爱贰行。若不兴佛教,何戏乎
5　哉。从今已往,每月朔日前夜,十五日夜,大僧
6　寺及尼僧寺燃一盏灯,当寺僧众不得
7　欠少一人,仍须念一卷《佛名经》,与灭狡猾,
8　嘉延人轮(伦),岂不于是然乎。仍其僧统
9　一一钤锫,他皆放(仿)此者。四月廿八日帖。

---

①　[日]高楠顺次郎等编:《大正新修大藏经》卷54,大正一切经刊行会,1928年,第244页。
②　[日]圆仁著,[日]小野胜年校注,白化文、李鼎霞、许德楠修订校注,周一良审阅:《入唐求法巡礼行记校注》,花山文艺出版社,2007年版,第388—389页。以下凡引该书观点时均依据此版本。

10 使①

文中的节度使是指张承奉,其谴责僧徒不虔诚转经践行福田而导致祸患频发,并要求都僧统在固定节日组织僧徒燃灯、转经。然后,由都僧统再将此事继续通知给所有僧徒,此事见于 S.1604《天复二年(902)四月廿八日都僧统贤照帖诸僧尼寺纲管徒众等》,其载:

```
1    都僧统帖诸僧尼寺纲管徒众等
2      奉
3    尚书处分,令诸寺礼忏不绝,每
4    夜礼《大佛名经》壹卷,僧尼夏中则
5    合勤加事业。懈怠慢烂,故令
6    使主嗔责,僧徒尽皆受耻。大家
7    总有心识,从今已后,不得取次。
8    若有故违,先罚所由纲管,后科
9    本身。一一点检,每夜燃灯壹盏,
10   准式,僧尼每夜不得欠少一人。
11   仰判官等每夜巡检,判官若怠
12   慢公事,亦招科罚。其帖仰诸寺
13   昼时分付,不得违时者。天复
14   二年四月廿八日帖。
15        都僧统贤照。②
```

以上两件文书表明,都司作为敦煌僧务管理机构,是世俗政权统治者用来管理佛教僧团的。都司僧官直接向最高统治者负责,而统治者的政令不再直接下达给各个寺院,而是由都司转达给各寺院,统治者通过该机构实现了对僧团的管理。这就是说,都司作为负责一地的僧司机构,与世俗政权所设置的其他机构一样,是统治者实现其对僧团管理的一级机构。如果唐代在州、县亦设有类似的僧司机构,其代表世俗政权管理僧团、向僧团传达世俗政权统治者旨意的职能亦是如此。

---

① 郝春文、赵贞编著:《英藏敦煌社会历史文献释录》第7卷,社会科学文献出版社,2010年,第319页。
② 郝春文、赵贞编著:《英藏敦煌社会历史文献释录》第7卷,第322—323页。

郑显文先生曾参考日本《令集解·僧尼令》和《唐律疏议》《唐大诏令集》《唐六典》《唐会要》等中外文献典籍对唐代《道僧格》部分条文进行了复原,对我们认识唐代国家对佛教的管理有很大帮助①。而从相关条文中我们不见有关僧司机构参与管理寺院、僧尼事务,如复原的第7条"有事须论条"云:

> 凡道士、女官、僧、尼有事须论,不缘所司,辄上表启,并扰乱官家,妄相嘱请者,皆苦使。若僧纲断决不平,须申论者,不在此例。

该条就僧尼而言,若有诉讼之事要由"所司"依据僧纲断决,僧纲断决不下者,才可以上报官方。此处"所司"应指由寺院三纲组成的管理机构,即《入唐求法巡礼行记》中所称"寺荷"者②。而"僧纲"即指"佛法",如复原的第18条"准格律条"云:

> 凡道士、女道士、僧、尼犯徒罪一年以上者,先还俗,依律科罪,许以告牒当徒一年,虽会赦犹还俗。若犯奸盗,不得以告牒当之。如犯百杖以下,每杖十,令苦使十日;若罪不至还俗,并散禁。如苦使条制外,复犯罪不至还俗者,三纲依佛法量事科罚;其还俗,所罚之人,不得告本寺三纲及徒众事故。若谋大逆、谋叛者,不在此例。

是说僧尼"犯罪不至还俗者",则由三纲依佛法处罚,而不是由居于寺院之上的某僧司机构来处理。实际上,这种由寺院三纲与官府联系处理寺院僧侣之事是唐代的普遍现象,又如郑先生复原的第12条"禅行修道条"云:"凡道士、女道士、僧、尼有禅行修道,意乐寂静,不交于俗,欲求山居服饵者,三纲连署,在京者经鸿胪、宗正,在外者经州县,勘实并录申官。僧尼有能行头陀者,到州县寺舍,任安置将理,不得所由恐动。"僧尼山居修禅者由寺院三纲署名申官批准,在京寺院报鸿胪寺、宗正寺,京城之外寺院报州县官府,而没有提到由寺院三纲报京城或州县的某僧司机构。又如复原的第23条"身死条"云:"凡道士、僧尼等身死,三纲申州县纳符告注毁,在京纳于祠部,次年帐内开脱。"是说若僧尼身死,京城之外寺院由三纲上报州

---

① 郑显文:《唐代〈道僧格〉研究》,《历史研究》2004年第4期,第38—54页。
② 《入唐求法巡礼行记》卷1载:"请益法师为供учши僧,唤寺库司僧令端问寺僧数。'都有一百僧'。即沙金小二两宛设供料,留学僧亦出二两,总计小四两,以送寺荷。纲维、监寺僧等共集一处,秤定:大一两二分半。登时,得寺家报称:'须具金数,更报官取处分。'"

县、在京寺院由三纲报祠部注销死者名籍,此过程亦非由寺院三纲报某僧司机构而后上报官方。

与唐代《道僧格》中相关条文一致,我们从出土文献及其他典籍中亦可证明,唐代特别是中唐以前州县是不设置僧司机构的。吐鲁番文书73TAM509:8/26(a)《唐宝应元年(762)五月节度使衙牓西州文》载:

1　使衙榜西州

2　诸寺观应割附充百姓等

3　右件人等,久在寺观驱驰,矜其勤劳日久,遂与僧道

4　商度,并放从良,充此百姓。割隶之日,一房尽来,不能有媿（愧）

5　于僧徒。更乃无厌至甚,近日假托,妄有追呼。若信此流,

6　扰乱颇甚。今日以后,更[有]此色者,当便决然。仍仰所由

7　分明晓谕,无使踵前。榜西州及西海县。

8　以前件状如前

9　建午月四日

10　[使][御]使中丞杨志烈

这是由节度使衙直接下达给西州及西海县要求诸寺放免寺院依附人口的榜文①,但该榜文没有由僧司机构转发给诸寺院,而是由世俗政权的相关负责人员即"所由"去"分明晓谕"各寺的,说明西州应没有设置州级僧司机构。同样,西州县级亦无僧司机构,如该件文书中的西海县即是如此。又吐鲁番文书73TAM506:5/2(a)《唐大历五年(770)后前庭县马寺常住田收租帐》载:

1　前庭县

2　马寺

---

① 该件文书的图版最初由新疆维吾尔自治区博物馆、西北大学历史系考古专业所撰《1973年吐鲁番阿斯塔那古墓群发掘简报》公布,简报还对该件文书内容进行了简要说明,参见《文物》,1975年第7期,第8—26页。而唐长孺先生在《唐肃代期间的伊西北庭节度使及留后》(《中国史研究》1980年第3期)一文中最早对该件文书进行了录文及详细考论,该文后又收入唐长孺:《山居存稿》,中华书局,1989年,第411—428页。此处引文时同时参照了国家文物局古文献研究室、新疆维吾尔自治区博物馆、武汉大学历史系编《吐鲁番出土文书》(录文本)第9册,文物出版社,1990年,第126—127页。

3 合当寺从大历五年正月一日已▢
4 常住田出租应收入新旧▢
5 ▢捌事什物伍拾①

这是西州前庭县的马寺给前庭县汇报本寺财产收支状况的状文，直接由寺院向县衙汇报，亦并未经过什么僧司机构。

以上两件吐鲁番文书说明，在唐代西州及其属县没有设置专门的僧司机构。其实，不仅西北边州如此，内地亦然。日僧圆仁在《入唐求法巡礼行记》中记载了诸多寺院与官府牒文等往来之事，这为我们了解唐代内地州、县是否设有僧司机构提供了重要依据，下面我们据圆仁的记载对此进行讨论说明。

首先，在州治所在地，一般是由寺院纲管直接向州衙或州衙负责人上报有关事宜的。如《入唐求法巡礼行记》卷2载："[三月]廿一日……行卅里到青州府龙兴寺宿。寺家具录来由报州。""[三月]廿二日，朝衙入州。见录事、司法。次到尚书押两蕃使衙门前……尚书传语云：'且归寺院，续有处分。'"②又同卷载："[正月]廿日，当院纲维更作一状，差惟正及院家使报当州军事押衙张咏宅去。"③此两条均是寺院直接向登州州衙和当州军事押衙汇报，而不是通过僧司机构向上汇报的，即非"先白录司，后报官方"，故州级应没有设置僧司机构。

其次，在县级亦应不设僧司机构。当圆仁等于开成四年（839）七月暂住登州文登县青宁乡赤山村赤山院时，由于没有将圆仁等日僧的情况报告县衙，故文登县司发帖责青宁乡细勘此事。其帖文如下：

县　帖青宁乡：
得板头窦文至状报：日本国船上抛却三人。……又不见抛却人姓

---

① 国家文物局古文献研究室、新疆维吾尔自治区博物馆、武汉大学历史系编：《吐鲁番出土文书》（录文本）第10册，文物出版社，1991年，第258页。
② [日]圆仁著，[日]小野胜年校注，白化文、李鼎霞、许德楠修订校注，周一良审阅：《入唐求法巡礼行记校注》，第235—236页。
③ [日]圆仁著，[日]小野胜年校注，白化文、李鼎霞、许德楠修订校注，周一良审阅：《入唐求法巡礼行记校注》，第198页。

名,兼有何行李衣物?并勘:赤山寺院纲维、知事僧等,有外国人在,都不申报!事须帖乡专差人勘事由。限帖到当日,具分析状上……

开成四年七月廿四日
典王佐帖
主簿副尉胡君直
摄令威宣员

随后,圆仁和赤山寺院立即呈状具告详情,其中赤山寺院的状文如下:

青宁乡赤山院状上:

勘日本国僧人船上不归事由等状:

右,日本国僧圆仁、小师惟正、惟晓、行者计四人,口云:"……缘时热,且在山院。避热待时凉,即便行。"遂不早县司状,惟悉察。其僧等缘身衣钵,更无别物。如通状后不子细,法清等虚妄之过。谨具状上,事由如前。

开成四年七月日
赤山院主僧法清状

显然,在此过程中并未见有专门的僧司机构来参与此事[①]。而在另一件圆仁等日僧于开成四年(839)九月给赤山寺院请求当寺帮助申请公验的牒文中云:"请寺帖报州县给与随缘头陀公验……伏望当寺准当国格例,帖报州县,请给公验……"[②]从中可以看到,寺院直接向州县申请公验,而不再经过专门的僧司机构。

以上讨论说明,唐代西州、青州、登州等地均未设置由僧人管理的僧司机构,这种现象不是偶然的,而是当时普遍情况的真实反映,即在唐代州、县级并未设置有由僧官负责的僧司机构。同时,从时间上来讲,我们所依据的资料均在吐蕃攻陷敦煌的786年之前或吐蕃统治敦煌时期(786—848),故唐朝在沙州亦应没有设置专门的僧司机构,而至吐蕃管辖时期敦

---

① [日]圆仁著,[日]小野胜年校注,白化文、李鼎霞、许德楠修订校注,周一良审阅《入唐求法巡礼行记校注》,第172—173页。

② [日]圆仁著,[日]小野胜年校注,白化文、李鼎霞、许德楠修订校注,周一良审阅:《入唐求法巡礼行记校注》,第181页。

第一章　敦煌都司及其下设机构的经济经营　　21

煌则有了僧司机构——都司,说明都司就是在吐蕃时期设置的①。并且,都司的名称说明该机构是设置于其他诸司之上的,这亦与当时敦煌佛教僧团设有许多司级机构如灯司、行像司、功德司、道场司、儭司、仓司等的情况是相一致的。

　　既然都司是在吐蕃统治敦煌时期设置的,而从786年至848年吐蕃管理敦煌60余年,那么,吐蕃统治者是在什么时候设置都司的呢?下面我们通过梳理相关的敦煌文书来讨论该问题。

　　敦煌文书中明确记载都司的并不多,且一般均是提及而已,且吐蕃时期与都司有关或提及都司的文书要么用干支纪年,要么没有明确纪年。其中P.3410《年代不详僧崇恩析产遗嘱》第21—22行载:"崇恩前后两政为所由,于常住三宝或贷价忘取,不□招业累,将八棄上锦壹张,施入都司。"池田温、唐耕耦、沙知等先生均将该件文书的年代定为约840年②。竺沙雅章先生曾认为该件写于吐蕃统治末期③,后来又据文书中的吴三藏、翟僧统而认为写于860年前后④。郑炳林先生依据文书中阎英达任大将和翟僧统任僧统的时间及吴三藏、梁僧政的卒年而认为该件写于大中十年(856)至大中十二年(858)间⑤。北图咸字59V中《辛丑年龙兴寺寺户团头李庭秀等请便麦牒》等几件向都司和都司仓借贷的文书被竺沙雅章、姜伯勤等先

---

① 其实此后的唐代州县亦应无僧司机构,如日僧圆珍所著《行历抄》中《台州府公验》载大中七年(853)十二月台州牒文云:"当州今月壹日得开元寺主僧明秀状,称日本国内供奉赐紫衣僧圆珍等叁人,行者肆人,都柒人,从本国来……"可见,圆珍等人暂住开元寺后,其详情由当寺寺主直接向州衙汇报,而并未经过专门的僧司机构。

② [日]池田温著,龚泽铣译:《中国古代籍帐研究》"录文与插图"部分,第414—416页;唐耕耦、陆宏基编:《敦煌社会经济文献真迹释录》第2辑,全国图书馆文献缩微复制中心,1990年,第150—152页;沙知辑校:《敦煌契约文书辑校》,江苏古籍出版社,1998年,第508—513页。

③ [日]竺沙雅章:《敦煌の寺户について》,参其著《中国佛教社会史研究(增订版)》,第463页。该文原载《史林》第44卷第5期,1961年,第40—73页,收入其著《中国佛教社会史研究》(同朋舍1982年)和《中国佛教社会史研究(增订版)》时进行了修订。

④ [日]竺沙雅章:《敦煌吐蕃期の僧官制度——とくに教授について》,参其著《中国佛教社会史研究(增订版)》"补编"部分第46页。

⑤ 郑炳林:《敦煌碑铭赞辑释》,甘肃教育出版社,1992年,第291—292页。郑炳林先生后在《〈索崇恩和尚修功德记〉考释》(《敦煌研究》1993年第2期)一文中认为索崇恩逝于大中十年(856),这即是认为P.3410的时间不会晚于856年。

生定为821年①。此外，在吐蕃时期的敦煌文书中，都司存储斛斗的仓库（都司仓）又被称为都头仓②，但与之有关的文书亦是用地支纪年。如沙州文录补《丑年五月金光明寺直岁明哲等向都头仓贷便麦粟牒》即是，可惜丑年的具体公元纪年不明，沙知先生推测丑年可能为821年③。又S.542V《戌年沙州诸寺丁口车牛役簿》中多记载寺户修仓之事，其中第166行有"王小卿六月都头修仓两日"、第185行有"安不那六月都头修仓两日"的记载，姜伯勤先生认为这是寺户在都司上役而修建都司仓④。藤枝晃、土肥义和先生将戌年定为806年，竺沙雅章、池田温、姜伯勤、陈国灿等先生定为818年⑤，并基本为学界所认同。以上这些与都司有关的文书可确定时间者最早为818年，但都司设置的时间应当更早。

P.2583《申年比丘尼修德等施舍疏》为13件记录施舍情况的文书，其中第5件在第1行"七综布一疋四十尺"旁注明"都司用"，第2件在第2行"七综半布一疋"旁注明"都司用"，说明这些布被都司所用去。这13件文书中有些字迹不同，说明不是写于同时。但其中有几件写明是在申年，说明13件都是写于申年或左右。那么，此申年究竟是哪一年呢？池田温先生认为此申年大约是828年⑥，藤枝晃定为816年⑦。竺沙雅章在《敦煌吐蕃期の僧官制度——とくに教授について》一文中认为池田温所定828年

---

① 参[日]竺沙雅章《敦煌の僧官制度》，《东方学报》第31册，京都，1961年，第117—198页。该文修订后又被收入其著《中国佛教社会史研究》和《中国佛教社会史研究（增订版）》。此外，陈国灿先生在《敦煌所出诸借契年代考》(《敦煌学辑刊》1984年第1期)第2—3页、姜伯勤先生在《唐五代敦煌寺户制度》（中华书局1987年版）第37页、唐耕耦和陆宏基先生在《敦煌社会经济文献真迹释录》第2辑第97—102页、沙知先生在《敦煌契约文书辑校》第86—96页均将此丑年定为821年。以下所引其中姜伯勤《唐五代敦煌寺户制度》一书的观点时均据此版本。

② 对此问题，竺沙雅章和姜伯勤先生早已指出。参[日]竺沙雅章《敦煌の僧官制度》，见其著《中国佛教社会史研究（增订版）》，第363页；姜伯勤：《唐五代敦煌寺户制度》，第69页。后来马雅伦、邢艳红《吐蕃统治时期敦煌两位粟特僧官——史慈灯、石法海考》(《敦煌学辑刊》1996年第1期，第52—56页)和田德新《敦煌寺院中的"都头"》(《敦煌学辑刊》1996年第2期，第99—100页)两文中又有相关讨论。

③ 沙知辑校：《敦煌契约文书辑校》，第97页。

④ 姜伯勤：《唐五代敦煌寺户制度》，第93页。

⑤ 参姜伯勤《唐五代敦煌寺户制度》，第38页；陈国灿《敦煌所出诸借契年代考》，第2—3页。

⑥ [日]池田温著，龚泽铣译：《中国古代籍帐研究》"录文与插图"部分，第400—403页。

⑦ [日]藤枝晃：《敦煌历日谱》，《东方学报》（第45册），1973年，第387页。

太晚,并且同意藤枝晃816年的观点①。郝春文先生亦同意竺沙雅章的观点②,而邵文实先生依据文书中提到的尚乞心儿等吐蕃官员认为申年是公元792年③。姜伯勤先生曾认为申年是816年④,但他又以此件文书证实竺沙雅章《敦煌の僧官制度》一文中吐蕃统治敦煌第一期(781—800)僧官中僧统仍存的观点,而在781—800年间仅有792年为壬申年,故又是认同申年为792年的观点⑤。又马德先生认为P.2583中所载尚纥心儿之事是其在817年左右第二次返回敦煌之后的事,是为不认同792年之说⑥。纵观学界对该件文书的定年,主要有828、816和792年三说,从讨论情况来看,828年明显太晚,而在816年和792年两说中,学界一般认同前者。

根据以上敦煌文书对都司的记载,我们保守推测,敦煌都司起码应在816年之前就已经设置了。而如前所论,敦煌都司是吐蕃在786年统治敦煌以后设置的,故敦煌都司的设置应在786—816年之间。而都司在吐蕃统治敦煌结束以后,在其后的归义军时期始终存在,直至11世纪初。如《陇右金石录补》卷1《天禧叁年(1019)□月二十七日社邑造塔记》中就记载有敦煌"灵图寺法律知都司判官弘辩"等人⑦。

二、都司设置的背景

吐蕃在敦煌设置都司应是与当时的历史背景及吐蕃政权统治敦煌的目的相关的,下面我们从政治、经济、宗教等方面对此试做分析。

第一,政治方面。吐蕃于786年攻占敦煌后,起初在敦煌地区的统治并不稳固,敦煌地区汉人的反蕃斗争此起彼伏,吐蕃统治早期便发生了玉关驿户氾国忠等人的起义,甚至连吐蕃派驻敦煌的最高长官——"节儿"亦

---

① [日]竺沙雅章:《敦煌吐蕃期の僧官制度——とくに教授にっ(つ)いて》,参其著《中国佛教社会史研究(增订版)》"补编"部分第38页及第49页的注释9。
② 郝春文:《唐后期五代宋初敦煌僧尼的社会生活》,第252页。
③ 邵文实:《尚乞心儿事迹考》,《敦煌学辑刊》1993年第2期,第17页。
④ 姜伯勤:《唐五代敦煌寺户制度》,第100页。
⑤ 姜伯勤:《敦煌社会文书导论》,新文丰出版公司,1992年,第205—206页。
⑥ 马德:《吐蕃国相尚纥心儿事迹补述——以敦煌本羽77号为中心》,《敦煌研究》2011年第4期,第36—44页。
⑦ 宁可、郝春文辑校:《敦煌社邑文书辑校》,江苏古籍出版社,1997年,第863页。

在起义中殒命①。在这样的背景下,吐蕃统治者在用武力镇压的同时,又采取柔和的方式来博得汉人的信任。对于当时信仰佛教的吐蕃统治者及敦煌民众而言,佛教无疑是一种非常有利的工具,佛教成为蕃汉之间进行沟通与建立互信的桥梁,故吐蕃统治者在敦煌地区大力扶持佛教的发展,佛教僧团规模不断扩大。同时,吐蕃本土僧侣参政的情况亦推行到敦煌地区②,参政僧侣(僧官)不但可以管理僧团,而且可以间接地对信仰佛教的汉族民众进行教化管理。在这样的背景下,吐蕃统治者设置了专门的僧司机构——都司,并任命了相应的僧官,通过都司及僧官而间接地实现对汉人的统治。刘安志先生曾对敦煌吐鲁番文书中出现的世俗政权的都司机构进行过研究,并指出:"隋唐时期除中央'都司'外,在地方上并未有'都司'这样一级的常设行政管理机关。"而"敦煌、吐鲁番等地出土文书中的'都司',是唐朝为了集中力量对付周边民族政权而设置的大使综合管理机关,如陇右诸军州大使、碛西节度大使等,它们的权限极大,或统辖整个西北军政,或统辖整个西域军政,其在地方上的办公机关即称'都司',系模仿尚书都省之'都司'而来。"③其实,敦煌都司亦是吐蕃占领敦煌后为了更好地管理敦煌地区的佛教事务及对当地蕃汉军民进行更有效的管理而设置的一个机构。

第二,宗教方面。吐蕃统治敦煌后,在当地推行了一系列改革,内容涉及政治、经济、宗教等方面,主要是废除了唐制而推行吐蕃的制度。如在政治制度上,废除了唐代实行的乡、里制度而代之以部落、将制,经济制度上废除了唐代的均田制而实行突田制等,在宗教方面亦不例外。吐蕃统治敦煌初期,在僧官制度上沿袭唐制的同时又进行了改革,除了此前中国佛教史上已有的僧统、僧政等僧官外,同时还出现了诸如教授、法律、判官等新的僧官名号。吐蕃统治敦煌后期,教授逐渐取代了僧统作为僧官称号,"都

---

① 详情可参姜伯勤《唐敦煌"书仪"写本中所见的沙州玉关驿户起义》(《中华文史论丛》1981年1辑,第157—170页)和史苇湘《吐蕃王朝管辖沙州前后——敦煌遗书S.1438背〈书仪〉残卷的研究》(《敦煌研究》1983年创刊号),其中史文又收入其著《敦煌历史与莫高窟艺术研究》,甘肃教育出版社,2002年,第152—161页。

② 李正宇:《8至11世纪敦煌僧人从政从军——敦煌世俗佛教系列研究之七》,《敦煌学辑刊》2007年第4期,第50—61页。该文又载《敦煌研究》2008年第1期,第38—46页。

③ 刘安志:《敦煌吐鲁番文书所见唐代"都司"考》,《魏晋南北朝隋唐史资料》第20辑,2003年,第199—213页。

僧统"改称为"都教授"①。寺院内部亦是如此,除了承袭唐代寺院三纲外,寺院纲管行列还有判官、寺级法律等②。而僧司的设置同属对佛教僧团管理改革的内容,故在僧官制度改革的同时,设置相应的僧司机构如都司亦是对僧团管理进行改革的结果。

第三,经济方面。公元8—9世纪前半期,吐蕃本土寺院经济实力较为雄厚,且确立了七户养僧制度。吐蕃占领敦煌后,将这种养僧制度在敦煌地区亦推行开来③,从而促进了敦煌僧团经济的发展。但吐蕃统治者在大力支持敦煌佛教发展的同时,又非常注意对敦煌佛教僧团的管理,其中对敦煌寺院经济规模的管制是一项重要内容④。而都司的一个重要职能即是对佛教僧团的经济进行管理,如各寺院均在年终要向都司汇报财产的收支结存情况、寺院寺户亦受都司管理,等等⑤。同时,都司官员是由吐蕃统治者任命的,故都司的设置亦是吐蕃统治者对寺院经济进行控制的需要。

从以上分析中我们可以注意到,敦煌都司的设置是与吐蕃统治敦煌早期的政治、经济、宗教等因素紧密相关的,而都司设置的目的其实就是为了维系吐蕃对敦煌地区的统治。

三、都司的设置地点

关于都司的设置地点,学界有不同的看法。竺沙雅章先生据教授正勤

---

① 对吐蕃归义军时期敦煌僧官讨论的主要研究成果,除了前述[日]竺沙雅章《敦煌の僧官制度》和《敦煌吐蕃期の僧官制度——とくに教授について》两文外,主要还有荣新江:《关于沙州归义军都僧统年代的几个问题》,《敦煌研究》1989年第4期,第70—78页,该文后收入其著《归义军史研究——唐宋时代敦煌历史考索》第279—297页;谢重光:《吐蕃占领期与归义军时期的敦煌僧官制度》,《敦煌研究》1991年第3期,第52—61页,该文经修改后又收入谢重光、白文固:《中国僧官制度史》,青海人民出版社,1990年,第123—134页;姜伯勤:《敦煌社会文书导论》,第205—223页;邓文宽:《三篇敦煌邈真赞研究——兼论吐蕃统治末期的敦煌僧官》,中国文物研究所编《出土文献研究》第四辑,中华书局,1998年;陆离:《吐蕃僧官制度试探》,《华林》第3卷,中华书局,2003年,第77—90页;陆离:《吐蕃统治时期敦煌僧官的几个问题》,《敦煌研究》2005年第3期,第93—98页。
② 参本书第三章第二节。
③ 陆离:《唐五代敦煌寺户制度源流辨析》,载季羡林等主编《敦煌吐鲁番研究》第6卷,北京大学出版社,2002年,第283—295页。
④ 参本书第六章。
⑤ [日]竺沙雅章:《敦煌の僧官制度》,参其著《中国佛教社会史研究(增订版)》,第342、397—398页;姜伯勤:《唐五代敦煌寺户制度》,第47—50页。

是灵图寺僧而主张都司设在灵图寺①。方广錩先生依据 S.1438V《书仪》残卷中所载玉关驿户氾国忠等人起义时,敦煌当地官员到龙兴寺"觅蕃大德,告报相将,遂使回避"而断定都司设在龙兴寺②。陈大为先生赞同方广錩先生的观点,并进一步举例进行了论证,其所举例子有:S.2729V《辰年(788)三月沙州僧尼部落米净辩牒》中所载吐蕃时期官府的寺次排列中龙兴寺排在首位、S.4642V《某寺诸色斛斗入破历算会牒》第 59－60 行载有"粟叁斗伍胜,龙兴寺看僧统用"、P.2054V《疏请僧名录》中龙兴寺名下出现"都司法律"一职,P.2879V《应管壹拾柒寺僧尼籍》中将龙兴寺排在首位且龙兴寺僧钢慧为都僧统③。由于敦煌文书中没有明确记载都司设在何处,故方广錩和陈大为先生亦仅仅是依据上述材料进行了推测性讨论。但即便如此,都司的设置地就是在龙兴寺应是可信的。除了方、陈二氏所举材料外,敦煌文书中还有其他相关记载间接说明都司应设在龙兴寺,如 P.4957《某寺诸色入破历算会牒残卷》第 23－24 行载:"白面壹硕捌斗伍升,油捌胜,麦叁斗,粟叁斗,苏壹升,已上充龙兴寺算会食用。"此处所载该寺院于龙兴寺的算会支出应与张议潮和都僧统对敦煌僧团财产进行的调查有关④,既然对敦煌僧团财产的调查统一在龙兴寺进行,说明龙兴寺应为都司的设置地。

第二节 敦煌都司及其下设机构的经济经营

一、都司经济论略

(一)吐蕃时期的都司经济

敦煌文书中明确记载都司拥有独立经济的资料主要集中于吐蕃时期。S.542V《戌年(818)沙州诸寺丁口车牛役簿》(此后简称《役簿》)中多处频繁记载"看园"、"艾稻"、"耕桃园"、"般(搬)稻谷入城"、"营田"、"种麦"、"搬麦"、"看碨"、"看梁",等等,为了明确起见,这里按文书的行号将相关内容

---

① [日]竺沙雅章:《敦煌の僧官制度》,参其著《中国佛教社会史研究(增订版)》,第 365 页。
② 方广錩:《中国写本大藏经研究》,上海古籍出版社,2006 年,第 133 页。
③ 陈大为:《敦煌龙兴寺与其他寺院的关系》,《敦煌学辑刊》2009 年第 1 期,第 54－57 页。
④ 详参本书第六章第二节。

摘录如下:

    25 张清清帖看砲。
    38 薛归奴看园,守永安囚五日。
    46 史加进团头,看砲。
    57 刘孝忠看砲,送西州寺户往瓜州,子年十月六日。
    59 李岘看园。
    75 开元寺张进朝安国收,看梁。
    85 王和国守囚五日,艾稻三日。
    108 张不要修仓五日,看梨园五日。
    123 张进光看砲。
    131 安朝朝看砲。
    136 刘保奇看砲,沙州守囚五日。
    138 石多德看园。
    147 辛数莚守囚五日,营田夫五日。
    151 辛演修仓五日,艾稻三日。
    158 辛自宽看园。
    161 李金刚修仓,艾稻三日。
    167 安天奴修仓五日,营田夫五日。
    169 杨朝朝看园。
    172 寇明俊看园。
    177 安萨保守囚五日,营田夫五日。
    179 成悉堵修仓五日,艾稻三日。
    181 韩如霜看园。
    183 石玉奴放羊。
    186 龙兴寺四乘车,耕桃园,黎(犁)牛一具两日。
   *187 光子车,差般(搬)梨两日。
    189 用安国修佛。与悉㕑勃藏卿般(搬)草两日,卯[年]耕桃园黎(犁)牛一[具]三日。
    190 大云寺车叁乘,与番种麦,牛一具,三日。与教授般(搬)麦,差车一乘两日。

195　灵图寺车两乘，般（搬）稻谷入城。①

前已说之，该件文书的戌年被竺沙雅章、池田温、姜伯勤等先生定为818年，而该件文书的性质被姜伯勤先生考定为是吐蕃统治敦煌期间敦煌诸寺寺户在都司上役的记录，并且据此证明都司在沙州城外自营稻田。同时，姜先生又据S.542V《役簿》和P.3730《吐蕃申年十月报恩寺僧崇圣状并教授乘恩判辞》中记载报恩寺僧崇圣奉大众驱使而栽种园林、供僧众果物及教授乘恩的判辞证明都司有自营的果园②。S.542V《役簿》尾部残缺，残缺内容的一部分后来在国家图书馆藏敦煌文书BD09606V中被发现，郝春文先生将其与S.542V《役簿》进行了整理推补③。BD09606V中更明确地记载了"耕地"的情况，如第6—7行载"乾元寺车一乘。载砖一车修仓。差牛一具，耕稻地二日。子年五月五日差。永安寺车一乘。载砖一车修仓，子年四月六日差一具牛两日耕桃园"。其中"耕稻地"的记载在S.542V中没有，"营田"、"耕稻地"、"耕桃园"等说明都司确实有自己的土地和果园。吐蕃时期的敦煌文书中有都司仓的记载，这些土地上的粮食收入应该是储藏于都司仓。此外，从"看碹"、"看梁"来看，都司应该还拥有自己的碾碹和油梁经营。

除了S.542V《役簿》中反映的土地和碾碹之外，都司拥有财产的记载还见于他处。P.3410《年代不详僧崇恩析产遗嘱》第21—22行载："崇恩前后两政为所由，于常住三宝或贷价忘取，不□招业累，将八稤上锦壹张，施入都司。"说明布施收入亦是都司的收入来源之一。又P.2689《年代不明僧义英等唱卖得入支给历》经6—8行载：

6　义英布被七石，前二斗四升，布裙衫四石一斗，计十一石三斗四升。支都司二石八斗，官不给。

7　志贞青绢六石，折本分四石七斗七升，疑净四石三斗，折唱外

---

①　对该件文书进行释录者众多，郝春文先生在诸家录文基础上又进行了录校，参郝春文编著《英藏敦煌社会历史文献释录》第3卷，社会科学文献出版社，2003年，第123—139页。

②　姜伯勤：《唐五代敦煌寺户制度》，第68—70页。关于P.3730《吐蕃申年十月报恩寺僧崇圣状并教授乘恩判辞》申年的具体年代，池田温先生定为840年，参其著《中国古代籍帐研究》"录文与插图"部分，第407页。

③　郝春文：《中国国家图书馆藏未刊敦煌文献研读札记》，《敦煌研究》2004年第4期，第26—27页。

余三石七

8 升,写论直五斗,以上共计三石五斗七升,内支法行下二石一斗,见给麦一石四斗七升。足①

这是大众分僦的记录,虽然第 6 行所载的"支都司二石八斗,官不给"数字在原卷中被涂抹,但说明都司的财务收支与其他机构是独立的。

既然都司拥有自己独立的经济,那么都司的经济规模如何呢?由于相关敦煌文书缺载,故我们对该问题无法进行准确的说明,而只能通过几件关于都司的借贷文书对其进行简单的了解。北图咸字 59V 包括几件关于都司仓借贷的文书,这几件文书均记载的是以某寺寺户名义于丑年二月向都司仓进行借贷之事,前已说之,文书中的丑年被竺沙雅章、陈国灿、唐耕耦、沙知等先生定为 821 年。由于文书内容较多②,这里不再全部移录,而是将主要情况列示如下:

《辛丑年(821)龙兴寺寺户团头李庭秀等请便麦牒》载:"每头请种子伍拾䭾……团头李庭秀等牒(朱印),团头段君子,团头曹晟(朱印),团头张金刚(朱印)。准状支给,至秋征纳。十三日。正勤。"

《丑年(821)开元寺寺户张僧奴等请便麦牒》载:"付所由,晟奴已上五户,各便伍䭾,已下三户,各与壹䭾半。至秋收纳。十四日。正勤。"

《丑年(821)安国寺寺户氾奉世等请便麦牒》载:"康娇奴等四人各伍䭾,已下(三人)各壹䭾半。十四日。正勤。"

《丑年(821)灵修寺寺户团头刘进国等请便麦牒》载:"灵修寺户团头刘进国,头下户王君子,户麹海朝,户贺再晟,已上户各请便种子麦伍䭾,都共计贰拾䭾……付所由,进国等共便与壹拾伍䭾。十四日。正勤。"

《丑年(821)金光明寺寺户团头史太平等请便麦牒》载:"团头史太平,户安胡胡,安进汉,安达子,僧奴。右件人户,粮食罄尽,种子俱无,

---

① 上海古籍出版社、法国国家图书馆编:《法国国家图书馆藏敦煌西域文献》第 17 册,上海古籍出版社,2001 年,第 255 页。

② 录文参唐耕耦、陆宏基编《敦煌社会经济文献真迹释录》第 2 辑,第 97—102 页;沙知辑校《敦煌契约文书辑校》,第 86—96 页。

阙乏难为,交不存济。请便麦贰拾驮……依计料支给,至限收征。十七日。正勤。"

《丑年(821)报恩寺人户团头刘沙沙请便麦牒》载:"都司仓请便麦贰拾伍驮……依计料支给,至秋征收。十七日。正勤。"

下面我们依据这几件借贷文书将所借数额列表如下:

(表1—1)

寺户	龙兴寺寺户	开元寺寺户	安国寺寺户	灵修寺寺户	金光明寺寺户	报恩寺寺户
数额(驮)	4×50=200	5×5+3×1.5=29.5	4×5+3×1.5=24.5	3×5=15	20	25
合计(驮)	314					

以上几件文书的借贷数额总共为 314 驮。又前说沙知先生推测沙州文录补《丑年五月金光明寺直岁明哲请便麦粟牒》的丑年亦是 821 年,该件记载金光明寺向都头仓(都司仓)"贷便麦拾伍驮,粟伍驮"[1],该数加上 314 驮共计约 334 驮,这是都司仓在 821 年贷出麦粟的最低数额。按照一蕃驮相当于一汉石计算[2],则 334 驮约合为 334 石,说明在 821 年 5 月时,都司的斛斗数量至少在 334 石以上。当然,都司掌管的斛斗数应远不止此数,原因主要如下:

第一,都司不可能将全部斛斗借贷出去,借贷出去的斛斗仅为都司斛

---

[1] 沙知辑校:《敦煌契约文书辑校》,第 97 页。

[2] 学界对"驮"与"石"或"斗"之间的换算关系有不同的看法。谢和耐先生认为,吐蕃一驮相当于 0.87 汉石,参谢和耐著、耿昇译《中国五—十世纪的寺院经济》,第 136 页注释 2。杨际平先生曾提出"一驮等于二十斗",参杨际平《吐蕃时期敦煌计口授田考——兼及其时的税制和户口制度》,甘肃《社会科学》1983 年第 2 期。宁可、郝春文先生针对杨际平先生的观点,指出驮有蕃驮与汉驮的区别,认为"一驮等于二十斗"之"斗"是"蕃斗而非汉斗",参宁可、郝春文《敦煌社邑的丧葬互助》,《首都师范大学学报》1995 年第 6 期。后来杨际平先生又提出"一番驮等于两番石,又大体相当于一汉石",参杨际平《敦煌吐鲁番出土雇工契研究》,载季羡林等主编《敦煌吐鲁番研究》第 2 卷,北京大学出版社,1997 年,第 220 页。而高启安先生认为"当时的敦煌汉驮(或大驮)应当为每驮二石,小驮(或蕃驮)应为八斗到一石之间",参高启安《唐五代宋初敦煌的量器及量制》,《敦煌学辑刊》1999 年第 1 期,第 59—71 页。尔后,杨际平先生又进一步论证了自己的观点,即"1 驮=2 蕃石(20 蕃斗)=1 汉石(10 汉斗)",参杨际平《也谈宋间敦煌量制"石"、"斗"、"驮"、"秤"》,《敦煌学辑刊》2000 年第 2 期,第 18—20 页。郝二旭先生通过进一步论证,支持了杨际平先生"1 驮=1 汉石(10 汉斗)"的观点,参郝二旭《再谈敦煌文献中的"罗麦"与"驮"》,《中国社会经济史研究》2012 年第 4 期,第 19—23 页。我们这里统计时按照"1 驮=1 汉石"来进行。

斗的一部分。

第二，当时敦煌有十几所寺院，而北图咸字59V中所载的仅仅是6所寺院，既然这6所寺院的寺户可以向都司仓进行借贷，那么其他寺院的寺户亦会如此。

第三，上面所统计的数字主要是麦，而都司仓所存斛斗除了麦之外，还应有粟、黄麻、豆，等等。

(二)归义军时期的都司经济探析

在吐蕃以后的归义军时期，我们于敦煌文书中不见明确对都司经济的记载，但有的文书应与都司有关。P.2846《甲寅年(954?)都僧政愿清等交割讲下所施麦粟麻豆等破除见在历》载：

```
1  甲寅年正月廿一日,都僧政愿清、僧政智端、僧政道□、[僧]
2  政道深、僧政金刚锐、执掌法律庆戒、德荣等,奉
3  官处分,令交割讲下所施麦粟麻豆布䊹
4  褐铜铁等,见交过麦贰伯捌拾硕,粟壹伯
5  贰拾玖硕,土布褐共肆伯伍拾叁尺,
6  尺官䊹六十尺,皂绢壹疋,麻壹硕肆斗,麻
7  子壹硕肆斗,小豆子壹硕伍斗,已上物色见在及
8  破除支付,谨具数目如后:麦伍硕,粟伍硕,昌
9  褐壹疋,土布壹疋半,于杨保富处买浮钉门壹
10  合用。又布半疋与保花用。又麦两硕贰斗,粟两
11  硕,土布壹疋,于王德金买独扇门壹合用。麦两
12  硕伍斗,与东河柴全定种子用。麻两硕捌斗,
13  付二梁户压油回廊上赤白用。麻子壹硕贰斗
14  压油换油,供画匠用。麦叁拾伍硕砲白面,又
15  麦壹拾陆硕捌斗砲䴷面,酒叁拾瓮卧用
16  粟贰拾壹硕,又粟柒硕令酤酒用。麦壹拾
17  捌硕、粟壹拾贰硕陆斗、布壹疋、昌褐壹疋,
18  于官人户唐憨憨处买破釜壹口写钟用。麦
19  两硕,粟壹硕,弥共阿婆舂粮用。麦壹硕,粟
20  壹硕,于姚小儿处买苊篱用。麦伍拾贰硕
```

（后缺）①

文书中"讲下"所施的这些财物由都僧政和四名僧政、两名法律掌管，其中僧政愿清在后面将要引用的 P.2638《后唐清泰三年（936）沙州儭司教授福集等状》中是儭司法律，又在写于天福年间（937—944）的北敦 02496（成字 96）《儭司唱卖儭施得布支给历》中愿清为儭司僧政、德荣为儭司法律②。总之，P.2846 中负责"讲下"所施财物者均为都司僧官，但无寺院纲管或徒众参与。同时，这些布施收入数额较大，而从敦煌寺院的相关收入情况来看，一所寺院的布施收入不会有这么多，故文书所载的并非是某一所寺院的布施财物所得。既然如此，那么文书中的破用亦不是因某寺院的支出，而应是用于都司或其下设机构的支出，其中第 11—12 行所载"麦两硕伍斗，与东河柴全定种子用"中柴全定所种的土地亦应不属某寺院而属都司，说明都司应在东河拥有土地。

同时，该件文书第 13 行还记载到"二梁户"，说明归义军时期都司可能还拥有油梁。S.1947V《唐咸通四年癸未岁（863）敦煌所管十六寺和三所禅窟以及抄录再成毡数目》中记载到了司空和吴僧统酉年算会、丑年分都司之事，同时还记载了癸未年五月廿三日抄录官算籍上明照手下所管之财物。这些财物绝大多数是织物，另有个别什物。此外，在第 3—4 行还记载有"东河水硙一轮，油梁一所"③，此水硙、油梁与 P.2846 中所载的土地所在地相同，均在东河。关于 S.1947V 中的明照其人，敦煌文书中多有记载，其为龙兴寺僧人④，活动时间约在吐蕃后期归义军初期。而都司就设置在龙

---

① 唐耕耦、陆宏基编：《敦煌社会经济文献真迹释录》第 3 辑，全国图书馆文献缩微复制中心，1990 年，第 525 页。
② 对该件文书进行释录研究的学者较多，而郝春文先生在诸家研究基础上对该件文书又进行了释录研究，参其著《唐后期五代宋初敦煌僧尼的社会生活》，第 312—319 页。
③ 录文参唐耕耦、陆宏基编：《敦煌社会经济文献真迹释录》第 3 辑，第 8 页。
④ 荣新江和陈大为先生专门对僧人明照进行过讨论，认为其俗姓张，为龙兴寺僧人，荣新江先生还认为其可能出自张议潮家族。分别参《归义军史研究——唐宋时代敦煌历史考索》第 150—151 页及 165 页注释 9 和《敦煌龙兴寺与普通信众的关系》（《敦煌学》第二十八辑 2010 年）第 43 页。敦煌文献中记载有明照的地方很多，除了荣、陈二氏在讨论过程中提到的北图莱字 25《瑜伽师地论》卷四十八、日本书道博物馆藏《瑜伽师地论》卷五十二、дх.01610《瑜伽师地论本地分中独觉地第十四》、S.3927《瑜伽师地论卷第卌》、BD06251（海 051）《释氏杂文稿》、Φ070《瑜伽师地论卷第卌二》的题记及莫高窟第 192 窟东壁门上大唐咸通八年发愿文之外，散 0544 李木斋旧藏《净名经关中疏卷上》题有"大唐咸通八年岁次丁亥三月七日说毕。此是明照本"，P.3643《唐咸通二年（861）奇像奴出租地契》末尾有"见人并书契僧明照"。

第一章　敦煌都司及其下设机构的经济经营

兴寺,故不排除 S.1947V 所载明照手下掌管的就是都司财产的可能,若是,归义军时期都司油梁、碾硙均有。与此一致,归义军时期的个别文书可能就是对都司油梁经营的记载,如 S.6781《丁丑年(917)前后阳王三欠油凭》载:

(前缺)

1 ＿＿＿＿＿＿＿＿＿＿＿＿＿＿＿＿＿＿＿＿

2 　紫捌窠欺政绫两乌全长叁拾贰尺,准折欠油两硕

3 　伍斗壹胜半。更残欠油叁硕,用为后凭。

4 　僧政(签名)　　　欠油人阳王三(押)。

5 　僧政　　　　　口承男惟子(押)。

6 　都僧录龙瞀①

该件中阳王三的身份应为梁户,这是算会阳王三所欠油数的记录,其中参与者为都僧录龙瞀和两名僧政。又紧接该件后面抄写的 S.6781《丁丑年(917)正月十一日北梁户张贤君二年油课应见纳及沿梁破余抄录》载:

1 　丁丑年正月十一日,就库算会,北梁户张贤君,乙亥年丙子

2 　贰年课,应见纳及沿梁破余,谨具抄录如后。

3 　准契见纳油数:先乙亥年八月与后,于都师文进

4 　年内纳油壹斗肆胜。从丙子年正月一日与后至丁丑年正月

5 　与前诸处杂领及库见纳:都师愿惠于贤君

(中略)

13 　修梁破用,张贤君亥子贰年中间准契欠油壹硕

14 　叁胜。丙子年欠油五斗。

15 　僧政

16 　僧政

17 　都僧录②

该件是算会北梁户张贤君手上课油情况的记录,参与者亦为都僧录和

---

① 唐耕耦、陆宏基编:《敦煌社会经济文献真迹释录》第 3 辑,第 342 页。
② 唐耕耦、陆宏基编:《敦煌社会经济文献真迹释录》第 3 辑,第 343 页。

僧政等僧官。既然这两件文书中所载算会梁户课油的均是僧官且无寺院三纲、直岁或寺院徒众等，说明这不是某一所寺院而应属于都司的油梁经营。

此外，在归义军时期的敦煌文书中不见都司仓的明确记载，而在相关寺院文书中却常见到"官仓"的记载，那么，此官仓与都司仓有什么关系呢？日本学者仁井田陞曾推测都司仓可能为官仓，但在藤枝晃向其提出都司仓应为寺仓的影响下，仁井田陞又对自己的观点产生疑虑①。当然，仁井田陞曾推断都司仓应为官仓时并未将都司仓与敦煌寺院文书中常见的"官仓"联系起来，亦未展开详细讨论。但从一些细节上来看，敦煌寺院文书中的官仓与都司仓有密切的关系，不排除这里的官仓就是都司仓的可能，理由如下：

第一，敦煌文书中明确记载到官仓的管理者有时为僧人。如国家图书馆藏敦煌文书 BD15246(3)载：

1 辛丑年八月十二日，都师愿通见领得
2 官仓会阴法律团八人等手上麦捌硕（愿）②

文书中的"会阴法律"显然为僧官。会阴法律的记载还见于其他文书，如 P.4004＋P.3067＋S.4706＋P.4908《庚子年（1000 或 940）后报恩寺寺主法□交割常住什物历牒》中第 12－13 行中间载有"其铃却付与库内，却付会阴法律"③。此外，S.4701《庚子年（1000 或 940）报恩寺算会分付斛斗凭》中第 7－8 行载："内惠阴法律、寺主定昌、戒宁等三人身上欠麻叁硕贰斗贰升"，S.4702《丙申年（996 或 936）报恩寺算会索判官索僧正领黄麻凭》背面

---

① ［日］仁井田陞：《唐末五代的敦煌寺院佃户关系文书——关于限制佃户人格自由的规定》，载［日］周藤吉之等著，姜镇庆、那向芹译《敦煌学译文集——敦煌吐鲁番出土社会经济文书研究》，甘肃人民出版社，1985 年，第 835 页。该文原载西域文化研究会编《西域文化研究》第二册，1959 年。
② 任继愈主编，中国国家图书馆编：《国家图书馆藏敦煌遗书》第 141 册，国家图书馆出版社，2011 年，第 183 页。
③ 唐耕耦：《敦煌寺院会计文书研究》，新文丰出版公司，1997 年，第 293－299 页。当然，对该件文书的定名、时间判定等问题，学界有不同的看法，详参本书第六章第二节的介绍。

第1—2行亦载有"惠阴法律欠麻三石二斗二升六合三圭"①,这里的"惠阴法律"与"会阴法律"应为同一人。会阴法律团应为以会阴法律为首的掌管仓库财物的负责人。此处的官仓由这些僧官们负责,说明此官仓不应是世俗仓,更不是某寺院的常住仓,而应是佛教僧团的仓库了,而该仓库只能是都司仓。

第二,敦煌文书 P.2567V(2)仅保存下来了一残行,内容为:"申年五月廿三日于都司佛物仓便麦伍拾斗,并汉[斗]"②,这里将都司仓称为是佛物仓,既然是佛物仓,那么其掌管的斛斗起码在名义上属于三宝之一的佛物。按佛律的规定,三宝财物是不能混用的,故都司佛物仓掌管的斛斗起码在形式上应用于因佛的相关支出。而从敦煌文书中看到,寺院往往有从官仓领得佛食或佛料的记载。如 S.5049《庚辰年(980 或 920)正月报恩寺寺主延会诸色斛斗入破历算会牒稿》第 5 行载:"麦四石二斗,于官仓春佛食领入。"第 14—15 行载:"黄麻四斗,于官仓秋佛食领入。麦四石二斗,秋佛食领入。"第 19—20 行载:"(戊寅年)麦四石二斗,春佛食领入。"③P.4694《年代不明某寺诸色斛斗入破历算会牒残卷》第 5—7 行载:"肆硕壹斗官仓佛食入……肆硕壹斗秋佛食入。"S.1600(1)+S.1600(2)+ДХ.01419+S.6981(1)《庚申年十二月十一日至癸亥年十二月灵修寺招提司典座愿真等诸色斛斗入破历算会稿残卷》载:"(前略)中间首尾三年,应入诸渠厨田兼诸家散施及官仓佛食、阇梨手上领入常住仓顿设料……(辛酉年)麦肆石贰

---

① 学界对 S.4701 和 S.4702 的年代、所属寺院及定名等观点不尽一致,如唐耕耦先生在《敦煌社会经济文献真迹释录》第 3 辑第 400 页、第 396 页分别将二者定名为《庚年年(940?)十二月十四日某寺前后执仓法进惠文愿盈等算会分付回残斛斗凭》、《丙申年(936?)十二月九日某寺算会索僧正等领麻凭》,后来唐先生在《敦煌寺院会计文书研究》第 308—309 页、第 311 页又将二者分别定名为《庚子年(1000 或 940)报恩寺算会分付斛斗凭》、《丙申年(996 或 936)报恩寺算会索判官索僧正领黄麻凭》。沙知先生在《敦煌契约文书辑校》(江苏古籍出版社 1998 年)第 410 页、第 391 页分别将二者定名为《庚子年(1000?)某寺执物僧团头法律惠员执仓凭》、《丙申年(996?)某寺常住黄麻案》。金滢坤先生在《敦煌社会经济文书定年拾遗》(《首都师范大学学报(社会科学版)》2006 年第 1 期)一文中将二者分别定名为《宋庚子年(1000)报恩寺执物僧团头法律惠员执仓凭》、《宋丙申年(996)十二月九日报恩寺常住黄麻案》。

② 该申年不确定具体是哪一年,但应属吐蕃时期,因为该行文字与 P.2567V《癸酉年(793)二月沙州莲台寺诸家散施历状》抄在一起,只是两者之间中空数行。

③ 唐耕耦先生在《敦煌社会经济文献真迹释录》第 3 辑第 532—533 页将该件录文并定名为《戊寅年(978?)某寺诸色斛斗入破历算会牒残卷》,后在《敦煌寺院会计文书研究》第 288 页认为此定名不妥,并重新将其定名为《庚辰年(980 或 920)正月报恩寺寺主延会诸色斛斗入破历算会牒稿》。

斗,麻四斗,春佛食入。……麦四硕二斗,麻肆斗,秋佛食入。……(壬戌年)麦八石四斗,麻八斗,春秋佛食入。……(癸亥年)麦八石四斗,麻八斗,春秋佛食入。"①S.1574《己未年(959)某寺诸色斛斗入破历》第1—2行载:"己未年四月于官仓领得神佛料麦两硕、黄麻壹硕贰斗、粟肆硕,窟上作料用。"②P.4957《申年(?)某寺诸色入破历算会牒残卷》第3行载:"粟陆硕五斗,申年佛食入。"P.2049V《后唐同光三年(925)正月沙州净土寺直岁保护手下诸色入破历算会牒》第42—43行载:"麦肆硕贰斗,自年春季佛食入。"第44—45行载:"麦肆硕贰斗,秋季佛食入。"S.1625《后晋天福三年(938)十二月六日大乘寺徒众诸色斛斗入破历算会牒残卷》第1行载:"(前缺)肆斗,春秋贰季佛食入。"P.3234V(1)《年代不明(10世纪中期)应庆麦粟油入破历稿》第2行载:"春佛食麦四石二斗。"P.3234V(2)《年代不明(10世纪中期)油入破历》第6行载:"秋造佛食得油二升。"P.2032V《后晋时代净土寺诸色入破历算会稿》第3行载:"麦肆硕贰斗,春佛食料入。"国家图书馆藏敦煌文书BD15246(1)第4行载:"麦肆硕贰斗,于官仓春佛食入。"第13—14行载:"黄麻四斗,于官仓秋佛食领入。麦肆硕贰斗,秋佛食领入。"第27—28行载:"麦肆硕贰斗,黄麻肆斗,秋佛食领入。黄麻肆斗,春秋佛食领入。"第54—55行载:"麦捌硕肆斗,秋佛食领入。黄麻捌斗,春秋佛食领入。"在这些春秋佛食入中,尽管有的没有明确说是从官仓领得的,但实际上均为从官仓领入无疑。而且这些春秋佛食入的数额差不多,春秋两次一般共计8石多。显然,这些从官仓领得的佛食与都司佛物仓掌管的佛物性质上是一样的,故这里的官仓很可能就是指都司仓。

第三,寺院在向官仓请佛食时有时还要招待判官,如P.3490V《辛巳年(921或981)某寺诸色斛斗历》第65行载:"面壹斗,春请佛食看判官用。"P.2049V《后唐同光三年(925)正月沙州净土寺直岁保护手下诸色入破历算会牒》第368行载:"面壹斗,春请佛食看判官用。"P.2776《年代不明(10世纪)诸色斛斗入破历算会牒残卷》第16—17行载:"面贰斗伍胜,秋季请佛食时看判官及众僧等用。"此处的判官应为都司判官,因为在都司僧官设

---

① 对S.1600(1)、S.1600(2)、ДX.01419和S.6981(1)的缀合,详参本书第三章第一节。
② 该件文书唐耕耦先生后又在《敦煌寺院会计文书研究》第315页考证定名为《己未年(1019或959)报恩寺诸色斛斗入破历》。

置中就有判官之职①,而管理经济事务往往是判官的职责之一,正是由于寺院要向都司仓请佛食,故才有招待都司判官之事。

(三)都司的财务管理

最后,我们还需对都司的财务管理问题略作交代。由于都司仓的财务运营情况直接体现了都司的财务管理问题,故了解都司的财务管理问题需要认识都司仓的财务运营。从文书记载来看,都司仓的最高管理者是都僧统(或都教授),最低一级的管理者是都司仓所由,在都僧统和都司仓所由中间还设有一级管理者。都司仓的支出往往先需都僧统批准,再由中间一级管理者将都僧统的批示下达给都司仓所由,最后由都司仓所由具体负责执行都僧统的决定。如前引北图咸字59V中几件向都司仓借贷的文书后均有都教授正勤的判辞,其中《辛丑年(821)龙兴寺寺户团头李庭秀等请便麦牒》中都教授正勤的判辞后还有"依上处分,付仓所由,付",这是中间一级管理者在接到都教授的处分后对都司仓所由下的最后批示。又《丑年(821)报恩寺人户团头刘沙沙请便麦牒》中正勤的判辞后亦有"依教授处分,任支给,即日。□□",最后两字漫漶不清,应为下此判辞者的姓名或法号,前件中的"依上处分,付仓所由"亦应是该管理者下的判辞。这样,都司仓的管理系统应分三个层次,即都僧统——中间一级管理者——都司仓所由。有学者认为,都司仓中间一级管理者的职衔是"都头"②,但此观点似未成定论。

二、都司下设机构的经济经营

(一)儭司的设置及其经济状况

对敦煌儭司的全面研究,首推郝春文先生。郝春文先生研究指出:儭司所执掌的布施是施主标明施入合城大众或大众的部分;儭司分儭的原则是按人头均分,而僧尼获得儭利的前提是参加都司规定的宗教活动,承担当寺僧役;儭司分配的儭利是僧尼宗教收入的一部分;儭司的职责包括出

---

① 如 P.3155V《唐天复四年(904)僧令狐法性出租土地契(稿)》中载有"都司判官氾恒世",《天禧叁年(1019)□月二十七日社邑造塔记》中载有"灵图寺法律知都司判官弘辩",P.2638《后唐清泰三年(936)沙州儭司教授福集等状》中载有"都司三判官"。

② 马雅伦、邢艳红:《吐蕃统治时期敦煌两位粟特僧官——史慈灯、石法海考》,《敦煌学辑刊》1996年第1期;田德新:《敦煌寺院中的"都头"》,《敦煌学辑刊》1996年第2期,第99—100页。

唱接受的物品,支付僧司本身和都司的诸多费用及分配僧利;僧司分配僧利的依据是《僧状》①。下面我们在郝春文先生研究的基础上,再对僧司设置的时间及其相关经济情况进行讨论。

1. 僧司设置的时间

关于僧司设置的具体时间不详,目前所见较早记载僧司的文书是P.2912《丑年正月已后入破历稿》,其载:

(一)

1　丑年正[月]已后,大众及私偏僧施布入者,具数如后:
2　正严壹疋,张似嘉壹疋,惠剑壹疋,张惠壹疋,薛善壹疋。

(中空)

(二)

1　四月已后,僧家缘大众要送路人事及都头用使破历:
2　五月十五日,上宋教授柒综布壹拾伍疋。
3　十七日,瓜州论乞林没热僧绢一疋,慈灯收领。
4　廿四日,奉教授处分,付都头慈灯柒综布拾疋。
5　奉教授处分,送路宋国宁两疋,
6　[大]云寺主都师布二疋出福渐下。
7　□[教]授送路布十五疋,准麦六十七石五斗。都头分付
8　[慈]灯布十疋,准麦四十五石。与宋国宁布两疋。

(后略)②

该件文书中的宋教授、慈灯、张似嘉等人在吐蕃时期的敦煌文书中多次出现,如日本东京井上书店藏敦煌文书《子年三月五日计料海济受戒衣钵具色一一如后》、P.T.1261V《僧人分配斋僧历》中有宋教授和慈灯,其中前者的年代杨森先生认为可能是808年③,后者的年代竺沙雅章认为在

---

① 详情请参郝春文《唐后期五代宋初敦煌僧尼的社会生活》,第283—320页。此节引用郝春文先生关于僧司的观点时不再另行注明。
② 唐耕耦、陆宏基编:《敦煌社会经济文献真迹释录》第3辑,第55页。
③ 杨森:《敦煌唐宋时期的"助供"》,《敦煌研究》1998年第4期,第107—108页。

820年前后①。慈灯还见于BD06359V(3)《未年(815)灵树寺慈灯等为节儿娘福田转经录》②、S.1475V《酉年(817?)下部落百姓曹茂晟便豆契》③、北咸59V《寅年(822)僧慈灯雇博士氾英振造佛堂契》及P.2469V等文书中。学界认为，P.2912中的宋教授即宋正勤，其与慈灯均为灵图寺僧人，而P.2912的时间竺沙雅章、郑炳林等先生定为821年④。这样的话，儭司最迟在821年前就已经设置。

2.儭司的经济状况

P.2638《后唐清泰三年(936)沙州儭司教授福集等状》是敦煌文书中记载儭司财务收支活动最为详细的一件文书。虽然该件文书的内容较长，但其对了解儭司的经济状况提供了重要信息，且文书中的帐目存在一些问题，故我们先将其内容全部移录如下：

```
1    儭司教授福集、法律金光定、法律愿清等    状。
2    右奉    处分，令执掌大众儭利，从癸巳年六
3    月一日已后，至丙申年六月一日已前，中间三年，应
4    所有官施、私施、疾病死亡僧尼散施及车
5    头、斋儭，兼前儭回残，所得绫锦绵绫绢䌷褐布
6    衣物盘椀卧具什物等，请诸寺僧首、禅律、老宿
7    等，就净土寺算会，逐年破除兼支给以应管僧尼
8    一一出唱，具名如右：
9    巳年    官施衣物唱得布贰阡叁伯贰拾尺，阴僧
10   统和尚衣物唱得布玖阡叁拾贰尺，价法律衣物唱
11   得布叁伯陆拾叁尺，阴家夫人临旷(圹)衣物唱得
```

---

① ［日］竺沙雅章：《敦煌吐蕃期の僧尼籍》，参其著《中国佛教社会史研究（增订版）》"补编"部分，第19—22页，该文原载［日］西田龙雄编《东アジアにおける文化交流と言语接触の研究》，京都大学文学部，1990年。

② 任继愈主编，中国国家图书馆编：《国家图书馆藏敦煌遗书》第85册，国家图书馆出版社，2008年，第196页。

③ 陈国灿《敦煌所出诸借契年代考》第2—4页、《敦煌社会经济文献真迹释录》第2辑第83页推测此酉年为817年，但沙知在《敦煌契约文书辑校》第111—112页推测该件酉年为829年。

④ ［日］竺沙雅章：《敦煌吐蕃期の僧官制度——とくに教授にっ(つ)いて》，载其著《中国佛教社会史研究（增订版）》"补编"部分，第38—39页。郑炳林：《〈康秀华写经施入疏〉与〈炫和尚货卖胡粉历〉研究》，载季羡林等主编《敦煌吐鲁番研究》第3卷，北京大学出版社，1998年，第191—208页。

12　布捌伯叁拾尺。甲午年官施衣物唱得布贰阡叁
13　伯贰拾尺,又壹件衣物唱得布肆阡捌伯壹拾尺,又
14　壹件衣物唱得布伍阡伍伯捌拾尺,龙张僧政衣
15　物唱得布肆阡柒伯柒拾陆尺,普精进衣物唱
16　得布贰阡玖伯壹拾捌尺。乙未年曹仆射临圹(扩)衣物
17　唱得布叁阡伍伯肆拾尺,大王临圹衣物唱
18　得布捌阡叁伯贰拾尺,梁马步临圹衣物唱得
19　布伍伯壹拾尺,国无染衣物唱得布叁阡肆伯
20　柒拾伍尺,普祥能衣物唱[得]布贰阡伍伯捌拾
21　尺,天公主花罗裙唱得布捌伯尺,王僧统
22　和尚衣物唱得布陆阡叁伯捌拾贰尺,孙法律衣
23　物唱得布贰阡贰伯陆拾陆尺。
24　　　　　上件应出唱衣物,计得布伍
25　　　　　萬捌阡伍伯贰尺。
26　回残:楼机绫叁疋,生绢伍疋。黄小绫袄子壹领,乌玉要
27　带壹,鞋踝具玖事,计又得见布捌伯肆尺。粗緤
28　叁拾疋,细緤柒疋,绢壹伯贰拾捌尺,绵绫贰疋,
29　官施见布肆伯尺,粗緤壹拾壹疋,大绫贰疋,
30　宰相锦袄子价楼机绫贰疋,散施绵绫叁疋,又
31　绵绫壹疋王僧统袄子价入,细緤陆疋,粗緤柒
32　疋,又粗緤玖疋绢价入。
33　　　　　上件三年共得大小绫柒疋,
34　　　　　生绢伍疋,绵绫伍疋,生绢
35　　　　　壹伯贰拾八尺,粗緤伍拾
36　　　　　柒疋,计壹阡肆伯伍拾贰
37　　　　　尺,细緤壹拾叁疋计叁伯
38　　　　　贰拾伍尺,布壹阡贰伯肆
39　　　　　尺,已前出唱衣物及见緤,右
40　　　　　都计陆萬壹阡肆伯伍拾陆
41　　　　　尺。
42　出破数:楼机绫壹疋,寄上于阗皇后用。

43　楼机壹疋,赎鞍上官家用。大绫壹疋,
44　上司空用。又楼机绫壹疋,沿大众所用。生
45　绢贰疋,大云、永安庆寺人事用。又生绢
46　贰疋,郎君小娘子会亲人事用。又生绢壹
47　疋,贺官鞍价用。生绢壹疋,买粗緤
48　玖疋,沿大众用。生绢壹疋,二月八日赏法师
49　用。生绢壹疋,天公主上梁人事用。绢捌
50　尺,归文寄信用。绵绫壹疋,圣光寺庆钟用。
51　绵绫壹疋,开元寺南殿上梁用。绵绫壹疋,安
52　国庆寺人事用。绵绫壹疋,甘州天公主满
53　月人事用。绵绫壹疋,二月八日赏法师用。
54　绵绫壹疋,于阗僧鞍衣用。绵黄绫袄子壹领,
55　三界、净土赏法事用。细緤壹拾柒疋,天公
56　主满月及三年中间诸处人事等用。粗緤
57　伍拾柒疋,三年中间诸处人事、七月十五日
58　赏乐人、二月八日赏法师禅僧衣直、诸寺
59　兰若庆阳等用。布贰阡柒伯壹拾尺,三
60　年中间沿僧门、八日法师、七月十五日设乐、
61　三窟禅僧衣直布萨庆阳吊孝等用。
62　贰伯壹拾尺,申年修、开、永支布萨法事用。
63　捌拾尺,赏监馔和尚用。壹伯伍拾尺,赏支
64　馔大德三人用。玖拾尺,赏都司三判官等用。
65　贰拾尺,支大众维那用。肆伯尺,给算日供主
66　用。贰伯肆拾尺,折送路漆椀叁枚用。
67　　　　已前件,都计破得大小绫肆疋,
68　　　　生绢捌疋捌尺,绵绫陆疋,细緤
69　　　　叁伯贰拾伍尺,粗緤壹阡肆伯
70　　　　贰拾伍尺,布叁阡玖伯尺。上件
71　　　　三年间破除外,见存大白绫壹
72　　　　疋,楼机绫贰疋,布伍萬伍阡
73　　　　捌伯陆尺。

74　　　　　　应管诸寺合得儭僧计叁伯伍拾陆人,
75　　　　　　沙弥壹伯陆拾叁人合全捌拾壹人半,合得
76　　　　　　儭大戒式叉尼计叁伯柒拾玖人,尼沙弥计
77　　　　　　柒拾壹人合全叁拾伍人半。上件僧尼,通
78　　　　　　计捌伯伍拾贰人,人各支布陆拾尺,僧尼沙
79　　　　　　弥各支布叁拾尺。
80　　　　　　　　准前件,见存额半满二种支
81　　　　　　　　付外,余布肆阡陆伯捌拾陆尺。
82　　　　　　右通前件三年中间,沿众诸色出唱
83　　　　　　人事吊孝赏设破除及见在,一一诣
84　　　　　　实如前,谨录状上,伏请处分。
85　　　　牒件状如前,谨牒。
86　　　　　　　清泰三年六月日儭司法律愿清牒
87　　　　　　　　　儭司教授福集
88　　　　　　　　　儭司法律金光定
（后缺）①

该件所云是在净土寺算会儭司所执掌的财物,郝春文先生据此推测儭司设置在净土寺。经验算,P.2638 中的个别数据有误,实际唱得布之和应为 60822 尺,比原卷第 24－25 行所载唱得布数总和 58502 尺多出 2320 尺,这个误差数正好与第 9 行和第 12－13 行所载巳年和甲午年官施衣物唱得布 2320 尺相同,说明这两笔官施衣物唱得布数是重复记录的。又第 36 行 1452 尺应为 1425 尺之误,第 55 行的"拾柒定"应为"拾叁定"之误。将这几处改正之后,整篇文书的帐目基本上是平衡的。下面我们依据该件文书对儭司的相关经济情况进行讨论。

(1)儭司的经济收入来源及其规模

P.2638 记载儭司三年的收入来源比较单一,主要是"官施、私施、疾病死亡僧尼散施及车头、斋儭",可见,儭司的收入主要就是布施收入。而布施收入又大致分为两种情况,一种是因僧尼参加法事活动而由施主布施给

---

① 唐耕耦和陆宏基先生在《敦煌社会经济文献真迹释录》第 3 辑第 391－395 页对该件进行了释录,此处移录时笔者根据图版对个别文字进行了校改。

"合城大众"的,另一种是没有做法事活动而由施主直接布施给"合城大众"的。当然,除了布施收入之外,我们不排除儭司还有其他收入的可能,如S.1350《唐大中五年(851)僧光镜负儭布买钏契》载:

1　大中五年二月十三日,当寺僧光镜缘阙车小头钏壹交停事,
2　遂于僧神捷边买钏壹救(枚),断作价直布壹伯尺。其
3　布限十月已后(前)于儭司填纳。如过十月已后至十二月勾填,
4　更加贰拾尺。立契后,不许休悔。如先诲(悔),罚布壹尺,入不
5　诲(悔)人。恐后无凭,答项印为验。(朱印)
6　　负儭布人僧光镜(朱印)
7　　见人僧龙心
8　　见人僧知旼(朱印)
9　　见人僧智恒字达①

该件中的神捷为儭司负责人,光镜所买一枚钏应为儭司之物,可见儭司之物可以出卖。而且该契规定,若过期不偿的话,另外加罚贰拾尺布,显然这贰拾尺布则不属于布施所得了。

关于儭司执掌财物的规模,P.2638载三年出唱衣物获得布58502尺,再加上回残的绫、绢、縢等共计61456尺,其中绫、绢等的价格比布高很多,即便是将这些织物均按照布来计算,1尺布约合1斗麦,则61456尺约合6146石麦,数额巨大。即便是在除去三年破用及大众的儭利以后,儭司所掌的织物最后还剩下布4686尺、大白绫壹定、楼机绫贰定,将这些织物全部折合成麦来计算约为数百石,规模依然可观。

(2)儭司的支出

前引P.2912《丑年正月已后入破历稿》中所载儭司的支出主要是"儭家缘大众要送路人事及都头用"。P.2638所载儭司的支出主要有人事、沿大众、贺官、庆寺、庆钟、上梁、吊孝、七月十五日赏乐人、二月八日赏法师禅僧衣直、算日供主、赏监儭和尚、赏支儭大德、赏都司三判官,等等。这些支出

---

① 沙知辑校:《敦煌契约文书辑校》,第62页。

可以分为两大类,即人事、贺官、庆寺、庆钟、上梁、吊孝为一类,其余的为另一类。其中前者是一种礼仪性活动,基本上均具有"人事"活动的性质①。从表面上来看,这两类支出均具有敦煌佛教界公共支出的性质。但实际上,有些与官方的人事活动,如 P.2638 中所载的"楼机绫壹疋,寄上于阗皇后用。楼机壹疋,赎鞍上官家用。大绫壹疋,上司空用"、"生绢贰疋,郎君小娘子会亲人事用。又生绢壹疋,贺官鞍价用"、"生绢壹疋,天公主上梁人事用"、"绵绫壹疋,甘州天公主满月人事用",等等,可以帮助以都僧统为首的敦煌上层僧官与敦煌地方统治者之间建立密切的关系。从这个角度讲,这些本来亦应属于"合城大众"的织物,通过"人事"活动被上层僧官变相攫取了。

此外,由于儭司执掌的是大众儭利,故这些大众儭利是要在"应得儭僧"之间进行分配的。但是分儭有如下特点:

首先,P.2638 中所载分儭的标准是僧、尼每人三年 60 尺,沙弥、沙弥尼每人三年 30 尺。若按一年计算,分配标准应为僧、尼每人每年 20 尺,沙弥、沙弥尼每人每年 10 尺。但是这个标准是不是固定的则不得而知。

其次,分儭时,一般只分配布,其他如绫、绢、细𫄨等价值高的织物不在僧尼之间进行分配,而主要用来做"人事"活动。

最后,儭司不会将所有的儭利均进行分配。P.2638 所载在分配完应得儭僧的儭利及减除掉三年之间的其他支出以后,儭司所掌管的财物还有大白绫壹疋,楼机绫贰疋,布 4686 尺。这些剩余的布等织物除了可以参与下次分儭外,还可以继续用来做"人事"等活动。故僧尼通过分儭获得的实际上仅是应属于自己儭利的一部分。

(3) 分儭周期

P.2638 所载儭司分配儭利的周期是三年,但有时儭司分配儭利的周期是一年。如 P.3730《寅年八月沙弥尼法相牒并洪晉判辞》云:

1　　牒沙弥尼法相,自以多生阙善,福报不圆,今世余殃,恒处

2　　覆障,身无枷锁,囚系不殊,常愿适散,随众参承,不惜

3　　身命,缘障深厚,不遂中心,每阙礼敬三尊利他之行,思

---

① 参王祥伟:《吐蕃归义军时期敦煌寺院的人事活动》,《敦煌学辑刊》2007 年第 4 期,第 361—367 页。

4　心不足,无处申陈,岂敢帽受重信,然在贫病之徒,少

5　乏不济,又去子丑二年儭状无名,不沾毫发,伏望

6　教授和尚高明,广布慈云,厚荫甘泽,荣枯普润,则贫

7　病下众尼,庶得存生,请乞处分。

8　牒件状如前,谨牒。

9　寅年八月日沙弥尼法相谨牒。

该件后有都僧统洪誓的判辞:"业报缠身,据众咸委,慈心振济,雅合律宗。请儭司依例支给。廿七日。"①文书中所说的儭状,郝春文先生认为是分发大众儭利的依据,而文书所云"子、丑二年,儭状无名",说明在子、丑二年均进行过大众儭利的分配。从敦煌文书中可以看到,敦煌寺院财产的算会一般是一年一算会,即算会周期一般为一年,但有时有的寺院算会周期会在二年以上。儭司的算会分儭应该亦是如此,即分儭周期一般应是一年,个别时期会是二年以上。

(4)儭司的经济管理

谢重光、白文固先生认为,儭司财物的分配权操纵在都僧统手中②。都僧统(都教授)对儭司经济的管理主要体现在以下方面:

一是任免儭司负责人。儭司有由都僧统任命的相关负责人,如P.2638中的教授福集、法律金光定、法律愿清等即是。儭司负责人轮流执掌,每任负责人任期满后,前任负责人要将自己任期内儭司的收支情况向都僧统汇报,然后交由下任负责人。

二是管理儭司的收支。前已说之,儭司的收入主要是布施所得,而这些布施之物在最初施入儭司时就要经由都僧统(都教授)之手。因为我们从文书中可以注意到,施主在经由道场布施的记录均有都僧统(都教授)的签押。如P.2837V保存下来的十四件"施舍疏"均为"施入修造",且全卷纸缝处均有教授"荣照"签押。又北京大学图书馆藏敦煌文书D.162V中十五件"施舍疏"凡注明施入对象者均为"施入修造",其间亦有"荣照"签押。P.2583《申年比丘尼修德等施舍疏》十三件中所载的施入对象有寺院、法

---

①　该件文书中的寅年,竺沙雅章先生在《敦煌の僧官制度》中认为是834或836年,参其著《中国佛教社会史研究(增订版)》,第367—368页。池田温先生将该件文书中的寅年定为846年,参其著《中国古代籍帐研究》"录文与插图"部分,第409页。

②　谢重光、白文固:《中国僧官制度史》,第142页。

事、修造，等等，但最多的是施入合城大众，而在最后有都教授正勤的签押。又日本杏雨书屋藏羽076《法邻施入疏》中有洪䞇的签押，其载："法邻城门前施布壹疋，纸大小两帖，和入大众。法邻斋儭，已前儭司并云唱讫，已后其物见在。洪䞇。法邻斋儭施紫袖袜社一，念珠三七个，回入合城大众。洪䞇。"①可见，凡是在道场进行的布施物，都僧统（都教授）在布施之初就已经在着手管理，其中施入合城大众由儭司掌管的布施物亦不例外。

儭司的支出，无论是人事支出还是其他支出一般均需都僧统（都教授）的批准才可以，如前引文书P.2912《丑年正月已后入破历稿》载："四月已后，儭家缘大众要送路人事及都头用使破历。……廿四日，奉教授处分，付都头慈灯柒综布拾疋。奉教授处分，送路宋国宁两疋。"又如P.2638中提到儭司的支出之一是"七月十五日赏乐人"，而P.3730《酉年正月奉仙等牒并荣照判辞》载乐人奉仙等人牒都僧统荣照"所赐赏劳，对何司取"时，荣照的判辞云："检习博士卿卿、奉仙、君君、荣荣，已上四人各赏绢一疋，太平已下弟子七人，各赏布一疋。付儭司，依老宿商量，断割交给分付。廿日，荣照。"显然，赏乐人的费用先由都僧统批示给儭司负责人，然后由这些负责人与老宿一起商量支付。

三是负责大众分儭。由于儭司执掌的是大众儭利，故这些儭利需要在大众之间进行分配，而分儭亦是在都僧统（都教授）的统一负责下由儭司负责人及其他僧官如都司判官、大众维那、监儭和尚等在应得儭僧尼之间进行具体分配。若有僧尼因种种原因未得到儭利而要求分儭时，都僧统（都教授）可以批示给儭司负责人是否支给。如前引P.3730《寅年八月沙弥尼法相牒并洪䞇判辞》载沙弥尼法相因病未参加法事活动而请求分得儭利时，洪䞇的判辞云："请儭司依例支给。"又P.3730《寅年九月式叉尼真济等牒并洪䞇判辞》载大乘寺式叉尼真济等因儭状漏名而未得到儭利要求分儭时，洪䞇的判辞云："状称漏名，难信虚实。复是合得不得，细寻问支给。"②

可见，尽管儭司设置有相关负责人，但儭司的经济事务完全是处在都

---

① 武田科学振兴财团、杏雨书屋编：《敦煌秘笈》（影片册）第1册，武田科学振兴财团印行，2009年，第450页。
② 该件文书中的寅年，竺沙雅章先生在《敦煌の僧官制度》中认为是834或836年，参其著《中国佛教社会史研究（增订版）》第367—368页。池田温先生将该件文书中的寅年定为846年，参其著《中国古代籍帐研究》"录文与插图"部分，第410页。

僧统(都教授)的掌控之下,儭司负责人仅仅是在都僧统(都教授)管理之下负责对儭司的财务收支进行会计并向其进行汇报,如前引 P.2638 即是这类文书。

(二)大众仓的性质及收支情况

就敦煌区域佛教而言,"大众"一词的含义,可以指一寺徒众、数寺徒众、一寺或数寺的部分徒众、所有寺院徒众,等等,故文书中有"现前大众"、"合城大众"的说法。我们这里所说的"大众仓"之"大众"指的就是"合城大众"。关于大众仓的性质,郝春文先生推断应与儭司一样是执掌大众儭利的机构,儭司执掌的是织物等,而大众仓执掌的是斛斗[1]。该观点应该是没有疑问的。但是敦煌文书中关于大众仓的记载非常罕见,特别是对大众仓的性质与收支情况很少有明确记载。目前所见明确名为"大众仓"的记载仅有两处,一处是 S.6981《辛酉至癸亥年入破历》第 22—23 行载:"麦一石于大众仓领入。"另一处见于 S.1574《己未年(959)四月某寺诸色斛斗入破历》,其载:

1　己未年四月于官仓领得神佛料麦两硕、黄麻壹硕贰
2　斗、粟肆硕,窟上作料用。麦两硕,金光明寺索僧政施入。
3　粟两硕贰斗,五月官斋施入。粟壹拾硕、麦伍硕,于大众
4　仓领入。麦五硕、粟壹拾叁硕、黄麻肆硕捌[斗],于砲户张富
5　昌手上领入。保定

(后残)

郝春文先生认为该件是大乘寺文书[2],但唐耕耦先生认为是报恩寺文书[3]。不管是大乘寺还是报恩寺,其一次从大众仓就领入"粟壹拾硕、麦五硕",说明大众仓所存斛斗的规模应不小。除了以上两处记载外,S.6981《辛未一壬申年(971—972)某寺某某领得历》第 13—14 行载"(壬申年四月)十六日领得小娘子患施粟叁拾贰硕。又于大仓领得粟贰拾伍硕。愿",这里的"大仓"可能指大众仓,而且领得的粟贰拾伍硕数额亦较大。但遗憾

---

[1] 郝春文:《唐后期五代宋初沙州僧尼的宗教收入(三)——大众仓试探》,《敦煌学辑刊》1996 年第 2 期,第 1—8 页。该文修改后又收入其著《唐后期五代宋初敦煌僧尼的社会生活》,第 321—332 页。
[2] 郝春文:《唐后期五代宋初敦煌僧尼的社会生活》,第 322—323 页。
[3] 唐耕耦:《敦煌寺院会计文书研究》,第 315 页。

的是，以上三条记载均未说明因何从大众仓领入斛斗及其斛斗的用途等问题。

虽然敦煌文书中很少明确记载大众仓的收支情况，但既然大众仓与僦司的性质相同，那么大众仓斛斗的收支应与僦司织物的收支情况如收入来源、支出目的等相似。下面我们就依据有关文书对大众仓的收支情况略作分析。

P.T.1261V《僧人分配斋僦历》是一件记载每次参加不同法事或斋会活动的僧人分僦的文书，这里将其中几次活动中施主的布施物及出唱所得、分配情况进行摘录如下：

第32—33行：麻靴三石八斗　李教授　绢两石五斗　离缠　计六石三斗，人各七升，余六斗三升，入大众僦。

第54—55行：俗寺主斋施粟两䭾，和入大众准麦二石，五十一人，各支四升，欠一人分。

第72—73行：离缠斋施碧绢裙一，七石，□□□人各支五升，余二斗五升。

第114行：褐衫捌硕捌斗　义海一百七人各八升，余二斗四升。

第130—133行：都计一百二人。六石三斗　神威　一石三斗　妙海得满　麴□绢一丈六尺，锦裙腰一，绣针毡七，一石　修胜　计八石六斗，一百二人各支八升，余四斗四升。

第150—151行：都计卅五人，各支六升，余二斗。僧怀济斋僦施毡履一量八斗　圆妙　披子一石五斗　明空　计二石三斗。①

这些记载说明，布施物有织物、衣物和斛斗等，斛斗可以直接分配，织物、衣物在出唱为斛斗后再分配，而这些斛斗在僧尼之间分配时有时会有剩余，这些剩余的斛斗则"入大众僦"，由于僦司是不掌管斛斗的，故这些剩余斛斗作为大众僦利应由大众仓掌管，而这些收入实际上属于大众仓的布施收入，亦是僧尼参加法事活动所得。我们认为，凡是在各种法事活动中

---

① 唐耕耦和陆宏基先生在《敦煌社会经济文献真迹释录》第3辑第158—168页对该件文书进行了释读，后来郝春文先生在重新释录时对前录文中的个别错误进行了纠正，参郝春文《唐后期五代宋初敦煌僧尼的宗教收入（四）——为他人举行法事活动之所得》，《敦煌学辑刊》1997年第1期，第1—20页，该文略作修改后又收入《唐后期五代宋初敦煌僧尼的社会生活》第332—366页。

由施主布施给合城大众的斛斗,在将其于僧尼大众之间进行分配之前均应由大众仓执掌。

此外,敦煌文书中往往有"纳大众"的记载,如羽052《宋雍熙三年(986)二月大云寺都师定惠手下诸色入破历算会牒残卷》第2—4行载:"油壹胜□□□法律亡纳大众迎司徒十□□□及开阴法律亡纳大众面叁斗油壹胜伍合,三件赛天王用。"S.6981《年代不明诸色斛斗破历》第6—7行载:"面叁斗、油壹升、粟叁斗,图张判官亡纳大众用。"第11—12行载:"面陆斗、油贰升半、粟伍斗,三界寺王僧正亡纳大众用。"S.1519(1)《辛亥年(891或951)某寺诸色斛斗破历》第19—20行载:"十二日,面壹斗、粟叁斗,纳大众迎和尚用。"S.1519(2)《辛亥年(891或951)十二月七日后某寺直岁法胜所破油面等历》第18—20行载:"(正月)十五日东窟上燃灯及赛天王用。又粟叁斗,纳大众用。十七日,麦酒壹瓮,看官家用。"P.4909《辛巳年(981)十二月十三日后诸色破用历》第14行载:"(二月九日)粟贰斗,纳大众用。"P.2040V《后晋时期净土寺诸色入破历算会稿》第240—241行载:"粟贰斗,纳大众宋都衙窟上梁时迎官用。"P.2032V《后晋时期净土寺诸色入破历算会稿》第731行载:"面四斗五升、纳大众造劝孝赠副[僧]统用。"S.4642V《年代不明(10世纪)某寺诸色斛斗入破历算会牒残卷》第41—42行载:"粟贰斗伍胜,纳大众用。"这些纳大众的原因大多是明确的,主要有因僧人亡殁、上梁和固定节日的佛事活动等,这与儭司的支出原因是一致的,故此处的大众应即大众仓,纳大众就是将斛斗交纳给大众仓去造饭食,因为寺院的仓司往往有供厨的职能①,大众仓亦应如是。若是僧人亡殁,大众仓可能要造祭盘,若由其他寺院代造,祭盘的价值需要在大众儭利中支付。如S.6034《报恩寺状》载:

1 报恩寺状上
2 　　右安国寺尼法证亡,祭盘著报恩寺,
3 　　其价直未蒙支给,今日大众分儭,

---

① 如《入唐求法巡礼行记》卷1载"廿五日早朝,有纲维请,仍到寺库吃粥"、"监寺僧方起等于库头设空饭"、"读斋文僧并监寺、纲维及施主僧等十余人,出食堂至库头斋……众僧斋时,有库司僧二人办224诸事"。敦煌文书中亦有相关记载,如S.4657《年代不明(970?)某寺诸色破历》载:"又粟贰斗沽酒,和尚法律老宿就库吃用",S.6452(3)《壬午年(982)净土寺常住库酒破历》载:"四日,酒壹斗,二和尚就库门吃用……十日,酒三斗,僧正法律就仓门吃用。"

```
4            阇梨命割少多请处
```
(后缺)①

这是说安国寺尼法证亡后,由报恩寺造了祭盘,故在分儭时报恩寺请求从儭利中支付祭盘的费用,这里的分儭有可能就是分大众仓的斛斗。当然,这里报恩寺请求处分的状文无疑是状上都僧统的,故与儭司一样,大众仓的最高管理者亦是都僧统。

这里还有一个问题需要提出,那就是大众仓与都司仓的关系问题。笔者认为,大众仓与都司仓应为两个机构,因为大众仓管理的是属于合城大众的斛斗,这部分斛斗与儭司掌管的织物等共同构成了大众的儭利,亦即大众仓的斛斗是大众儭利的一部分,大众仓的收入与儭司收入一样主要还是来自于因各种原因由施主布施给合城大众的儭利。同时,前面我们讨论过,都司拥有自己的财物,都司还有自己的土地、果园、油梁、碾硙,与之相关的收入不应入大众仓,而应入都司仓。

(三)其他机构的经济经营

1.行像司

行像是一种供佛活动,源于印度,在魏晋之际传入我国。据敦煌文书记载,行像活动在唐宋之际的敦煌地区亦很盛行②,并且敦煌文书中还记载到与行像活动相关的行像司。关于敦煌文书中的行像司,以往学界一般认为是都司下设机构③。但在本书第三章将会讨论,敦煌寺院亦会设有自己的行像司。从敦煌文书的记载来看,行像司拥有自己负责的财产,如S.474V《戊寅年(918)三月十三日行像司算会分付绍建等斛斗数纪录》载:

```
1    戊寅年三月十三日,都僧统法律徒众就中院算
2    会赵老宿、孟老宿二人行像司丁丑斛斗本利,
```

---

① 唐耕耦、陆宏基编:《敦煌社会经济文献真迹释录》第5辑,全国图书馆文献缩微复制中心,1990年,第3页。

② 关于敦煌地区的行像活动,请参罗华庆《9至11世纪敦煌的行像和浴佛活动》,《敦煌研究》1988年第4期,第98—103页;张弓《敦煌春月节俗探论》,《中国史研究》1989年第3期,第125—126页;郝春文《唐后期五代宋初敦煌僧尼的社会生活》,第230—232页;谭蝉雪《唐宋敦煌岁时佛俗——二月至七月》,《敦煌研究》2001年第1期,第94—96页。

③ 详情请参[日]竺沙雅章《中国佛教社会史研究(增订版)》第534页、郝春文《唐后期五代宋初敦煌僧尼的社会生活》第326—330页及季羡林主编《敦煌学大辞典》(上海辞书出版社1998年)第635页谢重光先生撰写的"行像司"条。

3　准先例，一一声数如后：
4　见合得麦四硕柒斗，粟贰拾硕陆斗贰胜半，
5　豆肆硕陆斗柒胜，又麦捌硕壹斗贰胜半，又粟壹
6　拾玖硕捌斗伍胜，豆肆硕贰斗柒胜半，两司都
7　计得麦壹拾叁硕捌斗贰胜半，粟肆拾硕肆
8　斗柒胜半，豆捌硕玖斗肆胜半。其上件斛斗，
9　分付二老宿、绍建、愿会、绍净等五人执帐，逐年于先
10　例加柒生利，年支算会，不得欠折。若有欠折，一仰
11　伍人还纳者。
12　　　法律绍进
13　　　法律洪忍
14　　　管内都僧统法严①

按照同类敦煌寺院算会交接文书的结构，结尾除了僧官以外，还有寺院纲管和普通徒众的签名或画押，但该件仅有法律和都僧统，郝春文先生据此认为行像司隶属都司②。该件文书说明行像司拥有自己的斛斗，并且通过放贷生息。

此外，S.4812《天福六年(941)二月廿一日行像司善德欠麦粟算会凭》载：

1　天福六年辛丑岁二月廿一日算会，行像司善德所
2　欠麦陆硕柒斗，粟叁硕。余者并无交加。为
3　凭。　　　社人兵马使李员住(押)
4　　　　　　社人兵马使李贤定(押)
5　　　　　　社人氾贤者(押)
6　　　　　　社人押衙张奴奴(押)
（后残)③

该件文书结尾为行像社社人及其画押，这与前件S.474V显然不同，故

---

① 唐耕耦、陆宏基编：《敦煌社会经济文献真迹释录》第3辑，第344页。
② 郝春文：《唐后期五代宋初敦煌僧尼的社会生活》，第329—330页。
③ 中国社会科学院历史研究所等编：《英藏敦煌文献》第6卷，四川人民出版社1992年，第261页。

该件应不属于行像司内部的算会。谭蝉雪先生认为这是二月八日的行像活动结束后对行像司在行像活动过程中所得布施物进行的算会①,这种观点是有道理的。但此处的行像司属于都司还是某寺院则并不明了。

2.灯司

敦煌文书中有虽有灯司的记载,但没有明确记载属于都司下设的灯司机构。从文书记载来看,灯司还有自己掌管的财物,如沙州文录补《辛巳年(921?)六月十六日社人拾人于灯司仓贷粟历》记载了燃灯社社人法会、愿僧正、吴法律、宋法律、索都头等拾人于灯司仓贷粟之事,每人所贷粟的数量很公平,均为柒斗,且无利息说明,应属无息借贷。文书最后还云:"右件社人,须得同心同意,不得道东说西,扰乱,罚酒壹瓮;后到,罚酒壹角;全不来,罚酒半瓮。的无容免者。"显然社人不想让外界所知这次贷粟之事,其原因应是这次借贷对这些社人有利②。但该件所载的灯司为都司下设机构还是某寺院机构则不得而知。

谢重光先生认为敦煌文书中的灯司是都司或各寺所设掌管寺院长明灯、日常用灯及灯节燃灯事宜的机构③。郝春文先生认为灯司可能是都司的下属机构,主要依据是敦煌研究院藏敦煌文书《庚戌年(950)十二月八日夜社人遍窟燃灯分配窟龛名数》,其部分内容如下:

```
1  庚戌年十二月八日夜□□□社人遍窟然(燃)灯
2  分配窟龛名数:
3  田阇梨北大像已北至司徒窟计六十一盏,张都衙窟两盏,大王天公主窟各
         两盏,大像下层两盏,司徒两盏,大像天王四盏。
(中略)
14 右件社人依其所配,好生精心注灸,不得懈怠,
15 触秽,如有阙然(燃)及秽不尽者,匠人罚布一匹,
16 充为工(公)廨,匠下之人,痛决尻杖十五,的无容免。
17 辛亥年十二月七日释门僧政道真④
```

---

① 谭蝉雪:《唐宋敦煌岁时佛俗——二月至七月》,《敦煌研究》2001年第1期,第96页。
② 但郝春文先生认为该件是灯司仓将其掌管的粟借贷给社人以完成"加柴生利"的任务,即认为该件是有息借贷,参其著《唐后期五代宋初敦煌僧尼的社会生活》,第330—331页。
③ 季羡林主编:《敦煌学大辞典》,第635页。
④ 宁可、郝春文辑校:《敦煌社邑文书辑校》,第281—283页。

由于一般的社司转帖是以社官、录事等人的名义发帖的,而该件是释门僧政道真向燃灯社社人分配燃灯任务的一件文书,故学界一般认为文书所载的这次燃灯活动是由敦煌僧团组织的。郝春文先生还明确指出僧政道真主持的机构似乎就是灯司①。若是,文书结尾所载"匠人罚布一匹,充为工廨"的含义应是指将惩罚所得之布归灯司仓执掌用来放贷,说明都司下设的灯司仓有自己的财物。

3.公廨司

敦煌文书中还记载有公廨司,如 S.5753《癸巳年(933)正月一日以后某寺诸色斛斗入破历算会牒残卷》第17—20行载:"(麦)两硕公廨氾法律手内贷入……叁拾肆硕捌斗于公廨苏老宿手下入。"S.6981《辛未—壬申年(971—972?)某寺某某领得历》第11—12行载:"于公廨司法律法晏领得二月八日酒本粟壹拾肆硕。"此外,S.7963V 等文书还记载了公廨司的出贷情况。对敦煌文书中的公廨司,郝春文先生在《唐后期五代宋初沙州僧尼的宗教收入(三)——大众仓试探》中认为是都司下设的以出贷斛斗获取利息为目的的机构②,但后在《敦煌学大辞典》的"功廨司"条中认为是归义军时期一些寺院主管法事活动收入与支出的机构③。虽然敦煌文书中没有明确说公廨司是都司下属机构还是某寺院机构,但当时敦煌都司设置公廨司亦是可能的。当然,敦煌寺院亦可能会设置公廨司,这点我们在本书第三章将会讨论。

4.道场司

敦煌文书中所见与都司直接有关的还有道场司,且道场司要负责道场活动中所得的财物,道场司负责的财物来源有二,一是受戒者所交纳,二是布施所得。如 S.2575V(6)《己丑年(929)五月廿六日应管内外都僧统为道场纳色目牓》载:

1　　应管内外都僧统　榜。

2　　　　普光寺方等道场纳色目等印。

3　　右奉　处分,令置受戒道场,应

---

① 郝春文:《唐后期五代宋初敦煌僧尼的社会生活》,第331—332页。
② 郝春文:《唐后期五代宋初沙州僧尼的宗教收入(三)——大众仓试探》,第4页。
③ 季羡林主编:《敦煌学大辞典》,第635页。

4 管得戒式叉沙弥尼等,沿法事,准往

5 例各有所税,人各麦油一升,掘(橛)两笙,诃梨

6 勒两颗,麻十两,石灰一升,青灰一升,苴其两

7 束。诸余沿道场杂要敷具,仍仰

8 道场司校量差发,不得偏并,妄有

9 加减。仍仰准此条流,不在违越者。

10　　己丑年五月廿六日　　榜。①

文书中所载的受戒者必须向道场司交纳财物,而这种征纳是"准往例"所税。又 P.3850V《酉年四月僧神威等牒残卷》载:

1　龙兴寺方等所　　状上

2　应缘道场诸家舍施及收纳得斛斗油面等总壹佰贰硕捌斗。

3　　　　六石八斗破用讫六石麦、油八斗。

4　　　　九十六石见在内一十石散施入。

5　　　　右具通破除及见在如前,请处分。

6　牒件状如前,谨牒。

7　　　　酉年四月日僧神威等牒

8　　　　　　　检校僧

9　　　　　　　检样僧弘建

唐耕耦、陆宏基先生认为文书中的"酉年"属吐蕃时期②,郝春文先生认为可能是937年③。该件明确所说道场司所管的是"诸家舍施"及"收纳"两部分,其中后者就是 S.2575V(6)所说的"准往例各有所税"。

但是,敦煌文书中频繁记载有不同寺院的道场司,除了上引文书中普光寺、龙兴寺的道场司外,ДX.01324《中和四年(884)四月灵图寺方等道场司智藏等牒》(见俄 ДX.01287)还记载了灵图寺的道场司④,P.3167V《乾宁二年(895)三月安国寺道场司常秘等牒》记载了安国寺的道场司⑤,这种现

---

① 唐耕耦、陆宏基编:《敦煌社会经济文献真迹释录》第4辑,第145页。
② 唐耕耦、陆宏基编:《敦煌社会经济文献真迹释录》第3辑,第305页。
③ 郝春文:《唐后期五代宋初敦煌僧尼的社会生活》,第32—33页。
④ 俄罗斯科学院东方研究所圣彼得堡分所等编:《俄藏敦煌文献》第8册,上海古籍出版社,1997年,第63页。
⑤ 录文参唐耕耦、陆宏基编:《敦煌社会经济文献真迹释录》第4辑,第66—67页。

象应是因道场由不同寺院轮流主持、道场司临时设置所致①。《敦煌学大辞典》对道场司的解释是:"归义军时期沙州某些寺院在一定时期奉世俗政权和都僧统之命设置的主持受戒之机构。"该解释就是认为道场司的设置不是长期性的②。既然道场司是临时设置的,那么道场司执掌财物亦是暂时性的,在道场活动结束以后,这些财物要向都僧统汇报处理,P.3850V《酉年四月僧神威等牒残卷》即是这类文书。道场司在道场活动中所得财物,其中布施所得应按照施主意愿确定其归属,其他的应归儭司或者大众仓,亦或都司仓,总之一般不应归临时设置道场的寺院③。

除了上述机构外,都司下可能还会设有其他如修造司、福田司等"司"名机构,但是对于这些机构的经济情况,我们暂时难究其详④。

---

① 敦煌文书中记载的道场较多,如水则道场、白露道场、四季道场等,其中水则道场亦是由寺院轮流主持,而不排除在这些道场活动中亦设道场司的可能。

② 季羡林主编:《敦煌学大辞典》,第634页。徐晓卉先生在《敦煌归义军时期的道场司》(《敦煌研究》2002年第2期,第26—30页)一文中认为方等道场不常置,但方等道场司应该是在规模较大的寺院长期设置的,由它们轮流置办方等戒坛。

③ 唐耕耦先生缀合复原的《净土寺乙巳年(945)正月以后诸色入破历算会稿缀合推补》第274行载:"油贰升壹合,七月奉处分当寺置道场休日造斋时,众僧食用。"而第19行记载净土寺在945年油的总收入为"叁硕贰斗油",这些油的收入来源在第78—79行有载:"油叁硕,自年梁课人。油贰斗,付麻押人。"可见,净土寺在七月奉都僧统之命设置道场结束后造斋时所破用的贰升壹合油是自己当年的梁课收入和押黄麻所得,并不是缘道场所得。同时,该件文书收入部分中亦无其他缘道场所得。故寺院设置道场其实是一种责任,有时还因此要破用本寺财物。

④ 关于敦煌福田司的相关情况,可参王祥伟《晚唐五代宋初敦煌福田司初探》,《法音》2010年第3期,第33—38页。

第二章　敦煌寺院经济的发展及主要收入构成

第一节　敦煌寺院经济的发展及其不平衡性

学界一般认为,由于受到世俗政权的特殊关照和从事地产、碾硙、借贷等经济活动,敦煌寺院经济在不断向前发展,寺院拥有相当雄厚的经济实力。诚然,从目前所能看到的有关寺院经济状况的敦煌文书来看,某些寺院如净土寺等确实拥有大量斛斗(麦、粟、豆、麻、面、油等)、织物和纸等资产①,表现为不仅数量大而且经济增长速度比较快。但在检阅相关资料中,我们亦会不可避免地注意到某些寺院经济力量的薄弱甚至贫困潦倒。同时,并不是所有寺院的经济力量都在不断地持续向前发展,而是在发展的总趋势下,某些寺院的经济规模在某时期却表现出下滑的迹象。较早注意到该问题的是谢和耐先生,他利用敦煌寺院会计文书的相关记载对净土寺、三界寺、安国寺和报恩寺四个寺院的经济收入来源及经济规模进行了简单比较,从而认为敦煌诸寺之间的财富存在不平等性②。童丕先生亦对敦煌寺院的贫富问题进行了分析说明③。笔者曾对敦煌寺院经济发展的不平衡性及其相关原因如地产、高利贷、硙课和梁课收入等进行了讨论④。后来陈大为先生在讨论僧寺和尼寺之间的收入差距时亦将其原因归纳为布施、高利贷、厨田、梁课和硙课等方面⑤。

---

① 由于吐蕃归义军时期敦煌市场上的等价物主要是斛斗和织物,故斛斗和织物不仅在人们的日常生活中,而且在商品交换、贸易交流中均居于特殊的地位,敦煌寺院经济文书中所记录的寺院财产亦主要是斛斗和织物部分,本章即主要是依据这些斛斗、织物和纸等资产所展开讨论的。

② [法]谢和耐著,耿昇译:《中国五—十世纪的寺院经济》,第231—237页。

③ [法]童丕著,余欣、陈建伟译:《敦煌的借贷:中国中古时代的物质生活与社会》,中华书局,2003年,第60—64页。

④ 王祥伟:《试论吐蕃归义军时期敦煌寺院经济发展的不平衡性——敦煌寺院经济发展规模的量化考察》,《兰州商学院学报》2009年第1期,第13—20页。

⑤ 陈大为:《唐后期五代宋初敦煌僧寺/僧与尼寺/尼贫富状况的比较》,《中国社会经济史研究》2009年第4期,第20—32页。

第二章 敦煌寺院经济的发展及主要收入构成

集中反映敦煌寺院经济状况的资料是敦煌寺院会计文书如入历、破历、入破历算会牒和入破历算会稿等①。在这些文书中往往将某一寺院在某一会计期内的回残、新入、支出或见在(即结存)进行了记录,特别是在入破历算会牒和算会稿中对以上各项均有详细记载,这几项数据直接反映了寺院的经济状况而最具有说服力,如"新入"反映了寺院在某年(有时为几年)的经济收入状况,"回残"反映了上一会计期的结存,而本期结存(即见在)又成为下期结算时的回残数目,故回残与结存又反映了寺院财产的结余情况。遗憾的是绝大多数文书残破不全,故我们往往只能看到这些项目中的某一项或某几项,不过每一项数据皆能在一定程度上反映出某一寺院在某一时期的经济状况及不同寺院间的经济实力差距来。下面我们依据这些数据资料对吐蕃归义军时期敦煌寺院经济的发展及其不平衡性展开讨论。由于文书较多且冗杂,并且其中有些关于净土寺和报恩寺的数据来源于唐耕耦先生拼接而成的文书(以下简称"唐文")②,故我们不可能一一罗列引举全文,但为了一目了然,我们依据相关文书的记载将有关数据列表如下:

(表2-1)单位:石

文书卷号	寺名	年份③	回残	新入	破除	见在	物品
S.4191V(2)	乾元寺	戌年	44.3	86.84			斛斗
S.1733V(1)	某寺	寅年	约123.63				斛斗
S.4191V(1)	某寺	亥年	10		30.7	0.07	斛斗
P.4957	某寺	申年(?)			约100	169.885	斛斗、织物
S.6061	某寺	9世纪前期	45.40	954.72			斛斗

---

① 根据唐耕耦先生的分法,敦煌寺院会计文书主要有常住什物历文书和财务方面的文书,前者有领得历、付历、借历、点检历、交割点检历等;后者有入历、破历、便物历、诸色入破历算会牒及唱卖历、斋嚫历和各种凭证等。参唐耕耦《敦煌寺院会计文书研究》,第8—62页。

② 详参唐耕耦《敦煌寺院会计文书研究》,第67—336页。

③ 这里的"年份"是指文书中标示的时间,而这个"年份"和寺院收支帐中的"回残"、"新入"、"破用"、"见在"的数据可能无法一一对应,即此四项数据可能不全属于该"年份"。因为在寺院文书,特别是在四柱结算式的会计文书中标示的年份往往是指某一会计期结束后进行核算的时间,而这个时间一般是在会计期结束后一年的正、二月,偶尔会在会计期结束当年的十二月,如若在丑年正月算会前一子年的收支破用(这是在假设前一会计期为子年一年的前提下),则"回残"可能是指子年前一年亥年的"见在"数据,"新入"、"破用"是子年的数据,"见在"则是丑年的实在数据。

续表

文书卷号	寺名	年份	回残	新入	破除	见在	物品
S.4782	乾元寺	寅年(858)①	142.625	63.4	99.975	6.05	斛斗、织物、纸
P.2838(2)	安国寺	886	33.63	315.3	285.13	63.80	斛斗
P.3352	三界寺	886 或 946	156.619	269.85			斛斗、织物
S.1625	大乘寺	938	281.95	≥265.625		4.4	斛斗
S.1600(1)＋S.1600(2)＋ДХ.01419＋S.6981(1)	灵修寺	庚申年至癸亥年	59.43				斛斗
P.2974V	某寺	897	159.616	137.4			斛斗
S.5753	某寺	933	275.321	301.06			斛斗、织物、纸
S.5806	某寺	920 或 980	61.47				斛斗
BD14801	某寺	924				1002.375	斛斗、织物
S.0372	某寺	927			663.319		斛斗
S.0378	某寺	927	409.372	253.45			斛斗
S.4686	某寺	10 世纪				589.414	斛斗
S.6064	报恩寺	未年	114.9	1545.67			斛斗
唐文	报恩寺	980 或 920	44.635	165.95/3＝55.31	182.4/3＝60.8	31.69	斛斗
S.5050②	报恩寺	980 或 920			46.982		斛斗
S.4701	报恩寺	940 或 1000	361.70				斛斗
S.6154③	报恩寺	957 或 1017				＞72.471	斛斗

---

① 对 S.4782 中寅年具体年代的考证,详参本章第二节中"地产收入"部分。
② 该件文书所属寺院不详,唐耕耦先生在《敦煌寺院会计文书研究》第 291－293 页中认为属报恩寺。
③ 该件文书所属寺院不详,唐耕耦先生在《敦煌寺院会计文书研究》第 319－320 页中认为属报恩寺。

续表

文书卷号	寺名	年份	回残	新入	破除	见在	物品
P.3638	净土寺	911				400~450	斛斗、织物
P.2049V	净土寺	925	846.39	541.94	168.68	1219.64	斛斗、织物、纸
P.2049V	净土寺	931	1549.76	253.24	324.71	1478.29	斛斗、织物、纸
唐文	净土寺	939		575.93	684.57		斛斗、织物、纸
唐文	净土寺	942			1195.15	1932.44	斛斗织物
唐文	净土寺	943	1932.44	433.95	439.59	1926.80	斛斗、织物、纸
唐文	净土寺	944	1926.80	542.54	518.06	1951.09	斛斗、织物、纸
唐文	净土寺	945	1951.09	447.35	437.43	1960.03	斛斗、织物、纸
羽052	大云寺	986				124.698	斛斗

上面我们依据敦煌寺院会计文书将体现寺院经济状况的各项指标进行了统计,表中用地支纪年的几件文书大致属于吐蕃时期或归义军初期,其他9世纪中叶以后的属于归义军时期。凡是文书中明确说明会计期为几年者,我们将其"新入"、"破除"数除以会计期的年数以求平均值。我们注意到,表中有些寺院既有斛斗,又有织物和纸,但在有些寺院如报恩寺的算会中仅有斛斗而无织物,而P.3997《庚子年(1000或940)十一月卅日起报恩寺入历》则专门记载了报恩寺部分织物的收入帐①,这种现象说明像报恩寺等寺院的织物与斛斗是分开管理核算的呢,还是在以上统计年份其本身就无织物? 对于这一问题我们必须做出解释,因为它直接涉及我们对寺院经济实力的估测是否接近实际情况的问题。

根据敦煌寺院会计文书的核算惯例,一般是将斛斗(麦、粟、豆、麻、面、油、饼渣等)、织物、纸等结合在一起进行核算的,在核算中往往将各种项目如斛斗、油、织物、纸的数字加在一起,但根据一定的比价将织物、纸折合成斛斗统一核算。如S.4782《寅年(858)乾元寺堂斋修造两司都师文谦诸色

---

① 关于该件文书的详细情况,请参唐耕耦《敦煌寺院会计文书研究》,第311—312页。

斛斗入破历算会牒残卷》第 9 行云:"壹伯肆拾贰硕陆斗贰胜半麦粟油面纸布绢等前帐回残。"P.3352《丙午年(886 或 946)三界寺招提司法松诸色入破历算会牒残卷》第 18 行和第 30 行分别云"一百五十六石六斗一升九合麦粟油面黄麻夫(麸)豆䌷布等应前帐回残"、"二百六十九石八斗五升麦粟由(油)面黄麻夫(麸)豆布毡等自年新附入",等等。

当然,像报恩寺等寺院的算会情况亦应不例外,如 P.2821《庚辰年(920)正月报恩寺寺主延会诸色入破历算会牒残卷》载:

1　报恩寺主延会状
2　　右合从丁丑年正月一日如后,至庚辰年正月一日如前,中
3　　间三年所执掌常住什物、诸渠厨田、麦、粟、黄麻、豆、油、面
4　　等,总贰伯壹拾硕肆斗捌升伍合:
(后略)①

这里明确将什物与斛斗置于一起统计,但实际上在该件文书中并未见任何什物。按当时的习惯,什物往往是以"点检历"的形式单独统计的,因为寺院什物种类繁杂,没有办法折合成斛斗的计量单位统一核算,同时敦煌文书中保存下来的许多什物点检历文书中就有几件属于报恩寺②,故此件文书中的什物可能指织物与纸。这种将织物与纸称作什物的现象在某些文书中即有反映,如 S.5753《癸巳年(933)正月一日以后某寺诸色斛斗入破历算会牒残卷》中"回残"项云:

9　　贰伯柒拾伍硕叁斗贰胜壹抄斛斗纸布什物等同前帐存:
10　　　壹伯叁拾柒硕捌胜麦,
11　　　肆拾伍硕贰斗捌胜粟,
12　　　玖拾贰硕玖斗陆胜壹抄黄麻,
13　　　肆拾贰尺布。③

以上引文中前一行为回残总数,后四行为明细帐目,从中我们注意到,

---

① 唐耕耦、陆宏基编:《敦煌社会经济文献真迹释录》第 3 辑,第 345 页。
② 参唐耕耦《敦煌寺院会计文书研究》,第 281-336 页;郝春文《唐后期五代宋初敦煌僧尼的社会生活》,第 124-131 页。
③ 唐耕耦、陆宏基编:《敦煌社会经济文献真迹释录》第 3 辑,第 390 页。

实际上除了布以外并不见任何什物。显然,这里的什物实际上是指"布"无疑①。这说明报恩寺等寺院在算会中亦是将斛斗、织物、纸等统一进行核算的,只是在表2—1中所列时期无织物而已。

假若表2—1中无织物的寺院是因为在核算中没有将织物核算在内,那么这些寺院的织物数目一般有多少呢?对于这一问题我们无法用数字做出明确的回答,因为没有文书完整地记载这些寺院在某时织物数目的多少。不过我们可以从某些有完整记载的寺院在某一会计期末的织物折合成斛斗的数目与总斛斗数的比率来试做说明。当然,这里涉及织物与麦、粟的比价问题,从文书的记载来看,织物与斛斗之间的比价是比较混乱而不确定的,我们在本章第二节将要根据学界对晚唐宋时期敦煌市场物价的研究而列出不同物品与麦粟的比价关系,其中:一尺布=麦粟一斗,一尺褋=麦一斗六升,一张纸=麦粟一升,一尺褐=麦粟一斗。依据这种比价关系,我们将相关资料列表如下:

(表2—2)单位:石

寺名	净土寺				三界寺
年份	931	942	943	944	886(或946)
资料来源	P.2049V	唐文	唐文	唐文	P.3352
织物、纸	681尺布 97尺褋 200张纸	434尺布 22尺褋 200张纸	558尺布 21尺褋 200张纸	757尺布 175尺褋 54尺褐 200张纸	80尺布 22尺褋
合麦粟	85.6	48.9	61.2	111.1	11.5
斛斗总计	1803	1932.44	1926.8	1951.08	426.469
比率(%)	4.7	2.5	3.2	5.7	2.7

表2—2中数据表明,织物所折合成斛斗的数额相对比较小,其所占斛斗总数的比率不大,故即使没有将织物核算在内亦不会对寺院经济规模的分析带来太大的影响。其实像表2—1中乾元寺等寺院将织物核算在内,其经济规模还是小得可怜。而净土寺即便是将织物与纸排除在外,其仅斛斗的数量依然是巨大的。故我们认为,表2—1基本上能够反映出这些寺

---

① 郝春文先生将布、褋等织物与麦、粟、豆、黄麻、酥、米、面、油等一并归入斛斗之属,参郝春文《唐后期五代宋初敦煌僧尼的社会生活》,第123页。

院在当时的经济状况以及它们之间的差距来。

至此,我们可以依据以上数据大致归纳出吐蕃归义军时期敦煌寺院经济发展的如下特点:

首先,从总体上来说,吐蕃和归义军初期敦煌寺院的经济实力较为薄弱,随着时间的推移,敦煌寺院经济规模在不断发展。

其次,寺院经济发展不平衡,表现出两极分化的倾向。如净土寺从911—945年间经济规模持续稳定向前发展,而有些寺院如乾元寺、大乘寺等经济拮据,如表2—1中乾元寺在858年见在仅6.05硕,大乘寺在938年见在仅4.4硕,某寺在亥年见在仅0.07硕,等等。我们知道,敦煌寺院的财产核算一般是在年终十二月或年初正月进行的,而寺院一年的新收入如地产、地租、利息等主要集中在秋季,故以上见在斛斗数还要供寺院半年的周转所需,估计6.05硕、4.4硕、0.07硕是难以维持的。

与数据资料互为表里,我们还可以从有关记载方面进一步证实当时某些寺院的贫困或寺院经济发展的不平衡。如沙州文录补《丑年(821?)五月金光明寺直岁僧明哲请便麦粟牒》记载:

1　　金光明寺状上
2　　贷便麦拾伍䭾,粟伍䭾。
3　　右缘当寺虚无,家客贫弊,寺舍破坏,敢不修营。今现施工,
4　　未得成办。粮食罄尽,工直未填。只欲休废,恐木石难存。只
5　　欲就修,方圆不遂。旨意成立,力不遂心。伏望教授都
6　　头仓贷便前件斛斗,自至秋八月填纳。一则寺舍成立,二
7　　乃斛斗不亏。二图事仪,似有稳便。伏望教授商量,请
8　　处分。
9　　牒件状如前,谨牒。
10　　　　丑年五月日直岁明哲谨牒
11　　　　　　都维那惠微
12　　　　　　寺主金粟①

---

① 沙知辑校:《敦煌契约文书辑校》,第97—98页。

第二章　敦煌寺院经济的发展及主要收入构成　　63

这是吐蕃时期金光明寺直岁明哲、都维那惠微、寺主金粟向都司仓进行借贷的文书,文中明确说明该寺借贷的原因是"当寺虚无,家客贫弊,寺舍破坏","粮食罄尽,工直未填",说明在吐蕃时期,像金光明寺这样的寺院是甚为贫困的。

迨及归义军时期,某些寺院的经济状况依然不容乐观。S.5832《年代不明(9世纪)某寺请便佛麦牒》记载:

1　请便佛麦壹拾驮。
2　右件物,缘龙兴经楼,置来时久,属土地浸湿,基阶颇朽,若不预
3　有修葺(茸),恐后费功力。又楼内先日收得道门及诸家新旧藏三只,其藏都僧
4　统训岌立处,令表里采(彩)画功德。比日缘未有施主,近勾得一两
5　家施主,召得三两个功人,见下手雕饰。今交阙乏粮用。伏望请
6　便前件物,至秋依数填纳,即两得济办。请处分。
7　牒件状如前,谨牒。①

该件文书年代不详,记载了因修葺龙兴经楼没有费用而进行借贷之事,龙兴经楼也许指龙兴寺藏经楼,既然连龙兴寺这样的敦煌大寺经济都如此拮据,那么其他规模较小的寺院存在同样的问题亦不无可能。

第二节　敦煌寺院经济的主要收入构成
——影响寺院经济发展不平衡的主要因素

由上一节的讨论可知,吐蕃归义军时期敦煌寺院经济的发展呈现出不平衡性,而造成这种现象的原因主要是不同寺院的各种经济收入存在差距。

吐蕃归义军时期敦煌寺院的经济收入构成在敦煌文书如入历、入破历

---

① 唐耕耦、陆宏基编《敦煌社会经济文献真迹释录》第2辑第107页与沙知辑校《敦煌契约文书辑校》第99—100页的录文个别文字不同,此处录文时依据图版对个别文字进行了校改。

算会稿、入破历算会牒、贷便历及贷便契等中有较为详细的记载,特别是在算会牒和算会稿中反映的最为集中清晰。算会牒不仅是对某寺院某一时段内经济收支结存状况的考察,同时亦是向上汇报本寺财务状况的报表,其中将寺院收入的来源一一细列,并且还要注明各项收入的数量。综合考察这些记载可知,当时寺院的收入来源主要有地产、利息、硙课、梁课、佛食、散施等项。但是不同寺院在不同时期的具体情况并不一致,有些寺院各种收入来源均有,而有些寺院的收入来源仅有其中的某几项,这些收入来源均直接影响着一个寺院的经济规模。下面我们对详细情况进行具体分析讨论。

一、布施收入

(一)布施收入的特点及构成

寺院财物主要由佛、法、僧三宝构成。佛教经律规定,寺院三宝财物是不能互用的,这种规定在寺院财产的布施收入方面亦有体现,即施主在布施时要明确财物的布施对象是佛,是法,还是僧。如吐鲁番文书64TAM29:44《唐咸亨三年(672)新妇为阿公录在生功德疏》载:

```
1    谨启    阿公生存在日所修功德应□但从
2    去年染患以来所作功德,具如右件:
3    去年十二月廿三日,请廿僧乞诵,并施马一疋
4    与佛。将黄紬绫袍裙一领(下残)
5    忏悔出罪。
6    今年正月一日,请十僧转□
7    至月七日了。于此日更请五十僧乞诵,并施
8    佛银盘一,重廿两。当日□      罪忏悔。
(中略)
44        今日因转读涅槃经,更将后件物等施三宝:
45    马一疋布施佛    鞍辔一具施法
46    黄绸锦袍一领    丝巾子一枚
47    黄布衫一领    罗縏头一枚
48    帛布衫一领    帛绸绫半臂一腰
49    生䌷长袖一腰    熟铜铰腰带一
```

第二章 敦煌寺院经济的发展及主要收入构成

（中略）

56　五色绣鞋一量　　墨绿紬绫袜一量锦鞓

57　　　　　右前件物布施见前大众

58　紫绫夹裙一腰　　绿绫夹帔子二领

59　肉色绫夹衫子一领

60　　　　　右件上物新妇为阿公布施

61　一右件物今二月廿一日对众布施三宝,亦愿知。

（中略）

81　往前于杨法师房内造一厅并堂宇,供养

82　玄觉寺常住三宝。

83　又已前将园中渠上一○木布施百尺弥勒。

（后略）[①]

显然,本件中将布施给佛、法、僧(见前大众)的财物进行了明确说明,如第3—4行和第45行所载的马一疋、第8行所载的银盘一个布施给佛,第83行所载的木布施给弥勒,第45行所载的鞍辔一具布施给法,第46—56行所载的各种财物均是布施给现前大众的,而第81行所载的堂宇是布施给玄觉寺佛、法、僧三宝的。

从寺院收入的角度来看,既然寺院财产称为三宝财产,那么施主布施给佛、法、僧的财物就构成了寺院的布施收入。但实际上,施入僧的财产需要区别对待。因为佛教经律规定,僧物有四种,又称为四种常住,即常住常住、十方常住、现前现前、十方现前。关于这四种僧物的含义如下:

一、常住常住,众僧之厨库寺舍众具花果树林田园仆畜等也。是永定住于一处,非可分判者,故为常住物中之常住物也。二、十方常住,如日日供僧之常食,是取前常住常住,而入当日之常食者,是为属十方僧之僧物,故云十方常住。简言之,即十方僧之常住物也。三、现前现前,各比丘所属之私物也。是为现前僧之现前物。四、十方现前,如亡僧所遗之经物。是为可分与十方僧为各比丘之现所属者,故谓之

---

① 国家文物局古文献研究室、新疆维吾尔自治区博物馆、武汉大学历史系编:《吐鲁番出土文书》(录文本)第7册,文物出版社,1986年,第66—74页。

十方现前。见行事钞中之一。①

其中现前现前、十方现前为僧人之私有,如施主临时施予现前之僧而由该僧受用之私物即属此类,严格地说,这两类不属于僧团共有。而常住常住僧物、十方常住僧物实际上为一寺之内的共有财产,施主布施给常住常住、十方常住的僧物一般径名为施入某寺常住,故寺院的布施收入主要是由施主布施给佛、法的财物和布施给僧的一部分财物——寺院常住的财物构成。

在吐蕃归义军时期,敦煌施主在布施时亦要说明将财物布施给佛、法、僧之哪一宝,其中布施给佛、法及僧中属于某寺常住者构成敦煌寺院的布施收入。如S.2447《亥年(831?)十月一日以后诸家散施入经物历稿》载:

1　亥年十月一日已后,应诸家散施入经物,一一具色目如
2　后。
3　僧伯明施三岁特子壹头,出唱得经纸叁拾帖。
4　杜都督施红单绢裙壹并腰带,出唱得布壹
5　伯叁拾尺,又施麦伍斗。子年五月廿一日,僧灵秀
6　施经纸伍帖,计贰伯肆拾捌张。②

文中的三岁特子、红单绢裙并腰带、纸、布、麦等均是施舍给寺院的经物,属法物。又S.3565《归义军节度使曹元忠设斋功德疏》载:

1　弟子归义军节度使检校太保曹元忠于衙龙
2　　　楼上,请大德九人,开龙兴灵图二寺大藏
3　　　经一变,启扬鸿愿,设斋
4　　　功德疏。
5　　　施红锦壹疋,新造经帙
6　　　贰拾壹个,充龙兴寺经帙。
7　　　楼机绫壹疋,经帙拾个,
8　　　充灵图经帙。生绢壹疋,经帙

---

① 丁福保编:《佛学大辞典》,第797页。
② 唐耕耦、陆宏基编:《敦煌社会经济文献真迹释录》第3辑,第74页。

第二章　敦煌寺院经济的发展及主要收入构成

  9　　　　　拾伍个充三界寺经㸒。马壹疋充见前僧㸒。①

  文中布施给龙兴寺、灵图寺、三界寺的经㸒属法物，布施给见前僧的一匹马属僧物。又 S.5973《宋开宝七年(974)二月归义军节度使曹元忠施入回向疏》第 1－3 行载：

  1　　布叁疋充大众，布壹疋充大像，绵绫壹疋充法事。
  2　　右件舍施所申意者，先奉为
  3　　龙天八部，拥护敦煌。②

  引文将布施给大众的僧物叁疋布、布施给佛的佛物布壹疋亦进行了明确区别。这类例子在敦煌文书中很多，这里就不再繁举了。
  当然，吐蕃归义军时期的敦煌寺院有时可能还会设有灯司、修造司、招提司等机构，故而施主在布施时有时会明确说将财物布施给寺院的某机构，但这些收入依然属于寺院的布施收入。

  (二)寺院布施收入的不同及影响因素
  1.寺院布施收入的不同
  施主布施给寺院的财物是五花八门的，单从相关敦煌文书来看，布施之物有斛斗、什物、织物、油、药物、碾碨、依附人口、牲畜、土地、房舍及金、银、珍珠、玛瑙等③。由于施物的时间、施物的内容具有偶然性，故施物对寺院经济规模的影响亦具有不确定性，且有的施物如土地、碾碨、依附人口等对寺院经济的影响是很大的，但我们却很难用具体的数字来衡量这些施物对寺院经济规模带来的影响。下面我们主要将敦煌寺院会计文书中所载施主布施给寺院的斛斗、织物及由其他施物折合成的斛斗数进行统计来看看不同寺院的布施收入状况。
  在敦煌寺院的布施收入中，有各种斛斗如麦、粟、黄麻、豆等，亦有各种织物如布、缧、毡等，这些斛斗和折合成斛斗的织物在敦煌文书中往往是按照数字相加在一起的，这样的统计方法是很不合理的，如同样是一石油和麦，但一石油的价值远远大于一石麦。故我们在统计寺院布施收入时将所有斛斗和织物都折合成"麦"来计算。而要将其他斛斗和织物折合成麦，就

---

 ①　唐耕耦、陆宏基编：《敦煌社会经济文献真迹释录》第 3 辑，第 97 页。
 ②　唐耕耦、陆宏基编：《敦煌社会经济文献真迹释录》第 3 辑，第 101 页。
 ③　详参郝春文《唐后期五代宋初敦煌僧尼的社会生活》，第 241－261 页。

需要知道它们与麦之间的比价关系,据唐耕耦、郑炳林等先生的研究,归义军时期相关斛斗和织物与麦的比价是:

1斗粟=0.67斗麦,1斗豆=0.8斗麦,1斗糜=0.67斗麦,1斗黄麻=2斗麦粟,1石面=0.94石麦,1块饼渣=1斗麦,1斗油=2石麦,1升苏=2斗麦,1尺布=1斗麦,1尺緤=1.6斗麦,1尺毡=1斗麦粟,1尺昌褐=1斗麦粟,1段斜褐=3石麦粟。①

据此,我们将相关情况统计列表如下:②

(表2-3)单位:石

文书卷号	寺名	年份	总收入（合折麦）	布施收入（合折麦）	比率(%)
S.4782	乾元寺	丑年(857)	65.8	4.0	6.1
P.6002(1)	某寺	寅年(858)—卯年(859)③	166.7	3.0	1.8
P.2838	安国寺	884—886	405.0	0	0
P.2974V	某寺	896	185.7	1.9	1.0
P.2049V	净土寺	924	425.7	27.6	6.5
P.2049V	净土寺	930	211.8	38.5	18.2

表2-3所列的是寺院在某一完整会计期内的所有布施收入及其在寺院总收入中所占的比重,至于其他不在一个完整会计期内的布施收入,由于其不能反映一个寺院在一个会计期内布施收入的总量及其在寺院经济

---

① 参唐耕耦《敦煌寺院会计文书研究》,第411—460页;郑炳林《晚唐五代敦煌贸易市场的物价》,《敦煌研究》1997年第3期,第14—32页。后者又收入郑炳林主编《敦煌归义军史专题研究》,兰州大学出版社,1997年,第275—307页。其中斜褐的价格二位先生均没有说明。敦煌文书中一段斜褐的价格折麦粟有4石、5石、2石者,我们按中间价3石计算。

② 这里有几点需要说明:首先,在统计过程中,由于收入部分里的面、麨等在"破用"部分中又有相应用来磨面的麦、粟等支出,两相可以抵销,即面、麨不是真正的收入,故不计入,这一点唐耕耦先生在《敦煌寺院会计文书研究》第402—403页已有说明。其次,在收入部分中有的是"折入"、"换入"或"替入",这些收入在"破用"中有相应支出者亦不计入,如唐耕耦先生缀合复原的《净土寺乙巳年(945)正月以后诸色人破历算会稿》中收入部分有"粟伍硕,杨都头将豆入",对应的支出有"豆伍硕,杨都头粟换用",又收入部分有"粟三硕,索僧政将豆入",对应的支出有"豆三硕,索僧政粟替用"。再次,斋儭人、念诵人、转经入、法事活动所得、佛食收入等均计入施舍收入;最后,在有的斛斗、织物与麦的比价关系中,它们是折合成"麦粟"而不仅仅是"麦"来计算的,故我们在将其折算成"麦"时是稍有误差的。

③ 对P.6002(1)中寅年和卯年具体年代的考证,请参本节后面"地产收入"部分。

总收入中所占的比重,故不再统计入表。当然,由于资料所限,表2—3所列仅仅是几所寺院在某一会计期内的布施收入状况。表中所示,寺院的布施收入在总收入中所占的比重不大,仅有净土寺930年的布施收入在寺院经济总收入中所占比重较大。但不同寺院布施收入的绝对数差距还是很大的,主要是净土寺的布施收入比其他几所寺院的多很多,其他几所寺院的布施收入并不多,特别是安国寺在连续三年期间没有布施收入。

当然,我们亦不排除有的寺院有时的主要收入为布施所得的可能。如俄藏敦煌文书 ДХ.01433 记载:

(前残)
1 ▢▢▢▢▢▢▢▢▢今帐新附
2 [伍]拾壹硕贰斗麦
3 　　肆拾壹硕玖斗中间八年
4 　　诸家散施入,玖硕叁斗
5 　　八年中间本上折利入。
6 肆拾陆硕柒斗粟
7 　　叁拾陆硕壹斗八年中
8 　　间诸家散施入,壹硕陆
9 　　斗本上析利入。
10 肆伯陆拾陆尺布
11 　　肆拾尺安连连社施入,
12 　　壹拾玖尺吴铁子车头施入,
13 　　捌拾尺当寺贴兰若修
14 　　造入,贰拾尺马良信押
15 　　衙车头施入,贰拾肆尺西
16 　　□□车头和入,捌尺西□
(后残)①

该件文书首尾俱残,所存内容主要是关于某寺院的"新入"内容。从同类文书的记帐习惯,即先是记麦粟等斛斗,其次是记布等织物和油、纸等来

---

① 俄罗斯科学院东方研究所圣彼得堡分所等编:《俄藏敦煌文献》第8册,第170页。

看,既然文书中残存有麦粟和部分布,那么后面残缺的收入应该不是很多。从文书内容来看,该寺院8年中的收入总量极小,说明该寺院的经济状况不是很好。在这些收入里面,布施收入占有非常大的比重,如麦总共为51.2石,其中布施麦为41.9石,占了约81.8%;粟总共为46.7石,其中布施粟为36.1石,占了约77.3%。至于在466尺布中,布施收入布的具体数字因残缺无法统计,但仅保存下来的就有103尺,占了约22.1%。可见,该寺收入主要为布施收入。此外,还有少许利息收入,但没有地产、碉课、梁课等收入。

总之,吐蕃归义军时期,尽管布施收入对寺院经济规模的影响具有偶然性,但是不同寺院的布施收入还是存在一定的差距,故而布施收入在一定程度上影响到不同寺院的经济规模。

2.影响寺院布施收入不同的因素

影响寺院布施收入的因素是多方面的,除了一些偶然因素外,还有其他因素如寺院与官府或贵族官僚之间的关系对寺院布施收入有较大影响。历史上,有的寺院就因与贵族官僚之间有特殊的关系而得到布施并富甲一时。敦煌寺院中亦有与吐蕃或归义军政权及某些官僚贵族关系密切者,但是由于资料欠缺,故我们看不到相关寺院在布施收入方面受到特殊照顾的例子。

此外,就敦煌寺院而言,僧人参加法事活动的情况对其所在寺院的布施收入亦有较大影响。施主进行布施总是有原因的,郝春文先生将敦煌文书中的"施舍疏"、"请僧疏"中施主布施的原因归纳总结为求佛保平安、为亡者追福、为患者祈福、建福禳灾等情况[①],不论是出于何因布施,一般均要请僧举行法事活动。当然,有时在不需要寺院僧人进行任何法事诵经的情况下,施主亦会对寺院进行布施,但是这种情况非常少。而僧人在参加法事活动时不仅为自己挣得法事收入,同时施主还会因此布施给僧人所在寺院一定财物。如P.2704《后唐长兴四至五年(933—934)曹议金回向疏》(四)第1—4行载:"请大众转经一七日,设斋一千六百人供,度僧尼二七人,紫花罗衫壹领,紫锦暖子壹领,紫绫半臂壹领,白独窠绫袴壹腰,已上施入大众。布壹拾陆㐲,麦粟豆共叁拾硕,黄麻叁硕贰斗,已上施入一十六

---

① 郝春文:《唐后期五代宋初敦煌僧尼的社会生活》,第268—269页。

寺。细缥壹疋,充经儭。布壹疋,充法事。"①在这次转经活动中,参加转经活动的僧人及其所在的十六所寺院同时均得到了布施财物。又P.3997《庚子年(1000或940)十一月卅日起报恩寺入历》第4—5行载:"辛丑年正月廿三日,昌褐壹疋,邓县令经儭领入。"P.2049V《后唐同光三年(925)正月沙州净土寺直岁保护手下诸色入破历算会牒》第243行载:"生毡二丈五尺,周都头经儭入。"这两条资料中的"经儭入"分别是报恩寺和净土寺徒众在为邓县令、周都头举行法事活动时的布施收入。而敦煌僧人参加的法事活动有都司组织的、寺院组织的和施主请僧举行的法事活动等,在这些法事活动,特别是在后两种法事活动中,不同寺院的僧人被邀请参加法事活动的机会是不等的,故不但不同僧人间的法事活动收入不等②,而且其所在寺院因此获得布施收入的机会亦不同。一般情况下,参加法事活动频次高的僧人所在寺院获得布施收入的机会大于参加法事活动频次低的僧人所在寺院。

二、利息收入

中外学者对敦煌寺院的借贷活动进行了较多研究,主要研究成果在本书第三章第三节将会述及,此处暂不注明。敦煌寺院的利息收入在敦煌文书中一般记为"利润入"。从敦煌文书的记载来看,吐蕃归义军时期敦煌地区的高息借贷活动相当活跃,僧俗两界均乐此不疲,故寺院的放贷取息行为是在当时敦煌社会普遍的高息借贷背景下进行的。为了便于观察,我们现将寺院放贷取息的有关资料列表如下:

(表2—4)

文书卷号	年份	利息收入	出贷方
S.4654V(1)	946	有	金光明寺
S.5873V+S.8567	958	有	灵图寺
P.3370	928	有	某寺公廨司
S.6452(6)、S.6452(7)	982	有	净土寺常住库
P.3112	10世纪	有	某寺
P.4649	936	有	报恩寺公廨司

---

① 唐耕耦、陆宏基编:《敦煌社会经济文献真迹释录》第3辑,第88页。
② 相关情况参郝春文《唐后期五代宋初敦煌僧尼的社会生活》,第321—366页。

续表

文书卷号	年份	利息收入	出贷方
P.2049V	931	有	净土寺
P.2049V	925	有	净土寺
唐文	939	有	净土寺
唐文	943	有	净土寺
唐文	944	有	净土寺
唐文	945	有	净土寺

表2—4所列均为可确定是寺院的借贷行为,至于其他难以肯定是寺院放贷者及僧尼个人进行的放贷取息情况不被录入。表中所列的借贷行为均发生在公元10世纪,利息率最高为50%(这里没有考虑借贷期限的变化)。正是由于文书里面有大量的寺院放贷取息的记载,故不管有无利息说明,学界一般将敦煌寺院的借贷统统称之为高利贷。但从当时的实际情况来看,并不是所有的敦煌寺院均在放高利贷,有的寺院在有的年份根本没有利息收入,这种情况在寺院会计文书如入历、破历、入破历算会、便物历等中反映得很清楚。这里我们再将敦煌寺院的无息借贷实例列表如下:

(表2—5)

文书卷号	年份	利息收入	出贷方
S.1625	938	无	大乘寺
P.2974V	897	无	某寺
S.1600(1)+S.1600(2)+ДХ.01419+S.6981(1)	庚申年至癸亥年	无	灵图寺招提司
P.3352	866/946	无	三界寺招提司
P.2838(2)	886	无	安国寺
S.4782	858	无	乾元寺
S.6452(4)	982	无	净土寺
S.5848	959?	无	某寺
P.2821	920或980	无	报恩寺
S.5064	10世纪	无	某寺
罗振玉旧藏	921?	无	某寺灯司仓

表2—5中前6件为入破历算会文书,这些文书中一般均记载有厨田

第二章　敦煌寺院经济的发展及主要收入构成　　73

入、施入、佛食入等收入项目,但俱无利润收入这一项。而根据净土寺的算会文书,如前述唐耕耦先生缀合的几件净土寺文书及 P.2040V、S.474V 等可知,算会时要么是详细标明利润收入帐目,要么是在四柱结算法中"收入"一柱中说明利润收入,故我们可以肯定,既然以上寺院在其收入帐目中没有标明利润收入,说明这些寺院应当没有进行放贷或放贷但不取息,起码在表 2—5 中所示的时间内是如此。表 2—5 中后面 5 件为出贷文书,但亦均无利息说明。需要强调的是,我们不能排除这些寺院在其他时段内进行有息放贷的可能,如表 2—5 中 P.2821 记载报恩寺的借贷无息,但表 2—4 中 P.4649《丙申年(936)十月十七日报恩寺算会抄录》则记载了报恩寺的利息收入。

　　以上情况告诉我们,吐蕃归义军时期的敦煌寺院进行放贷是一种正常而又普遍的行为,但并非每所寺院每年均进行放贷,亦非所有的放贷皆要收取利息,在这种情况下,不同寺院之间的利息收入出现差距将是必然的。如 P.4649 记载 936 年报恩寺算会大众功廨司借贷收入时云:"合得本利麦壹拾叁硕贰斗□□斗伍升"。由于文书残缺,此件仅能看到报恩寺的放贷麦连本带利总共才有可怜的 13 硕多。与这些利息收入微薄的寺院形成鲜明对比的是某些寺院的利息收入非常可观,如净土寺在 925 年的利息收入就高达约 360 石①。这些数据告诉我们,利息收入差距过大是导致敦煌寺院经济发展不平衡的一个主要原因。

　　既然寺院放贷取息在吐蕃归义军时期的敦煌是一种正常现象,而且利息收入在归义军时期是寺院的主要财源,那么是什么原因造成了某些寺院在某些年度没有利息收入呢?我们认为其中的主要原因之一是这些寺院的经济规模非常小,连自己的日常周转都难于应付,故难以拿出更多的资本去生财。如表 2—1 中乾元寺在戌年回残 44.3 硕,寅年结存仅 6.05 硕;安国寺在 886 年结存 63.80 硕;大乘寺在 938 年仅结存 4.4 硕;报恩寺在 920(或 980)年结存 31.69 硕,等等。而且,这里我们所依据的数字一般是寺院在年终十二月或年初一、二月份进行统计的结果,而大宗收入如地产、借贷等在敦煌往往是在夏秋两季才能获得,故这里所谓的结余数目里面还应包含有未来半年的消费支出,亦即一年的实际结存数远远小于此,甚至

---

① 参唐耕耦、陆宏基编《敦煌社会经济文献真迹释录》第 3 辑,第 347—366 页。

没有结存而靠借贷来维持生计。同时,我们亦从表2—1可以注意到,一所寺院一年的斛斗支出规模是相当大的,一般一年的支出数接近于收入数而达到100硕以上,在这样的情况之下,有些寺院往往还会出现入不敷出的现象,故根本没有能力去放贷,而那些仅有些许盈余的寺院亦只能将结存斛斗备做日常生活之需,至于要放贷生息,那更是心有余而力不足了。至此可以认为:在归义军时期,利息是敦煌寺院的主要收入来源,但并非每所寺院均将其作为自己的支柱财源,有些寺院依然以其他传统收入如地产、硙课、梁课等作为自己的经济基础。

三、碾硙和油梁收入

碾硙和油梁收入是古代寺院经济收入的重要来源之一,吐蕃归义军时期的敦煌寺院亦不例外。敦煌寺院拥有碾硙、油梁的途径在文书中很少记载,S.3873《唐咸通某年(860—874)索淇舍施水硙园田等入报恩寺请求判凭状》载索家布施水硙三所及园田、家客重建报恩寺①,日本杏雨书屋藏敦煌文书羽689记载董勃藏创建伽蓝并布施驼、牛、马及水硙、人户等②,说明布施是敦煌寺院碾硙的来源之一。P.3587《年代不明某寺常住什物交割点检历》中第9—10行载:"诸家卖捨(舍)文契及买道论(轮)硙文书一角。"可见寺院亦可以买入碾硙。至于敦煌寺院碾硙、油梁的经营等问题,学界已进行了深入研究③,这里我们在已有研究成果基础上主要对敦煌寺院碾硙和油梁的收入差距等问题再进行讨论说明。

---

① 唐耕耦、陆宏基编:《敦煌社会经济文献真迹释录》第3辑,第83页。
② [日]岩尾一史:《再论〈吐蕃论董勃藏修伽蓝功德记〉——羽689の分析を中心に》,载[日]高田时雄主编《敦煌写本研究年报》第8号,京都大学人文科学研究所中国中世写本研究班,2014年,第205—216页。
③ 主要研究成果有:[日]那波利贞的《梁户考》(《支那佛教史学》第二卷,第1、2、4号,1938年)、《中晚唐时代に于ける敦煌地方佛教寺院碾硙经营に就まて(上、中)》(《东亚经济论丛》第1卷3、4号,1941年)和《中晚唐时代にする敦煌地方佛教寺院碾硙经营に就まて(下)》(《东亚经济论丛》第2卷2号,1942年)系列论文;[日]道端良秀《唐代佛教史の研究》第五章"佛教寺院と经济问题",法藏馆,1957年;[法]谢和耐著、耿昇译《中国五—十世纪的寺院经济》,甘肃人民出版社,1987年,第175—188页;姜伯勤的《敦煌寺院文书中"梁户"的性质》(《中国史研究》1980年第3期)和《敦煌寺院碾硙经营的两种形式》(《历史论丛》1983年第3辑)二文,后均收入其著《唐五代敦煌寺户制度》一书;唐耕耦《关于敦煌寺院水硙研究中的几个问题》,原载《文献》1988年1期,后收入其著《敦煌寺院会计文书研究》一书;谢重光:《关于唐后期五代间沙州寺院经济的几个问题》,载韩国磐主编《敦煌吐鲁番出土经济文书研究》,第445—513页;雷绍锋:《归义军赋役制度初探》,洪业文化事业有限公司,2000年,第140—143、274—278页。

第二章　敦煌寺院经济的发展及主要收入构成　　75

(一)硙课和梁课的含义

敦煌文书中所载寺院的碾硙、油梁收入分别可被称为"硙课"、"梁课"。但中外学者对敦煌寺院会计文书中"硙课"一词的认识有一个逐渐成熟的过程，其中最合理的解释当属姜伯勤和唐耕耦先生。对硙课和梁课含义的准确解释是建立在对寺院碾硙、油梁经营方式的正确理解上，吐蕃归义军时期敦煌寺院碾硙经营有寺院自营和出租经营两种方式，而油梁的经营经历了由吐蕃时期的寺户看梁到归义军时期出租油梁的转变①。因之，姜伯勤先生认为硙课有两种含义：一种是指寺方给"硙博士"的工价；另一种则是指承租寺硙的硙户向寺方交纳的课税。唐耕耦先生亦认为硙课是将水硙出租与人的租费，或者是指用水硙替他人将麦粟等粮食磨成面粉所收的加工费②。姜伯勤先生所说的"课税"与唐耕耦先生所说的"租费"实际上是一回事。这样，硙课的含义有工价、租税和加工费三层含义。而"梁课"是梁户按照契约于规定期限内向寺院交纳的使用寺院油梁设备的租金③。我们下面讨论的硙课与梁课均是指承租方因租用寺院的碾硙、油梁而交纳给寺院的租金或寺院替他人将麦粟等粮食进行加工所收的加工费。

(二)寺院在碾硙和油梁经营中的义务及对硙课和梁课的矜免

从敦煌文书的记载来看，无论是碾硙和油梁由寺院自营还是出租经营，寺院均要承担对碾硙、油梁及相关配套设施的维修义务。如 S.3074V《吐蕃占领敦煌时期某寺白面破历》第 19 行载："出白面陆斗，付昔家阿婆，充修硙轮价。"P.2838(1)《唐中和四年(884)正月上座比丘尼体圆等诸色斛斗入破历算会牒残卷附悟真判》第 1－6 行载："油壹胜、粟陆斗、面叁斗，八日修硙槽用。麦壹硕肆斗、粟壹硕肆斗、油叁胜，看硙槽破用。麦两硕壹斗、粟两硕、油壹斗壹胜，硙槽了日，徒众设博士用。"第 95－97 行载："又油柒斗，缘修饰油梁四年中间诸色破用。"P.2838(2)《唐光启二年(886)安国寺上座胜净等诸色斛斗入破历算会牒残卷》第 45－55 行载："粟叁斗，麦壹斗，面壹斗，油半升，开硙门日用。……面壹硕，油叁升，粟壹硕贰斗，修硙轮食用。粟陆斗，买飞桥木用。……面壹硕，油叁升，粟壹硕贰斗，修硙轮

---

① 姜伯勤:《唐五代敦煌寺户制度》，第 246－250 页。
② 姜伯勤:《唐五代敦煌寺户制度》，第 231－239 页;唐耕耦:《敦煌寺院会计文书研究》，第 461－487 页。
③ 姜伯勤:《唐五代敦煌寺户制度》，第 262 页。

用。面柒斗,油肆升,酒壹瓮,徒众碨户商量打泻口日用。"S.4373《癸酉年(913或973)六月一日碨户董流达园碨所用抄录》第2—10行载:"请食(石)匠除碨,五人逐日三时用面三斗。……面肆斗、酒壹角,中(众)僧修桥来食用。……七月十日,面五斗、酒四构,众僧碨后打略吃用。又胡饼三十、酒壹角,众僧盖桥来吃用。胡饼伍拾、酒半瓮,众僧修写(泻)口来吃用。廿日,枝十五束、掘拾笙,上头修渣(闸)用,下手打碨轮酒壹斗。"P.4906《年代不明(10世纪)某寺诸色破用历》第15—16行载:"白面壹斗、油两合,修碨槽夜料看博士用。"S.4782《寅年(858)乾元寺堂斋修造两司都师文谦诸色斛斗入破历算会牒残卷》第43—53行载:"白面两硕贰斗,粟壹硕壹斗,油壹升,麦壹斗伍升,已上充打碨轮博士及解木人食用。……粟两硕伍斗,缘当寺碨不行,碨直用。……面壹硕伍升,油贰升,粟壹硕三斗,已上充碨轮了日设博士破用。面壹硕陆斗,油叁升,粟陆斗,充修碨食用。面壹硕陆斗,粟壹硕肆斗,已上充安碨轮日食用。面贰斗,充书碨契日食用。面两硕叁斗,油捌升,粟壹硕,起碨轮设博士破用。"第65—70行载:"麦壹硕,充买碨辋用。油柒升,买碨辋用。麦壹硕肆斗,买碨辋用。面壹斗,油壹升,充安都师修碨门用。……麦壹硕充修碨功直用。"P.6002(1)《辰年(860)某寺诸色入破历算会牒残卷》第52—53行载:"面壹硕柒斗贰胜、油叁胜、粟玖斗柒胜,已上充众僧油梁碨用。"P.4957《申年(?)某寺诸色入破历算会牒残卷》第41—43行载:"粟叁斗,已上充修油梁掘木及迎丑娘破用。粟壹硕柒斗,充修楂(闸)沽酒用。"S.5071《年代不明(10世纪)某寺诸色入破历算会牒残卷》第6—9行载:"面两硕伍斗、粟两硕伍斗、油两胜半,充中间贰日修油梁人夫食用。"这些记载说明,在碾碨、油梁的租赁关系中,承租者只负责向寺方交纳碨课和梁课,而寺方要向承租者提供能够正常运转的碾碨、油梁及其配套设施,包括在寺碨所在的河渠修闸、修桥等。

正是由于寺院要承担对碾碨、油梁及相关配套设施的维修义务,故而在碾碨、油梁及相关设施出现问题时,承租碾碨、油梁的碨户和梁户向寺院交纳的碨课和梁课可以得到相应的"矜放",即矜免、免除。如P.2838(1)中第57—60行记载:"麦拾硕、粟肆硕,缘碨破修饰处徒众矜放。其年碨晚行,矜放麦壹拾伍硕、粟柒硕肆斗。""晚行"当是由于碨破修饰延误了碾碨的正常按时营运。又如第65—68行云:"麦两硕壹斗,修碨舍及桥用。麦柒硕,缘槽破矜放。麦两硕玖斗、粟壹硕肆斗,徒众矜放用。"寺院对梁课的矜放有时亦是由于油梁的不能正常运转而进行的,如 P.4957《申年(?)某寺诸色入破历算会牒残卷》中第 2－3 行载:"又油贰斗,充修油梁矜放。"又 P.2838(1)第 91－92 行载:"卯年缘油梁破坏,徒众矜放油叁斗。"等等。

当然,寺院亦可以在其他因素导致碾硙、油梁不能正常运转时减免部分硙课和梁课。如 P.2838(1)第 48－50 行载:"麦伍硕陆斗、粟肆硕玖斗,缘水利弱徒众矜放。"这是由于水力的不足,导致碾硙无法正常运转。因为当时敦煌的碾硙多为水硙,这些碾硙往往是依河渠而建①,如 P.3500(3)第 3－4 行云:"涧中现有十硙水,潺潺流溢满□渠。"在有的节日期间,寺院碾硙的经营亦会受到影响。如日本杏雨书屋藏敦煌文书羽 703 第 13－15 行载:"麦五石,粟五石,缘自年秋日[硙]不行,矜放张怀怀等四人。"又如 P.2838(1)中第 81－83 行载:"缘寒食,一季硙不行,徒众矜放麦玖硕、粟肆硕。"第 84－85 行载:"又麦玖硕、粟肆硕,亦矜放。"寒食节是唐宋时期敦煌地区的一项重要节日,当时寺院亦积极投入到寒食节的相关活动中去,S.0381《龙兴寺毗沙门天王灵验记》第 2－3 行云:"大番岁次辛巳闰二月十五日,因寒食在城官寮百姓就龙兴寺设乐,寺卿张闰子家人圆满,至其日暮间至寺着设乐。"P.2040V(3)云"粟七斗,寒食卧酒荣拜用"、"油贰升捌合,造寒食祭拜盘用"等,可能是由于寺院忙于寒食节期间的活动而停止了碾硙经营,故免掉了相应的硙课征收。

敦煌文书中还有许多关于原因不明而矜放梁课的记载。如 S.6781《丁丑年(917)正月十一日北梁户张贤君二年油课应见纳及沿梁破余抄录》第 10－11 行载:"(油)贰斗,局席矜放贤君用。"第 11－12 行载:"(油)壹斗,算会日矜[放]贤君用。"P.2049V《后唐长兴二年(931)净土寺诸色入破历算会牒》第 266－267 行载:"油壹斗,卯年众僧矜放梁户用。"第 324－325 行载:"油壹斗,矜放梁户用。"P.3490《辛巳年(921 或 981)某寺诸色斛斗破历》第 51 行载:"油贰斗,众僧矜放梁户石集子用。"这些记载除了其中一条是由于"局席"而矜放之外,其他均未说明矜放之因,推测其因与矜放硙课大致相似。另外,从现有资料来看,梁课的交纳似乎还有着与硙课不同的特点,除了梁户到寺库交纳外,寺院还同时直接到油坊提取课油②,即寺院

---

① 唐五代敦煌可能亦有旱硙,如姜伯勤先生认为净土寺不但拥有碾硙,而且是旱硙,参其著《唐五代敦煌寺户制度》,第 234－236 页。

② 姜伯勤:《唐五代敦煌寺户制度》,第 251－262 页。

已经提前从梁户手中预支了一定数量的课油,故在算会时通过"矜放"的形式来抵销这部分帐目,前述不明矜放原因者有的可能属于此类。

从上述情况来看,寺院矜放硙课与梁课的原因较多,如碾硙和油梁出现了故障或其配套设施等被损坏,另有如水动力不足或特殊节日期间而无法正常运营者等。在这些情况下,由于碾硙和油梁无法运营而硙户和梁户没有经营收入,故寺院才免去其按契约规定应交纳的课税。这里我们需要明确两点:第一,如果造成油梁、碾硙无法正常运转而导致收入受损的原因是非寺院方,那么寺院一般是不会放免掉租赁契约中所规定的梁课和硙课的,这一点于敦煌文书中常见的梁户欠梁课、硙户欠硙课,以及梁户、硙户交纳所欠梁课、硙课的记载可证之。如 S.6981《辛未—壬申年(971—972?)某寺某某领得历》中第 8 行载:"十二月十四日领硙户李章佑旧硙课伍硕叁斗。"又 S.6154《丁巳年(1017 或 957)后报恩寺算会见存历稿》中第 2—7 行载:"麦叁拾伍硕柒斗柒升陆合,粟陆硕伍斗柒升壹合,黄麻壹硕肆斗,在丁巳年都师愿进下硙户张富昌、李子延二人身上。油肆斗柒升,在都师愿进下梁户史怀子身上。麻渣捌饼,又在史怀子身上。"S.6781《丁丑年(917)正月十一日北梁户张贤君二年油课应见纳及沿梁破余抄录》中第 13—14 行载:"张贤君亥子贰年中间准契欠油壹硕叁胜。丙子年欠油五斗。"这里的"油"即为"梁课油"。第二,不管是硙课还是梁课的矜放,均不是寺院从实际收入中免除掉硙户和梁户的部分负担,而是减免掉根据双方契约中规定的在某一期限内硙户和梁户应交纳的硙课和梁课中的一部分。契约中规定的硙课和梁课属于寺院的预算收入,免放的硙课和梁课实际上是抵销了部分预算收入,故硙课和梁课的矜放是对寺院预算收入的重新调整,其结果导致了寺院实际收入的减少而在帐面上构成寺院财产支出的一部分。另外,前已说之,由于寺院有时已经提前从梁户手中预支了一定数量的课油,故在算会时通过"矜放"的形式来抵销了这部分帐目,这时的矜放仅仅是对梁课的一种结算,并没有减少寺院的实际梁课收入。

(三)寺院的硙课和梁课收入差距

对拥有碾硙、油梁的寺院而言,由于受拥有碾硙和油梁的数量、经营效果、自然条件等因素的影响,不同寺院的油梁、碾硙收入是有差距的。为了明确体现硙课与梁课收入在某些寺院收入中的重要性,这里我们将部分寺院在某一时期内的硙课与梁课收入、寺院总收入以及两者之间的比率统计

第二章 敦煌寺院经济的发展及主要收入构成　　79

列表如下：

（表2－6）

文书卷号	寺名	年份	总收入（合折麦）	砲课梁课收入（石）			折合麦	比率（%）
				收入明细				
S.6061	某寺	吐蕃时期	954.719①	砲课入	麦	274.2	289.8	30.4
					粟	22.65		
					豌豆	0.55		
S.4782	乾元寺	丑年(857)	65.8	砲课入	麦	3.8	55.5	84.3
					粟	7.0		
				梁课入	麦	11.0		
					粟	6.0		
					油	1.6		
P.6002(1)	某寺	寅年(858) 卯年(859)	166.7	砲课入	粟	4.0	47.68	28.6
					麦	2.0		
					油	1.6		
				梁课入	粟	6.0		
					麦	11.0		
P.2838	安国寺	884	136.6	砲课入	麦	62.6	130.0	95.2
					粟	32.6		
					黄麻	2.8		
				梁课入	油	2.0		
		885	130.4	砲课入	麦	62.6	130.0	99.7
					粟	32.6		
					黄麻	2.8		
				梁课入	油	2.0		
		886	138.0	砲课入	麦	62.6	130.0	94.2
					粟	32.6		
					黄麻	2.8		
				梁课入	油	2.0		

① 此数据所用的是"新附入"柱中的总数，由于明细内容残缺不全，故无法将其内容详细折合成麦来计算。

续表

文书卷号	寺名	年份	总收入(合折麦)	硙课梁课收入(石)			比率(%)
				收入明细		折合麦	
P.2974V	某寺	896	185.7	硙课入	麦 58.4	163.7	88.2
					粟 45.6		
					豆 5.2		
					黄麻 2.8		
				梁课入	油 3.2		
					麻渣 10 并		
S.1600(1)+S.1600(2)+Дx.01419+S.6981(1)①	灵修寺	辛酉年 壬戌年 癸亥年	419.0	梁课入	油 约7.5	150.0	35.8
S.1625	大乘寺	938	113.5	硙课入	麦 21.3	41.6	36.7
					粟 16.2		
					黄麻 4.7		
P.2049V	净土寺	924	425.7	梁课入	油 3.0	62.7	14.7
					麻渣 27 并		
P.2049V	净土寺	930	211.8	梁课入	油 3.0	62.7	29.6
					麻渣 27 并		
唐文	净土寺	939	452.8	梁课入	油 3.0	62.7	13.8
					麻渣 27 并		

① S.1600(1)+S.1600(2)+ДX.01419+S.6981(1)中所载辛酉至癸亥三年总收入部分好像有改动,三年入粟由原来的74.4石改为83.4石,三年入油8.28石没变,三年入麦"一百四十石□斗"旁边又写有"麦一百六十二石七斗",三年入麻"□石四斗九升"旁边又写有"九一十一石九斗",唐耕耦先生在《敦煌社会经济文献真迹释录》第3辑第141页中将其录为"九十一石九斗",但从图版来看,"九"字似乎已被涂。又S.1600(1)+S.1600(2)+ДX.01419+S.6981(1)中所载以前"回残"麻九石三斗五升,辛酉、壬戌、癸亥三年的收入虽然有残缺,但残存下来的麻的收入均为"佛食入8斗",三年共2.4石,加上回残的9.35石,共为11.75石,这与11.9石较为接近,故此处统计时将麦、麻分别按照162.7石、11.9石来计算。此外,S.1600(1)+S.1600(2)+ДX.01419+S.6981(1)记载辛酉至癸亥三年总收入油8.28石,其中壬戌年梁课入2.5石,癸亥年梁课入2石,辛酉年梁课入残缺,估计亦在2.5石左右,此处统计三年梁课总收入时将辛酉年的暂时按照2.5石计算。

第二章 敦煌寺院经济的发展及主要收入构成　　81

续表

文书卷号	寺名	年份	总收入(合折麦)	硙课梁课收入(石)			比率(%)
				收入明细		折合麦	
唐文	净土寺	943	371.8	梁课入	油	3.0	62.7	16.9
					麻渣	27 并		
唐文	净土寺	944	440.4	梁课入	油	3.0	62.7	14.2
					麻渣	27 并		
唐文	净土寺	945	364.4	梁课入	油	3.0	62.7	17.2
					麻渣	27 并		

　　表 2-6 所示，安国寺三年的硙课、梁课收入相同，净土寺六年的梁课收入相同，这说明在两所寺院碾硙、油梁的出租经营中采用了定额租。表 2-6 中有的寺院硙课、梁课收入均有，有的寺院仅有二者之一；不同寺院的硙课、梁课收入总数不同，某寺院在 896 年收入 163.7 石麦，安国寺连续三年每年的收入为 130 石麦，净土寺连续六年每年的收入为 62.7 石麦，灵修寺三年的收入共 150 石麦；硙课、梁课收入在有些寺院总收入中所占比例非常大，如安国寺在 884—886 年间硙课、梁课收入占总收入的 94% 以上，其中 885 年占到 99.7%，可见，安国寺的收入来源主要是硙课和梁课。其他寺院如乾元寺在丑年、某寺在 896 年亦主要是硙课和梁课收入。此外，俄藏敦煌文书 ДX.01443《龙光寺僧智惠牟常秘等状》载：

1　龙光寺僧智惠牟常秘等状
2　右龙光寺常住更无产业，☐☐☐☐☐☐
3　水硙一轮，先奉尚书文帖☐☐☐☐☐
4　六人酒食柴薪等，龙光、开元各祗(?)十日经今五十日右☐
5　现行硙两扇并总破烈(裂)，二年骈并判☐☐☐
6　人夫价直破除罄尽，昨来就硙旋(?)☐☐☐
7　今现硙住，目下课(颗)粒☐☐求无☐☐☐
8　尚书慈悲照察郭外寺舍☐☐☐☐☐☐☐
9　神笔裁下处分

据说龙光寺为五代时期的沙州寺院，而该件文书的时间大约在 10 世纪初曹氏归义军统治时期①。从文书内容来看,龙光寺的主要收入基本全靠一轮水硙。

总之,有的寺院硙课、梁课收入无论是其绝对数还是在寺院总收入中所占的比重均很大,与这些硙课、梁课收入较高的寺院形成鲜明对比的是,某些寺院的硙课、梁课收入甚微,甚至有些寺院根本没有油梁、碾硙经营,当然其硙课、梁课的收入则无从谈起。故寺院硙课、梁课的收入差距将直接影响到这些寺院的经济收入差距。

四、地产收入

(一)敦煌寺院地产的来源

历史上,佛教寺院获得土地的方式是多种多样的,主要有政府分配、买田、帝王赐田、贵族捐赠、布施,等等。吐蕃归义军时期敦煌寺院的地产是否有一部分来自吐蕃和归义军政权依其土地政策分配所得,我们于文书中不见相关记载。目前敦煌文书中明确记载寺院土地的来源主要有施舍和买入。如 P.3410《年代不详僧崇恩析产遗嘱》记载僧崇恩将无穷渠地和延康渠地各两突施入净土寺②。前述 S.3873《唐咸通某年(860—874)索淇舍施水硙园田等入报恩寺请求判凭状》载索家布施水硙三所及园田等重建报恩寺。又 P.2187《河西都僧统悟真处分常住榜》第 5—6 行云:"应诸管内寺宇,盖是先帝勅置,或是贤哲修成,内外舍宅庄田,因乃信心施入。"等等。除施舍外,购买亦是寺院地产的来源之一,如 S.6452(1)《某年(981—982)净土寺诸色斛斗破历》第 1 行载:"九日,麦贰斗,买地造文书吃用。"P.4906《年代不明(10世纪)某寺诸色破用历》第 2—3 行载:"麦四石九斗、粟五石一斗,张留德买地价用。"P.2040V《后晋时期净土寺诸色入破历算会稿》第 248 行载:"粟贰斗,于罗平水买地造文书日看用。"P.2040V《后晋时期净土寺诸色入破历算会稿》第 219 行载:"麦贰拾硕,罗家地价用。"P.2032V《后晋时期净土寺诸色入破历算会稿》第 379—380 行载:"麦贰拾硕、粟贰拾硕,买罗家地价用。"

地产作为寺院基本的生产资料直接关系到寺院的经济状况,但是由于

---

① 陈大为:《唐后期五代宋初敦煌僧寺/僧与尼寺/尼贫富状况的比较》,第 20—32 页。
② 唐耕耦、陆宏基编:《敦煌社会经济文献真迹释录》第 2 辑,第 150 页。

资料的限制,敦煌寺院地产的规模难以详细统计。目前学界主要是对敦煌净土寺的土地规模进行统计的比较多,如谢和耐先生估算出净土寺在10世纪的地产在3顷以上;北原熏先生认为10世纪前半期净土寺的地产为70—160亩;姜伯勤先生推算出净土寺的土地在67.47—70.97亩之间,不超过1顷①。尽管具体不能推知每所寺院的土地规模,但有一点是可以肯定的,即不同寺院间土地规模的差距是很大的,这一点在后面将要讨论的寺院土地收入差距中反映得很清楚。

(二)敦煌寺院地产名称的变化——"厨田"之称在敦煌出现的时间及原因

敦煌文书中有时将寺院的地产称为"厨田"。"厨田"一词在中国传统文献中的记载非常少,仅《晋书》中有两条记载,一条是:"(陈)骞元勋旧德,统义东夏,方弘远绩,以一吴会,而所苦未除,每表恳切,重劳以方事。今听留京城,以前太尉府为大司马府,增置祭酒二人,帐下司马、官骑、大车、鼓吹皆如前,亲兵百人,厨田十顷,厨园五十亩,厨士十人,器物经用皆留给焉。又给乘舆辇,出入殿中加鼓吹,如汉萧何故事。"②另一条是:"司空(卫)瓘年未致仕,而逊让历年,欲及神志未衰,以果本情,至真之风,实感吾心。今听其所执,进位太保,以公就第。给亲兵百人,置长史、司马、从事中郎掾属;及大车、官骑、麾盖、鼓吹诸威仪,一如旧典。给厨田十顷、园五十亩、钱百万、绢五百匹;床帐簟褥,主者务令优备,以称吾崇贤之意焉。"③这两条资料记载了在陈骞和卫瓘退休时朝廷下诏进行赏赐的情况,其中赏赐的内容就有厨田和厨园。这是目前所见传统文献中最早亦是仅有的关于厨田的记载,因为其他传统文献如《册府元龟》、《通志》等中与厨田有关的记载均是对前述《晋书》中两条资料的引用。传统文献之外,明确记载厨田的是敦煌文书,且在敦煌文书中,厨田是专指寺院土地,这与《晋书》中所说的厨田是朝廷赏赐给退休官员的土地性质不同,除了在称谓上双方有一定的渊源关系外,其他如厨田的发展及其性质的演变等问题,限于资料的缺乏,我们暂时难究其实。

"厨田"之称在敦煌最早出现于何时呢?以往学者对相关记载厨田的

---

① 姜伯勤:《唐五代敦煌寺户制度》,第185—193页。
② [唐]房玄龄等撰:《晋书》卷35,中华书局1974年,第1036页。
③ [唐]房玄龄等撰:《晋书》卷36,第1059页。

敦煌文书进行过整理统计，认为目前所见敦煌文书中的厨田均在归义军时期(851—11世纪初)，其中记载厨田时间最早的是886年安国寺算会本寺财产收支状况的文书①。其实，在敦煌文书中还有更早的关于厨田的记载，这个记载见于P.6002(1)《辰年某寺诸色斛斗入破历算会牒残卷》，该件文书前后残缺，是辰年正月或二月对敦煌某寺院寅、卯二年的斛斗收支情况进行算会汇报的文书，其中在第27—28行载："白面玖硕叁斗，回造入。又白面玖斗，麦贰硕柒斗，回造白面入。已上厨田及行像□入。"此辰年为何年，文书中没有说明，唐耕耦先生依据该件文书中的达末、山娘二人等又见于S.4782《寅年乾元寺堂斋修造两司都师文谦诸色斛斗入破历算会牒残卷》及S.4782《寅年乾元寺堂斋修造两司都师文谦诸色斛斗入破历算会牒残卷》第64—65行所载"面贰斗，油壹升半，司空解斋用"而推测此辰年属9世纪后半期张氏归义军时期的某一年②。唐耕耦先生的推测是有道理的，因为S.4782中的"司空"是对归义军节度使的称呼。据荣新江先生研究，张氏归义军节度使有司空称谓者仅张议潮和其孙张承奉二人，张议潮称司空的时间是861—867年，张承奉称司空的时间大约是从904至910年③，故S.4782中的寅年应为张议潮在851—867年节度使任期内的858年，据此推知P.6002(1)中的辰年应为860年，这亦与目前所见敦煌寺院会计文书中用地支纪年的一般均在870年之前的现象是相一致的④。至此我们认为，P.6002(1)中的辰年最晚应为860年，而P.6002(1)中的寅、卯年则应分别为858、859年，故"厨田"之称起码在858、859年间已经在敦煌出现。

关于敦煌文书中"厨田"一词出现的原因，姜伯勤先生认为是由于唐代内地发生了会昌灭佛运动，受到会昌灭佛的影响，心有余悸的敦煌僧侣将大片寺院土地称为"厨田"，所谓"厨田"就是指供养僧人常食、供厨用的土地。把寺院土地称为厨田，就可以在各种限制佛寺财产占有的法令下，使

---

① 姜伯勤：《唐五代敦煌寺户制度》，第181—185页；明成满：《归义军时期敦煌寺院的"厨田"》，《中国农史》2009年第2期，第67—68页。
② 唐耕耦、陆宏基编：《敦煌社会经济文献真迹释录》第3辑，第315页。
③ 请参荣新江《归义军史研究——唐宋时代敦煌历史考索》，第62—95、129—132页。
④ 虽然敦煌文书中使用地支纪年的主要属于吐蕃时期，但地支纪年法在归义军初期依然使用。这种现象不仅在敦煌寺院经济文书中如此，而且在其他敦煌文书中亦有反映，如有些敦煌经部类写本中的地支纪年就属于归义军时期，参张秀清《吐蕃地支纪年与敦煌四部书的断代》，《中华文化论坛》2008年第3期，第12—15页。

寺院地产以供给斋用、保护"常住"的名义而得到保存①。明成满先生亦重申了姜伯勤先生的此观点②。就从敦煌文书来看,"厨田"之称在敦煌的出现是较为突然的,故应是有一定原因的。若像姜伯勤先生所说的"厨田"之称在敦煌的出现与世俗政权对佛教的打击有关的话,我们认为,这个原因不应是会昌灭佛,而是另有他因。

  首先,会昌灭佛始于会昌二年(842),结束于会昌五年(845),而在786—848年之间,敦煌地区被吐蕃人所统治,故会昌灭佛并未波及敦煌地区③。公元848年,张议潮率领蕃汉军民逐走吐蕃人之后,派遣使者到中原唐廷告捷,由于当时河西地区复杂的政治军事形势,张议潮派出的几批使者最早到达唐廷的时间是851年,亦就是在这一年,唐朝在敦煌正式设置了归义军,任命张议潮为节度使。在唐武宗于846年去世之后,继任者唐宣宗大力支持佛教,在其即位之初就下诏修复佛寺,立坛度僧,大力发展佛教④。故至唐宣宗大中五年(851)的时候,会昌灭佛的影响早已过去。

  其次,如前所述,"厨田"之称起码在公元858、859年间,即归义军初期就已经在敦煌出现。而据学界的研究成果可知,在归义军初期,归义军政权就通过一系列措施限制、削弱和管理佛教经济。如本书第六章第二节将会讨论,张议潮在酉年(853)专门对寺院财产进行了算会,且自酉年(853)算会后,张议潮在其节度使任期内一直很注重通过算会寺院财产而达到对其进行管制的目的。在丑年(857),张议潮又对敦煌最高僧务管理机构——"都司"进行了改革。同时,张议潮及其后继者还对寺院依附人口进行了放免,且在放免寺院依附人口的同时进行了土地调整的改革,所有这一切都直接威胁到佛教界的经济利益。当然,佛教界亦不会坐视不管,而是设法保护自己的财产,如大约发布于885—890年之间的P.2187《河西都僧统悟真处分常住榜》第3—8行载:"今既二部大众,于衙恳诉,告陈使主,具悉根源……应诸管内寺宇,盖是先帝勅置,或是贤哲修成,内外舍宅庄田,因乃信心施入,用为僧饭资粮。应是户口家人,坛越将持奉献,永充寺

---

① 姜伯勤:《唐五代敦煌寺户制度》,第179—181页。
② 明成满:《归义军时期敦煌寺院的"厨田"》,第68—69页。
③ 不仅会昌灭佛没有波及敦煌地区,就连吐蕃赞普朗达玛(838—842年在位)的灭佛运动目前亦没有证据证明影响到敦煌地区。
④ 关于唐宣宗扶持佛教的记载,参范文澜《唐代佛教》(附:隋唐五代佛教大事年表),人民出版社,1979年,第272—281页。

舍居业,世人共荐光扬,不合侵陵,就加添助,资益崇修,不陷不倾,号曰常住。事件一依旧例,如山更不改移。"①这是说由于僧尼二部大众到节度使衙进行了陈情,在节度使的同意之下,僧团才发了这道保护寺院财产的帖文。文帖要求对寺院财产包括土地、宅舍、依附人户等,都要"一依旧例",不能侵犯。可见,在此之前,归义军政权的一系列措施对寺院的土地、依附人户等财产造成了较大损失。正是在这样的背景之下,寺院为了保护自己的财产,才将寺院土地改名为"厨田",意即供佛、僧侣厨用的土地。

(三)厨田收入在寺院经济总收入中的地位

在讨论厨田收入在寺院经济总收入中的地位之前,我们必须先要对厨田是不是指寺院的所有地产这个问题进行回答。P.2049V《后唐同光三年(925)正月沙州净土寺直岁保护手下诸色入破历算会牒》第45—48行载:"麦拾硕,菜田渠地课入……麦捌硕肆斗,园南麻地课入。"第125—126行载:"粟拾硕,自年延康渠地税入。粟壹拾陆硕,自年无穷地收入。"P.2049V《后唐长兴二年(931)正月沙州净土寺直岁愿达手下诸色入破历算会牒》第49—50行载:"麦拾硕,延康渠厨田入。麦伍硕伍斗,菜田渠厨田入。"第111—112行载:"粟壹拾柒硕叁斗,无穷厨田入。"在前一件文书中,净土寺的土地称为菜田渠地、延康渠地、无穷地、园南麻地,而在后一件文书中依次被称为菜田渠厨田、延康渠厨田、无穷厨田,说明厨田就是净土寺的所有土地,在文书中寺院的土地不一定必须要被称为厨田,甚至"厨田"二字有时完全可以略去。又如P.4021《庚子年(940)某寺寺主善住领得历》第二件载:

1　庚子年七月已后,寺主善住领得诸渠厨田抄录,
2　谨具如后:于千渠张讚奴手上领得麦伍硕、黄
3　麻陆斗。于大让张胡胡手上领得麦壹硕壹斗。又

---

① 对该件文书内容的作成年代,学界的讨论较多:藤枝晃先生推测此件文书的时间属872至894年之间,仁井田陞和姜伯勤先生同意藤枝晃的观点;那波利贞先生认为文书的写成年代虽是五代初期,但内容大概在中晚唐时代就已经实行了;谢和耐先生认为可确定在9世纪末到10世纪初;邓文宽先生认为当写成于885—887年间,最晚不会迟于890年。同时,那波利贞、藤枝晃、谢和耐、姜伯勤、唐耕耦和邓文宽等先生均对该件文书进行了定名,但题名并不相同,这里我们暂时采用邓文宽先生的定名,即《河西都僧统悟真处分常住榜》。以上诸家观点出处可参邓文宽《敦煌文献〈河西都僧统悟真处分常住榜〉管窥》,载周绍良等编《周一良先生八十生日纪念论文集》,中国社会科学出版社,1993年,第217—232页。

4　于千渠张讃奴手上领得粟陆硕。于大让索判官
5　手上领得粟贰拾柒硕、黄麻两硕。于城北岳判
6　官手上领得粟叁硕。又于城北郭家领得粟两硕。
7　于多浓安像子手上领得麦伍硕、黄麻捌斗，又粟
8　叁硕。又于索判官手上领得北园地稞(课)麦两驮。又于
9　索校授手上领得地稞(课)麦两驮。又于龙苟子手上
10　领地稞(课)麦壹驮，豆两驮。于城南姚行者手上
11　领得麦肆硕。(押)①

文书开首即云，这是对庚子年寺院厨田收入的专门记载，但在后面的明细帐中只是将千渠、大让、多浓等水渠的名字记了出来，水渠名后的"厨田"二字全被略去。同时，文书中还记载了"北园地课"收入，这是寺院的园地收入。这说明，归义军时期寺院的所有地产，包括园地和分布于各处的其他土地均可以称之为厨田，厨田是对当时寺院土地的一种普遍性称呼。

既然厨田就是对归义军时期敦煌寺院土地的一种称呼，那么归义军时期敦煌寺院的厨田收入，亦即地产收入在寺院经济总收入中的地位如何呢？对于这个问题，姜伯勤先生依据有关敦煌文书进行了详细计算，并与吐蕃时期地产收入在寺院经济总收入中的比重进行了比较，从而认为归义军时期地产收入在寺院经济总收入中的比重下降，并且高利贷收入对地产收入形成了压倒性的优势②。但明成满先生提出了不同的看法，认为地产收入比重减少的原因是姜伯勤先生没有将寺院的油梁、碾硙等收入计算在地产收入之内，并进而将寺院土地、油梁、碾硙收入全部作为地产收入以后，与寺院的其他收入如利润(即利息)、布施等进行了比较，从而认为："从目前掌握的材料看，不能说明晚唐五代时期敦煌寺院的利润收入已对地产收入形成压倒性优势。相反，如果认为在归义军时期敦煌寺院的总收入中地产收入仍然占主要的部分，理由似乎更充分一些。"③那么，这里就有一个关键的问题需要回答，即油梁、碾硙收入能否等同于地产收入，亦即油梁、碾硙收入是不是地产收入呢？

---

① 唐耕耦、陆宏基编：《敦煌社会经济文献真迹释录》第3辑，第130页。
② 姜伯勤：《唐五代敦煌寺户制度》，第311—327页。
③ 明成满：《归义军时期敦煌寺院的"厨田"》，第69—72页。

关于寺院碾硙、油梁与地产的关系，姜伯勤先生认为："在隋唐五代寺院地产的构成中，碾硙往往是一重要的成分。在唐代流行的内律中，在涉及寺产的奏章里，往往'庄硙'连称。"同时认为"敦煌寺院地产中，油梁即榨油坊是地产的一个重要附属物"①。从相关文献中对寺院财产的记载来看，碾硙与寺院庄园、土地往往同时出现，如唐代狄仁杰说寺院"膏腴美业，倍取其多。水碾庄园，数亦非少"②，唐代蒲州普救寺"园硙田蔬，周环俯就"，京师清禅寺"竹树森繁，园圃周绕，水陆庄田，仓廪碾硙，库藏盈满"③，唐睿宗在《申劝礼俗敕》中亦云："寺观广占田地及水碾硙，侵损百姓。"④等等，其中碾硙有时与庄园连称，但与庄园之外的寺院土地往往并列而不一定连称，"庄硙"连称可能与碾硙设置于寺院庄园里面有关。其实，在描述寺院经济状况的相关文献中将庄园、田地、碾硙、油梁并列提及的主要原因很简单，就是它们是寺院经济收入的主要来源。同时，碾硙、油梁亦不用占太多的土地，故将碾硙、油梁收入等同于寺院的土地收入是不合理的。这亦就是为什么姜伯勤先生在认为碾硙、油梁与寺院土地收入关系密切的同时，却在计算寺院土地收入时并没有将油梁、碾硙收入计算在内的原因。既然碾硙、油梁收入不能计算到土地收入里面，那么地产收入在寺院经济总收入中的地位究竟如何呢？地产收入与利润收入之间的关系又怎样呢？

对于上述问题，我们必须通过具体的数字来回答，即主要统计出一个寺院在一年中的地产收入、利润收入、油梁和碾硙收入及其在寺院经济总收入中所占的比重。但是相关敦煌文书保存完整的非常少，明成满先生是通过净土寺的两件文书和安国寺的一件文书来说明自己前述观点的。其实，除了这些文书外，唐耕耦先生缀合的几件净土寺文书内容较为完整，同时还有其他个别文书尽管残破，但是其记载寺院经济收入的部分内容完整，故我们可以依据这些文书对相关数据进行统计，其中唐先生缀合的文书，下面我们依然径称为"唐文"，以示简便。在敦煌文书中，寺院收入中的不同斛斗和折合成斛斗的织物往往按照数字相加在一起，明成满先生在计算时将所有斛斗和织物都折合成"麦"来计算，这样做是较为准确的，同时

---

① 姜伯勤：《唐五代敦煌寺户制度》，第 226、246 页。
② ［后晋］刘昫等撰：《旧唐书》卷 89，中华书局，1975 年，第 2893 页。
③ ［唐］道宣撰：《续高僧传》卷 30，《高僧传合集》本，上海古籍出版社，1991 年，第 370 页、372 页。
④ ［清］董诰等编：《全唐文》卷 19，中华书局，1983 年影印本，第 223 页。

为了消除因统计方法的不同而对讨论结果带来疑问,故我们在计算时亦将所有斛斗和织物都折合成"麦"来计算。至于斛斗、织物与麦之间的比价关系及统计标准我们在前面已有说明,此处计算时遵彼进行即可。据此,我们将相关情况统计列表如下:

(表2—7)

文书卷号	年份	寺院	收入类别	折合麦(石)	比例
P.2049V	924	净土寺	布施收入	27.6	6.5%
			地产收入	57.2	13.4%
			油梁收入	62.7	14.7%
			利润收入	274.2	64.4%
			其他收入	4.0	1.0%
			总收入	425.7	100%
P.2049V	930	净土寺	布施收入	38.5	18.2%
			地产收入	47.6	22.5%
			油梁收入	62.7	29.6%
			利润收入	59.4	28.0%
			其他收入	3.6	1.7%
			总收入	211.8	100%
唐文①	943	净土寺	地产收入	59.6	16.0%
			油梁收入	62.7	16.9%
			利润收入	115.6	31.1%
			其他收入	133.9	36.0%
			总收入	371.8	100%
唐文	944	净土寺	地产收入	80.5	18.3%
			油梁收入	62.7	14.2%
			利润收入	193.5	43.9%
			其他收入	103.7	23.6%
			总收入	440.4	100%

---

① 由于该件文书有残缺,收入中的"折入"、"换入"在"破用"中找不到相应的支出,故没有做抵销处理。织物在统计时亦无法确知其是因何收入的,故按照"新入"柱中所说的织物总数进行折算后归入"其他"收入。同时,布施收入亦一并归入"其他"收入中。

续表

文书卷号	年份	寺院	收入类别	折合麦(石)	比例
S.1625	938	大乘寺	地产收入	13.3	11.7%
			碾硙收入	41.6	36.7%
			其他收入	58.6	51.6%
			总收入	113.5	100%
P.2974①	896	某寺	地产收入	11.3	6.1%
			油梁碾硙入	163.7	88.1%
			其他收入	10.7	5.8%
			总收入	185.7	100%
P.2838	884	安国寺	地产收入	6.6	4.8%
			油梁碾硙入	130.0	95.2%
			总收入	136.6	100%
P.2838	885	安国寺	地产收入	0.4	0.3%
			油梁碾硙入	130.0	99.7%
			总收入	130.4	100%
P.2838	886	安国寺	地产收入	8.0	5.8%
			油梁碾硙入	130.0	94.2%
			总收入	138.0	100%
S.4782	丑年(857)	乾元寺	布施收入	4.0	6.1%
			油梁碾硙入	55.5	84.3%
			其他收入	6.3	9.6%
			总收入	65.8	100%

表2—7所示,净土寺在924年的利润收入占绝对优势,其次为油梁和土地收入,930年的利润、油梁、地产收入差距不大,较为均衡,943年的利润收入占有优势,约为地产收入和油梁收入之和,944年的利润收入占绝对优势,而在这四年中,地产收入和油梁收入在寺院总收入中的比重变化不是很大。总之,在这四年中,利润收入不管是在净土寺经济总收入中,还

---

① 该件文书"新附入"柱与其后的明细帐略有误差,计算时是按照明细帐进行统计的。

是与地产收入相较均占有明显优势。但是,大乘寺在938年,某寺院在896年,安国寺在884、885、886三年中的地产收入均非常少,它们的主要收入为油梁和硙碾收入,同时没有利润收入。乾元寺在丑年的主要收入为碾硙收入,且没有地产收入和利润收入。这说明,归义军时期不同寺院的土地收入、利润收入、油梁碾硙收入在寺院经济总收入中的比重是不一致的。

由于当时所能见到的相关敦煌文书并不是很多,故姜伯勤先生在得出其前述归义军时期敦煌寺院地产收入衰微、高利贷收入较地产收入占绝对优势的结论时仅仅依据的是表2-7中净土寺的有些文书和安国寺文书,同时在强调安国寺地产收入很少的同时,却没有注意到安国寺无利息收入,亦即安国寺的利润收入较地产收入并不占优势的现象,故而得出的结论难免不准确。明成满先生不同意姜伯勤先生关于利润收入对地产收入有压倒性优势的观点是有道理的,但认为归义军时期地产收入在寺院经济总收入中仍然占主要地位的观点并不适合于当时每个寺院而有失普遍性。

(四)不同寺院间的地产收入差距

前面已经讨论到,不同寺院的地产收入在寺院经济总收入中所占的比重是不同的,这在一定程度上亦说明不同寺院间的地产收入是存在差距的。为了更清楚地认识不同寺院间的地产收入差距,下面我们再依据敦煌寺院会计文书将不同寺院地产的绝对收入试做统计比较,详情如下表:

(表2-8)

文书卷号	寺名	年份	地产收入(石)		折合麦
			收入明细		
S.1733V(1)①	某寺	丑年	麦	13.8	14.6
			豆	1.0	
		寅年	麦	12.5	13.3
			豆	1.0	

---

① 该件文书唐耕耦和姜伯勤先生分别在《敦煌社会经济文献真迹释录》第3辑第112页、《唐五代敦煌寺户制度》第125页中有录文,但唐耕耦先生少录一行文字:"寅年□月十五日入白面□□□斗□□。"从原卷图版来看,该行文字是存在的,只是字迹非常模糊。正是由于该行文字的存在,才让我们能够确定该寺丑年和寅年的相关收入。

续表

文书卷号	寺名	年份	地产收入（石）	
			收入明细	折合麦
S.6064	报恩寺	午年	青麦 57	163.0①
			黄麻 2.1	
			红蓝 1.5	
			小麦 100.3	
北图新1446②	报恩寺	丁丑年	麦 21.5	41.3
			粟 20.0	
			豆 4.0	
			黄麻 1.6	
		戊寅年	麦 26.8	33.4
			粟 1.8	
			豆 4.5	
			黄麻 0.9	
P.2838(2)	安国寺	884	麦 6.4	6.6
			荵豆 0.3	
		885	糜 0.6	0.4
		886	麦 8.0	8.0
P.2974V	某寺	897	麦 2.3	11.3
			粟 5.6	
			黄麻 2.6	

① 此件的地产收入唐耕耦先生在《敦煌社会经济文献真迹释录》第3辑第297页录为"一百六十三石六斗"，从原卷图版来看应为"一百六十石六斗"，而地产收入明细为"五十七石青麦，二石一斗黄麻，一石五斗红蓝，一百石三斗小麦"，这些明细内容总和为一百六十石九斗，与一百六十石六斗相差三斗，此处暂时按照明细数据计算。又敦煌文书所载，在唐天宝三、四载，青麦与麦的和粟价相差无几(参唐耕耦《敦煌寺院会计文书研究》第411－413页)，至于红蓝的价格应比麦高，但红蓝与麦之间的具体比价关系不明，故此处青麦、红蓝与麦的比价关系暂时均按照1∶1计算。

② 关于该件文书的录文及定名，请参唐耕耦《敦煌寺院会计文书研究》，第281－285页。

续表

文书卷号	寺名	年份	地产收入(石)	
			收入明细	折合麦
S.1625	大乘寺	938	麦 11.0	13.3
			粟 2.0	
			面 1.0	
P.4021	某寺	庚子年(940)	麦 18.1	54.0①
			粟 41.0	
			黄麻 3.4	
			豆 2.0	
P.2049V	净土寺	924	麦 24.4	57.2
			粟 49.0	
P.2049V	净土寺	930	麦 23.0	47.6
			粟 33.0	
			豆 3.1	
唐文	净土寺	943	麦 51.7	59.6
			粟 11.8	
唐文	净土寺	944	麦 59.5	80.5
			粟 31.4	
S.1600(1)+S.1600(2)+Дx.01419+S.6981(1)	灵修寺	辛酉年	麦 19.3	29.4
			粟 15.0	
		癸亥年	麦 31.5	31.5

从表 2—8 我们可以看到,无论是吐蕃时期还是归义军时期,一般寺院的地产收入数额均较小,而且从吐蕃时期发展至归义军时期,地产收入规模变化不大,基本上保持稳定。但相对而言,不同寺院之间的地产收入还是存在差距的。如报恩寺午年的地产收入折合麦共 163 石,较其他寺院高出很多,直接导致了当时报恩寺与其他寺院之间经济规模的差异,姜伯勤

---

① 本件文书中涉及计量单位"驮",计算时按照"1 驮=1 汉石"来进行。

先生亦据此推算出报恩寺拥有地产二顷左右①。但从表2-1中我们可以明显地看到,报恩寺在午年时各类斛斗收入高达1545.67石,至归义军时期报恩寺的总收入均比较小,此时,作为收入来源之一的地产收入甚微则是必然的。这种前后巨大的变化当与报恩寺的重建有关②。此外,表2-8中安国寺连续三年的地产收入折合麦在10石以下,某寺在丑年、寅年仅分别为14.6石和13.3石,又某寺在897年仅11.3石,大乘寺在938年仅13.3石,而净土寺在四年中的地产最低收入为47.6石,最高收入达80.5石,某寺院在940年的地产收入亦达54石,可见,差距还是比较明显的。而影响不同寺院间土地收入差距的因素是多方面的,如寺院占有土地数量的多寡、寺院土地的经营方式等。

讨论至此,我们认为,敦煌寺院经济的发展由于受各自布施收入、利息收入、梁课和碾课收入、地产收入等因素的制约而表现出不平衡性,具体表现为某些寺院的经济规模相当大,而有些寺院的经济状况却是相当拮据的。故我们要对吐蕃归义军时期敦煌寺院经济的实际情况一分为二地去认识,不应根据当时佛教在敦煌社会拥有较高的地位及某些寺院良好的经济状况而一概认为当时敦煌诸寺均拥有雄厚的经济实力,否则会遗有失真实之憾。

五、后论

本节主要依据敦煌寺院相关文书如入历、破历、入破历算会牒、入破历算会稿、贷便历及贷便契等的记载,从布施收入、利息收入、油梁和碾硙收入、地产收入四方面讨论了敦煌寺院经济的收入来源及差距等问题。但敦煌寺院经济的收入来源除了以上诸项外,牧羊业又是另外一个重要收入来源③。

---

① 姜伯勤:《唐五代敦煌寺户制度》,第124页。
② S.3873《唐咸通某年(860—874)索淇舍施水碾园田等入报恩寺请求判凭状》中记载到重建报恩寺之事,而在重建之时及其前后,其收入来源,特别是来自僧俗两界的布施收入会比往常增多,从而在一定程度上会导致寺院的总收入亦比往常多。
③ 关于敦煌寺院的牧羊业,可参姜伯勤《唐五代敦煌寺户制度》,第268-278页;张弓:《唐五代敦煌寺院的牧羊人》,《兰州学刊》1984年第2期,第57-63页;谢重光:《关于唐后期五代间沙州寺院经济的几个问题》,载韩国磐主编《敦煌吐鲁番出土经济文书研究》,第472-473页;乜小红:《唐五代宋初敦煌畜牧业研究》,新文丰出版公司,2003年。

牧羊业的收入应该体现在羊只的买卖交易收入、羊毛及其制品收入、"苏"即奶油收入等方面。但是，我们在记载有寺院收入的各种文书如入历、入破历算会牒和入破历算会稿等中看不到羊只买卖交易的收入，织物的收入一般亦是通过布施等方式所得，至于"苏"的收入一般亦非本寺牧羊业的收入，仅有个别记载可能与本寺牧羊业收入有关。如 P.2049V《后唐长兴二年（931）正月沙州净土寺直岁愿达手下诸色入破历算会牒》第 129 行载："苏贰胜，牧羊人入。"日本杏雨书屋藏敦煌文书羽 677 中第 4 行载："苏一斗六升，群牧入。"

虽然在寺院相关文书中一般没有记载本寺牧羊业的收入，但实际上，由于不同寺院拥有羊群的数量、种类、大小、羯母等有别，故不同寺院的牧羊业收入亦是存在差距的。如 S.542V（1）《丑年（809 或 821）十二月廿五日莲台寺寺卿某某于报恩寺请得福田羊牒》、S.542V（2）《丑年（809 或 821）十二月二十一日金光明寺寺卿张□□点算史太平羊群见在数牒》、S.542V（3）《丑年（809 或 821）七月普光寺寺卿索岫请得佛羊牒》、S.542V（4）《丑年（809 或 821）十二月二十一日灵修寺寺卿薛惟谦算见在羊牒》和S.542V（5）《丑年（809 或 821）十二月大乘寺寺卿唐千进点算见在及欠羊牒》所载丑年报恩寺、金光明寺、普光寺、灵修寺、大乘寺的羊只总数不等，这些寺院的不同羊只如大白羯、大白母、白羯㕚般、白羯羔、大羖羯、大羖羯母、羖羯㕚般、羖羯羔等的数量亦不同[①]，这无疑会影响到这些寺院的牧羊业收入。同一寺院在不同时期拥有羊群的规模亦是变化的，如 S.3984《丁酉年（937?）十一月三日报恩寺与牧羊人康富盈算会现行羊数凭》记载丁酉年十一月三日报恩寺徒众算会牧羊人康富盈所牧羊数为：各类白羊大小伍拾只、羖羊大小叁拾玖只，S.4116《庚子年（940?）十月报恩寺分付康富盈见行羊籍算会凭》记载庚子年十月廿六日报恩寺徒众算会牧羊人康富盈所牧羊数为：计白羊大小伍拾肆只、计羖羊大小伍拾叁只[②]。三年间，报恩寺白羊数增加了四只，羖羊数增加了十四只，羊只总数增加了十八只，说明报恩寺的牧羊业在这三年间是向前发展的。

[①] 录文参唐耕耦、陆宏基编《敦煌社会经济文献真迹释录》第 3 辑，第 570—574 页。
[②] 录文参唐耕耦、陆宏基编《敦煌社会经济文献真迹释录》第 3 辑，第 575—576 页。

总之，不同寺院的牧羊业收入是存在差距的，牧羊业亦影响到不同寺院的经济发展状况，只是要依据不同寺院羊群的数量、种类、大小、羯母等估算不同寺院牧羊业的具体收入及差距是甚为困难的。

第三章 敦煌寺院财产的管理

寺院财产在佛教经律中称为三宝物,亦即佛物、法物和僧物。在敦煌文书中,有许多文书专门记载了敦煌寺院的常住什物和常住斛斗等常住财产,郝春文先生对这些常住什物和常住斛斗进行了详细分类,前者有幡像、幢伞、经案、经巾、香炉、铜镬、铜罐、铛、鏊、盘、碗、碟、床、缸、瓮、瓦盛、函柜、车乘、毡褥、金银器皿等;后者包括麦、粟、豆、黄麻、酥、米、面、麸、渣、油、布、緤等①。这些常住财产含有佛教经律中所称的佛物、法物和僧物,但不包括三宝财物中的地产、田宅、园林等常住财产。吐蕃归义军时期的敦煌寺院是通过什么机构,又是配置哪些人员、具体采用什么方式对这些财产(此处主要指常住什物和常住斛斗等)进行管理的?其效果如何?厘清这些问题,不仅有助于我们对敦煌地区寺院经济的运行和僧尼社会经济生活的认识,而且对进一步探讨同时期其他地区寺院经济的相关问题提供了弥足珍贵的参照系,效窥一斑而见全豹之用。因为虽然传统文献中对唐末宋初时期其他地区的寺院财产管理情况偶有所载,如圆仁在《入唐求法巡礼行记》卷1中记载扬州开元寺于开成三年十二月廿九日,"……时有库司典座僧,在于众前读申岁内种[种]用途帐,令众闻知"。又同书卷3记载到长安大兴善寺时云:"[十二月]廿五日,更则入新年。众僧上堂,吃粥、馄饨,杂果子。众僧吃粥间,纲维、典座、直岁一年内寺中诸庄及交易并客料诸色破用钱物帐众前读申。"②但诸如此类的记载非常少,故我们难以全面了解当时寺院财产管理的详情。而敦煌文书中保存下来的大量关于寺院财产管理方面的资料可以弥补这方面的缺憾。对于敦煌寺院财产的管理问题,笔者在《归义军时期敦煌寺院的财产管理研究》一文中从概念上明确

---

① 郝春文:《唐后期五代宋初敦煌僧尼的社会生活》,第123页。
② [日]圆仁著,[日]小野胜年校注,白化文、李鼎霞、许德楠修订校注,周一良审阅:《入唐求法巡礼行记校注》,第89、360页。

提了出了，并从管理机构、管理人员和管理方式三方面进行了讨论①。后来明成满先生在其博士论文《唐后期五代宋初敦煌寺院财产管理研究》中亦从这三方面探讨了该问题②。在《归义军时期敦煌寺院的财产管理研究》一文发表后，笔者又撰写发表了几篇讨论敦煌寺院财产管理的文章③，本章就是将这些已经公开发表的文章进行系统整合并增修完善。

第一节　管理机构

一、寺院仓司机构及其演变

在属吐蕃时期的敦煌文书中不乏关于佛物所（有时亦称佛帐、佛帐所、佛物处等）、常住处（有时名曰常住）的记载。据文书内容可确知，佛物所为管理佛物的机构，常住处为管理僧物的机构，它们作为寺院财产的管理机构在寺产的管理中发挥着重要职能。兹以相关文书略观其貌。

P.3432《龙兴寺卿赵石老脚下依蕃籍所附佛像供养具并经目录等数点检历》载：

1　龙兴寺卿赵石老脚下依蕃籍所附佛像供养［具并经目录佛衣及头冠］

2　等数如后：

3　佛帐内当阳脱空金渡像壹，并艳座，长叁尺，其座上菩萨声闻［像］

（中略）

---

① 王祥伟：《归义军时期敦煌寺院的财产管理研究》，《中国社会经济史研究》2004年第4期，第44—52页。
② 明成满：《唐后期五代宋初敦煌寺院财产管理研究》，博士学位论文，南京师范大学，2008年，第48—94页。该论文经修改后以原题于2011年由兰台出版社（台湾）出版。
③ 主要有：《试论晚唐五代宋初敦煌寺院财产管理的特征及意义》，《敦煌学辑刊》2008年第2期，第137—144页；《吐蕃归义军时期敦煌寺院纲管新论》，《甘肃社会科学》2008年第6期，第185—189页；《归义军时期敦煌净土寺的财产管理——敦煌寺院财产管理的个案研究》，《中国社会经济史研究》2011年第1期，第90—97页；《吐蕃归义军时期敦煌寺院财产管理人员的组织形式及连署制度》，载《高台魏晋墓与河西历史文化研究》，甘肃教育出版社，2012年，第396—410页；《吐蕃归义军时期敦煌寺院的"司"名机构探论》，《敦煌研究》2014年第1期，第100—108页。

16　半,阔二尺,故。经目录如后:大般若经壹部,陆伯卷。大方
　　广佛花严经

(中略)

57　佛衣及头冠数如后:佛头观铜镀金柒宝钿并绢带壹,又头冠
　　壹,锦

(后略)①

该文书所载的寺院财物包括佛像供养具、佛衣及头冠、佛经,属佛教经律中的佛物和法物,而这些佛物主要藏于龙兴寺佛帐内,显然佛帐所为佛物的管理机构。

另北图鸟字84号《丑年—未年某寺得付麦油布历》中第18行有"普光寺画佛帐所领得诸物色七宗布两匹"、S.1291《某年三月一日曹清奴便豆麦契》中第2行有"佛物处便麦肆硕"的记载。又P.3422V《卯年(823?)正月十九日曷骨萨部落百姓武光儿便麦契》、S.1475V《某年(817年前后)沙州寺户严君便麦契》、S.1475V《某年(823?)僧神宝便麦契》及S.1475《卯年(823?)四月十八日悉董萨部落百姓翟米老便麦契》等中均有向灵图寺佛帐所领物、便麦的明确记载②,这里佛帐所作为佛物的管理机构而经营便贷等业务的职能表现得极为淋漓透彻。

此外,关于常住处的记载亦不乏其有。S.6829V(4)《卯年悉董萨部落百姓张和子预取造苊蓠价麦契》中第2行有"今于永康寺常住处取栦篱价麦壹番驮",P.2686《巳年普光寺人户李和和便麦契》中第1—2行有"遂于灵图寺常住处便麦肆汉硕,粟捌汉硕",等等。常住处其实就是寺院中储存常住财产的寺库,在敦煌藏文文书一般被翻译为"顺缘库",如P.T.1297《宁宗部落夏孜孜永寿寺便麦契》载:"宁宗部落之夏孜孜因无种子及口粮,濒于贫困危殆,从永寿寺三宝与十方粮中,商借麦及青稞八汉硕。还时定为当年秋八月三十日,送至永寿寺之掌堂师与沙弥梁兴河所在之顺缘库中。"P.T.1104载:"与上同时,论噓律卜藏从寺庙顺缘之粮食中借粟十硕,于今年秋季九月十五日还与寺庙顺缘之粮库(功德库),保人……"③

---

①　池田温先生认为该件文书的时间在9世纪初,参其著《中国古代籍帐研究》"录文与插图"部分,第370—372页。

②　参唐耕耦、陆宏基编《敦煌社会经济文献真迹释录》第2辑,第93、85、86、92页。

③　分别参王尧、陈践编著《敦煌吐蕃文书论文集》,四川民族出版社,1988年,第16、26页。

值得注意的是,以上这些文书的年代均属于吐蕃统治敦煌时期,内容主要是便贷、领取。至其后的归义军时期,这些业务活动主要由寺院的仓司等机构负责。下面我们就以相关文书的记载来分析这一变化过程。

P.2049V《后唐同光三年(925)正月沙州净土寺直岁保护手下诸色入破历算会牒》是一件完整的会计文书,记载了从甲申年正月一日至乙酉年正月一日间净土寺诸色入破算会情况,为了便于说明问题,现移录部分内容如下:

1　　净土寺直岁保护

2　　　　右保护,从甲申年正月壹日已后,至乙酉年正月壹日已前,众

3　　　　僧就北院算会,保护手下丞(承)前帐回残,及自年田收、园税、梁

4　　　　课、利润、散施、佛食所得麦粟油苏米面黄麻麸查豆

5　　　　布氎纸等,总壹仟叁佰捌拾捌硕叁胜半抄。

(中略)

16　　捌伯肆拾陆硕叁斗玖胜半抄麦粟油苏米面黄麻麸查豆布氎纸,丞(承)前帐回残入:

(中略)

27　　伍伯肆拾壹硕玖斗肆胜麦粟油面黄麻麸查豆布等,自年新附入:

(中略)

35　　伍伯叁拾玖硕肆斗肆胜麦粟油面黄麻麸查豆布等,自年新附入:

(中略)

245　　壹伯陆拾捌硕陆斗捌胜半麦粟油苏面黄麻麸查豆等,沿寺修造诸色破用:

(中略)

440　　壹仟贰伯壹拾玖硕陆斗肆胜半半抄麦粟油苏米面黄麻麸查豆布氎纸等。破除外应及见在:

第三章 敦煌寺院财产的管理

（后略）①

本件文书采用四柱结算法，四柱结算法的产生、发展及其应用，是我国会计史上的一大进步，它不仅提高了当时财务活动的效率，而且对整个社会经济的发展起到了极大的促进作用②。就该文书内容而言，四柱结算法的结构具体可表述为："前帐回残＋自年新附入－诸色破用＝见在"。文书中的核算内容基本上全为常住斛斗之属，包括上年盈余（前帐回残）、当年新入、支出（诸色破用）和结余（见在），其中"新入"部分载录的是净土寺甲申年正月一日至乙酉年正月一日间常住斛斗收入的全部，那么这些斛斗的管理机构又是谁呢？下面依据 P.2049V 的内容将这一年内净土寺的收入来源列表如下来讨论该问题。

（表3—1）

品名＼类别	利润	春碾秋碾	散施	经馔斋馔	念诵	佛食	梁课	地课	神佛僧料	菜价	交换
麦	一										
西仓麦	一										
粟			一		一		一				
西仓粟											
油											
面		一									
粗面		一									
黄麻											
麸		一									

---

① 录文参唐耕耦、陆宏基编《敦煌社会经济文献真迹释录》第3辑，第347—365页。此处录文时依据图版对个别文字进行了校改。

② 关于四柱结算法的创立及应用时间，学人多有争论，主要成果参郭道扬《中国会计史稿》，中国财政经济出版社，1982年，第305—360页；杨际平《现存我国四柱结算法的最早实例——吐蕃时期沙州仓曹状上勾覆所牒研究》，载韩国磐主编《敦煌吐鲁番出土经济文书研究》，厦门大学出版社，1986年，第162—172页；韩国磐《也谈四柱结帐法》，载韩国磐主编《敦煌吐鲁番出土经济文书研究》，第188—198页；李伟国《宋朝财计部门对四柱结算法的运用》，《河南师大学报》1984年第1期，第35—38页；李孝林《"四柱法"溯源》，《北京商学院学报》1987年增刊，第59—60页；杨际平《四柱结算法在汉唐的应用》，《中国经济问题》1991年第2期，第61—63页；唐耕耦《敦煌寺院会计文书研究》，第1—337页；李锦绣《唐代财政史稿》（上卷）第一分册，北京大学出版社，1995年，第205页。

续表

类别 品名	利润	春碨 秋碨	散施	经䞑 斋䞑	念诵	佛食	梁课	地课	神佛 僧料	菜价	交换
渣											
豆		—	—	—							
西仓豆											
布											
生氀				—							

由表 3—1 明了，净土寺西仓收入全为利润所得，并且对西仓麦、粟、豆的收入特别加以说明，这种现象在净土寺其他算会牒如 P.2049V《后唐长兴二年(931)正月沙州净土寺直岁愿达手下诸色入破历算会牒》及唐耕耦先生缀合的几件净土寺算会稿文书中无一例外，且破支中凡属于西仓者亦俱特加标注，如"西仓粟入"、"西仓麦入"、"西仓豆破"等①。但无论是破支还是入收，西仓仅有麦、粟、豆，而其他未注明归属者除麦、粟、豆外，还有油、面、粗面、黄麻、麸、渣、布、纸、氀等，亦即这些斛斗一部分归西仓管理，另一部分统属于其他机构。

仔细爬梳整理敦煌文书中的寺院会计文书，我们不难发现 10 世纪时有关净土寺东库、库、常住库等的记载甚为频繁，详细情况如下表所示：

(表 3—2)

文书卷号	库别	库存物品
S.6452(2)、S.6452(4)、S.6452(6)、S.6452(7)	常住库	油、面、黄麻、粟
P.3234V(1)、P.2032V、P.2040V	库	麦、粟、油、面
P.2049V、P.3234V(8)、P.2032V、P.3763V	东库	豆、黄麻、麻、麦

可见，净土寺寺库名目多样，常住库与东库应为同一指的，二者可以简称为"库"。同时，上表表明，其储存物除麦、粟、豆、黄麻等初级原料外，还有油、面、麸、渣等成品或半成品，这些内容与前述未注明归属者相吻合。至此，我们可以认为：前述会计文书中未详管理机构的斛斗可能属东库(常住库)所管。

---

① 分别参唐耕耦、陆宏基编《敦煌社会经济文献真迹释录》第 3 辑第 369—389 页和唐耕耦《敦煌寺院会计文书研究》第 77—280 页。

第三章　敦煌寺院财产的管理

前面已经提及,西仓斛斗收入全为利润所得,并且对其入破均要特别注明,而东库入支情况并无此举,原因何在?

依佛教经律的规定,寺院三宝物是可以出贷的①。《四分律删繁补阙行事钞》(以下简称《行事钞》)卷中一《随戒释相篇》曰:"《十诵》,以佛塔物出息,佛言:听之。"②这就为寺院和僧尼放高利贷打开了方便之门。既然佛物、法物和僧物可以出贷生息,那么会计文书中的利润收入就可以理解为是由寺院常住斛斗出贷的结果。

同时,佛教内律又规定,三宝财物不得互用。《行事钞》卷中一《随戒释相篇》曰:"《四分》,瓶沙王以园施佛,佛令与僧等故。知三宝不得互用,便劝施僧,僧犹得供佛法也。"③不但三宝财物不能互用,三宝物出贷的利息收入亦不能互用,佛物息收归佛,法物息收归法,僧物息收归僧。《行事钞》卷中一《随戒释相篇》又云:"《十诵》、《僧祇》,塔物出息取利,还着塔物无尽财中;佛物出息还着佛无尽财中,拟供养塔等。僧物文中例同,不得干杂。《十诵》,别人得贷塔僧物。若死,计直输还塔僧。《善见》,又得贷借僧财物作私房。……《五百问》云:佛物,人贷,子息自用,同坏法身。"④吐蕃归义军时期的敦煌寺院,虽然在诸多方面并非严格执行佛教经律的规定,但其在某些方面亦会因循,起码在形式上如此。既然内律规定佛物、法物、僧物及它们的出贷利息收入均不能混杂乱用,特别是佛物的特殊性是神圣不可侵犯的,故而在敦煌寺院中,它们被明确地剔剥分离而各归其所。据此我们似乎可以得出这样的结论:在归义军时期的敦煌寺院中,起码在净土寺,西仓可能是佛物及其利息收入的储存处,而东库(或常住库)可能是僧物及其利息收入的储藏所。至于其他寺院,依佛教经律亦应如此,只是不一定以西仓、东库的固定名称表象而已,如 S.1774《后晋天福七年(942)大乘寺法律智定等交割常住什物点检历状》、S.1642《后晋天福七年(942)大乘寺交割常住什物点检历》、S.1776《后周显德五年(958)大乘寺法律尼戒性等

---

① 关于佛教经律对寺院财产的规定,参何兹全《佛教经律关于寺院财产的规定》,载何兹全主编《五十年来汉唐佛教寺院经济研究》,第 141—157 页。原载《中国史研究》1982 年第 1 期,第 67—68 页。
② [日]高楠顺次郎等编:《大正新修大藏经》卷 40,大正一切经刊行会,1927 年,第 57 页。
③ [日]高楠顺次郎等编:《大正新修大藏经》卷 40,第 56 页。
④ [日]高楠顺次郎等编:《大正新修大藏经》卷 40,第 57 页。

交割常住什物点检历状》中就记载有大乘寺的"北仓"①，S.8443F3 记载有某寺院的南仓②，但佛物、僧物及它们的利息分别保存、各有所管则是可能的。

净土寺西仓的管理机构称为西仓司，如 P.2032V(11) 记载了"净土寺西仓司愿胜广进等"手下的收支情况③。同时，净土寺东库亦有专门的管理机构。如 P.2049V《后唐长兴二年(931)正月沙州净土寺直岁愿达手下诸色入破历算会牒》第 185－188 行载："(西仓)麦三硕，李员住买金壹钱付库。麦两硕三斗，徐和员买金半钱，亦付东库保达。"可见保达为东库负责人。又唐耕耦先生拼接成的文书《净土寺癸卯年(943)正月一日已后直岁广进手下诸色入破历算会稿残卷》第 151 行载："(西仓)粟肆拾硕，付东库所由广进用。"这里所说的"东库所由"即为东库的负责人。东库有自己的负责人说明东库与西仓一样亦设有负责机构，该机构可能称为"库司"或"常住库司"。与净土寺一样，其他寺院仓库的管理机构亦应为仓司或库司。

由于仓司为寺院仓库的管理机构，故归义军时期寺院的借贷或便贷等业务由仓司负责经营。如前述 P.2032V(11) 反映了向净土寺西仓司借贷之事，又 P.3234V《甲辰年(944)二月后沙州净土寺东库惠安惠戒手下便物历》、S.6452(2)《辛巳年(981)十二月十三日周僧正于常住库借贷油面物历》、S.6542(4)《壬午年(982)正月四日诸人于净土寺常住库借贷油面物历》、S.6452(6)《壬午年(982)二月十三日于净土寺常住库内黄麻出便与人名目》、S.6452(7)《壬午年(982)三月六日净土寺库内便粟历》等文书记载

---

① S.1774、S.1642、S.1776 均有残缺而未存寺名，唐耕耦、陆宏基先生在《敦煌社会经济文献真迹释录》第 3 辑第 17－25 页录文中亦未说明所属何寺，但指出 S.1776 和 S.1774 为同一寺院的常住什物历状，S.1624 与 S.1774 字体相同，并推测二者为同一年之交割历状，一为底本，一为抄本。后唐耕耦先生在《敦煌寺院会计文书研究》第 4－6 页中指出这三件文书为大乘寺文书，但未说明理由。郝春文先生在《唐后期五代宋初敦煌僧尼的社会生活》第 129－130 中采纳了唐耕耦先生的观点，并对 S.1774 为大乘寺文书进行了举证。

② 图版参中国社会科学院历史研究所等编《英藏敦煌文献》第 12 卷，四川人民出版社，1995 年，第 131 页。该件文书在《敦煌社会经济文献真迹释录》第 3 辑第 136－137 页中编号为 S.8720F3。

③ 唐耕耦、陆宏基编:《敦煌社会经济文献真迹释录》第 3 辑，第 474－476 页。

了向净土寺东库借贷之事①,实际上具体的贷便业务均由其库司负责。

通过以上分析我们注意到:吐蕃时期敦煌寺院财产的便贷,一般来讲,佛物向佛帐所便,如 S.1475V 诸件所载是向灵图寺佛物所便麦和青麦等。而僧物向常住(或常住处)便贷,如 S.6829V(4)所载是向永康寺常住处便麦,P.2686 所载是向灵图寺常住处便麦。而到归义军时期直接向寺院仓司便贷则更常见。这种变化是很自然的,因为无论佛物还是僧物,它们均储存在寺院仓库之中,只不过在吐蕃时期分别由佛帐所和常住处管理,而在归义军时期有时由仓司直接经营,佛物所、常住处与寺院仓司在管理内容上是统一的,这一点可以通过 S.1475V《某年(823 前后)阿骨萨部落百姓赵卿卿便麦契》得到进一步印证。

1 □年三月廿七日,阿骨萨部落百姓赵卿卿,为无

2 种子,今于灵图寺佛帐家物内,便麦两汉硕。

3 其麦自限至秋八月内送纳寺仓足。如违,其麦请

(后略)②

这里赵卿卿是向灵图寺佛帐所便麦,至归还时送纳寺仓,显见佛物保藏于灵图寺仓无疑,并由佛帐所管理亦是事实。

由于寺院仓库的地点、数量、性质不同,故敦煌文书中所载仓司的名目亦不相同,如有仓司(见 S.5806、S.6981)、常住仓司(见 S.4701)、南仓司(见 P.4694、S.1519)、西仓司(见 P.2032V)等,它们均是负责寺院仓库经营的机构。与唐代世俗社会将州司、县司等称为州家、县家等一样,寺院的仓司亦可以称之为仓家,如 S.6217《丙午年(946?)四月十五日分付常住什物历》载:"丙午年四月十五日,常住新椀楪盛统盘子盆魁,都计数壹伯伍拾壹个,现分付法律智员、法政等仓家柒人。"③

总之,敦煌寺院财产管理机构的名称有佛物所(有时亦称佛帐、佛帐所、佛物处等)、常住处(有时名曰常住)、仓司、常住仓司、南仓司、西仓司等,这些机构的设置,使得寺产的管理井然有序,从而保证了寺院生活的正

---

① 录文分别参唐耕耦、陆宏基编《敦煌社会经济文献真迹释录》第 2 辑,第 212-215、239-241、242、244、245 页。

② 唐耕耦、陆宏基编:《敦煌社会经济文献真迹释录》第 2 辑,第 89 页。

③ 唐耕耦、陆宏基编:《敦煌社会经济文献真迹释录》第 3 辑,第 41 页。

常进行。当然,寺院仓库及其管理机构仓司的职能应该是多方面的,限于讨论范围,这里仅仅是强调了其管理寺院财产的职能①。

二、其他机构及其与仓司的关系

除了寺院的仓司机构外,吐蕃归义军时期敦煌寺院中还有其他"司"名机构,而这些机构亦往往有自己的独立财产。如S.4452《后晋开运三年(946)某寺算会破除外见存历稿》第一件载:"开运三年丙午岁二月十五日,当寺徒众就中院算会,癸卯年直岁保集应入诸司斛斗苏油布緤等,一周内破除外见存……"第二件载:"开运三年丙午岁三月一日,当寺徒众就中院算会,甲辰年直岁福信应入诸司斛斗油面布緤等,一周年破除外见存……"②这里的"诸司"一词说明该寺设有多种"司"名机构,这些机构有自己的负责人。又P.2613《唐咸通十四年(873)正月四日沙州某寺交割常住物等点检历》载:

1　咸通十四年癸巳岁正月四日,当寺尊宿刚管徒众等,就库
2　交割前都师义进、法进手下,常住幡像、幢伞、供养具、铛镞、铜铁、
3　函柜、车乘、毡褥、天王衣物、金银器皿,及官疋帛纸布等,一一
4　点活,分付后都唯法胜、直岁法深,具色目如后。

(中略)

67　盘壹,无脚。伍硕柜子壹口,在灯司。大柜壹口,在修造司。小柜壹口,

68　[在]行像司。又大小柜肆口。生铁大火炉壹,破碎不堪用,再写煮油铛用

(后略)③

文书中除了寺库外,同时还提到灯司、修造司、行像司,而该件文书是点检某寺院都师负责的全寺常住什物的,说明库司、灯司、修造司、行像司

---

① 关于寺院仓库的职能,可参[日]三岛一《唐代寺库の机能の一二について》,载《池内博士还历记念东洋史论丛》,座右宝刊行会,1940年,第857—875页。
② 唐耕耦、陆宏基编:《敦煌社会经济文献真迹释录》第3辑,第521—522页。
③ 录文参唐耕耦、陆宏基编《敦煌社会经济文献真迹释录》第3辑,第9—13页。郝春文先生推断该件文书属龙兴寺,参其著《唐后期五代宋初敦煌僧尼的社会生活》,第125—127页。

等机构应属该寺院。并且从"伍硕柜子"等来看,这些柜子是作为容器而盛置斛斗及其加工物的,这说明这些"司"名机构应该存有自己负责的财产。当然,除了库司(仓司)、灯司、修造司、行像司之外,敦煌寺院还会设置其他"司"名机构,下面我们就对敦煌寺院的具体"司"名机构进行分析说明。

(一)堂斋司和修造司

S.4782《寅年(858)乾元寺堂斋修造两司都师文谦诸色斛斗入破历算会牒残卷》载:

1　乾元寺堂斋修造两司都师文谦状
2　从丑年二月廿日于前都师神宝幢手下交入见斛斗,兼自年新
　　附砲课油梁课直,及
3　诸家散施麦粟油面豆米纸布绢回色折色等总贰伯陆硕贰
　　胜半。
4　　　　陆拾壹硕玖升白面,陆拾硕壹斗叁升麦,陆拾
5　　　　柒硕陆斗贰胜半粟,壹硕捌斗伍升油,陆硕
6　　　　肆斗伍升半豆,壹硕壹斗粟面,伍斗肆升
7　　　　洪(红)蓝,叁升半米,白练壹丈捌尺,纸两帖,
8　　　　布叁丈捌尺。
9　壹伯肆拾贰硕陆斗贰胜半麦粟油面纸布绢等前帐回残,今附
　　此帐。
(中略)
16　陆拾叁硕肆斗麦粟油面丑年砲课油梁课及诸家散施新附入。
25　玖拾玖硕玖斗柒胜半麦粟油面豆等自年缘寺修造及众僧
　　破用
(中略)
44　　　　油壹升,麦壹斗伍升,已上充打砲轮博士
45　　　　及解木人食用。油陆升,充叚升子手功直
46　　　　用。粟两硕伍斗,缘当寺砲不行,砲直用。
(后略)①

---

①　录文参唐耕耦、陆宏基编《敦煌社会经济文献真迹释录》第3辑,第309—312页。对该件文书中寅年具体年代的考证,详参本书第二章第二节中"地产收入"部分。

敦煌文书中明确记载堂斋司、修造司的地方很少，堂斋司似乎仅此一例，修造司除了 S.4782 外，前引 P.2613 中亦有记载。S.4782 记载乾元寺堂斋、修造两司丑年的收入是硙课、梁课及布施所得，支出部分记载了寺院的种种事务支出，由于内容较多，故未将其全部迻录。文书记载都师文谦手下支出斛斗的用途有的是"自年缘寺修造及众僧破用"、"缘当寺硙不行，硙直用"，即是因乾元寺修造、修碾硙而造成的支出，故堂斋、修造两司应属乾元寺的机构而不是都司下设机构，因为若属于都司的话，都司财产是不能随便支出用于其他寺院的，更不会用于某一寺院某年度的种种费用支出。同时，S.4782 是乾元寺对本寺在丑年二月廿日至寅年某月日这一会计期内财务收支情况进行算会后的上报牒文，其内容记载的是乾元寺在本会计期内的所有收支盈余帐目。据此我们认为，此处乾元寺的堂斋、修造两司实则与寺院仓司一样管理着全寺的斛斗等财物[①]。

(二) 招提司

P.3352《丙午年 (886 或 946) 三界寺招提司法松诸色入破历算会牒残卷》及后面将要缀合讨论的 S.1600(1) ＋ S.1600(2) ＋ ДX.01419 ＋ S.6981(1)《庚申年十二月十一日至癸亥年十二月灵修寺招提司典座愿真等诸色斛斗入破历算会稿残卷》、P.3881V《宋太平兴国六年 (981) 正月一日某寺招提司算会应在人上欠》中分别记载有三界寺、灵修寺和某寺的招提司。另外，S.6276V 残存 2 行，其内容为："永安圣寿招提司都师厶乙手下应入 (中缺) 施诸色斛斗油苏米面等总八百 (后缺)。"[②]该文书残存内容太少，故不知是永安、圣寿两所寺院设置了同一招提司，还是由同一个都师负责两个寺院各自的招提司，不管具体情况如何，说明永安寺和圣寿寺亦设有招提司，并且两所寺院间的经济关系非常密切[③]。

---

① 郝春文先生认为修造司保管和监督使用施主布施给寺院用于修造的施舍物，堂斋司监督使用施主布施给寺院用于设斋的施舍物。参郝春文《〈勘寻永安寺法律愿庆与老宿绍建相净根由状〉及相关问题考》，载戒幢佛学研究所编《戒幢佛学》第 2 卷，岳麓书社，2002 年，第 83 页。但 S.4782 所载修造司、堂斋司的收入除了布施收入外，还有硙课、梁课收入，故修造司和堂斋司所掌管的不仅仅是相应的布施收入。

② 中国社会科学院历史研究所等编：《英藏敦煌文献》第 10 卷，四川人民出版社，1994 年，第 246 页。

③ 这种情况在其他有的寺院之间可能亦会存在，如 P.4660《沙州释门都教授炫阇梨赞并序》就记载"两寺同院，此寺同餐"，两寺是指金光明寺和乾元寺，"此寺同餐"是指金光明寺僧法秀和其徒乾元寺僧炫阇梨曾在乾元寺一起进餐，说明金光明寺和乾元寺之间关系亦很密切。

第三章 敦煌寺院财产的管理

关于招提司与仓司的关系,郝春文先生认为仓司所执掌的实际是招提僧物,所以仓司又被称为常住仓司或招提司,并认为沙州寺院应该均有仓司或招提司①,这是将招提司与仓司等同视之。但实际情况可能不尽如此。

关于招提,《佛学大辞典》解释云:"梵音 Caturdeśa,译曰四方。谓四方之僧为招提僧、四方僧之受施物为招提僧物、四方僧之住处为招提僧坊。魏太武帝造伽蓝,以招提名之,招提二字,遂为寺院之异名。"②敦煌文书中的招提司有的应为负责寺院斛斗、织物收支的机构。如 P.3223《永安寺法律愿庆与老宿绍建相诤根由责勘状》第 18—20 行记载永安寺仓司负责人老宿绍建有云:"邓法律特地出来,没时则大家化觅,有则寄贷,须容若僧正共老宿独用。招提余者,例皆无分。"③其中"招提余者"就是指永安寺其他僧人,显然,招提就是指寺院。又 P.3352《丙午年(886 或 946)三界寺招提司法松诸色入破历算会牒残卷》载:

1 三界寺招提司法松状
2 合从乙巳年正月一日已后,至丙午年正月一日已前,
3 中间一周年,徒众就北院算会,法松手下
4 应入常住梁课、硙课及诸家散施、兼承
5 前帐回残、及今帐新附所得麦粟油面
6 黄麻麸渣豆布毡等,总肆佰贰拾六石四斗六升九合。
(后略)④

文书中记载三界寺招提司法松所管的依然是"常住"之物,故此处招提司应相当于寺院的仓司。

但是,我们不能肯定每所寺院的招提司就相当于仓司而代替仓司的职责,因为佛典中对常住僧物与招提僧物有过严格的界定。如北凉道龚译《宝梁经》(卷上)"营事比丘品"云:

若所用物:所谓常住僧物,及与佛物,若招提僧物,彼营事比丘,应

---

① 参郝春文《〈勘寻永安寺法律愿庆与老宿绍建相诤根由状〉及相关问题考》,第 79—81 页。
② 丁福保编:《佛学大辞典》,第 1370 页。
③ 唐耕耦、陆宏基编:《敦煌社会经济文献真迹释录》第 3 辑第 310 页对该件文书进行了释录,郝春文先生在《〈勘寻永安寺法律愿庆与老宿绍建相诤根由状〉及相关问题考》一文中亦进行了录文,并初步将该件文书的年代定在公元 937 年以后。
④ 唐耕耦、陆宏基编:《敦煌社会经济文献真迹释录》第 3 辑,第 333—334 页。

当分别；常住僧物不应与招提僧，招提僧物不应与常住僧，常住僧物不应与招提僧物共杂，招提僧物不应与常住僧物共杂，常住僧物招提僧物不与佛物共杂，佛物不与常住僧物招提僧物共杂。若常住僧物多而招提僧有所须者，营事比丘应集僧行筹索欲，若僧和合，应以常住僧物分与招提僧。迦叶，若如来塔或有所须若欲败坏者，若常住僧物多，若招提僧物多，营事比丘应集僧行筹索欲，作如是言：是佛塔坏，今有所须，此常住僧物招提僧物多，大德僧听，若僧时到僧听（？），若僧不惜所得施物，若常住僧物若招提僧物，我今持用修治佛塔。若僧和合，营事比丘应以僧物修治佛塔。若僧不和合，营事比丘应余劝化在家人辈，求索财物修治佛塔。

对其中的常住僧物及招提僧物，张德钧先生解释云："所谓常住僧物，正即律钞所谓常住常住。此所谓招提僧物，正即律钞所谓十方常住。常住僧盖有相当固定性，乃属常时居住者。招提僧则各处游脚，而属挂单暂寓者。彼此财物，皆由营事比丘经管，而营事比丘却不能擅为动用……"[①]总之，常住常住僧物是一寺常住僧所用之物而不通于其他寺院，而十方常住僧物即招提僧物不限于一寺之常住僧，两者是不同的。这种将常住僧物与招提僧物进行区别的情况在敦煌寺院中亦应存在，下面我们依据相关敦煌文书对该问题进行分析说明。

S.1600 和 S.6981 分别由几部分文书残件构成，其中有些文书残件本属同一件文书而可以缀合，按照顺序，我们将与缀合相关者编号为 S.1600(1)、S.1600(2)、S.6981(1)。金滢坤先生曾认为 S.1600(2) 和 S.6981(1) 的书写字迹、格式、内容和时间均相同，属同一寺院文书，从而将其缀合在一起[②]。但这两件文书缀合后，中间依然残缺，而残缺的这部分内容恰好保存于 ДХ.01419 中。

从图版来看，S.1600(2) 末尾残缺部分与 ДХ.01419 开头残缺部分基本

---

① 张德钧：《"招提"解》，《现代佛学》第 1 卷第 10 期，1951 年 6 月，第 25—28 页。后收入《现代佛学》第一册，天津古籍出版社，1995 年。
② 金滢坤：《敦煌社会经济文献缀合拾遗》，《敦煌研究》2006 年第 2 期，第 88—89 页。

吻合①,S.1600(2)第6行有几个字残缺不全,这几个字的部分字迹还残留在俄 ДХ.01419 的第1行中。同时,S.1600(2)第7行最后两字与ДХ.01419第2行最后两字均残缺不全,将二者拼接在一起后可以确定为是"阇梨"二字,其中"阇"字虽然基本上存留在 ДХ.01419 上面,但同时还有一丝笔迹存留在 S.1600(2)上面,而"梨"字绝大部分存留在 S.1600(2)上面,仅有一小部分存留在 ДХ.01419 上面。故实际上,S.1600(2)的第6、7行分别与 ДХ.01419 的第1、2行为同一行文字。ДХ.01419 与 S.6981(1)字迹相同,两件文书中"阇梨"二字的写法亦一样。同时,S.6981(1)前5行与 ДХ.01419 第6—10行完全可以拼接:ДХ.01419 第10行开首为"入麦"二字,其中"麦"字的半个字还残留在 S.6981(1)中第5行;ДХ.01419 第6行"粟"和"于"字的一部分还残留在 S.6981(1)中第1行;S.6981(1)第2行"一"字的部分又残留在 ДХ.01419 中第6行。这样,我们可以确定 S.1600(2)、ДХ.01419 和 S.6981(1)为同件文书而可以将其缀合在一起了。缀合后,我们看到该部分内容包含了辛酉、壬戌、癸亥三年的支出内容。此外,S.1600(1)与上述几件字迹完全相同,且该件的内容恰好是对庚申年十二月十一日至癸亥年十二月三年间灵修寺收支情况进行汇报的,该件行文及格式亦是敦煌寺院算会牒和算会稿类文书中开首部分常见的,故 S.1600(1)与上述三件文书完全可以缀合。

在完成文书的缀合后,我们还需要讨论缀合后文书的时间及对其进行拟名。姜伯勤先生认为 S.1600(1)和 S.1600(2)中的庚申年、辛酉年、癸亥年应分别为 960、961、963 年②。唐耕耦先生将 S.1600(1)、S.1600(2)和 S.6981(1)的时间及名称分别拟为《庚申年至癸亥年(960—963)灵修寺招提司典座愿真等诸色斛斗入破历算会稿残卷》、《辛酉年(961)灵修寺诸色斛斗入历》和《辛酉至癸亥年入破历》③。《英藏敦煌文献》第3卷将其分别定名为《庚申至癸亥灵修寺招提司诸色斛斗入破历计会》、《辛酉年灵修寺

---

① S.1600(1)和 S.1600(2)图版见中国社会科学院历史研究所等编《英藏敦煌文献》第3卷,四川人民出版社,1990年,第99页。ДХ.01419 图版见俄罗斯科学院东方研究所圣彼得堡分所等编《俄藏敦煌文献》第8册,第165页。

② 姜伯勤:《唐五代敦煌寺户制度》,第181—182页。

③ 分别见唐耕耦、陆宏基编《敦煌社会经济文献真迹释录》第3辑,第527、528、140页。

诸色斛斗入历》和《辛酉至癸亥三年间灵修寺诸色斛斗入破历计会》①。郝春文先生将 S.1600(1) 和 S.1600(2) 分别拟为《庚申至癸亥年(960—963)灵修寺招提司诸色斛斗入破历算会稿》、《辛酉年(961)灵修寺诸色斛斗入历》②。金滢坤先生依据 S.6981(1) 中的押衙阴再昌又见于 P.5032《某年六月索押牙妻身亡转帖(10 世纪上半叶)》和 S.1600(1) 中的愿真又见于 P.2049V《后唐同光三年(925)正月沙州净土寺直岁保护手下诸色入破历算会牒》而将文书中的"辛酉年"定为 901 年,"癸亥年"定为 903 年,并将其缀合后的文书 S.1600+S.6981 拟名为《唐辛酉年至癸亥年(901—903)灵修寺招提司典座愿真等诸渠厨田及散施入历》③。愿真的法名在敦煌寺院会计文书,特别是净土寺文书中频繁出现,而 S.1600(1) 中的愿真是灵修寺的典座,故愿真是否为同一人不能确定。若这里所说的愿真果为同一人的话,在《净土寺甲辰年(944)正月一日以后直岁惠安手下诸色入破历算会牒残卷》中第 205—206 行有"面一(?)斗,愿真亡时造食女人用",第 247—248 行有"布贰尺,愿真亡时吊,不勿用"的记载④,可见,愿真在 944 年已经去世,据此将前述辛酉年和癸亥年分别定为 901 和 903 年是正确的。若前述愿真非同一人的话,则对时间的界定不一定准确。为了谨慎起见,我们对缀合后文书的具体时间暂且存疑。此外,缀合后文书的结构和内容与敦煌寺院文书中的算会牒和算会稿相似,只是由于文书还有残缺,我们不能详尽其内容而已,且从文书中对内容的修改情况判断,该文书应是对灵修寺斛斗进行算会的底稿,故我们依据同类文书将其拟名为《庚申年十二月十一日至癸亥年十二月灵修寺招提司典座愿真等诸色斛斗入破历算会稿残卷》。

为了后续讨论的方便和能较全面一睹文书的内容,我们将 S.1600(1)+S.1600(2)+ДХ.01419+S.6981(1) 的内容按照文书割裂后的原貌移录如下:

  以下 S.1600(1):

---

  ① 参中国社会科学院历史研究所等编《英藏敦煌文献》第 3 卷第 99 页和《英藏敦煌文献》第 12 卷第 1 页。
  ② 郝春文、赵贞编著:《英藏敦煌社会历史文献释录》第 7 卷,第 306—310 页。
  ③ 金滢坤:《敦煌社会经济文献缀合拾遗》,第 88—89 页。
  ④ 唐耕耦:《敦煌寺院会计文书研究》,第 168—188 页。

第三章 敦煌寺院财产的管理

1　灵修寺招提司☐☐☐☐☐☐☐☐☐☐☐☐☐
2　净明、典座愿真、真(直)岁愿☐☐☐☐☐☐☐☐
3　庚申年十二月十一日已后,至癸亥年十二[月日]前
4　中间首尾三年,应入诸渠厨田兼诸家散
5　施及官仓佛食、阇梨手上领入、常住仓顿设
6　料,承前案回残,逐载梁颗(课)麦粟油面豆
7　麻等前领后破,谨具分析如后:
8　　　　面贰拾伍硕,麦一十五石,粟九石
9　　　　三斗,麻九石三斗五升,油柒
10　斗八升,前案回残入。

(后缺)

以下 S.1600(2):

1　辛酉年诸渠厨田及散施入:麦十石,城南张
2　判官厨田入。麦肆硕,刘生厨田入。麦叁
3　石三斗,氾判官厨田入。麦两石,史家厨田
4　入。麦肆石贰斗,麻四斗,春佛食入。粟
5　十五石,城北三处厨田入。麦四硕二斗,
6　麻肆斗,秋佛食入。☐☐石☐斗,二月八日
7　☐☐☐☐☐☐☐☐☐☐☐☐☐☐☐☐☐☐☐☐☐梨

(后缺)

以下 ДХ.01419:

(前缺)

1　☐☐☐☐☐☐☐☐☐☐☐☐
2　☐☐入,油壹斗,麦伍拾硕于阇☐
3　手上领入,☐两硕伍斗
　　　　麦四石一斗于阇梨手上领入
4　壬戌年麦叁拾陆硕粟两硕于阇梨
5　[手]上领入,粟四石于仓领入粟一石二
6　斗于[仓]入,粟一石[于]☐☐☐☐[粟]五石于仓
7　领入麦五斗粟☐☐☐☐☐☐☐石阴
8　都知娘子施入☐☐☐☐☐☐☐☐☐

9　五斗德□□□□□□□□□□□□

10　入□□□□□□□□□□□□□

（后缺）

以下 S.6981(1)

（前缺）

1　□□□□□仓入□□□□□□□□□□□□

2　□□□□□□施入。麦一□□□□□□□

3　□□□□粟四石一斗于仓领入。麦

4　□□□□□施入，粟三斗，沙弥入名时

5　□□。□五斗，邓法律入。麦一石，邓家三娘

6　子施入。粟两石一斗，戒师局席时领入。

7　粟一石四斗，坐韮时于仓领入。麦五斗，

8　阴寺主施入。麦五斗，张法律喜子施入。

9　麦五斗，宋师子施入。麦一石，米都头患施

10　入。麦五斗，阴再昌押衙施入。麦五斗，张师

11　□□。麦五石，史家厨田入。粟十八石，翟指扐

12　施入。麦二十石，达家娘子施入。麦八石

13　四斗，麻八斗，春秋佛食入。粟五石五斗于

14　仓领入。麦三石，罗水官娘子施入。

15　麦两石，张法律施入。油两石五斗，自年颗（课）入。

16　癸亥年：麦四斗，粟四斗，春秋卧醋阇梨手

17　上领入。粟十石四斗于仓领入。粟三石，

18　七月写釜子时于仓领入。麦八石四斗、

19　麻八斗，春秋佛食入。麦六石，城南鄯家

20　厨田入。麦七石，城南氾判官厨田入。

21　麦一石五斗，刘阿朵子厨田入。麦

22　十七石，康家厨田入。麦一石于大众仓

　　　　　　油两石自年梁课入　　一百六十二石七斗

23　领入。三年内入得麦一百四石□斗，

　　　　　　　　　　一十一石九斗

24　粟八十三石四斗，麻两石四斗九升。

25　辛酉至癸亥三年油八石二斗八升。
26　辛酉至癸亥三年中间沿寺破得麦
27　一百四十三石二斗六升,粟八十石三
28　斗。
29　梁户准案三年中间破除外空欠油八

(后缺)

从以上文书内容可以看到,灵修寺招提司的收入包括寺院土地、施舍、官仓佛食、阇梨手上领入和常住仓顿设料等,显然,这里的招提司与常住仓是并列关系。其中癸亥年除了阇梨手上入和大众仓入之外,春秋佛食是从官仓领入,其他"于仓领入"是指从常住仓领入。可见,从庚申年至癸亥年灵修寺招提司并没有代替常住仓司而成为寺院常住斛斗唯一的管理机构,故其所管理的斛斗应是灵修寺常住斛斗的一部分。

(三)功德司

《敦煌学大辞典》的"功德司"条认为敦煌文书中的功德司是归义军时期都司的下属机构①。但我们认为,目前所见敦煌文书中的功德司一般属寺院内设机构,如 P.2042V《报恩寺功德司道信状》载:

1　报恩寺功[德]司道信状
2　右合从戊子年正月一日已后至己丑年正月已前
3　中间沿常住一周年所用什物等总陆伯陆拾
4　贰硕壹斗壹升伍合麦粟黄麻油粗面等
5　贰伯玖拾

从该件文书的图版来看,第 5 行"贰伯玖拾"四字字号比前四行大,应不属同一内容。第 5 行后空约两行还写有四行文字,依次是:"己丑年破历麦伍硕粟柒硕黄麻捌硕"、"麦两硕粟肆硕黄麻陆硕白面叁拾硕"、"庚寅年正月"、"须菩提",其中"须菩提"三字倒写②。从文书内容可知,该功德司的支出是用于报恩寺常住,说明此功德司属报恩寺而非都司下设机构。至于当时功德司管理的是报恩寺全部斛斗还是其中一部分,亦即在功德司

---

①　季羡林主编:《敦煌学大辞典》,第 634 页。
②　上海古籍出版社编:《法国国家图书馆藏敦煌西域文献》第 3 册,上海古籍出版社,1994 年,第 97 页。

之外是否还设有仓司等机构则不得而知。不过唐耕耦先生缀合的报恩寺文书 P.2821＋北图新 1446(1)＋北图新 1446(4)《庚辰年(980 或 920)正月报恩寺寺主延会诸色斛斗入破历算会牒》中斛斗的相关数据是:回残 44.6 硕、三年共新入 165.95 硕、三年共破用 182.4 硕、见在 31.69 硕①,而 P.2042V 所载报恩寺一年的破用约是 662 硕,远远大于 182.4 硕和 165.95 硕。故不排除该功德司管理的是报恩寺全部斛斗的可能,即功德司可能扮演着仓司的角色。

此外,S.4689 亦载有功德司,其内容如下:

(前缺)

1　右通前件斛斗□麦緤布等,一一勘
2　算,谨具分析如前。谨录
3　状上。
4　牒件状如前,谨牒。
5　显德元年甲寅岁正月壹日功德司愿德状。
6　徒众
7　徒众
8　徒众

(后残)

该件文书前后残缺,其中后面残缺的内容在 S.11293 中保存下了一部分,其为:

1　徒众
2　徒众(押)
3　同监(押)
4　同监永
5　尊宿智思
6　尊宿(押)
7　法律大安
8　法律海诠

---

① 唐耕耦:《敦煌寺院会计文书研究》,第 281—286 页。

9　法律宝深
10　法律惠晏
11　释门僧政〔签〕

S.4689 与 S.11293 的字迹完全相同,《敦煌社会经济文献真迹释录》第 3 辑将 S.4689 定名为《后周显德元年(954)正月一日功德司愿德状》①,《英藏敦煌文献》第 6 卷和第 13 卷将 S.4689 与 S.11293 均定名为《显德元年(954)正月一日敦煌都司功德司愿德勘算斛斗𬘓布等状》②。S.4689 的最后一行与 S.11293 中第一行的"徒众"二字均残缺不全,且双方所残存的"徒众"二字正好可以彼此互补,故两者为同件文书无疑。S.4689 中第 11 行释门僧政的签字"〔签〕"在敦煌寺院会计文书中频繁出现。据不完全统计,时间当在 920 年前后的 P.4906、S.5050、ДХ.01426、日本杏雨书屋藏羽 068 等文书中均有该签字,而该僧应为报恩寺僧人③,故我们可将 S.4689＋S.11293 拟名为《后周显德元年(954)正月一日报恩寺功德司愿德状》,该文书是 954 年报恩寺对功德司愿德所管斛斗算会后的上报牒文,说明报恩寺在 954 年前后亦设有功德司。顺便说一句,该件文书中所说的"同监"在敦煌文书中似仅此一例。

(四) 灯司

本书第一章第二节已述及,郝春文先生认为敦煌文书中的灯司可能是都司下设机构,而谢重光先生认为都司或各寺均可能会设置灯司。灯司的活动主要是负责燃灯事宜,而燃灯的形式既可以是敦煌僧团统一组织进行,又可以是以寺院为单位进行。燃灯的地点亦不固定,除了窟上燃灯外,寺内及其他地方亦可燃灯,如 P.3578《癸酉年(913)正月沙州梁户史氾三沿寺诸处使用油历》载:"五日,寺内燃灯油壹升,付阿姊阿师子。"同时,敦煌有的社邑与寺院有密切关系④,寺院内部燃灯时,有的社还要纳燃灯油,如 S.5828《社司不承修功德状》第 5－10 行载:

---

① 唐耕耦、陆宏基编:《敦煌社会经济文献真迹释录》第 3 辑,第 524 页。
② 中国社会科学院历史研究所等编:《英藏敦煌文献》第 6 卷,第 239 页。中国社会科学院历史研究所等编:《英藏敦煌文献》第 13 卷,四川人民出版社,1995 年,第 207 页。
③ 参王祥伟《日本杏雨书屋藏四件敦煌寺院经济活动文书研读札记》,《中国社会经济史研究》2011 年第 3 期,第 23 页。
④ 参郝春文《隋唐五代宋初佛社与寺院的关系》,《敦煌学辑刊》1990 年第 1 期,第 16－23 页。

5 何不相时,只如本社条件,每年正月十四日各令
6 纳油半升,于普光寺上灯,犹自有言语,遂
7 即便停。已经五六年来,一无荣益。近日却置
8 依前税油上灯,亦有前却不到,何况条外抑
9 他布施。从今已后,社人欲得修功德及布
10 施财物并施力修营功德者,任自商量①

可见该社社条规定,社众在正月十五日需纳油于普光寺燃灯。不过该社应不是专门的燃灯社,其纳油燃灯主要是为了修功德。像这种寺内的燃灯一般不会由都司下设的灯司负责,而应由寺院自己负责,故有的寺院亦可能会设置自己的灯司。除前引文书 P.2613 记载某寺院有灯司之外,又 S.5495《唐天复四年(904)灯司都师大行深信依梁户朱神德手下领得课油抄》载:

1 天复四年甲子岁二月一日,灯司都师大行、深信依
2 梁户朱神德手下领得课油抄录如后:
3 三月十一日,领得油壹斗,朱。四月五日,领得油贰斗
4 玖胜,朱。七月十四日,领得佛料油叁斗,八月十
5 二日,领得油肆胜半,朱。九月八日,领得油肆胜半。
(后略)②

文书记载的是灯司都师大行、深信分数次从梁户朱神德下领取课油之事,其中灯司都师大行在《敦煌社会经济文献真迹释录》第 3 辑第 115 页中误录为"会行"。又 S.2575《唐天复五年(905)八月灵图寺徒众上座义深等请大行充寺主状并都僧统判辞》中记载了灵图寺徒众推荐大行充任灵图寺寺主之事,并且得到都僧统的批准③,说明大行为灵图寺僧人,其在 904 年担任的是灵图寺灯司都师一职,在 905 年升任为寺主。

寺院的灯司亦有自己的斛斗等财产,且从整个寺院来看,灯司的财产

---

① 中国社会科学院历史研究所等编:《英藏敦煌文献》第 9 卷,四川人民出版社,1994 年,第 170 页。
② 中国社会科学院历史研究所等编:《英藏敦煌文献》第 7 卷,四川人民出版社,1992 年,第 205 页。
③ 唐耕耦、陆宏基编:《敦煌社会经济文献真迹释录》第 4 辑,第 51—52 页。

又是寺院财产的组成部分而属于整个寺院。如敦煌藏文文书P.T.1203载：

> 与上同时，论嘘律卜藏从"长明灯"之粮仓借荞麦十克，于今年秋七月十五日还至寺庙粮库。保人安腊德（指印）
>
> 沙弥贝扬借粟五克，于今年秋还清（指印）
>
> （后略）①

引文中的"长明灯之粮仓"告诉我们，此长明灯即指灯司，并且其还有自己的粮仓及斛斗。在文中所记的二笔借贷帐目中，第一笔明确是向长明灯仓库所借，第二笔虽然没有说明，但亦应是向长明灯仓库所借。我们注意到，虽然是向长明灯仓库借贷，但归还时却要还入寺院仓库，说明长明灯的财物属于整个寺院。又S.6064《未年正月十六日报恩寺诸色入破历算会稿》中第33行记载的一项收入明细为"四石二斗麦，施入长明灯，附"，即这项收入是布施给长明灯的，应属长明灯仓库管理，但在整个寺院的算会中又纳入全寺财产之中。这种情况在宋代内地寺院亦有，如《台州金石录》中《长明灯碑》载："本院诸殿堂虽殿主执干，尚缺长明灯。遂募众缘，得钱叁拾叁贯，入长生库。置灯油司，逐年存本，所转利息买油。"这里的灯油司类似于敦煌的灯司，其有自己负责的部分专供燃灯所需之钱，但这部分钱又属于寺院的长生库。

（五）行像司

我们在本书第一章第二节已做过注释说明，竺沙雅章、谢重光和郝春文等先生认为敦煌文书中的行像司属都司下设机构。但事实上，有的敦煌寺院亦应设有自己的行像司，如除前引文书P.2613记载某寺院有行像司之外，P.3432《龙兴寺卿赵石老脚下依蕃籍所附佛像供养具并经目录等数点检历》第73—74行载："红绢裙并丝悬针线袋罗网并金铜杏叶庄严周园柒箭，在行像社。"此处行像社应指龙兴寺的行像司，因为我们经常从敦煌社邑文书，特别是"社司转帖"类文书中看到，各种类型的社均可称作相应的社司，行像社亦应如是。

从文献中记载的行像活动来看，在举行行像活动时，当地的各个寺院均应参加。如《洛阳伽蓝记》卷3"景明寺"条记载：

---

① 王尧、陈践编著：《敦煌吐蕃文书论文集》，第25页。

时世好崇福,四月七日京师诸像皆来此寺。尚书祠部曹录像凡有一千余躯。至八日,以次入宣阳门,向阊阖宫前受皇帝散花。于时金光映日,宝盖浮云,幡幢若林,香烟似雾,梵乐法音,聒动天地。百戏腾骧,所在骈比。名僧德众,负锡为群;信徒法侣,持花成薮。车骑填咽,繁衍相倾。时有西域胡沙门见此,唱言佛国。①

可见,北魏洛阳诸寺的行像在行像活动中均要参与。敦煌寺院亦不例外,故敦煌文书中记载寺院往往有因行像的布施收入。如 P.2583《申年比丘尼修德等施舍疏》中第 2 件第 4 行载:"黄緤绢二丈五尺,施入灵图寺行像。"第 3 件第 2 行载:"施入龙兴,修行像。"P.2049V《后唐长兴二年(931)正月沙州净土寺直岁愿达手下诸色入破历算会牒》第 45 行载:"麦叁硕,二月六日沿行像施入。"第 138 行载:"豆柒斗,二月六日沿行像施入。"P.2040V《后晋时期净土寺诸色入破历算会稿》第 109 行载:"麦陆硕陆斗,粟肆硕八斗,二月六七日八日沿行像散施入。"第 130－131 行载:"麦陆硕六斗,二月六日七日沿行像散施入。"第 154 行载:"粟肆硕捌斗,二月六日七日诸街沿行像散施入。"第 420－421 行载:"粟叁硕陆斗,二月七日沿行像散施入。"第 474 行载:"麻壹斗,沿行像施入。"P.3234V(5)《壬寅年(942)正月一日已后净土寺直岁沙弥愿通手上诸色入历》第 2 行载:"麦两硕五斗、粟肆硕五斗,二月六日七日沿行像散施入。"等等。

既然各寺有自己的行像,且各寺亦要参与行像活动,而在行像活动过程中有诸多事宜如修补行像、缝伞、设立行像堂等需要办理②,那么有的寺院组织自己的行像司当在情理之中,而具体事务由行像司组织的行像社来负责完成,故在敦煌文书中载有寺院与行像社之间的经济往来关系。如 P.2049V《后唐长兴二年(931)正月沙州净土寺直岁愿达手下诸色入破历算会牒》第 201－203 行载:"粟两硕壹斗,卧酒,二月八日斋时看行像社人及助佛人众僧等用。"P.2040V《后晋时期净土寺诸色入破历算会稿》第 227 行载:"粟壹硕贰斗,支与行像社人七日用。"第 298 行载:"油壹升,行像社聚物看用。"这是在行像活动中寺院因行像的支出,同时寺院还有因行像的收入,如 P.2049V《后唐长兴二年(931)正月沙州净土寺直岁愿达手下诸色

---

① [北魏]杨衒之著,周振甫译注:《洛阳伽蓝记译注》,江苏教育出版社,2006 年,第 102 页。
② 参谭蝉雪《唐宋敦煌岁时佛俗——二月至七月》,第 94 至 96 页。

入破历算会牒》第 129—130 行载:"米伍胜,行像社入。"P.2032V 第 594 行载:"麦伍硕,行像社人人。"P.3234V(2)《年代不明(10 世纪中期)油入破历》第 1 行载:"行像社聚物得油一胜。"可见,这些记载中的行像社和净土寺之间有密切的经济往来关系,特别是净土寺还有因行像社的收入,这些收入应是在行像活动中由施主布施给净土寺的,说明行像社应属净土寺行像司所属之社。

当然,可能不是每所寺院均会设置自己的行像司,寺院所属行像司亦不一定长期掌管有相关财产,有的寺院的行像司可能仅仅是在行像活动前后临时执掌行像活动中所得的布施等收入,行像活动结束后则要向寺院算会交接,然后由寺院仓司统一管理。如上引 P.2049V、P.3234V(2)所载净土寺因行像社的收入应属此类。

(六)公廨司

对敦煌文书中的公廨司,郝春文先生在《唐后期五代宋初沙州僧尼的宗教收入(三)——大众仓试探》中认为是都司下设的以出贷斛斗获取利息为目的的机构[①]。但在《敦煌学大辞典》的"功廨司"条中解释为归义军时期一些寺院主管法事活动收入与支出的机构[②]。敦煌寺院确有设置公廨司的可能,如 P.4649《丙申年(936?)十月十七日报恩寺算会抄录》载:

1　丙申年十月十七日报恩寺□□□□
2　算会大众功廨司灵进□□□□□
3　众抄录谨具如后
4　合得本利麦壹拾叁硕贰斗□□□□
5　□斗伍升[③]

此处虽云是大众功廨司,但这里的大众应是指报恩寺僧徒而并非整个敦煌僧团,因为该文书所载的是报恩寺内部对功廨司的算会。

不仅报恩寺设置有公廨司,其他寺院亦有设置公廨司的可能。P.3370《戊子年(928)六月五日公廨麦粟出便与人抄录》载:

1　戊子年六月五日公廨麦粟出便与人抄录如后:

---

① 郝春文:《唐后期五代宋初沙州僧尼的宗教收入(三)——大众仓试探》,第 3—6 页。
② 季羡林主编:《敦煌学大辞典》,第 635 页。
③ 唐耕耦、陆宏基编:《敦煌社会经济文献真迹释录》第 3 辑,第 397 页。

2　应戒、友庆、洪福、员德四人各粟壹斗,至秋陆斗。
3　赤心安官通便粟两硕,至秋叁硕,(押)。见人杜寺主。
4　兵马使曹智盈便粟肆斗,至秋陆斗。口承外生(甥)池略(押)。
5　赤心宋唱进便粟壹硕,至秋壹硕伍斗,(押)。口承阿婶赵氏(押)。
6　赵善通便粟叁硕,至秋肆硕伍斗,(押)。口承沙弥幸通(押)。
7　贾法律便粟壹硕,至秋壹硕伍斗。口承沙弥幸通。
8　洪润游怀润便粟肆斗,至秋陆斗,(押)。口承曹保晟(押)。
9　莫高曹保晟便粟肆斗,至秋陆斗,(押)。口承游怀润(押)。
10　玉关傅流住便粟两硕,至秋叁硕,(押)。口承敦煌安胡奴(押)。
11　当寺僧义忠便粟肆斗,至秋陆斗,(押)。口承沙弥善通(押)。
12　玉关傅流住便麦壹硕,至秋壹硕伍斗,(押)。口承敦煌安胡奴(押)。
13　[░░░░]粟伍斗,至秋柒斗伍升,(押)。口承游怀润(押)。
14　[░░░░░░]斗,(押)。口承戒惠(押)。
15　[░░░░░░]斗,(押)。口承僧义忠(押)。
16　[░░░░░░]秋叁硕,(押)。口承沙弥幸通。
17　[░░░░░░]斗伍升,(押)。口承彭员通(押)。
18　[░░░░░░]硕□斗伍升,(押)。口承神沙康通达,(押)。
19　龙勒程恩子便麦壹硕伍斗,秋两硕贰斗伍升,(押)。口承康通达(押)。
20　龙勒石章六便麦壹硕,至秋壹硕伍斗,(押)。口承安友妻裴氏(押)。
21　普光寺尼索寺主便粟陆斗,至秋玖斗,(押)。口承喜喜(押)。
22　龙勒程恩子便粟伍斗,至秋柒斗伍升,(押)。口承喜喜(押)。
23　洪池邓安久便麦壹硕,至秋壹硕伍斗,(押)。口承李安六(押)。
24　赤心李安六便粟壹硕,至秋壹硕伍斗,(押)。口承邓安久(押)。

25 平康王安君贷麦壹硕伍斗,至秋壹硕柒斗。口承王寺主
(押)。

26 王寺主贷麦两硕,口承王安君(押)。

27 曹法律贷麦□斗_____

(后缺)①

该件文书所载的是公廨麦粟的出贷情况,便贷者有僧有俗,涉及敦煌诸乡。问题的关键是,这是哪里公廨麦粟的出贷呢?是都司下设的公廨司麦粟,还是某寺院的公廨麦粟?下面我们对此试做分析。

P.3370所载的便贷者或口承人有多人在其他文书中亦出现过。如P.2032V《后晋时代净土寺诸色入破历算会稿》第62行载:"粟两硕贰斗伍升,僧义忠利润入。"第346—347行载:"九月十日,得义忠粟陆硕。"第605—606行载:"麦一石,僧义忠利润入。"第626—627行载:"粟一石五斗,僧义忠利润入。"第697行载:"豆一石,僧义忠利润入。"第526—527行载:"黄麻贰斗,邓员德利润入。"P.2049V《后唐同光三年(925)正月沙州净土寺直岁保护手下诸色入破历算会牒》第123行载:"麦壹斗,友庆利润入。"第184行载:"粟壹硕,石章六利润入。"P.2049V《后唐长兴二年(931)正月沙州净土寺直岁愿达手下诸色入破历算会牒》第53—54行载:"麦壹硕,游怀润利润入。"第73—74行载:"麦壹斗伍胜,彭员通利润入。"第77—78行载:"麦叁斗,曹保晟利润入。"P.2040V《后晋时期净土寺诸色入破历算会稿》第107行载:"乙巳年正月廿七日已后,胜净戒惠二人手下诸色入。"P.3234V(7)《年代不明(10世纪中期)净土寺诸色入破历算会稿》第19—20行载:"豆三石,彭员通便将折修西渠手工用。"P.3234V(11)《年代不明(10世纪)净土寺西仓豆等分类入稿》第34行载:"豆壹硕,彭员通利润入。"第41行载:"豆伍斗,程恩子利润入。"这些文书所载的均是向净土寺便贷,便贷者僧义忠、友庆、邓员德、石章六、游怀润、彭员通、曹保晟、程恩子及净土寺财产管理人员戒惠均出现在P.3370中,其中除了P.2049V两件的时间为925、931年之外,另外几件文书P.2032V、P.2040V、P.3234V等唐耕耦先生已经将其和其他相关文书进行了缀合复原研究,并考证出这几件文书的时间在939—945年之间,从时间上来看,这些文书的

---

① 唐耕耦、陆宏基编:《敦煌社会经济文献真迹释录》第2辑,第207—208页。

时间与 P.4649 的 936 年相距很近。据此我们认为，P.3370 中"当寺"僧义忠及僧戒惠等应为净土寺僧人，而 P.3370 中的便贷者均是向净土寺公廨斛斗进行的便贷。

当然，寺院有时可以仅仅设置公廨斛斗而不再设置专门的公廨司，公廨斛斗的管理由仓司机构直接负责，或者说仓司扮演着公廨司的角色，这一点我们可以从 S.2472V《辛巳年（981）十月三日勘算州司仓公廨斛斗前后主持者交过分付状（稿）》间接得到证明，现将 S.2472V 内容移录如下：

1　辛巳年十月三日，算会州司仓公廨斛斗，前主持第五队押衙
2　阴保升、押衙杜幸德等两队，准旧案上硕数升斗，合管交过
3　与新把仓第一队头押衙龙员昌、队头裴万通等，麦壹伯
4　叁拾叁硕伍斗壹升伍合陆勺、粟肆伯捌拾捌硕肆斗伍升，内
5　除一周年迎候阿郎娘子及诸处人事吊孝买布
6　拜节贴设肉价并修仓供工匠，计用得麦叁拾伍硕肆斗柒升、
7　粟肆拾肆硕叁斗。除破用外，自年合入利麦贰拾玖硕肆斗壹
8　升叁合陆勺捌珪，粟壹伯叁拾叁硕贰斗肆升合合。除破用外，
9　都合管本利麦壹伯贰拾柒硕肆斗伍升玖合两勺捌主，粟
10　本利伍伯柒拾柒硕叁斗玖升伍合。
11　右谨奉勘算，一一诣实，分析如前，交过分付者。
12　迎候及劝孝破除细供壹分，并饤盘诸杂小饭食子饹
13　饼等，每分用面叁升，油两合零，餬饼贰拾枚，破面壹斗，
14　羊肠壹副破面叁升，自后长定者。
15　　　都押衙阎
16　　　都押衙陈
17　　　都押衙慕容①

这是归义军州司仓的前后两任负责人在进行交接手续时的核算帐目，虽然这些用来便贷的斛斗被称为公廨斛斗，但是这些公廨斛斗并非由公廨司而是由州司仓掌管。按此，敦煌寺院亦可由仓司掌管其公廨斛斗而不再专门设置公廨司。

---

①　唐耕耦、陆宏基编：《敦煌社会经济文献真迹释录》第 3 辑，第 287 页。

7.其他

除了前面所述的各种机构外,敦煌文书中还记载有其他"司"名机构如营设司、厨田司,等等。但除了仓司之外,其他的"司"名机构并不是每所寺院一定会设置的。如 S.6981《辛未—壬申年(971—972)某寺某某领得历》第 3—5 行载:"十一月十七日于厨田司福行领得诸处厨田粟壹拾伍硕、豆伍硕伍斗。"厨田司应是经营寺院厨田的机构,但该司名称在敦煌文书中似乎仅此一例,说明厨田司在敦煌寺院中的设置并不普遍。

第二节 管理人员

有了一套管理机构,就得有相应的管理人员来操作。通过对有关敦煌文书的检阅可知,在不同的机构、不同的经济活动中由不同的管理人员来主持运作,从而取得对寺院财产的有效管理。

一、纲管体系管理人员——敦煌寺院纲管新论

吐蕃归义军时期是敦煌历史上的一个特殊时期,该时期的敦煌僧官制度一直是学界关注的一个课题,国内外学者如竺沙雅章、谢重光、姜伯勤等先生均对该课题进行过相关研究,具体研究成果在本书第一章已有注释说明,此处不再赘述。由于吐蕃归义军时期敦煌地区特殊的历史背景,敦煌的僧官制度与同一时期内地的僧官制度并不完全一致,原因是吐蕃统治时期在僧官制度上进行了一系列的改革,这种改革影响到嗣后归义军时期的僧官制度,而僧官制度上的变革又直接对寺院的纲管体系产生了影响,最终导致传统意义上的寺院三纲体系发生变化。但是对于这一重大变化,学界似乎关注不够,故在论及寺院纲管时仍仅关注传统的三纲而忽视了纲管体系中的其他僧职①。当然亦有学者早已注意到了这种变化,如唐耕耦先

---

① 如[日]竺沙雅章《敦煌の僧官制度》〔参《中国佛教社会史研究(增订版)》第 393—396 页〕和谢重光《吐蕃占领期与归义军时期的敦煌僧官制度》(《敦煌研究》1991 年第 3 期)在讨论寺职时仅提到三纲和寺卿,湛如在《论敦煌佛寺禅窟兰若的组织及其他》(载敦煌研究院编《段文杰敦煌研究五十年纪念文集》,世界图书出版公司 1996 年,第 87—108 页)一文中讨论"敦煌寺院纲管"时亦仅提到寺主、上座、都维那,该文后收入其著《敦煌佛教律仪制度研究》,中华书局,2003 年,第 29—79 页。

生就指出敦煌文书中的法律有都僧统下属法律、州郡法律和寺院中的法律①,可惜没有进行详细讨论。此处即对吐蕃归义军时期敦煌寺院纲管体系的有关情况试做讨论说明。

(一) 从三纲到六纲体系的演变

寺院纲管的发展演变经历了漫长的过程。宋代以前,寺院僧首一般称为三纲,但是对三纲的名称、三纲制度的最终确立等问题,学界亦有过激烈的讨论。白文固先生认为南北朝时期还没有把寺主、上座等视为寺庙之"纲",到了唐代才正式有了以上座、寺主、维那组成的寺院"三纲"②。而谢重光先生则认为"寺院基层僧官制度的'三纲'制在隋代已经确立"③。不管怎样,至唐代寺院"三纲"制度业已确立并相当成熟为学界所共识,因为在唐律及典章制度中明确规定了寺院的三纲制度。《唐律疏议》卷6"称道士女官"条云:"寺有上座、寺主、都维那,是为三纲。"《唐六典》卷4尚书礼部云:"每寺上座一人,寺主一人,都维那一人,共纲统众事。"《旧唐书·职官志》云:"凡天下寺有定数,每寺立三纲,以行业高者充。"又注云:"每寺上座一人,寺主一人,都维那一人。"可见,唐制明确规定了寺院的三纲,故在唐代有关文献里经常有"三纲"的记载,而寺院三纲的设置亦遍及各地,地处西陲的沙州亦不例外。

大约在唐德宗贞元二年(786),吐蕃攻占了敦煌,而后统治敦煌达六十余年。吐蕃统治初期,在敦煌地方的僧官设置上沿用了唐制。从敦煌文书的记载来看,当时寺院三纲的设置亦未发生变化。前引沙州文录补《丑年(821?)五月金光明寺直岁明哲等向都头仓贷便麦粟牒》记载了吐蕃丑年五月金光明寺向敦煌最高僧务管理机构——"都司"所辖都司仓贷麦粟的情况,后有如下署名:

```
10    丑年五月    日直岁明哲谨牒
11                都维那惠微
12                寺主金粟
```

---

① 季羡林主编:《敦煌学大辞典》,第638页。
② 白文固:《南北朝僧官制度探究》,参何兹全主编《五十年来汉唐佛教寺院经济研究》,第274—275页。
③ 谢重光:《晋—唐僧官制度考略》,参何兹全主编《五十年来汉唐佛教寺院经济研究》,第323—328页。

本件署名寺主、都维那,但没有三纲之中的上座,这也许是当时此职空缺,因为 P.3730《吐蕃酉年正月金光明寺维那怀英等请僧淮济补充上座等状并洪辯判辞》就记载了该寺徒众请僧淮济补充上座之事:

1　金光明寺徒众状上
2　僧淮济补充上座,僧明□补充寺主。
(中略)
8　酉年正月　日维那怀英等谨牒。①

尽管从时间上判断,本件所载补充上座之事与前一件文书不一定吻合,但这说明上座等寺院僧职有时付之阙如却是事实。而 Дx.1330《吐蕃申年(792)三月某寺直岁昙空等牒》虽然残破不全,但从内容辨认,其是该寺向上汇报本寺僧人变动及现有人数的牒文,后有三纲及直岁署名如下:

5　申年三月日直岁昙空等牒
6　　　都维那
7　　　寺主智广
8　　　上座②

这里三纲的署名无疑证明了吐蕃占领敦煌初期仍然沿用了唐代寺院三纲体系的事实。

吐蕃在敦煌的统治稳定之后,其统治者开始改革唐制,推行吐蕃制度,其中僧官制度亦多有变化。如将敦煌地区最高僧官都僧统改称都教授,同时还新增设了诸多僧官名号,如都判官、判官、都法律、法律等③。值得注

---

① 该件文书的酉年,池田温认为是 841 年,参其著《中国古代籍帐研究》"录文与插图"部分,第 407—408 页。竺沙雅章认为是 829 年,参其著《中国佛教社会史研究(增订版)》"补编"部分,第 22 页。唐耕耦和陆宏基先生在《敦煌社会经济文献真迹释录》第 4 辑第 38 页中定为 829 年或 841 年。
② 竺沙雅章在《寺院文书·僧尼籍》中依据 Дx.1330 中的光昙空、智广、金鸾、法常等又见于 S.2729《吐蕃辰年(788)三月沙州僧尼部落米净辩牒(算使勘牌子历)》中大云寺僧籍而将其拟名为《申年大云寺牒》,并认为该件文书的申年为 792 年,详参其著《中国佛教社会史研究(增订版)》"补编"部分,第 72 页,该文原载[日]池田温编《讲座敦煌·5·敦煌汉文文献》,大东出版社,1992 年。
③ 竺沙雅章先生在《敦煌の僧官制度》中认为,僧官中的判官一职在吐蕃占领敦煌之前已经存在,并对判官的职掌、来源等进行了探讨,参其著《中国佛教社会史研究(增订版)》,第 389—393 页。但谢重光先生认为僧官中的判官、都判官是吐蕃统治敦煌时期设置的,参谢重光、白文固《中国僧官制度史》,第 124—134 页。赵青山先生推测吐蕃统治敦煌后期出现的僧职判官极有可能是效仿唐代世俗官吏中的判官而设置的,参其著《唐末宋初僧职判官考——以敦煌文献为中心》,《敦煌学辑刊》2013 年第 1 期,第 48—51 页。

意的是,这时不仅都司设有僧官——法律,而且寺院亦出现了法律之职。如 P.3600《吐蕃戌年普光寺等具当寺应管尼数牒》是普光寺向都司上报本寺所管尼僧名单,后有该寺僧首的署名:

49　戌年十一月　日寺卿索岫牒。
50　寺主真行
51　法律法喜①

显而易见,法律或许已经成为寺院管理阶层的成员之一,并且寺卿一职亦已出现。吐蕃统治后期敦煌各寺可能均设有法律一职,如 Дх.6065《吐蕃占领敦煌时期乘恩帖》中一语云:"(前缺)月廿一日,诸寺尊宿教授法律就灵图寺(后缺)。"②其中"诸寺"一词即证明我们的推测大致不谬。至此,可以说法律一职可能已经渗透到寺院纲管之列。但寺卿不属于寺院纲管,而是吐蕃政权设置的管理寺院经济等事务的基层世俗官员③。

唐大中二年(848),张议潮成功推翻吐蕃在敦煌等地区的统治之后,开始废除吐蕃制度,恢复唐制,同时在僧官制度上又保留了吐蕃的部分制度,故在归义军时期,敦煌的都司僧官系统有都僧统、副僧统、都僧录、都僧政、副僧政、法律、都判官、判官等④。但同时,寺院纲管体系亦发生了重大变化,这就是寺级法律、僧政、判官的产生并成为寺院纲管,下面我们对此进行详细讨论。

首先是法律。归义军时期的僧官制度直接受到吐蕃时期僧官制度的影响,在继续因袭都司法律的同时,吐蕃后期出现的寺院法律一职在该时

---

① 藤枝晃先生认为该件文书的戌年为 926 或 938 年,参其著《敦煌の僧尼籍》,《东方学报》(京都)第 29 册,1959 年,第 285—338 页。藤枝晃先生的定年显然太晚,竺沙雅章先生在《敦煌吐蕃期の僧尼籍》中将该戌年定为 818 年,参其著《中国佛教社会史研究(增订版)》"补编"部分,第 5—7 页。
② 姜伯勤先生认为该件文书的年代应在 817 年顷或 817 年之前,参姜伯勤《敦煌本乘恩帖考证》,载其著《敦煌艺术宗教与礼乐文明》,中国社会科学出版社,1996 年,第 380—394 页。该文原载中山大学历史系编《中山大学史学集刊》第 1 辑,广东人民出版社,1992 年,第 54—67 页。但竺沙雅章先生在《敦煌吐蕃期の僧官制度——とくに教授について》中认为该件文书写于 820 年,参其著《中国佛教社会史研究(增订版)》"补编"部分,第 40、44—45 页。对该件文书及其乘恩的其他研究成果主要还有马德:《〈乘恩帖〉述略》,《敦煌研究》1992 年第 1 期,第 21—25 页;陆离:《吐蕃统治时期敦煌僧官的几个问题》,第 93—98 页。
③ 详参本书第六章第一节。
④ [日]竺沙雅章:《敦煌の僧官制度》,参其著《中国佛教社会史研究(增订版)》,第 329—392 页。谢重光:《吐蕃占领期与归义军时期的敦煌僧官制度》,第 52—61 页。

期亦得以继续保存下来。P.3101《大中五年(851)尼智灯苑状并离烦判辞》中离烦判辞曰:"转经福田,盖是王课,今若患疾,理合优矜,付寺法律,疴缠不虚,勿得构(勾)检,仍任公凭。"可见,归义军设立之初,寺级法律并未废止而继续存在。但如同寺卿一职在归义军初期存在而很快消失一样,在归义军早期,寺级法律特别是尼寺法律曾一度似乎匿迹于文书之中,如写于895年或10世纪初的S.2614V《沙州诸寺僧尼名簿》中记载僧寺一般有僧政和法律,但尼寺均无此二僧官[①]。但很快该职又重新恢复,并逐渐普及。大约在10世纪以后的归义军时期,寺级法律普遍存在,这在敦煌文书中比比皆是,我们不再一一举证。

随着敦煌僧官制度的发展,归义军时期的寺级法律亦逐渐演变为寺院纲管之一。S.6417《后唐长兴二年(931)正月普光寺尼徒众圆证等状并海晏判辞》记载:

1 普光寺尼徒众圆证等状。
2 　　　请妙慈充法律,请愿乘充都维。
3 　　　请智员寺主,胜春充典座,慈相直岁。

(后略)

该状后都僧统的判辞有云:"普光弘基极大,众内诠练纲维,并是释中眉首,事须治务任持,且虽敬上,爱下人户,则有怜敏之能。尼人役次,苦乐宜均。不许推延者。廿九日海晏。"[②]这里明确说明寺院法律是寺院"纲维"之一,而且是由本寺徒众推荐选举,这与归义军节度使任命都司僧政、法律的现象是不一致的。这一切均说明,至迟在此时寺级法律成为寺院纲管之一而直接影响到传统意义上的寺院三纲体制。

其次是僧政。从敦煌文书的有关记载来看,归义军时期的僧政既有都司僧政,又有寺级僧政,但寺级僧政是何时产生并渗透到寺院纲管系统的

---

① [日]藤枝晃《敦煌の僧尼籍》认为该件文书的年代应是895年,[日]池田温著,龚泽铣译《中国古代籍帐研究》"录文与插图"部分第448—453页认为在9世纪末期,唐耕耦、陆宏基编《敦煌社会经济文献真迹释录》第4辑第229—245页推测为895年,郝春文先生曾在《敦煌写本社邑文书年代汇考(二)》(载《首都师范大学学报》1993年第5期)一文中亦认为是895年,但后在《唐后期五代宋初沙州的方等道场与方等道场司》(载《唐研究》第2卷,北京大学出版社1996年)一文中认为应在10世纪初。

② 唐耕耦、陆宏基编《敦煌社会经济文献真迹释录》第4辑第53—54页对该件文书进行了释录,此处录文时依据图版对个别文字进行了校改。

呢？对此我们似乎难以从现有资料中找到有关明确的记载。但从寺院会计文书、僧尼籍以及其他文书的记载来看，归义军后期的寺院纲管系统中有僧政是毋庸置疑的。如 P.2836V《后晋天福四年(939)前后某寺诸色入破历算会残卷》载：

（前缺）

1 ☐☐☐☐当寺僧政、尊宿、法律、徒众☐☐☐☐
2 ☐☐☐☐□手下斛斗油面豆等合从丙☐☐☐☐
3 ☐☐☐☐□月廿四月已前，中间麦粟☐☐☐☐
4 ☐☐☐☐帐新附，总肆伯壹拾☐☐☐☐
5 ☐☐☐☐□□拾壹尺伍寸☐☐☐☐

（后缺）①

该件明确记载是"当寺"的僧政、老宿、法律、徒众等对寺院某负责人掌管的斛斗进行的核算。后面我们将要引用的 S.4613《庚申年(960)八月至辛酉年(961)三月后执仓所由于前执仓所由等手上现领得豆麦粟历》中亦记载有以王僧政为团头的财务管理人员。又 P.3290《己亥年(999 或 939)报恩寺算会分付黄麻凭》载：

1 己亥年十二月二日，徒众就库舍院齐座算会，先执
2 黄麻人法律惠兴、寺主定昌、都师戒宁三人手下主
3 持入换油黄麻，除破外，合管回残黄麻肆拾伍硕贰斗
4 伍升壹合，内法律惠兴、寺主定昌、都师戒宁等三人欠黄
5 麻陆硕叁斗伍升壹合，又僧正员行欠换油黄麻两硕，并分
6 付与后执仓黄麻人徐僧正、寺主李定昌、都师善清
7 三人身上讫。一一诣实，后算为凭。
8 　　　　　执黄麻人都师善清（押）
9 　　　　　寺主戒福（押）
10 　　　　　徐僧正（押）②

----

① 唐耕耦、陆宏基编：《敦煌社会经济文献真迹释录》第 3 辑，第 437 页。
② 录文参唐耕耦《敦煌寺院会计文书研究》，第 307—308 页。在《敦煌社会经济文献真迹释录》第 3 辑 539 页中，该件文书的时间及定名为《己亥年(999 年)十二月二日某寺算会分付黄麻凭》，此处录文时依照图版对个别文字进行了校改。

第三章 敦煌寺院财产的管理

后面我们将要专门讨论,"所由"为敦煌寺院财务管理人员或其组织形式。P.3290记载了报恩寺前后两任财务管理者——"所由"算会交接黄麻的情况,其中前任有法律惠兴、寺主定昌和都师戒宁,后任有徐僧正、寺主戒福和都师善清。竺沙雅章先生认为,敦煌寺院财产算会和点检等经济事务中的僧政、法律、判官作为都司僧官主要是扮演监督监察者的角色①。但显然,该件文书中的徐僧正是作为本寺的所由阶级对本寺的财产进行管理而非仅代表都司或都僧统监督这次算会交接活动则是无疑的,另外僧政员行可能亦是此前某任所由成员之一。僧政职在法律之上,其作为所由之一对本寺财产进行管理,说明此时的僧政应为寺级僧政并且是为寺院纲管之一。寺级僧政的产生说明在归义军时期的敦煌出现了僧政寺职化的现象,不过我们应认识到,僧政寺职化或寺级僧政的产生一定经历了较为漫长的过程。

最后是判官。判官位在三纲之上,在归义军时期,判官有都司判官即都判官,亦有寺级判官。如S.4702《丙申年(996或936)报恩寺算会索判官索僧正领黄麻凭》载:

1　丙申年十二月九日,徒众就库舍院齐坐算会常
2　住黄麻,除破外及回造压油外,合管回残黄麻
3　贰拾捌硕贰斗,管在僧正、判官身上,一一诣实,
4　后算为凭。
5　领麻人索判官(押)
6　领麻人索僧正(押)②

这里报恩寺的索判官与索僧正作为本寺所由直接对寺院黄麻进行管理,而非仅是在算会中代表都司或都僧统对算会活动进行监督,说明他们应为寺级僧官。又P.2974《唐乾宁四年(897)某寺诸色斛斗入破历算会稿》载:"乾宁四年丁巳岁正月十九日,当寺尊宿、法律、判官、徒众等,就厨院厅内算会直岁庆果手下斛斗……"P.2613《咸通十年(873)正月四日沙州龙兴

---

① [日]竺沙雅章:《敦煌の僧官制度》,参其著《中国佛教社会史研究(增订版)》,第391—392页。
② 录文参唐耕耦《敦煌寺院会计文书研究》,第310—311页。在《敦煌社会经济文献真迹释录》第3辑第396页中,该件文书的时间及定名是《丙申年(936?)十二月九日某寺算会索僧正等领麻凭》。

寺交割常住什物点检历》载："咸通十四年癸巳岁正月四日，当寺尊宿、刚（纲）管、徒众等，就库交割前都师义进、法进手下常住幡像、幢伞、供养具……"这两件文书均记载了寺院对财产的核查，从前件参与者"当寺尊宿、法律、判官、徒众等"与后件参与者"当寺尊宿、刚（纲）管、徒众等"的对应关系来看，前者的"法律、判官"两职无疑是属于后者"纲管"中的成员，只不过前者较为具体，而后者较为笼统，但这里的判官、法律属于寺院的纲管则已相当明了了。寺院判官在文书中频繁出现，如龙兴寺有索判官（见S.2614V、P.2250V）和张判官（见S.4642V）、报恩寺有宋判官（见S.2614V）、三界寺有刘判官和张判官（见P.3367）、金光明寺有司判官（见S.5718）、灵图寺有张判官（S.6981）、乾元寺有氾判官（见S.5039、北图143：6718（4））、莲台寺有张判官（见P.4906、P.2040V、P.3234V），等等。

这样，在归义军时期，寺级僧政、法律、判官就全部产生了，故 P.2049V《后唐同光三年（925）正月沙州净土寺直岁保护手下诸色入破历算会牒》云："粟贰斗，沽酒僧官上窟时迎当寺僧官及所由用。"其中前者僧官指都司僧官，后者僧官为净土寺僧官，故这里对两者进行了泾渭分明的记载。前所说，对于寺级法律的出现，唐耕耦先生已有说明。但学界一般认为僧政和判官属都司僧官而没有寺级僧政和判官的明确提法，不过亦有学者早已注意到归义军时期僧政的分化现象。如谢重光先生认为归义军时期敦煌有众多僧政、法律的现象是滥设僧政、法律的结果，其中在《吐蕃占领期与归义军时期的敦煌僧官制度》一文中云："可能有的僧政、法律已成为赏给僧尼的虚衔，犹如唐初品级很高的勋官'柱国'、'上柱国'后来竟成为普通府兵兵士或下级军官都可获得的头衔一样。但也确有一些僧政、法律供职于教团，是都司各曹的职事人员。"[①]这实际上是将僧政和法律分为两种，即前者非为都司僧官，而后者为都司及其下设机构的僧官。但该文在收入《中国僧官制度史》一书时略有改动："当然，这并不是说僧政已成为寺职，它仍是都司属员……僧政、法律分居各寺的情况，可能是僧职已窳滥到只是作为赏给僧尼的虚衔，就像本来品级很高的勋官'柱国'、'上柱国'，后来竟变成普通府兵都可以获得的头衔一样。由于僧政数量太多，有些是徒有其名的虚衔，故又特设都僧政，以标示其地位较高或真正在履行职责，与一

---

① 谢重光：《吐蕃占领期与归义军时期的敦煌僧官制度》，第55页。

般的僧政相区别。"①这里既说分居各寺的僧政、法律非为寺职,又说僧政、法律是赏赐给的虚衔,即强调其非都司僧官。可见,谢重光先生在注意到僧政、法律出现分化现象的同时,又对这些所谓拥有虚衔的僧政和法律的态度是犹豫不决的,故未直接指出其真实身份。实际上,谢重光先生所说的这些分居各寺而拥有僧政、法律虚衔者有的就属于寺级僧官,后面我们还会论及,正是由于寺级僧政、法律的出现,才导致了敦煌僧团中有众多僧政和法律的现象。至于其未直接指出这些僧官真实身份的原因应与历史上僧政的地位有关,因为在唐代,僧政作为一州僧界之主而仅设一二②,绝不会像归义军时期的敦煌一样俯拾皆是,就目前所见资料来看,这种现象是敦煌地区所特有的。同时,这些僧政、法律亦并非是虚衔,从前面的讨论已知,他们往往作为所在寺院的纲管管理寺院经济事务,当然其他如宗教等事务亦在管理之列。这里需要说明的是:若某寺有都司僧政或都司法律,他们亦会参与本寺财产等的管理,此时他们应该是以都司僧官及本寺纲管的双重身份而管理寺务的。

当然,寺级僧政、判官和法律,特别是前两者可能不是每所寺院均经常会设置的,如 P.6005《释门帖诸寺纲管》第 19—21 行载:"应管僧尼寺一十六所,夏中礼忏,修饰房舍等事,寺中有僧政、法律者,逐便钳鍱。其五尼寺,缘是尼人,本以性弱,各请僧官一人检教……"从中可知,有的寺院此时有僧政等僧官,有的寺院则无,特别是尼寺,一般没有僧政和判官③。

当寺级僧政、法律、判官产生以后,传统的寺院三纲体制就不可避免地受到影响而不得不进行相应的调整,S.6417《后唐清泰二年(935)三月金光明寺上座神威等请善力为上座状并龙晉判辞》记载了金光明寺上座神威等请善力为上座之事,都僧统龙晉判辞有云:"上座是六纲主务,切藉众内能仁。"④这里明确说是"六纲"而非"三纲"。我们注意到,在寺产核算文书中经常有僧政、法律、判官、三纲、都师、典座、直岁等职,那么,"六纲"具体何指呢?

---

① 谢重光、白文固:《中国僧官制度史》,第 133—134 页。
② 《入唐求法巡礼行记》卷 1 载:"凡此唐国有僧录、僧正、监寺三种色。僧录统领天下诸寺,整理佛法;僧正唯在一都督管内;监寺限在一寺。自外方有三纲并库司。"则僧正负责的是一州或一都督管内僧界事务。
③ 参本书第五章第一节。
④ 录文参唐耕耦、陆宏基编《敦煌社会经济文献真迹释录》第 4 辑,第 57—58 页。

关于敦煌寺院的都师,论者较多。姜伯勤、湛如等先生认为都师是寺院三纲——都维那的另一种称法。田德新先生则认为都师一职是敦煌佛教寺院中的低级僧官,其与维那不是指同一职务。郑炳林先生认为都师是寺院中负责仓库储物的保管和僧众伙食的管理者,一般由当寺僧徒或僧官担任,每间隔一年或更长时间轮换担任,与"直岁"的职责相同,称谓并可互用①。姜、湛二人的依据是《金石萃编》卷84载开元二十九年林谔所撰《石壁寺铁弥勒像颂碑》记载石壁寺的僧职有上座普敬、寺主会琏、都师思九、法师元琰、大德茂忠、守延。按照上座、寺主、都维那为寺院三纲来推断,此处都师应指都维那。其实,在唐代将寺院都维那称为都师的现象是较为普遍的,如《入唐求法巡礼行记》卷1载:

　　[八月]廿四日辰时,第四舶判官已下乘小船来。船数总计卅艘已下。斋后,差使遣寺,令检校客房。未时,两僧并傔人等出官店,诣开元寺。……登时,三纲并寺和上及监[寺]僧等赴集。上座僧志强、寺主令徽、都师修达、监寺方起、库司令端慰问,随身物同运寺里。②

这里的都师修达就对应都维那。还有更为清楚的记载,如唐代圆照集《代宗朝赠司空大辨正广智三藏和尚上表制集》卷3《请补前都维那道遇充寺主》云:

　　兴善寺前都维那道遇
　　右特进试鸿胪卿三藏沙门大广智不空奏。前件僧,戒行精洁为众所推,先充都师勾当寺事,终始如一,勤效颇彰,今当寺见阙寺主,藉其捡校,伏望备充寺主。
　　中书门下牒大广智不空
　　牒奉敕宜依牒至准敕故牒③

---

① 关于对都师的详细讨论,请参姜伯勤《敦煌社会文书导论》第七章"教团",第95页;湛如:《敦煌佛教律仪制度研究》,第49页;田德新:《敦煌寺院中的都师》,《敦煌学辑刊》1997年第2期;郑炳林、邢艳红:《晚唐五代宋初敦煌文书所见都师考》,《西北民族学院学报(哲学社会科学版)》1999年第3期,该文又载郑炳林主编《敦煌归义军史专题研究续编》,兰州大学出版社,2003年,第578—585页。
② [日]圆仁著,[日]小野胜年校注,白化文、李鼎霞、许德楠修订校注,周一良审阅:《入唐求法巡礼行记校注》,第35页。
③ [日]高楠顺次郎等编:《大正新修大藏经》卷52,大正一切经刊行会,1927年,第843页。

显然,从该制文所云"兴善寺前都维那道遇"与"先充都师勾当寺事"可知,"都维那"与"都师"系同一职务。又唐代释怀信撰《释门自镜录》载:

> 宁州道胜寺上座慧仙、都维那僧神英,俱为寺住,同事和睦,常住僧物用无齐限借,便胜游饮啖无数,因果业道素不关心,禅诵经行无不在意,虽居住僧侣,实点污缁风,道俗谤讥谓无报应。其上座慧仙染患身死,三年已后都维那神英去。万岁通天年七月内,忽遇郭里师婆,因即问之:"神英好否?"师婆看神英云:"师后常有一僧逐师,得过八月,即应无事。"英谓言戏语。至八月初,寺家家人夜梦见上座慧仙共一人执赤索入寺,问家人:"都师何在?"其家人报云:"不在。"上座慧仙云:"吾共伊同知僧事,私破僧物,费散极多,吾缘此罪入砲轮地狱,昼夜受苦,何可言。伊不为作少功德,岂得遣吾独受于苦。"遂于寺内觅都师神英……①

文中都维那僧神英又被称为都师神英。可见,都维那与都师同。

敦煌文书中亦有这种现象,如前引P.2613《唐咸通十四年(873)正月四日沙州某寺交割常住物点检历》第1—4行载:"咸通十四年癸巳岁正月四日,当寺尊宿刚管徒众等,就库交割前都师义进、法进手下,常住旛像、幢伞、供养具、铛镢、铜铁、函柜、车乘、毡褥、天王衣物、金银器皿,及官定帛纸布等,一一点活,分付后都唯法胜、直岁法深,具色目如后。"从前都师义进与后都唯法胜的对应关系来看,都师就是都唯,即都维那。

但是,敦煌文书中的都师有时由沙弥担任,有时又可将直岁径呼为都师。如S.4452《后晋开运三年(946)某寺算会破除外见存历稿》中将直岁福信称为都师②。这里的都师显然又不能理解为都维那了。同时,直至10世纪,都维那作为寺院三纲参与寺院经济事务管理的职能依然存在,如S.1774《后晋天福七年(942)大乘寺法律智定等交割常住什物点检历状》中的都维保相和都维坚固定、S.1776《后周显德五年(958)大乘寺法律尼戒性等交割常住什物点检历状》中的都维永明和都维菩提性即是③。除了经济

---

① [日]高楠顺次郎等编:《大正新修大藏经》卷51,大正一切经刊行会,1928年,第821页。
② 唐耕耦、陆宏基编:《敦煌社会经济文献真迹释录》第3辑,第522页。
③ 分别参唐耕耦、陆宏基编《敦煌社会经济文献真迹释录》第3辑,第17—18、22—25页。

职能外,敦煌寺院维那的职责还有纲维寺纪、主持佛事法会和布萨①。但敦煌文书中所载的寺院都师却没有这些职责。故对敦煌寺院文书中的都师是否即是都维那的问题,我们还是谨慎对待,不能绝对地说是或不是。

如果敦煌寺院的都师就是都维那的别称,那么都师当然就是寺院纲管之一了。如果都师同直岁一样而非都维那,那么其应属寺院职事僧而非寺院纲管。

至于典座和直岁,我们在后面将要讨论,虽然他们参与寺院经济事务的管理,但不属于寺院纲管之列。

综合上述讨论,我们推测当时敦煌寺院的六纲应为寺级僧政、法律、判官和三纲(上座、寺主、都维那)。这样,吐蕃归义军时期的寺院纲管经历了从吐蕃初期继承唐代的三纲制到吐蕃后期寺级法律的产生,再到归义军时期六纲体制最终确立的漫长过程,这种六纲制度说明当时的敦煌寺级僧职突破了以前的三纲体制而形成了具有敦煌地方特色的新的"六纲"体制。

此外,我们从寺院管理阶层的名称变化中亦可以看到吐蕃归义军时期寺院纲管阶层的演变来。随着寺院纲管在成员构成上的不断变化,不同时期寺院纲管的名称亦在发生变化,"隋以前寺院中虽然有了'纲'的提法,但哪些僧职可视为纲,一寺共有几纲,尚未确定。入隋之后,才正式出现了'三纲'的提法"②。故在隋特别是唐代的文献中经常可以见到"三纲"的记载。但在吐蕃归义军时期的敦煌,我们仅可以从吐蕃初期的文书偶见"三纲"的记载,尔后"三纲"之说似乎匿迹于记载,代之而行的通用称谓为"纲管"、"纲维"、"纪纲"等,个中原因同隋"三纲"制度确立以前,由于寺院僧官阶层尚未确定而将其统称为"纲管"、"纲维"、"寺纲"等的现象是一致的,因为在吐蕃归义军时期敦煌寺院的纲管体制亦在发生着变化,这就是僧政、法律、判官向寺级纲管体制的渗透,正是寺院在纲管体制构成上的这种变化直接导致了寺院僧官阶层称谓上的变异。

(二)寺院六纲体制的影响

寺院纲管从三纲演变为六纲以后,必将对当时敦煌佛教界的僧官体制及传统寺院三纲制度带来相应的影响,下面我们主要从两方面对此问题进

---

① 湛如:《敦煌佛教律仪制度研究》,第49—50页。
② 谢重光:《晋—唐僧官制度考略》,参何兹全主编《五十年来汉唐佛教寺院经济研究》,第327页。

行说明。

1. 僧政和法律等人数的急剧上升

归义军后期,一个寺院的僧政、法律人数往往很多,有的寺院动辄有僧政数位、法律更是多达十人左右。如 P.3721《庚辰年正月十五日夜见在巡礼都官》记载:永(永寿寺)僧正一人,法律九人;金(金光明寺)僧正五人,法律六人;图(灵图寺)僧正二人,法律十人;显(显德寺)僧正四人,法律七人;界(三界寺)僧正二人,法律六人。又 P.3367《己巳年(969)八月廿三日宋慈顺谨请三界寺张僧政等为故男押衙小祥追念设供疏》记载有三界寺的张僧政、董僧政、周僧政、陈僧政、刘判官、张判官。S.5855《雍熙三年(986)阴存礼请三界寺都僧录等为亡考七七追念设供疏》记载有三界寺的都僧录、周僧正、刘僧正、张僧正、大张法律、小张法律、罗法律。P.3152《淳化三年(992)八月陈守定请陈僧正等为故都押衙七七追念设供疏》记载有龙兴寺的陈僧正、刘僧正、索僧正、冯僧正、张僧正、马法律、吴法律、大何法律、崇张法律、小何法律。S.5941《淳化肆年(993)五月曹长千请翟僧正等为后槽大祥追荐设供疏》记载有显德寺的翟僧正、梁僧正、王僧正、杨僧正、陈法律、李法律、索法律、大张法律、二吴法律、张法律、白法律、武法律[①]。前所说,谢重光先生认为这种现象是归义军政权滥设僧官而导致的结果。其实,导致这种结果的原因亦与寺级僧政、法律的产生不无关系。本章后面将会讨论到,敦煌寺院财产的核算与交接一般为一年进行一次,有些寺院即便不能一年一交接,但估计时间不会太久,而每届管理者一般由僧政、法律、判官、三纲、都师、典座、直岁等中的某几个组成,这样,有几届管理者就会有几个相应的僧职。又如 P.4004+P.3067+P.4706+P.4908《庚子年(1000 或 940)后报恩寺前寺主法□交割常住什物历牒》中所载欠报恩寺常住什物的寺主有戒会、明藏、法兴、保惠、员会、明信、教珍、保藏、法清、法林,另有索僧正、张法律等[②],一所寺院竟然有这么多的寺主,这些寺主应是报恩寺历任寺主(当然还不是全部),他们大多应是寺院前后两任财务管理者交接后已离职的寺主。当然,僧政、法律、寺主等人数亦不是无限制的滥设,他们被组合为寺院的几任纲管而轮流负责,这是与寺院僧官的任期

---

① 分别参唐耕耦、陆宏基编《敦煌社会经济文献真迹释录》第 4 辑,第 163、179、181、183、185 页。

② 唐耕耦:《敦煌寺院会计文书研究》,第 293—299 页。

制度紧密地联系在一起的。

2.三纲地位的衰微

在吐蕃归义军时期,特别是归义军时期,传统寺院三纲即寺主、上座、维那的地位日趋衰落,这种现象主要体现在以下几方面:

首先,僧政、法律与三纲在寺务管理中的权利之争。尽管寺院三纲与寺级僧政、法律一起统管寺务,但由于僧政、法律的地位高于三纲,故往往导致僧政、法律凌驾于三纲之上而独揽寺院大权,甚至还出现了僧政与法律之间因权益之争而产生矛盾的现象。P.3223《永安寺法律愿庆与老宿绍建相净根由责勘状》第13—19行记载:

```
13  黄耆旧。数年永安寺内,不曾押弱扶强。绍建取僧政指
14  揭,是事方能行下,今年差遣次着执仓。当初以僧政
15  商量,仓内谷麦渐渐不多。年年被徒众便将,还时折入
16  干货。因兹仓库减没。顿见圌转不丰。官中税麦
17  之时,过在仓司身上。昨有法律智光依仓便麦子来,
18  绍建说其上事,不与法律麦子。邓法律特地出来:没时
19  则大家化觅,有则寄贷,须容若僧政共老宿独用。①
```

显而易见,永安寺的经济大权就操纵在僧政之手,而地位仅次于僧政的法律似乎对此不满,故通过与僧政的代言人老宿绍建发生摩擦而向僧政挑战。既然连法律的地位都受到了威胁,那么三纲的处境可想而知。

其次,寺院三纲之职一般被称为"僧役"。如前引S.6417《后唐长兴二年(931)正月普光寺尼徒众圆证等状并海晏判辞》记载普光寺尼众上报都僧统任命法律、都维那、寺主、典座和直岁为本寺职事僧,都僧统的判辞有云:"尼人役次,苦乐宜均。不许推延者。廿九日。海晏。"S.6417《后唐同光肆年(926)三月金光明寺徒众庆寂等请僧法真充寺主状并都僧统海晏判辞》中记载了金光明寺徒众庆寂、神威等上状都僧统请僧法真为寺主,海晏的判辞是:"金光明大寺,洪基不少,要藉公干能仁,僧徒仰之宽泰,人户则有爱恤之能。罗汉不免僧役,何向尚是凡僧。寺徒来请,众意难违,便宜了事者。十三日。海晏。"②S.4760《宋太平兴国六年(981)圣光寺阇梨尼修善

---

① 唐耕耦、陆宏基编:《敦煌社会经济文献真迹释录》第3辑,第310页。
② 唐耕耦、陆宏基编:《敦煌社会经济文献真迹释录》第4辑,第55—56页。

第三章　敦煌寺院财产的管理

等请戒慈等充寺职牒并判辞》中第 12—14 行判辞云:"其前件所请法律尼等状申,堪可应役,上同付寺徒阇梨准次所差,能人住持,勾当鸿业之间,不令□□者。"①这里将三纲职务称为"僧役"并不是一种谦词,而是对三纲地位的一种客观写照。

再次,三纲中某职经常缺省或由其他更高的僧职兼任。敦煌寺院三纲中某一纲空缺的现象比较常见,如 S.1774《后晋天福七年(942)大乘寺法律智定等交割常住什物点检历状》中记载到大乘寺的寺主、都维那,但缺少上座一职。又 S.1776《后周显德五年(958)大乘寺法律尼戒性等交割常住什物点检历状》中记载到大乘寺的都维那,但没有寺主和上座②。同时,三纲之职有时由其他僧官兼任,如莫高窟第 144 窟西壁题记云:"管内释门都判官任龙兴寺上座龙藏修先代功德永为供养。"③这里龙兴寺的上座就是由都判官(都司僧官)来兼任的。

最后,由于三纲地位的衰微,故出现了三纲频繁辞职的现象。P.3753《唐大顺二年(891)正月普光寺尼定忍等辞职并判辞》记载:

```
1   普光寺尼定忍等
2   寺主慈净、都维体净、典座智真、直岁戒忍。
3   右伏以定忍等虽沾释氏,一无所知。奉择驱
4   驰固累年日,凡事之间,如同伤翼,多亏趁
5   伴之期,遂饶乖后之志。比者蹉跎顽耳,陷公
6   损私而负磨铅之名,弊车碍辙,切欲尽
7   瘁。忝从守于明教,仍皆疹疾,岁
8   月连绵,在寺无一毛之益,在家有困然之
9   机。弱草不钩,馨芳何茂。幸有锋芒利刃
10  要断乱绳,偿必提纲,一挥纲正。伏乞
11  都僧统和尚高悬明镜,俯照两颗。良才待举而不携,困
12  马乏力思下坡。伏请详赐处分。
```

---

① 唐耕耦、陆宏基编:《敦煌社会经济文献真迹释录》第 4 辑第 59 页中将"应役"录为"应件",据图版应为"应役"。
② 录文分别参唐耕耦、陆宏基编《敦煌社会经济文献真迹释录》第 3 辑,第 17—18、22—25 页。
③ 敦煌研究院编:《敦煌莫高窟供养人题记》,文物出版社,1986 年,第 66 页,

13　牒件状如前,谨牒。
14　大顺二年正月日定忍、体净、慈净、智真、戒忍牒。①

这件文书是普光寺上座、寺主、都维那等人向都僧统悟真的辞职牒,文中定忍应为普光寺上座,最后都僧统的判辞是:"付当寺徒众,细与商量,若合结(矜)放,即与差替。廿三日。悟真。"可见他们的辞职能否通过而被"矜放"还要取决于全寺徒众的态度。三纲辞职的现象在归义军时期的敦煌寺院较为普遍,如P.3100《乙巳年(885)十二月寺主道行辞职状及都僧统悟真判辞》亦记载了寺主道行辞职的内容②。这种现象与历史上众多僧侣追逐三纲职位的事实形成了鲜明对比,是当时敦煌寺院三纲地位衰微的折射。当然,造成这种现象的原因决不是偶然的,而是当时敦煌地区寺院纲管体制发生变化后的必然结果。

(三)敦煌寺院六纲体制形成的背景和原因

中晚唐五代宋初是中国佛教史上的一个特殊阶段,此期间,佛教在诸多方面发生了巨大的变化,僧官制度的变化即是其中之一。由于禅宗的兴起与发展,传统寺院三纲制度亦逐渐解体,三纲地位逐渐衰微,最后在禅宗寺院形成了以主持(或称方丈)为首、东西两序职事僧为辅的新的寺院僧职体系。

从时间上来看,敦煌的吐蕃归义军时期大致相当于中国历史上的中晚唐五代宋初。敦煌寺院僧职在这期间亦发生了重大变革:一是寺级僧政、法律、判官的产生及寺院六纲体制的形成;二是传统寺院三纲地位的衰微。但敦煌寺院僧职与同时期中原寺院僧职发生变化的原因是不完全一致的,它有着自己内在的独特原因。由于吐蕃时期在僧官制度上进行了一系列改革而设置了都司法律、判官等职,同时法律、判官亦开始了寺院纲管化的过程。嗣后建立的归义军政权在僧官系统上亦沿用了这些僧职,同时僧政一职亦出现了寺职化现象并逐渐渗入到寺院纲管体系之中。正是由于寺级僧政、法律、判官的产生,从而导致了敦煌寺院纲管体制的变化和传统寺院三纲地位的衰微。同时,由于敦煌寺院的性质是以律寺组织为基础

---

① 唐耕耦、陆宏基编:《敦煌社会经济文献真迹释录》第4辑,第48—49页。
② 唐耕耦、陆宏基编:《敦煌社会经济文献真迹释录》第4辑,第45页。

的^①,故在新的寺院纲管体制形成后,尽管传统三纲地位渐趋衰微,但寺院三纲在此期间一直存在而并未消失。

僧政、法律、判官等成为寺院纲管还无疑与敦煌世俗政权加强对佛教僧团的管理有直接关系。当时世俗政权在法事活动、经济等方面均对僧团实行严密的控制,而僧政、法律、判官渗入到寺院纲管行列正是为了适应这一形势的需要,他们直接对都僧统(或都教授)负责,而都僧统又直接受命于当地最高统治者,正是通过这种层层统属关系,从而实现了世俗政权对佛教僧团的有效管理。

二、其他管理人员

前面讨论敦煌寺院纲管时已经提到,敦煌寺院中的直岁、典座等虽然不属于寺院纲管之列,但从事寺院的财产管理是他们的主要职责。此外,老宿(或称尊宿)甚至普通僧众亦会参与寺院财产的管理。

(一)老宿

老宿,又称为尊宿,是指佛教中修行、声望较高的僧人。老宿在寺院中拥有较高的地位,往往与寺院纲管一道参与管理寺务。在敦煌寺院帐目中多有因老宿支出的记载,如S.4657《年代不明(970)某寺诸色破历》第2—3行载:"粟贰斗沽酒,和尚法律老宿就库吃用。"S.6452(3)《壬午年(982)净土寺常住库酒破历》第23—24行载:"廿二[日]酒贰斗,又沽酒粟四斗,指撝、孔目、僧正三人,老宿、法律等吃用。"S.5039《年代不明(1000或940前后)报恩寺诸色斛斗入破历算会稿》第26行载:"粟贰斗,沽酒,和尚、老宿、法律吃用。"第29—32行载:"又粟壹斗,沽酒,和尚、老宿吃用。……十六日,麦壹斗,和尚、法律、老宿吃用。同日,粟贰斗,沽酒,和尚、法律、老宿吃用。"^②P.2930(1)《年代不明(10世纪)诸色破用历》第4—5行载:"粟三斗,沽酒,法律、老宿、法师于园头食用。"P.2049V《后唐同光三年(925)正月沙州净土寺直岁保护手下诸色入破历算会牒》第311—312行载:"粟贰斗,马

---

① 关于敦煌寺院的性质可参湛如先生的有关论述,参湛如《敦煌佛教律仪制度研究》,第75—79页。

② 参唐耕耦《敦煌寺院会计文书研究》第316页,该件在《敦煌社会经济文献真迹释录》第3辑第228—229页定名为《年代不明(10世纪)诸色斛斗破用历》,并且录文顺序与《敦煌寺院会计文书研究》中有别。

家付本,老宿、判官吃用。"这些支出在一定程度上佐证了老宿较尊的地位,并与老宿作为寺务管理者的身份有关。

同时,敦煌文书中还有关于老宿管理寺院财产的明确记载,如 P.4957《申年(?)某寺诸色入破历算会牒残卷》第 43—45 行载:"白面壹硕柒斗肆升,油叁升,粟玖斗,已上充三日算会尊宿等食用。"P.2974V《唐乾宁四年(897)某寺诸色斛斗入破历算稿》第 1—4 行载:"乾宁肆年丁巳岁正月十九日,当寺尊宿、法律、判官、徒众等,就厨院厅内算直岁庆果手下斛斗,从丙辰年正月五日已后,至丁巳正月十九日已前,中间承前帐及今帐新附麦粟黄麻豆油苏等,总叁佰壹硕柒斗壹胜半壹抄。"S.474V《戊寅年(918)三月十三日行像司算会分付绍建等斛斗数纪录》有载:"戊寅年三月十三日,都僧统法律徒众就中院算会,赵老宿孟老宿二人行像司丁丑斛斗本利,准先例,一一声数如后……其上件斛斗,分付二老宿绍建、愿会、绍净等五人执帐,逐年于先例加柒生利,年支算会,不得欠折……"S.5753《癸巳年(933)正月一日以后某寺诸色斛斗入破历算会牒残卷》第 19—20 行载:"叁拾肆硕捌斗,于公廨苏老宿手下入。"P.2638《后唐清泰三年(936)沙州僧司教授福集等状》第 6—8 行载:"请诸寺僧首、禅律、老宿等,就净土寺算会,逐年破除兼支给以应管僧尼一一出唱,具名如右。"显然,老宿或尊宿作为寺院或相关机构的财产管理人员而参与相关管理活动。

(二)典座

湛如法师认为,典座一职系由《摩诃僧祇律》卷 6 所载众僧典知九事之一——"典次付床座"而来①。虽然典座是唐宋时期寺院中的常设之职,但其一般不属于寺院纲管行列,这一点可以从典座在寺院中的实际职责及其与寺院纲管的关系上得到说明。《禅苑清规》卷 3"典座"条载:"典座之职,主大众斋粥,须运道心,随时改变,令大众受用安乐。亦不得枉费常住斋料,及点检厨中,不得乱有抛撒。"②可见,在后来的禅林中,典座之职主要是负责寺院厨料和大众饮食,这与禅林大兴之前典座主要负责寺库的职责相关联。如 Ch969—72《唐开元九年(721)十月至十年正月于阗某寺支出簿》中记载了该寺几十笔帐目,每条帐目下注明有负责人三纲和直岁,惟独

---

① 湛如:《敦煌佛教律仪制度研究》,第 50 页。
② [宋]宗赜著:《禅苑清规》,苏军点校,中州古籍出版社,2001 年,第 35 页。

其中两条特殊,在这两条中出现了"外库"机构,其负责人为"典座",如"其麦纳外库,付典座僧惠光。""其粟纳外库,付典座僧惠光。"①又《入唐求法巡礼行记》卷 1 记载:"时有库司典座僧,在于众前读申岁内种[种]用途帐,令众闻知。"②可见,典座主要是库司的负责人员而专司寺院仓库③。该书卷 1 又载:"僧录统领天下诸寺,整理佛法;僧正唯在一都督管内;监寺限在一寺。自外方有三纲并库司等。"④该书卷 3 载:"众僧吃粥间,纲维、典座、直岁一年内寺中诸庄及交易并客料诸色破用钱物帐众前读申。"⑤在这些记载中,库司(负责人为典座)与三纲、典座与纲维同时并提,这说明典座不属于寺院纲管之列。

敦煌文书中的典座职责同圆仁所记一样,主要是作为寺院仓司的负责人而参与寺产的核算,并未管理其他寺务。如我们在第二章缀合的文书 S.1600(1)＋S.1600(2)＋ДX.01419＋S.6981(1)《庚申年十二月十一日至癸亥年十二月灵修寺招提司典座愿真等诸色斛斗入破历算会稿残卷》中典座愿真负责管理斛斗收支,而前述 S.1774《后晋天福七年(942)大乘寺法律智定等交割常住什物点检历状》中的典座保定、永明和 S.1776《后周显德五年(958)大乘寺法律尼戒性等交割常住什物点检历状》中的典座慈保、善戒负责管理寺院常住什物。据此可知,敦煌寺院的典座一职亦不属于寺院纲管之列而属职事僧。

典座的任期一般为一年,如《入唐求法巡礼行记》卷 2 载有赤山法花院常住僧众及沙弥等,其中有僧寺主顿证、去年典座明信、去年院主法清、上座金政、去年直岁沙弥道真等。从"去年"一词来看,典座、寺主、直岁等均为一年任期。敦煌寺院中典座的任期一般亦是一年,但亦有一年以上者,

---

① 沙畹、小田义久、唐耕耦、陈国灿、池田温等先生均对本件文书进行过录文介绍,这里对文书的定名采用了池田温的观点。参[日]池田温《麻札塔格出土盛唐寺院支出簿小考》,载敦煌研究院编《段文杰敦煌研究五十年纪念文集》,第 207—225 页。

② [日]圆仁著,[日]小野胜年校注,白化文、李鼎霞、许德楠修订校注,周一良审阅:《入唐求法巡礼行记校注》,第 89 页。

③ 也许在特殊时期,典座可能会负责其他寺务,如《入唐求法巡礼行记》卷 2 载北海县观法寺"寺中十二来僧尽在俗家,寺内有典座僧一人",该典座就应负责当寺众多寺务。

④ [日]圆仁著,[日]小野胜年校注,白化文、李鼎霞、许德楠修订校注,周一良审阅:《入唐求法巡礼行记校注》,第 100—101 页。

⑤ [日]圆仁著,[日]小野胜年校注,白化文、李鼎霞、许德楠修订校注,周一良审阅:《入唐求法巡礼行记校注》,第 360 页。

如 S.1600(1)＋S.1600(2)＋ДX.01419＋S.6981(1)《庚申年十二月十一日至癸亥年十二月灵修寺招提司典座愿真等诸色斛斗入破历算会稿残卷》中典座愿真的任期就为三年。

（三）直岁

寺院中直岁一职的设置较早，律寺和禅林均设有此职。《禅苑清规》卷3记载："直岁之职，凡系院中作务并主之。所为院门修造寮舍门窗墙壁，动用什物逐时修换严饰，及提举碾磨、田园、庄舍、油坊、后槽鞍马船车，洒扫栽种，巡护山门，防警贼盗，差遣人工，轮拨庄客，并宜公心勤力，知时别宜。"①但敦煌寺院中直岁一职的职责范围并没有这么广泛②，敦煌寺院中直岁主要是负责寺院的常住斛斗和常住什物。如前述 P.2613《唐咸通十四年(873)正月四日沙州某寺交割常住物点检历》中的直岁法深、S.1774《后晋天福七年(942)大乘寺法律智定等交割常住什物点检历状》中的直岁戒性和直岁□证、S.1776《后周显德五年(958)大乘寺法律尼戒性等交割常住什物点检历状》中的直岁善性均负责本寺的常住什物；P.2974V《唐乾宁四年(897)某寺诸色斛斗入破历算会稿》中的直岁庆果、P.2049V《后唐同光三年(925)正月沙州净土寺直岁保护手下诸色入破历算会牒》中的直岁保护、P.2049V《后唐长兴二年(931)正月沙州净土寺直岁愿达手下诸色入破历算会牒》中的直岁愿达、P.3234V(5)《壬寅年(942)正月一日已后净土寺直岁沙弥愿通手上诸色入历》中的直岁愿通、S.4452《后晋开运三年(946)某寺算会破除外见存历稿》中的直岁保集和直岁福信分别负责本寺的常住斛斗及其加工物。此外，S.3074V《吐蕃占领敦煌时期某寺白面破历》中还记载有"外庄直岁"，姜伯勤先生认为，外庄直岁就是外庄中寺院地产的经管人③。可见，敦煌寺院中的直岁有时亦会负责寺田的经营。

关于直岁的任期，《大宋僧史略》卷中云："或立直岁则直一年，或直月、直半月、直日，皆悦众也，随方立之。"④可见，直岁的任期比较灵活。但敦煌寺院中直岁的任期一般为一年，当然亦有二年以上者。如 S.1600(1)＋

---

① [宋]宗赜著：《禅苑清规》，苏军点校，第36页。
② 对敦煌寺院中直岁的研究，可参公维章、文澜《敦煌寺院中的会计——直岁》，《敦煌学辑刊》1997年第2期，第118—120页；湛如《敦煌佛教律仪制度研究》，第52—55页。
③ 姜伯勤：《唐五代敦煌寺户制度》，第75—79页。
④ [日]高楠顺次郎等编：《大正新修大藏经》卷54，第244页。

S.1600(2)＋ДХ.01419＋S.6981(1)《庚申年十二月十一日至癸亥年十二月灵修寺招提司典座愿真等诸色斛斗入破历算会稿残卷》中的直岁愿□就任职三年。

直岁一般由普通沙弥担任，故其虽然负责寺院的经济事务，但不属于寺院纲管之列。

（四）都僧统和普通徒众

除了对敦煌诸寺上报的相关财务文书如算会牒等进行审查批示之外[①]，都僧统偶尔亦会参与某寺院或某机构的财产管理活动，至于普通徒众参与寺院的财产管理活动则是普遍现象。但是，不管是都僧统还是普通徒众参与寺院的财产管理活动，他们均不属于寺院的纲管和职事僧，当然普通徒众任直岁时则为职事僧。

记载都僧统亲自参加寺院或某机构财产管理活动的文书仅有两件，一件是前引 S.474V《戊寅年（918）三月十三日行像司算会分付绍建等斛斗数纪录》，其记载了戊寅年三月十三日都僧统和法律、徒众就中院算会赵老宿和孟老宿二人所负责的行像司斛斗本利并交接等事宜，这是对行像司而非寺院斛斗的算会。实际上，目前所见都僧统亲自参加寺院财产算会的文书仅一件，此即日本杏雨书屋藏敦煌文书羽 065《甲申年十二月某寺直岁愿住手下诸色入破历算会牒残卷》，该件记载了在甲申年十二月十七日都僧统大师与诸僧正、法律、法师、徒众等就众堂内算会直岁愿住从癸未年十二月四日以后至甲申年十二月九日中间所管当寺麦、粟、麻、豆、油、布、褐等的收支结存情况，而之所以都僧统亲自参加了该寺院的这次算会，其原因应是该寺院可能是都僧统僧籍所隶寺院或都司、都司下设机构所在寺院[②]。但是，都僧统一般不会亲自去参加某一寺院财产的管理活动，其主要是对敦煌诸寺财产进行全局管理。

关于普通徒众参与寺院财产管理的情况，笔者曾从寺院徒众集体参与寺产如常住斛斗和常住什物的算会与点检、寺院徒众直接参与本寺财务管理人员的任免等方面进行过论述[③]，后来明成满先生在讨论普通僧尼参与

---

① 如 P.2838(1)《唐中和四年（884）正月上座比丘尼体圆等诸色入破历算会牒残卷》末尾有都僧统的签署云："勘算既同，连附案记。正月十九日。都僧统悟真。"
② 详参王祥伟《日本杏雨书屋藏四件敦煌寺院经济活动文书研读札记》，第 20—22 页。
③ 王祥伟：《试论晚唐五代宋初敦煌寺院财产管理的特征及意义》，第 137—144 页。

教团管理问题时亦主要强调了这些方面及直岁可由普通僧人担任的现象①。由于在随后我们将要讨论的敦煌寺院财产管理人员的任免监督及财产管理方式中可以看到普通僧尼参与寺院财产管理的情况,故此处再不对该问题展开讨论。

三、管理人员的管理活动

敦煌寺院纲管及职事僧管理本寺财产的职责是在其任职伊始就被规定要求的,如 S.4760《宋太平兴国六年(981)圣光寺阇梨尼修善等请戒慈等充寺职牒并判辞》记载圣光寺阇梨尼修善等请尼戒慈充法律、愿志充寺主、愿盈充典座、愿法充直岁时强调:"而乃常住糟粕,切籍有功之人;帑库珍财,贵要英灵之众。昨者,合徒慎选,总亦堪任准请,若不佥升,梵宇致令黎坏。"②这里明确说明纲管及职事僧的主要职责之一是管理寺院财产。

敦煌寺院财产管理人员的管理活动主要体现在寺院相关文书如算会牒、算会稿、入破历、便物历、便物契、借贷契、借贷历等中。虽然前面在讨论管理人员时已涉及相关管理活动,但此还不足以反映管理活动的全貌,而要将不同管理人员的管理活动一一列举说明的话又显得非常繁复。故为了全面、简明与集中起见,我们依据相关文书将相关管理活动的情况统计列表如下:

(表3—3)

文书卷号	年份	寺名	管理人员及僧职	管理活动
P.T.1118	吐蕃猴年	安国寺	张法律	负责水磨费等收入
P.T.1297	吐蕃时期	永寿寺	沙弥梁兴河	管理寺院仓库
沙州文录补	吐蕃时期	金光明寺	直岁明哲、都维那惠微、寺主金粟	向都司仓进行借贷
S.1291	吐蕃时期	某寺	某僧	管理佛物所斛斗
S.1475V	酉年(817?)	灵图寺	僧海清	管理佛帐所斛斗
S.1475V	某年(823?)	灵图寺	僧海清	管理佛帐所斛斗
S.1291	吐蕃某年	某寺	僧□□	管理佛物所斛斗

---

① 明成满:《唐五代敦煌普通僧尼参与教团管理研究》,《南京师大学报(社会科学版)》2012年第3期,第73—77页。

② 唐耕耦、陆宏基编:《敦煌社会经济文献真迹释录》第4辑,第59页。

续表

文书卷号	年份	寺名	管理人员及僧职	管理活动
P.3730V	839	永寿寺	某僧	管理佛物斛斗
P.2613	873	某寺	都师义进、法进,都师法胜、直岁法深	管理常住什物
P.3495	931	某寺	寺主定圆	管理常住什物
S.1774	942	大乘寺	法律智定、都维保相、寺主永定性、典座保定、直岁戒性、法律戒圆、都维坚固定、寺主□□、典座永明、直岁□证	管理常住什物
S.1776	958	大乘寺	法律尼戒性、都维永明、典座慈保、直岁□□,法律尼明照、都维□心、都维菩提性、典座善戒、直岁善性	管理常住什物
P.4004＋P.3067＋S.4706＋P.4908	940或1000	报恩寺	寺主法□、寺主教通	管理常住什物
P.3234V	944	净土寺	惠安、惠戒	出便寺库斛斗
S.6217	946?	某寺	法律智员、法政等仓家七人	管理常住什物
P.3638	911	净土寺	沙弥善胜,前都师慈恩	管理常住什物
S.4613	960—961	某寺	法律惠澄、福臻、法清、智光、戒论,法律惠清、福达、保员、惠慈	管理交接斛斗
S.6297	976	某寺	都师明信、都师程法律	管理斛斗
P.4021	940	某寺	寺主善住、寺主海住	管理斛斗等
S.1519(2)	891或951	某寺	直岁法胜	管理寺库油面等支出
S.4782	丑年(857)	乾元寺	都师神宝幢、都师文谦	管理斛斗等收支
P.2838(2)	886	安国寺	僧政、法律、判官徒众,胜净等所由	算会胜净等管理的斛斗油苏等

续表

文书卷号	年份	寺名	管理人员及僧职	管理活动
P.3352	886 或 946	三界寺	徒众、法松	算会法松所管斛斗
P.2974V	897	某寺	尊宿、法律、判官、徒众、直岁庆果	算会直岁庆果手下斛斗
S.474V	918	行像司	赵老宿、孟老宿、老宿绍建、愿会、绍净	管理行像司斛斗
P.2821	919	报恩寺	寺主延会	管理斛斗等收支
P.2049V	925	净土寺	直岁保护、释门法律愿济、释门法律绍宗、徒众	算会直岁保护管理的斛斗等收支
P.2049V	931	净土寺	直岁愿达、释门法律愿济、释门僧政绍宗、徒众	算会直岁愿达管理的斛斗等收支
S.1625	938	大乘寺	法律□真、徒众真意等	算会大乘寺斛斗等收支
S.5753	933	公廨司	苏老宿	管理公廨司斛斗
S.4701	940 或 1000	报恩寺	法律法进、法律惠文等八人、法律惠员、僧愿盈等人、徒众	算会交接法律法进、法律惠文等八人管理的斛斗
P.2836V	939	某寺	当寺僧政、尊宿、法律、徒众	算会□□管理的斛斗收支
P.3234V(5)	942	净土寺	直岁沙弥愿通	管理斛斗等收入
P.3234V(9)	943	净土寺	直岁沙弥广进	负责面支出
S.4452	946	某寺	当寺徒众、直岁保集	算会直岁保集应入诸司斛斗苏油布緤等
S.5845	959?	普光寺	普光寺所由	贷入麻壹硕
S.5845	959?	开元寺	上座惠郎	贷入面叁硕玖斗
S.1600(1)＋S.1600(2)＋ДХ.01419＋S.6981(1)	960—963	灵修寺	净明、典座愿真、直岁愿□	管理斛斗等收支
P.3881V	981	某寺	徒众、惠觉	算会惠觉管理的斛斗纸布褐什物等

续表

文书卷号	年份	寺名	管理人员及僧职	管理活动
P.3290	999或939	报恩寺	徒众、法律惠兴、寺主定昌、都师戒宁、徐僧正、寺主李定昌、都师善清	算会交接黄麻
羽065	甲申年	某寺	都僧统、僧正、法律、法师、徒众	算会直岁愿住管理的斛斗等收支
羽052	986	大云寺	徒众、法师、法律、释门僧政	算会都师定惠管理的斛斗等收支

表3—3所示，敦煌寺院财产管理人员的管理活动主要是对寺院常住斛斗的各类收支进行核算和对常住什物进行点检统计等。在管理过程中涉及的具体管理方式主要有便（出便、便进）、贷（出贷、贷进）、算会、点检，等等，关于便、贷、算会和点检的具体情况，我们将在本章第三节详细讨论。

四、管理人员的任免与监督

（一）管理人员的任免

如前所论，敦煌寺院财产的管理人员除有僧政、法律、判官、三纲外，还有直岁、都师等职事僧。寺院财产管理中的僧政、法律有时为寺级僧官，但如若某寺有都司僧政或都司法律，他们亦会参与本寺财产的管理。吐蕃归义军时期，都司僧官应由吐蕃和归义军最高统治者任免，如学者认为，归义军时期敦煌地区高级僧官的任免由归义军节度使控制，但一般控制到僧政、法律一级[①]。按此，若某寺院中某任财产管理人员中的僧政和法律属都司僧官，则其任免权掌握在世俗统治者之手。而从文书记载来看，作为寺院财产管理人员的寺级僧官如法律及三纲、职事僧的任免一般由全寺徒众公开推荐选举，然后上报都僧统任命[②]。如P.3100《唐景福二年（893）徒

---

① 郝春文：《归义军政权与敦煌佛教之关系新探》，载《周绍良先生欣开九秩庆寿文集》，中华书局，1997年，第164—175页。郑炳林：《晚唐五代归义军政权与佛教教团关系研究》，《敦煌学辑刊》2005年第1期，第1—15页。后者又收入郑炳林主编《敦煌归义军史专题研究三编》，甘肃文化出版社，2005年，第48—74页。

② 竺沙雅章先生在《敦煌の僧官制度》中对敦煌寺院纲管中的传统三纲和职事僧的选举方式亦有讨论，但由于其认为法律属都司僧官而并未强调寺级法律的选举问题，参其著《中国佛教社会史研究（增订版）》，第378—398页。

众供英等请律师善才充寺主状及都僧统悟真判辞》记载：

```
1    徒众供英等    状
2    众请律师善才充寺主
3    右件僧精心练行，辩捷临机，
4    每事有仪，时人称叹，一期佥
5    举，必赖斯人，理务之间，莫
6    过此者。伏望
7    都僧统和尚仁明照察，乞垂
8    佥升    处分
9    牒件状如前谨牒
10   景福贰年十月  日徒众供英等
11   徒众龙弁    徒众
12   徒众        徒众庆□
13   徒众        徒众
14   徒众灵花    徒众张
15   徒众由信    徒众□□
16   徒众道□徒众
17   徒众惠通
```

在文书第11—15行徒众之前有都僧统悟真的判决文辞："寺舍广大，佥举一人，还须勘任，准状补充，便令勾当。廿七日。都僧统悟真。"①这件文书是徒众供英等请律师善才充寺主上报都僧统的状文。从这些选举寺级僧官的状文来看，都僧统一般对寺院徒众的请求不但不加以拒绝，反而一概应允。又如P.2575《唐天复五年（905）八月灵图寺徒众上座义深等请大行充寺主状并都僧统判辞》后记载有都僧统的判辞称："状称多能，无羽能飞者，若阙六翮，岂可接云而高翔也。然来意难违，便可□□□。"②从判辞来看，似乎都僧统本人并不是很情愿，但最后还是同意了寺众的请求。

全寺徒众选举本寺僧官的现象早在吐蕃统治时期业已如是，如前引

---

① 唐耕耦、陆宏基编：《敦煌社会经济文献真迹释录》第4辑第46—47页对该件文书进行了释录，此处录文时依据图版对个别文字进行了校改。
② 录文参唐耕耦、陆宏基编《敦煌社会经济文献真迹释录》第4辑，第52页。

P.3730《吐蕃酉年(829或841)正月金光明寺维那淮英等请僧淮济补充上座等状并洪䚟判辞》记载了金光明寺全寺僧众请僧淮济补充上座的情况,后有该寺徒众的签名。正如郑炳林先生所说:"寺院的知事僧任命由寺院徒众状请都僧统佥举,这一寺院知事僧的任命过程从吐蕃时期形成,经张氏归义军时期到曹氏归义军时期基本上没有变动。"①故寺院徒众一致选举本寺的财务管理人员亦具有普遍性,僧寺如此,尼寺亦然。如前引S.6417《后唐长兴二年(931)正月普光寺尼徒众圆证等状并海晏判辞》记载普光寺尼众上报都僧统任命法律、都维那、寺主、典座和直岁为本寺职事僧,S.4760《宋太平兴国六年(981)圣光寺阇梨尼修善等请戒慈等充寺职牒并判辞》记载了圣光寺阇梨尼修善等请尼戒慈充法律、愿志充寺主、愿盈充典座、愿法充直岁之事。可见,普光寺和圣光寺的法律及三纲、直岁均是由徒众慎选的。

佛教经律规定寺院必须选择诚实能持戒者作为寺院财产的管理人员。如《行事钞》卷中一《随戒释相篇》说:"故《宝梁》、《大集》等经云,僧物难掌,佛法无主,我听二种人掌三宝物:一阿罗汉,二须陀洹。所以尔者,诸余比丘戒不具足,心不平等,不令是人为知事也。更复二种,一能净持戒,识知业报。二畏后世罪,有诸惭愧及以悔心。如是二人,自无疮疣护他人意,如此甚难。"②又《大比丘三千威仪》卷下载有任直岁者应具备十种德行的规定,其中最后一种为:"十者不得与摩波利共诤求长短,数于众中若行说之;亦不得取三法中所有物,持行作恩惠。"③同时,世俗政权在任命寺院纲管时亦非常注重纲管的德操,如《唐六典》卷18"鸿胪寺"条:"凡天下寺观三纲及京都大德,皆取其道德高妙,为众所推者补充,上尚书祠部。"同样,敦煌寺院在选择寺产的管理人员时亦应非常谨慎,寺产的管理者,无论是纲管还是老宿、典座、直岁等俱应是德操、修养兼备的僧官,抑或普通僧人。如S.6417《后唐同光肆年(926)三月金光明寺徒众庆寂等请僧法真充寺主状并都僧统海晏判辞》中记载了金光明寺徒众庆寂、神威等上状都僧统请僧法真为寺主之事,状中记述法真云:

---

① 郑炳林:《晚唐五代归义军政权与佛教教团关系研究》,《敦煌学辑刊》2005年第1期,第8页。
② [日]高楠顺次郎等编:《大正新修大藏经》卷40,第55页。
③ [日]高楠顺次郎等编:《大正新修大藏经》卷24,大正一切经刊行会,1926年,第924页。

3　右前件僧,本性弘厚,唯直唯忠,时常逊顺上
4　下,善能和睦众人,自己生于卑劣,终日敬
5　重尊人。每亦修身护行,不曾随从恶人。
6　虽然少会文字,礼法不下于庶人。寺中简选
7　材补,执库切藉斯人。善解裁邪,就政
8　亦有巧女之能,缉治寺务之间,须功干殷
9　勤。伏望

(后略)①

　　这里明确提到法真因具有种种优点如诚实、谦逊等而是执掌寺院仓库的最佳人选,所以才被全寺徒众推举。

　　寺院徒众不仅对自己所属寺院的财产管理人员如法律、三纲、直岁等具有选举的权利,而且寺院纲管和直岁的辞职在最后亦要由全寺徒众一致决定。如 P.3100《乙巳年(885)十二月寺主道行辞职状及都僧统悟真判辞》是某寺寺主道行的辞职牒,后有都僧统悟真的判辞云:"寺主自任纪纲,已经数稔,成功益绩,课效尤多。今既恳辞,埋宜矜放。付寺,徒众商量差替。十一日悟真。"②可见该寺寺主虽然对都僧统提出辞职,但都僧统让本寺徒众自行做出最终决定。又如前引 P.3753《唐大顺二年(891)正月普光寺尼定忍等辞职并判辞》是普光寺寺主慈净、都维体净、典座智真、直岁戒忍等向都僧统悟真的辞职牒,最后都僧统的判辞是:"付当寺徒众,细与商量,若合结(矜)放,即与差替。"可见最后的决定权仍在本寺徒众。

(二)管理人员的监督

　　敦煌寺院非常注重对财产管理人员进行监督,故在前后两任管理人员进行交接时要对相关管理人员所欠债务进行详细登载,甚至有时还会对管理人员施以处罚等。

　　从敦煌文书的记载来看,当时外欠寺院财产的现象很普遍,有归义军官员、普通百姓、常住百姓、都司僧官、普通僧人等,寺院对这些外欠债务均有详细记载,即便是本寺财产管理人员所欠之债亦不例外。关于对寺院财产管理人员所欠债务的严格登载在 P.3290《己亥年(999 或 939)报恩寺算

---

①　唐耕耦、陆宏基编:《敦煌社会经济文献真迹释录》第 4 辑,第 55—56 页。
②　唐耕耦、陆宏基编:《敦煌社会经济文献真迹释录》第 4 辑,第 45 页。

会分付黄麻凭》和S.4701《庚子年(1000或940)报恩寺算会分付斛斗凭》中有最好的说明，其中P.3290前已引录，但为了便于说明问题，这里将其内容再次转录如下：

1　己亥年十二月二日，徒众就库舍院齐坐算会。先执
2　黄麻人法律惠兴、寺主定昌、都师戒宁三人手下主
3　持入换油黄麻，除破外，合管回残黄麻麦肆拾伍硕贰斗
4　伍升壹合，内法律惠兴、寺主定昌、都师戒宁等三人欠黄
5　麻陆硕叁斗伍升壹合，又僧正员行欠换油黄麻两硕，并分
6　付与后执仓黄麻人徐僧正、寺主李定昌、都师善清
7　三人身上讫。一一诣实，后算为凭。
8　　　　　执黄麻人都师善清（押）
9　　　　　寺主戒福（押）
10　　　　徐僧正（押）

这是报恩寺前后两任财产管理人员交接时的记录凭证，在交接过程中将前任管理人员法律惠兴、寺主定昌、都师戒宁三人所欠寺院黄麻登记在册，这样使得债务非常明确，有关当事人难辞其咎，而后任者亦避免了承担不明债务的风险。若这些债务在下次结算交接时仍然没有清偿，则根据实际情况将所欠债务继续转入下次帐目之中，相关情况恰好在S.4701中有载：

1　庚子年十二月十四日，徒众就后殿齐坐算会，
2　先执仓常住仓司法律法进、法律惠文等
3　八人所主持斛斗，从去庚子年正月一日入算后，
4　除破用兑利外，合管回残麦壹伯伍拾硕贰
5　升陆合，粟壹伯肆拾硕壹斗伍升捌合，豆伍
6　硕肆斗贰升，黄麻陆拾陆硕玖升陆合叁圭，
7　内惠阴法律、寺主定昌、戒宁等三人身上欠
8　麻叁硕贰斗贰升，徐僧正、寺主戒福、善清等
9　三人身上欠麻两硕叁斗伍升，行索僧正欠麻
10　壹硕壹斗柒升，又添烽子豆肆硕。已上物一一诣
11　实，后算为凭

12	执物僧愿盈（押）
13	执物僧住兴
14	执物僧愿兴（押）
15	执物僧善法（押）
16	执物僧法兴
17	执物僧道通
18	执物僧团头法律惠员（押）①

从文书内容可知，惠阴法律（惠兴）、寺主定昌、都师戒宁三人在己亥年十二月二日交接时就欠有寺院黄麻，直至庚子年十二月十四日，在庚子年的管理人员法律法进、法律惠文等八人与后任辛丑年的管理人员愿盈、住兴等八人交接时，他们依然欠有一部分黄麻，故在交接文书中对其所欠之债又进行了登载，同时还对己亥年的管理人员徐僧正、寺主李定昌（戒福）、都师善清的债务亦做了泾渭分明的登载，便于日后继续督促交还。

同时，对这些寺院财产管理人员所欠常住什物的现象亦在寺院帐目中作了详细记录。如前述 P.4004＋P.3067＋P.4706＋P.4908《庚子年（1000或940）后报恩寺前寺主法□交割常住什物历牒》中所载欠本寺常住什物的寺主有戒会、明藏、法兴、保惠、员会、明信、教珍、保藏、法清、法林，另有索僧正、张法律等，而这些寺主大多又见于 S.4215《庚子年（940 或 1000）报恩寺交割常住什物点检历》，其载欠报恩寺常住什物的寺主亦有法兴、保惠、员会、明信、教真、保藏、法清、法林等人②。又如 P.3638《辛未年（911）沙州净土寺沙弥善胜领得历》中第 23 行载有"新竞盘壹，在李上座"，等等，这样的记载在文书中比比皆是，这里不再赘举③。这些僧官和寺院三纲实际上大多是寺院的历任财产管理人员，其所欠之债被明确登记在册，为日后追还提供了依据。

若要对寺院财产管理人员因各种原因欠负的寺院债务进行免除，往往

---

① 唐耕耦：《敦煌寺院会计文书研究》，第 308－309 页。
② 该件文书未存寺名，《敦煌社会经济文献真迹释录》第 3 辑第 37－38 页录文中亦未说明属何寺，后唐耕耦先生在《敦煌寺院会计文书研究》第 299－300 页中将该件编号误为 S.4251，但指出该件属报恩寺文书。
③ 当然需要说明的是，虽然存在寺院财产管理人员贪污寺院财物的情况，但文书中所载寺院纲管或僧官欠负的寺院财物不一定均是被其据为己有。实际上，在这些欠负财物中，有的是在寺院纲管或僧官任财务管理人员时被他人借贷去而未按时归还之财物。

是由寺院徒众统一决定,而非由寺院僧官、纲管或直岁来径直处理。如S.4452《后晋开运三年(946)某寺算会破除外见存历稿》中两件文书所载内容均是如此,其中第一件内容如下:

1　开运叁年丙午岁二月十五日,当寺徒众就中院算会,
2　癸卯年直岁保集应入诸司斛斗苏油布緤等,一周
3　年破除外见存:
4　准帐尾麦叁石陆斗,欠在保集;
5　准帐尾粟肆硕柒斗,欠在保集;准帐尾油贰斗
6　叁升一抄,欠在保集;准帐尾黄麻叁硕
7　陆斗,欠在保集;准帐尾豆肆硕贰斗,
8　欠在保集;准帐尾布六尺,欠在保集;
9　准帐尾麦两[石]六斗、粟两石七斗,僧正法律徒
10　众矜放保集用。①

这是某寺徒众在后晋开运三年(946)对该寺癸卯年(943)直岁保集负责寺院财产收支时所欠债务的登载。从中看到,第9—10行最后一笔帐是对直岁保集手上所欠债务的矜放,并且是在僧官和徒众的统一决定下进行的。另一件是该寺徒众对甲辰年(944)直岁福信负责全寺财产收支帐目时所欠债务的登载,其中最后一笔帐亦是僧官和徒众统一对直岁福信手上所欠债务的免除②。这种由寺院徒众统一决定免除财产管理人员所欠债务的方式亦是寺院对财产管理人员加强监督的体现。

为了避免寺院财务管理人员在管理活动中出现舞弊行为,敦煌寺院还在管理人员的任职上实行定期的轮换制度,这既是管理人员任职进步性的体现,又是寺院对管理人员实施监督的重要措施。轮换制度在相关常住斛斗和常住什物的交接文书中均有体现,如前述P.3290《己亥年(999或939)报恩寺算会分付黄麻凭》、S.1774《后晋天福七年(942)大乘寺法律智定等交割常住什物点检历状》、S.1776《后周显德五年(958)大乘寺法律尼戒性等交割常住什物点检历状》及后面将要引用的S.5806《庚辰年(920或980)十一月算会仓麦交付凭》等所载前后两任管理人员交接的情况就是这种轮

---

① 唐耕耦、陆宏基编:《敦煌社会经济文献真迹释录》第3辑,第521页。
② 录文参唐耕耦、陆宏基编《敦煌社会经济文献真迹释录》第3辑,第522页。

换制度的直接反映,此处就不再引用说明了。至于轮换的期限,不同寺院在不同时期会有所不同,但大多数寺院在一般情况下实行一年轮换。如前述 P.3290《己亥年(999或939)报恩寺算会分付黄麻凭》和 S.4701《庚子年(1000或940)报恩寺算会分付斛斗凭》记载了报恩寺在戊戌年、己亥年、庚子年、辛丑年连续四年财务管理人员的交接情况,说明报恩寺常住斛斗管理人员在这几年的轮换期限为一年。当然,有的寺院有时的轮换期限会在二年以上。定期的轮换制度使寺产的管理人员不会任职太久,从而避免或降低了他们利用职权之便贪污、盗窃寺院财产的几率。

如若在财务管理过程中出现问题,相关管理人员则要承担相应责任。如前引 P.3223《永安寺法律愿庆与老宿绍建相诤根由责勘状》是永安寺在借贷过程中仓司负责人绍建与法律愿庆发生矛盾后的勘问状,不管双方孰是孰非,但"官中税麦之时,过在仓司身上"一语即明确告知我们,一旦寺院财务管理机构——仓司的负责人在财务管理工作中出现问题,他将会对自己的渎职行为负责。其实这种责任在财务管理人员任职伊始就已经有了明确的规定。如 S.474V《戊寅年(918)三月十三日行像司算会分付绍建等斛斗数纪录》第 8—11 行云:"其上件斛斗,分付二老宿绍建、愿会、绍净等五人执帐,逐年于先利加柒生利,年支算会,不得欠折。若有欠折,一仰五人还纳者。"①关于对这些寺院财务管理人员在管理过程中的失职行为施以处罚的事实在敦煌文书中亦有明确记载,如 S.6981《辛未—壬申年(971—972)某寺某某领得历》中第 17 行记载:"又于仓司法律德惠罚粟壹硕。"这即是因仓司法律德惠在寺产管理过程中的不善而被处以罚款。

五、管理人员的组织形式及连署制度

在实际管理过程中,敦煌寺院的财产管理人员往往组织成"所由"、"团"等形式来进行,并且在相关财产管理活动中实行连署制度。

(一)管理人员的组织形式

1.所由

南北朝隋唐五代时期,史书中多见"所由"一词,古今多人对其含义进行了解释。《资治通鉴》卷 242 穆宗长庆二年(822),"户部侍郎,判度支张

---

① 唐耕耦、陆宏基编:《敦煌社会经济文献真迹释录》第 3 辑,第 344 页。

平叔上言：'官自粜盐，可以获利一倍。'又请'令所由将盐就村粜易'"。胡三省注云："所由，绾掌官物之吏也，事必经由其手，故谓之所由。"又卷243敬宗宝历二年(826)，侍御史崔咸举觞罚度曰："丞相不应许所由官咕嗫耳语。"胡注："京尹任烦剧，故唐人谓府县官为所由官。项安世《家说》曰：'今坊市公人谓之所由。'"又卷252僖宗乾符元年(874)，翰林学士卢携上言："……(百姓)虽撤屋伐木，雇妻鬻子，止可供所由酒食之费。"胡注："所由，谓催督租税之吏卒。"又卷253乾符六年(879)，西川节度使崔安潜曰："盗非所由通容则不能为。"胡注："所由，谓捕盗官吏。"① 蒋礼鸿先生认为，南北朝至宋代的所由总是指亲事之官，而又以吏人为多②。吕叔湘先生认为，所由作名词用时，可指朝廷官吏，但更可能是指地方官吏③。周一良先生认为，胡三省注之语源不甚确切，同意蒋礼鸿先生对所由的解释，且认为所由之名为南北朝时所习用，系指"负责官吏"、"有关官吏"。至唐代，所由一词由"负责官吏"、"有关官吏"引申而为官吏之通称，其所称之对象亦愈益广泛而卑下④。以上对所由的解释有一共同点，即一般均着眼于所由的"官方"身份。对于"所由"一词的含义，姜芊先生还进行过详细讨论，认为："所由一词，含义广泛。以文言之，则应以主事者及绾事人解为最恰当，即谓主管者、经办者，非专用于绾掌官物之吏人。以类别之，一，泛指官司；二，主管或当事机构；三，主管官员及经办之吏卒；四，公人；五，乡村里胥干办；六，非官人团体之主，执事人员；七，各类事务之当事人。概言之，即是对上述诸之概称。同时，我们也应注意到，唐文中有的地方的'所由'，并不属此类，为一般文义，作原因，因由，原由解。"这是说所由可指中央和地方官司、官方各种事务中的当事人，以及民间团体的主事人及办事人员，说明所由并非专指官方各级负责人员。同时认为，"到了宋代，所由成为一种专门职称，即如项安世所说，专指公人，东京都城有街所由，总街所由，专司治安之责"⑤。但从宋初的敦煌寺院文书来看，此时所由亦并非专指公人，寺

---

① 分别参[宋]司马光编著，[元]胡三省音注《资治通鉴》，中华书局，1956年，第7815、7848、8169、8212—8213页。
② 蒋礼鸿：《敦煌变文字义通释》(第四次增订本)，上海古籍出版社，1988年新二版，第38—43页。
③ 吕叔湘：《"所由"本义》，《中国语文》1984年第1期。
④ 周一良：《魏晋南北朝史札记》，中华书局，1985年，第340—341页。
⑤ 姜芊：《"所由"试补——兼释五代的节级》，《兰州学刊》1991年第2期，第108—111页。

院财产管理人员亦可称之为所由①。并且,所由亦可以看作是一种组织形式,因为由不同人员组成的所由阶级内部中亦往往有负责人和一般人员,他们组成一个集体共同履行自己的职责。当然,负责人一般由职位高和威望重的人担任,这亦正是我们在敦煌文书中看到对所由的记载时往往最前面是法律等僧官,而僧官后面是三纲或其他没有具体职位的僧侣的原因之一。

吐蕃归义军时期敦煌寺院财产管理人员以"所由"的组织形式频繁地出现。如 P.2838(2)《唐光启二年(886)安国寺上座胜净等诸色斛斗入破历算会牒残卷》(一)载:

1　安国寺上座胜净等状。
2　　　光启二年丙午岁十二月十五日,僧政、
3　　　法律、判官、徒众算会,胜净等所由手
4　　　下,从辰年正月已后,至午年正月已前,
5　　　中间叁年应入破颗(课)、梁颗(课)、厨田,及前帐
6　　　回残斛斗油苏等,总叁佰肆拾捌硕
7　　　玖斗叁胜。②

文书所载安国寺本届所由为胜净等人。又前述 S.1774《后晋天福七年(942)大乘寺法律智定等交割常住什物点检历状》记载了大乘寺的前所由法律智定、都维保相、寺主永定性、典座保定、直岁戒性等和后所由法律戒圆、都维坚固、寺主□□、典座永明、直岁□证等,S.1776《后周显德五年(958)大乘寺法律尼戒性等交割常住什物点检历状》记载了大乘寺的前所由法律尼戒性、都维永明、典座慈保、直岁□□等和后所由法律尼明照、都维□心、都维菩提性、典座善戒、直岁善性等,等等。从这些资料来看,寺院财产管理中的所由一般由本寺纲管法律、判官、维那、寺主等组成。当然,不同寺院所由的组织者可能在人数、僧职等方面有所不同,如有的寺院有寺级僧政和法律,但有的寺院有时没有这些僧职;有的寺院财产管理中的

----

①　蒋礼鸿先生在《敦煌变文字义通释》中亦注意到敦煌寺院中的所由:"似是寺院里的管理人员,或与《水浒传》里的监寺相似。附记备考。""监寺"一般被认为是官府派到寺院里代表官方监督管理寺院的世俗人,而将所由推测为是监寺,显系仍是从所由的"官方"身份出发的,但敦煌寺院中所由的身份一般是佛教僧侣。

②　唐耕耦、陆宏基编:《敦煌社会经济文献真迹释录》第3辑,第328页。

所由除了纲管之外,可能还会有直岁、都师或其他普通僧众,而有的寺院有时则没有。所由不但负责本寺内部的财务活动,而且负责本寺对外的经济关系,如 S.5845《己亥年(959?)二月十七日某寺贷油麦麻历》中第 12—13 行载:"普光寺所由贷麻壹硕。"这即是普光寺全体所由成员代表全寺向某寺进行的借贷行为。

  每任所由均有一定的任期,一般为一年,亦有数年者,因形势、寺院情况等不同而有别。每任所由负责到期后就要与下任所由之间进行交接,由下任所由继任,双方之间发生的任何经济帐目均要详细登载。如 S.4613《庚申年(960)八月至辛酉年(961)三月后执仓所由于前执仓所由等手上现领得豆麦粟历》载:

1　庚申年八月十九日,后执仓所由法律惠澄、福臻、法清、智光、戒
2　论五人,于前执仓所由法律惠清、福达、保员、惠慈四人手
3　上,现领得豆壹伯肆拾玖硕为定。(签字)
4　庚申年八月廿日,后执仓所由法律惠澄、福臻、法清、戒论、
5　法意五人,于前执仓所由法律惠清、福达、保员、惠慈四
6　人手上,现领得麦贰伯硕为定。(签字)
7　九月八日又后领得麦壹伯壹拾硕。(签字)
8　又十月六日后领得麦壹拾伍硕。(签字)又十一月七日后领得
9　麦柒硕陆斗为定。(签字)
10　庚申年十月六日,后执仓所由法律惠澄、福臻、法清、法意、戒
11　论五人,于前执仓所由法律惠清、福达、保员、惠慈四人
12　手上现领得粟叁伯叁拾硕。(签字)。
13　十一月十七日又后领得粟贰伯两硕为定。(签字)
14　又十二月七日后领得粟肆拾玖硕贰斗。(签字)
15　庚申年八月廿日,法律惠澄等五人于前所由法［律］
16　戒德等四人手上领得豆两硕壹斗折替麦入。(签字)
17　十一月廿五日后所油(由)法律惠澄等五人于前
18　所油(由)法律戒德等四人手上领得麦叁拾陆
19　石肆斗柒升。(签字)
20　十一月廿五日后所由法律惠澄等五人于前

21　所油(由)法律戒德等肆人手上领得粟叁拾
22　贰硕。(签字)申酉年正月廿五日戒德[等]
23　手上领粟拾硕贰斗,(签字)。又领得麦壹硕
24　壹斗。(签字)
25　庚申年八月廿日惠澄法律等于前所由定张法律手上现领
26　得麦柒硕,之。
27　庚申年十一月廿五日,后所油(由)法律惠澄五人等于
28　前所由法律戒安五人等手下见领得粟贰
29　拾捌硕。(签字)。申酉年正月廿五日王僧政团手上
30　领得麦两石四斗,三月二日王僧政团手上领得麦
31　壹硕壹斗,粟叁硕玖斗。
32　计豆壹伯伍拾硕壹斗,
33　麦叁伯三拾九硕六斗七升,
34　粟五伯九十两硕。
35　计麦三伯七十九硕五斗,
36　粟六伯五十一石四斗。
　　(后空)①

由于所由管理的是寺院仓库斛斗的收支,故该件中将所由称为"执仓所由"。该件对后任所由于前任所由领得麦、粟、油的时间、数量等均有详细记录,且有相关负责人的签字。从该件文书的图版来看,引文中多处括号中的签字一般均为一"惠"字,应指后执仓所由法律惠澄,他是代表该任所由成员进行签字的,故虽在执仓所由中没有明确说谁是负责人,但显然僧职地位较高的法律应为该任所由中的负责人,其他几人地位应在其下。

2.团

敦煌寺院财产管理人员除了被组织为"所由"的形式外,还往往被组织为"团"②。

"团"的组织形式在传统文献和出土文献中均有记载,不仅世俗社会而

---

① 唐耕耦、陆宏基编:《敦煌社会经济文献真迹释录》第3辑,第125—126页。
② 学界对"团"的探讨时间较早,人数较多,高启安先生在《敦煌的"团"组织》(《中国藏学》2012年第2期,第99—107页)一文中对相关研究成果和观点均有介绍,并利用大量的敦煌文书全面分析了"团"组织的类型、性质和组织形式等问题。

且僧团内部亦有这种编组形式。如圆仁在《入唐求法巡礼行记》卷3中记载唐代长安的左右街功德巡院就曾将寺院组织为"团"的形式来进行管理,其中有扬化团和菩提团①。又如唐宪宗元和十二年(817)二月诏:"京城居人五家为保,命朝官及中官条疏家人部曲及在宅参从人数送府县;其寺观,委两街功德使团保,虞二方之奸谋也。"②可见,唐政府不但对京城世俗人以五家为保进行管理,而且对寺观亦实行团保的形式进行管理。从敦煌文书可知,晚唐五代宋初时期敦煌寺户亦以"团"的形式进行编组,每团由团头和头下人户组成。姜伯勤先生指出:在唐代,编制为"团"并设置"团头"的编制形式不是对在寺院土地中进行劳动的寺户所特有的编制形式,"团头"和"团"的编制被不同的阶层及集团作为编组形式而使用③。同时,我们从敦煌文书中还可以看到,僧人往往组织成"团"从事各种活动。如S.4664《团僧等于白露道场认真课念帖》载:

1　第一团头大索僧正。
2　第二团头小索僧正。
3　第三团头徐僧正、安阇梨、沈师清子、孟家愿兴　都师愿兴 佳兴麻鸡
4　第四团头程法律。
5　第五团头大阴法律、赵阇黎、道通、善清、富顺、愿盈、长千。
6　第六团头小阴法律。
7　　　上件团僧等,今缘白露道场,各须一日一
8　　　夜课念精专,不得怠慢。二时巡绕而
9　　　莫停,朝夕经行而谨慎。若有不凭条
10　　　式,随意施行,上座各罚麦柒斗,的无容免,
11　　　新戒决丈(杖)十一,莫言不告。更若
12　　　官巡□祈之时,一仰当团僧祇当者。
(后缺)④

---

① [日]圆仁著,[日]小野胜年校注,白化文、李鼎霞、许德楠修订校注,周一良审阅:《入唐求法巡礼行记校注》,第401、413页。
② [宋]王钦若等编:《册府元龟》卷64《帝王部·发号令三》,中华书局,1960年影印本,第721页。
③ 姜伯勤:《唐五代敦煌寺户制度》,第54—59页。
④ 唐耕耦、陆宏基编:《敦煌社会经济文献真迹释录》第4辑,第147页。

这是在宗教活动中将僧人分编为不同的团。在其他劳作中亦是如此，如P.2040V《后晋时期净土寺诸色入破历算会稿》中第26行载："面三斗，阳孔目庄上斫[木]两团僧食。"第251－252行载："粟一斗，安老宿车团于南沙张音声庄折木用。"又 Дx.1378《当团转帖》记载了一个主要由张法律、阴法师、程法律、阴法律等僧人组成的团被通知从事修堤劳作的情况①。至于将寺院财产管理人员编制为"团"的记载亦甚为常见。如S.1519(1)《辛亥年(891或951)某寺诸色斛斗破历》中第24－25行载："又麦贰拾肆硕贰斗、粟贰拾贰硕捌斗，还南仓司马法律团用。"S.5049《庚辰年(980或920)正月报恩寺寺主延会诸色斛斗入破历算会牒稿》第18－21行载："粟三石，于西仓龙法律团领入。粟五斗，西仓索法师团领入。麦四石二斗，春佛食领入。粟两石六斗，索法师团领入。粟五斗五升，亦索法师团领入。"S.5974《乙酉年(986或926)十二月四日两团粟破历》第1－2行载："乙酉年十二月四日，两团计支全粟伍硕伍斗，破了未入粟。"P.4782《甲申年三月十一日僧子昌偿高阇梨欠粟凭》第1－2行载："甲申年三月十一日，僧子昌欠高阇梨团粟两硕陆斗，入牙盘壹面，得案内破除。"

与所由一样，在寺院财产管理中，每任团亦有一定的任期，任期满后，前任团与下任团之间要进行财务交接。如前引S.4701《庚子年(1000或940)报恩寺算会分付斛斗凭》记载了庚子年十二月十四日，报恩寺徒众就后殿齐坐算会先执仓常住仓司法律法进、法律惠文等八人于庚子年正月一日以后至庚子年十二月十四日以前所主持的斛斗并进行交接之事，其中先执仓常住仓司法律法进、法律惠文等八人实际为前一任团，而文末签名画押的几名执物僧团头法律惠员、愿盈、住兴、愿兴、善法、法兴、道通等组成后一任团，其中法律惠员为团头，其他几人为该团成员。前后两团在交接时要将财产的收支结存等详细情况进行登载，最后由新接任之团成员集体签名画押。

当负责之团因种种原因而导致寺院财产不能按时收回时，该团成员要负责想法将这些财产归还。如P.3631《辛亥年(1011或951)正月廿九日善因愿通等柒人将物色折债抄录》载：

1 辛亥年正月廿九日，先把物团善因、愿通等柒人，欠常住斛斗，

---

① 唐耕耦、陆宏基编：《敦煌社会经济文献真迹释录》第4辑，第161页。

第三章　敦煌寺院财产的管理

2　见将物色折债抄录谨具如后。
3　善因入布柒拾捌尺，准麦粟柒硕捌斗，折黄麻叁硕玖斗。
4　愿通入褐布柒拾伍尺，准麦粟捌硕，折黄麻肆硕。愿威入
5　榆木两根，准麦粟陆硕；入昌褐肆拾尺，准麦粟肆硕；木及褐
6　价折黄麻伍硕。保瑞入昌褐叁丈贰尺，准麦粟叁硕贰斗，
7　折黄麻壹硕陆斗。保端替老宿入白方毡壹领，准麦粟
8　肆硕，折黄麻两硕。又入人上典物铜钃子壹口。上件物色等对
9　众僧分付，领入库内。领褐布人王上座，后要破数。
10　又六月九日，保遂入斜褐壹段，准麦粟　　还物人保瑞
11　肆硕伍斗，折黄麻两硕贰斗伍升。又紫　　还物人保瑞（定）
12　绵绫衫表（?）壹领，准麦粟玖硕，折黄麻肆　　还物人愿威（押）
13　硕伍斗。又白羊毛毡壹领，折麦粟两硕　　还物人愿通（押）
14　伍斗。故僧愿住入昌褐肆拾尺，折麦粟
15　肆硕，又愿通入布叁丈捌尺，折麦粟叁　　还物人善因（押）
16　硕捌斗。其布僧政贷还入。善因褐袋壹口，折麦粟肆硕。保端
17　替故张老宿入布壹丈伍尺，折麦粟壹硕伍斗。又昌褐贰
18　丈肆尺，折麦粟两硕肆斗。其文书内物于李法律
19　算时总入破了，更无词理。
20　其文书内黄麻及麦粟并入。僧愿通（知）
21　愿通交历及李法律交历。　僧善因
22　癸丑年正月廿日众僧齐坐领得诸团折债物色抄
23　录如后：

（后缺）①

这是前把物团善因、愿通等七人折还其所欠寺院财产的详细情况，而且从最后"癸丑年正月廿日众僧齐坐领得诸团折债物色抄录如后"一句来看，不但财产管理人员被组织成不同的团，而且相关负责团欠寺院财产的现象很普遍。

"团"与"所由"大致相同，团由若干人组成，其中一人为团头，是该团的负责人。而所由一般虽没有明确说明负责人，但一般是由组成所由人员中职位最高者担任，故敦煌寺院财产管理中的"团"与"所由"两者在本质上是相同的，仅是名称不同而已。

3. 其他

在寺院财产管理中，有时管理人员不以团、所由的名称出现，而是依据他们所管理的具体某一种斛斗则有相应的称呼。如 S.5806《庚辰年（920 或 980）十一月算会仓麦交付凭》载：

1　庚辰年十一月就殿上算会，旧把仓僧李校（教）授、应会
2　四人等，麦除破外，合管回残麦陆拾壹硕肆斗柒升，
3　现分付新把麦人仓司惠善、达子四人等，一一为凭。
4　　　　　　把麦人达子（押）
5　　　　　　把麦人法达（押）
6　　　　　　把麦法云（押）
7　　　　　　把麦人惠善（押）
（后残）②

由于文中达子等人所管理的是麦子，故被称为是"把麦人"。又前引 P.3290《己亥年（999 或 939）报恩寺算会分付黄麻凭》为前后两任负责人交接黄麻的凭据，其中有"先执黄麻人法律惠兴、寺主定昌、都师戒宁三人"和"后执仓黄麻人徐僧正、寺主李定昌、都师善清三人"，文书结尾还有后执黄麻人徐僧正、寺主李定昌和都师善清三人的签名画押。由于法律惠兴等人

---

① 唐耕耦：《敦煌寺院会计文书研究》，第 326—327 页。在《敦煌社会经济文献真迹释录》第 2 辑第 227 页中，该件文书的时间及定名是《辛亥年（951？）正月二十九日善因愿通等柒人将物色折债抄录》。

② 唐耕耦、陆宏基编：《敦煌社会经济文献真迹释录》第 3 辑，第 346 页。

专门管理的是黄麻,故被称为"执黄麻人"。实际上,无论是把麦人还是执黄麻人,他们均可以称为是所由,亦或是团,如把麦所由、把麦团,等等。他们的每一任亦应由职位最高者担任负责人,如 S.5806 中前任四名把麦人中李教授应为负责人,而 P.3290 中前任三名执黄麻人中法律惠兴应为负责人,后任三名执黄麻人中徐僧正应为负责人。

有时,寺院或者寺院某部门的财务收支由某一个人来负责,如 S.4782《寅年(858)乾元寺堂斋修造两司都师文谦诸色斛斗入破历算会牒残卷》记载由都师文谦一人负责乾元寺堂斋修造两司寅年的财务收支,P.3352《丙午年(886 或 946)三界寺招提司法松诸色入破历算会牒残卷》记载由法松负责三界寺招提司丙午年的财务收支,P.2049V《后唐长兴二年(931)正月沙州净土寺直岁愿达手下诸色入破历算会牒》记载直岁愿达负责净土寺 931 年的财务收支,等等。尽管一个人在一定时期内负责寺院的财务收支时不能视之为是"团"的形式,但依然可以称之为"所由"。

(二)管理人员的连署制度

连署制度亦称联署制度,即几位负责人同时在文书上联合签署姓名,以表示对该文书内容的真实可靠性共同负责,其目的在于防奸杜弊,是古代政治、经济、法律等行事中一种普遍行用的制度。如《北齐书·文苑传·颜之推》载:"崔季舒等将谏也,之推取急还宅,故不连署;及召集谏人,之推亦被唤入,勘无其名,方得免祸。"[①]白居易《渭村退居寄礼部崔侍郎翰林钱舍人诗一百韵》云:"差肩承诏旨,连署进封章。"在佛教发展过程中,这种连署制度在佛教僧团的对内、对外事务中亦被广泛应用,而这种应用在吐蕃归义军时期的敦煌佛教僧团中得到集中体现,如前述敦煌寺院财产管理人员无论是以团、所由还是其他形式进行组织,但凡在寺院内部正式的财产核算交接中往往要由财产管理人员进行连署,这在前引文书 S.4701、P.3290、S.5806 等中均得到反映[②]。而这种众僧连署制度的形成应与世俗政权对佛教寺院的管理和寺院经济的发展密切相关。

从世俗政权对佛教寺院的管理来看,从寺院三纲制度完全确立以后至唐代,在一寺之内,三纲具有绝对的权威,且世俗政权还对寺院三纲的地位

---

① [唐]李百药撰:《北齐书》卷 45,中华书局,1972 年,第 618 页。

② 从敦煌文书来看,不但寺院财产管理如此,在其他如汇报本寺僧侣人数及变动情况、选举本寺纲管、田宅的买卖等活动中均存在寺院纲管或负责人,甚至全寺徒众连署的现象。

从法令上进行了维护。如《唐六典》卷4"祠部郎中"条注文言：若僧尼"毁骂三纲、凌突长宿者，皆苦使也"①。这实际上是要求僧尼顺从三纲的管束。同时，唐律还对寺院奴婢部曲与三纲之间的不平等关系进行了规定，如《唐律疏议》卷6"名例六"载："观寺部曲、奴婢于三纲，与主之期亲同。"疏议曰："观有上座、观主、监斋，寺有上座、寺主、都维那，是为'三纲'。其当观寺部曲、奴婢，于三纲有犯，与俗人期亲部曲、奴婢同……"注云："……若三纲殴杀观寺部曲，合徒一年；奴婢有罪，不请官司而杀者，杖一百。其部曲、奴婢殴三纲者，绞；詈者，徒二年。"②显然，这种规定依然有利于维护三纲的地位。在这种情况下，三纲为寺院的实际管理者，无论是寺院内部事务还是对外事务一般均由三纲负责，即"纲统众事"，这在唐代律令中亦多有规定，如《佛祖统记》卷41云："敕僧尼有事故者，仰三纲申州纳符告注毁，在京于祠部纳告。"而其直接体现则是在寺院的相关行事文书中一般实行三纲连署制度。据研究，日本的《令集解·僧尼令》是据唐代《道僧格》所创制的，后者没有传之于世，但前者令文和注文中保存有许多后者的条文③，其中有的条文就强调"三纲连署"，如《令集解》卷7"非寺院"条："凡僧尼，非在寺院，别立道场，聚众教化，并妄说罪福，及殴击长宿者，皆还俗。国郡官司知而不禁者，依律科罪。其有乞食者，三纲连署，经国郡司，勘知精进练行，判许……"又唐代《道僧格》"禅行修道条"云："凡道士、女道士、僧、尼有禅行修道，意乐寂静，不交于俗，欲求山居服饵者，三纲连署，在京者经鸿胪、宗正，在外者经州县，勘实并录申官……"④可见，寺院在行事文书中的"三纲连署"制度可以看作是世俗政权对佛教寺院管理的结果。

与令文的规定一致，我们可以从保存下来的具体的寺院行事资料中看到三纲连署制度的实施情况。吐鲁番出土文书64TAM15：15(a)《唐贞观十四年(640)西州高昌县弘宝寺主法绍辞稿为请自种判给常田事》载：

1　贞观十四年十二月廿七日，弘宝寺主法绍辞

件亩数

---

① ［唐］李林甫等撰：《唐六典》，陈仲夫点校，中华书局，1992年，第126页。
② ［唐］长孙无忌等撰：《唐律疏议》，刘俊文点校，中华书局，1983年，第144—145页。
③ 郑显文：《日本〈令集解·僧尼令〉与唐代宗教法比较研究》，《政法评论》2001年卷，中国政法大学，2001年，第64—87页。
④ 郑显文：《唐代〈道僧格〉研究》，第38—54页。

第三章　敦煌寺院财产的管理

2　前判得附庸上常田，为作弘宝寺田业，
　　　　　运粪着田中，并斫田竟
3　以充僧供养。今时量官田家不与。乞索
4　作寺名，寺家自种。请以谘陈，请裁，谨辞。
5　上坐　　寺主　　都维那　　寸辞①

这件文书记载的是弘宝寺三纲向官府连署要求收回寺田而自种的事，是唐初寺院行事中三纲连署的反映。在该件文书的背面是 64TAM15∶15(b)《唐西州高昌县弘宝寺及奴婢名籍（一）》，共残存 9 行，登载了几十名弘宝寺的僧人，其中第一行为："弘宝寺僧及奴婢等上□（坐）惠寂寺主法绍维那幢海。"②亦是三纲连署。又《唐神龙三年（707）正月西州高昌县开觉等寺手实》是一件新发现的吐鲁番文书，其内容如下：

（前缺）

1　一段二亩永□□□□□东田，西张□□南荒北渠
2　□□□□业薄田，城□□□□□里南平城，东荒西宁方南渠北渠
3　一段一亩永业薄田，城西六十里南平城，东董宝西渠南渠北冯进
4　一段二亩永业薄田，城西六十里南平城，东荒西荒南荒北索住
5　一段二亩永业薄田，城西六十里南平城，东宁方西翟征南渠北部田
6　右件地，藉（籍）后给充僧分。
7　牒被责令，通当寺手实，僧数、年名、部曲、
8　奴婢并新旧地段、亩数、四至具通如前，其
9　中并无脱漏，若后虚妄，连署纲维，请
10　依法受罪。谨牒。
11　　　神龙三年正月日直岁僧惠俨牒
12　　　　　都维那阙

---

①　国家文物局古文献研究室、新疆维吾尔自治区博物馆、武汉大学历史系编：《吐鲁番出土文书》（录文本）第 4 册，文物出版社，1983 年，第 46 页。
②　国家文物局古文献研究室、新疆维吾尔自治区博物馆、武汉大学历史系编：《吐鲁番出土文书》（录文本）第 4 册，第 48 页。

```
13              上坐僧广润
14              寺主惠
```
(后略)①

该件手实是开觉寺三纲向官方牒报本寺的土地、僧数、年名、部曲、奴婢等情况，而三纲连署的目的是要对汇报内容的真实性共同承担责任，即"若后虚妄，连署纲维，请依法受罪"。

至唐代中期，三纲连署的现象依然如是。S.5868《护国寺处分家人帖》载：

```
1  护国寺□□□外巡僧大晉
2  光果□□□多少等。
3  右帖至，仰领前件家人刈草叁
4  日，留一人浇田，余人尽将去，不得
5  妄作事故，违必重科决，八月廿七
6  日帖。都维那僧惠达
7  上座僧惠□，寺主僧惠云。
```

据介绍，这件文书出土于于阗丹丹威力克，其写成时间是8世纪末②。从文书内容来看，其记载的是寺院纲管安排该寺家人从事农田劳作之事，文末有该寺三纲维那、寺主、上座的署名，体现了寺院三纲连署的制度。

从以上资料我们起码可以看到从唐初至中唐前三纲连署制度的实施情况，并且以上三纲连署的资料多与寺院的经济活动如农业生产、财产管理等有关。

此外，随着寺院经济的发展和规模的扩大，在寺院财产管理中，除了三纲之外，还出现直岁、典座等负责具体事务的职事僧，从而在寺院财产管理中出现了由传统的三纲连署开始向多人连署发展的现象。如前引Ch969-72《唐开元九年(721)十月至十年正月于阗某寺支出簿》中记载的该寺几十笔帐目中，每条帐目下均有财产管理人员三纲和直岁的署名，这样就出现了四名僧人连署的现象。如"廿九日，出钱壹伯贰拾，沽酒叁斗，为厨库舁子□□□得满等淘井寒冻辛苦吃。出钱壹阡壹伯贰拾文，付子傔

---

① 荣新江、李肖、孟宪实主编：《新获吐鲁番出土文献》(上)，中华书局，2008年，第53页。
② 陈国灿：《斯坦因所获吐鲁番文书研究》，武汉大学出版社，1995年，第557页。

杨景升,准作车□捌拾筐,筐别一十四文,就丛。出钱壹伯贰拾文,沽酒叁斗,与撅众堂工匠氾琟等辛苦吃。直岁僧法空、都维那僧名圆、寺主僧日清、上座僧法海;同日,出钱贰阡伍伯文籴僧惠澄干萄萄两硕,斗别五十文,小麦伍硕斗别卅文,其麦纳外库。付典座僧惠光。直岁僧法空、都维那僧名圆、寺主僧日清、上座僧法海;同日,出钱柒伯陆拾文付求福,充还先雇匠贯财助造官毡手功价。出钱壹阡柒伯叁拾文,付市城政声坊吒半勃曜诺,充还家人悉末止税并草两络子价。出钱贰伯文,付同坊吒半可你婆,充还家人盆仁挽税[并草两]络子价。直岁僧法空、都维那僧名圆、寺主僧日清、上座僧法海。"显然,在二十九日这一天所发生的几笔帐目中,三纲与直岁均进行了连署。又如一件西域文书《唐天宝六载(747)四月交河郡佛寺给家人春衣历》中亦有多位僧人连署的现象,其内容如下:

1　天宝六载四月十四日给家人春衣历。
2　常住　大及　夊子　突奴　已上肆人,人各给缬一段充衫。八尺充裤
3　祀奴　末如(?)　已上两人,人各给一段充衫。祀奴给八尺充裤。
4　可僧付缬一段充衫。胡尾子付缬一丈二尺充裤。
5　右件缬玖段,每段用钱贰佰贰买到,用给上件
6　家人春衣,谨以为案,请僧连署。僧无生
7　僧僧玄藏僧法藏僧澄练①

这是一件记载某寺院给家人春衣的支出帐目,最后有四五位僧人的署名,毫无疑问,他们均是寺院的财产管理者。但我们不清楚这几名连署僧人的具体僧职,他们有可能均是专门负责寺院仓库的僧人,亦有可能是三纲和其他如直岁、典座等人。

以上讨论说明,在唐代寺院财产管理的署名制度中,经历了从三纲连署到众僧连署的发展趋势,这种趋势是寺院经济规模不断发展的结果,亦是寺院财产管理不断进步的体现,同时还与寺院内部僧职设置的变化密切相关。而吐蕃归义军时期敦煌寺院财产管理中的多僧连署现象亦是这种背景下的必然产物。当然,敦煌地区还有其特殊的地方,那就是在寺院财产管

---

① [日]池田温著,龚泽铣译:《中国古代籍帐研究》"录文与插图"部分,第328页。

理中连署的某些僧官如法律、判官等是吐蕃统治敦煌时期设置的,并且延续到嗣后的归义军时期,而这些僧官在其他地区的寺院中一般是不存在的。

第三节　管理方式

关于敦煌寺院财产的管理方式,笔者曾指出有便、贷和算会、点检等四种①。后来明成满先生在讨论敦煌寺院财产的管理方式时仅强调了算会与点检两种②。其实,笔者所述的四种管理方式按其性质可以归纳为两大类,即便和贷为一类,算会和点检为一类。前者主要由某一任期内寺产管理人员负责进行,后者由寺产管理人员和全寺徒众集体参与。

一、便和贷

便、贷是寺院财产管理者对常住财产进行经营管理的方式。作为寺院财产管理者,在保证寺院财产不致流失的同时,使寺院财产能够增值、济困等亦是其职责所在,而便、贷是实现此职责的两种方式。

(一)便

敦煌寺院的"便"反映在便物契与便物历两类文书中③。

敦煌文书中便物契的出便物一般是麦、粟等斛斗之物,目前所见仅Дx.02157V是一件便衫契、日本杏雨书屋藏羽62《酉年纥骨萨部落百姓宋德子便布契》是一件便布契④。这些便物契绝大多数属于吐蕃时期,仅有几件属于归义军时期,其中吐蕃时期的便物契除了羽62这件便布契有利息外,其他一般没有利息说明,而归义军时期的便物契有的有息,有的则无。如北图收43V《天复九年(909)杜通信便粟麦契》、北图殷41V《癸未年

---

① 王祥伟:《归义军时期敦煌寺院的财产管理研究》,第40—52页。
② 明成满:《从敦煌文书看唐五代时期寺院的财产管理方式》,《宁夏社会科学》2010年第6期,第103—106页。
③ 学界对敦煌便物契与便物历中"便"的含义多有解释,乜小红先生在综合诸家观点的基础上又对"便"和便物历进行了详细考论,参乜小红《中国古代佛寺的借贷与"便物历"》,《中国史研究》2011年第3期,第61—83页。该文后作为第三章收入其著《中国中古契券关系研究》,中华书局,2013年。
④ 童丕先生在《敦煌的借贷:中国中古时代的物质生活与社会》第170页中认为,在8—10世纪的整段时期内,可以确定的是,"便"一般只用于敦煌粮食借贷契约中。而这两件文书说明,"便"起码亦可用于敦煌织物借贷契约中。

(923?)平康乡百姓彭顺子便麦粟契(稿)》有息,而 P.3192V《唐大中十二年(858)敦煌乡百姓孟憨奴便麦粟契》则无息。

便物契中的出便方,有的明确是寺院,有的是都司,有的是僧侣个人,有的是世俗人。寺院财产的出便由寺院仓司的负责人,即寺院财产的管理者负责出便与回收。在目前所见敦煌便物契中,属于寺院的便物契全为吐蕃时期,且在契约中没有说明利息,相关情况如下表所示[①]:

(表3-4)

文书卷号	年份	贷方	借方	借贷原因	利息
S.1475V	823?	灵图寺	部落百姓马其邻	无种子、年粮	无
S.1475V	823?	灵图寺	当寺僧义英	无	无
S.1475V	823?	灵图寺	悉董萨部落百姓翟米老	无	无
S.1475V	817?	灵图寺	下部落百姓曹茂晟	无	无
S.1475V	817?	灵图寺	行人部落百姓张乜奴	无	无
S.1475V	823?	灵图寺	当寺僧义英	不明	无
S.1475V	823?	灵图寺	当寺僧神宝	负债	无
S.1475V	823前后	灵图寺	当寺僧神寂	负债	无
S.1475V	823前后	灵图寺	当寺僧惠云	不明	无
S.1475V	823前后	灵图寺	阿骨萨部落百姓赵卿卿	无种子	无
S.1475V	823前后	灵图寺	史奉仙	不明	无
S.1475V	817前后	灵图寺	寺户严君	无斛斗	无
S.1475V	823?	某寺	当寺人户索满奴	无斛斗	无
P.T.1297V	832?	永寿寺	悉董萨部落百姓孙清	无年粮	无
P.T.1297	不详	永寿寺	宁宗部落百姓夏孜孜	无种子、年粮	无
P.3444p1+P.3491p2	834?	××处	丝棉部落百姓阴海清	无年粮	无
P.3444V	834?	××处	上部落百姓赵明明	无种子	无

---

① 本表主要是依据唐耕耦、陆宏基编《敦煌社会经济文献真迹释录》第2辑和沙知辑校《敦煌契约文书辑校》制作,唐、沙二氏对这些文书年代的判定不尽一致,其中唐先生对S.1475V诸件年代的判定与陈国灿先生在《敦煌所出诸借契年代考》一文中的判定较为一致,表中S.1475V诸件的年代亦暂时依唐、陈二氏的观点。此外,表中P.3422V的年代唐耕耦和沙知先生分别推测为823年和835年,S.4192V的年代沙知和唐耕耦先生分别定为839年和803年。

续表

文书卷号	年份	贷方	借方	借贷原因	利息
P.2502V	834?	××处	悉董萨部落百姓钳兴逸	无年粮	无
P.3422V	823?	灵图寺	曷骨萨部落百姓武光儿	少种子、年粮	无
P.2686	837?	灵图寺	普光寺人户李和和	少种子、年粮	无
P.3730V	839	永寿寺	纥骨萨部落百姓吴琼岳	无粮用	无
P.3730V	839	永寿寺	纥骨萨部落百姓龙华子	不明	不明
S.4192V	839	××处	张国清	不明	无
S.1291	不详	某寺	中元部落百姓曹清奴	无种子	无
S.2228	9世纪前	大云寺	解女	无种子	无

表3-4所列便物契均是契约的各种要素基本具备、并且皆是能够确定属寺院的出便，其他残损不全或难以确定是寺院或僧尼个人出便者没有一一罗列。许多敦煌寺院的出便契约在表中"××处"之"处"字前面空缺俩字，或者没有空缺而仅有"处"字，"××处"当指寺院的佛帐所或常住处。如S.4192V《未年（839）张国清便麦契》云："未年四月五日，张国清遂于　处便麦叁蕃驮。"契尾最后一行云"报恩窖内分付　四月五日记"，可见此处的"处"指报恩寺常住处。之所以在契约中仅写一"处"字，应是因为契约双方均知其意，故略之。

从表3-4中我们可以看到，无论是向寺户还是向部落百姓出便，这些契约均无明确的利息规定，归还期限一般俱在秋八月内，似应属无息借贷。但学界对该问题有不同的看法，谢重光、谢和耐、王尧、罗彤华等先生认为这些契约应属无息借贷①。但更多学者持相反意见，如仁井田陞先生在《唐末五代的敦煌佃户关系文书——关于限制佃户人格自由的规定》一文中认为这些契约中的"利息（填补利息）也许是事先扣除的，不过，在借据上

---

① 谢重光：《关于唐后期五代间沙州寺院经济的几个问题》，参韩国磐主编《敦煌吐鲁番出土经济文书研究》，第481—482页。［法］谢和耐著，耿昇译《中国五—十世纪的寺院经济》，第219页。王尧：《敦煌吐蕃文书P.T1297号再释——兼谈敦煌地区佛教寺院在缓和社会矛盾中的作用》，《中国藏学》1998年第1期，第96页。罗彤华：《从便物历论敦煌寺院的放贷》，载郝春文主编《敦煌文献论集——纪念敦煌藏经洞发现一百周年国际学术研讨会论文集》，第436—473页。

并没有写着关于利息的文句"①。但仁井田陞先生并没有进一步说明理由。北原熏先生在《晚唐五代の敦煌寺院经济——收支决算报告を中心に》一文中指出：S.1475《吐蕃酉年卯年等灵图寺佛帐麦贷便契》一十一件中第四件等契约，未写明利息，不是没有利息，而是按习惯收取利息②。童丕先生亦认为利率早已隐蔽地按照惯例算进去了③。唐耕耦先生亦支持北原熏的观点，并认为在敦煌地区寺院普遍出贷取息，高利贷收入是寺院主要收入之一。同时又举出归义军时期的寺院会计文书 P.2049V《后唐同光三年(925)正月沙州净土寺直岁保护手下诸色入破历算会牒》、P.2049V《后唐长兴二年(931)正月沙州净土寺直岁愿达手下诸色入破历算会牒》和P.2032V《甲辰年(944)净土寺直岁惠安手下诸色入历》等来证明，最后据此得出的结论是："未写利息的寺院借贷文书，不可能是无息贷款，而是有息贷款。其利息率系按当地通行的利息率计算。"④但我们必须承认，这些用来作为论据的文书均属10世纪或9世纪后期的归义军时期，此时借贷的主、客观条件与吐蕃时期相较发生了一定变化，因而通过归义军时期的寺院借贷文书中含息现象来对吐蕃时期的借贷下结论似乎难避有失偏颇之嫌。

不管有无利息，寺院斛斗的出便可以帮助便物者进行再生产，接济时艰，从而为社会的稳定起到积极作用。而便物契的存在亦可以保证寺院财产不至于流失，因为便物契是寺院将财物出便给他人的证据，契约中有保人、见证人以及违约责任的规定。若不能按时归还，寺院财产管理者可以按照违约条款的规定来维护寺院的利益。如 P.2487(5)《年代不详便麦契》载：

（前缺）

---

① ［日］仁井田陞：《唐末五代的敦煌寺院佃户关系文书——关于限制佃户人格自由的规定》，载［日］周藤吉之等著，姜镇庆、那向芹等译《敦煌学译文集——敦煌吐鲁番出土社会经济文书研究》，第839—840页。
② ［日］北原熏：《晚唐五代の敦煌寺院经济——收支决算报告を中心に》，载［日］池田温编《讲座敦煌·3·敦煌の社会》，大东出版社，1980年，第386—396页。
③ ［法］童丕著，余欣、陈建伟译：《敦煌的借贷：中国中古时代的物质生活与社会》，第128页。
④ 唐耕耦：《唐五代时期的高利贷——敦煌吐鲁番出土借贷文书初探》，连载《敦煌学辑刊》1985年第2期第11—21页、1986年第1期第134—153页。

1　汉斗。迁延不纳,今再立限,至十一月五日于寺受
2　纳。如依限不纳,其立契日锅一口没。其麦粟请倍,
3　仍任掣夺家亲(杂)物,用充麦直。恐人无信,故
4　立此契,用为后凭,花印为记。(藏文署)①

这是便麦者没有依据此前便麦契的约定而按时向寺院还纳所便之麦,故到期后寺院与其重新立契而规定新的还麦时限,以督促其归还。

此外,敦煌文书中有几十件便物历文书,这些便物历一般均属归义军时期,只有个别的可能属于吐蕃时期,且一般均有利息。便物历的出便物多样不一,有麦、粟、豆、黄麻,还有油、面等。有些出便是以个人名义进行的,如Дx.1449《年代不明王法律出便与人名目》、S.4654V(1)《丙午年(946)金光明寺庆戒出便与人名目》、北图83:1901《辛酉年(961)二月九日僧法成出便与人抄录》、P.2932《甲子乙丑年(964—965)翟法律出便与人名目》,等等,这些便物历的出便利率皆为50%②,但我们不易确定这些以个人名义进行的出便是僧人个人行为还是代表寺院,故不详论。便物历中还有许多明确系寺院财产的出便,如S.1781《庚辰年(920)正月二日僧金刚手下斛斗具数历》、P.3234V《甲辰年(944)二月后沙州净土寺东库惠安惠戒手下便物历》、S.5873V＋S.8567《戊午年(958)灵图寺仓出便与人名目》、S.6452(6)《壬午年(982)二月十三日净土寺常住库内黄麻出便与人名目》、S.6452(7)《壬午年(982)三月六日净土寺库内便粟历》,等等③,这些文书的结构相同,出便利率为50%或30%(此利率仅是依据出便的本金和归还时的本利数来计算的,没有考虑出便期限,若将出便期限考虑在内,利率会有相应的变化),其中S.5873V＋S.8567、P.3234V和S.1781为50%,S.6452(6)和S.6452(7)为30%,均至秋归还。

综合检视所有的便物历文书,其要素主要有便物者、便物名目、便物数量、便物时间、归还时间、归还数量、口承人、画押,等等。但是,这些要素很难在某一件便物历中完全具备,一般便物历中有便物者、便物名目、便物数

---

① 沙知辑校:《敦煌契约文书辑校》,第156页。
② 录文分别参唐耕耦、陆宏基编《敦煌社会经济文献真迹释录》第2辑,第273、223、259、232页。
③ 录文分别参唐耕耦、陆宏基编《敦煌社会经济文献真迹释录》第2辑,第205、212－215、228、244、245页。

量、便物时间、归还时间、归还数量等,但是口承人和画押则不一定具备。如前述几件寺院便物历中,S.6452(6)和S.6452(7)中每笔帐目没有画押,仅个别的帐目有口承人;S.5873V＋S.8567中各种要素基本具备,每笔帐目有画押且绝大多数有口承人;P.3234V中每笔帐目有画押,有的有口承人,有的则无,同时大多还注明了便物人的住址。故从形式上来说,便物历没有便物契严谨,但是便物历作为寺院出便财产的底帐依然是寺产追回的依据,在保证寺产的安全方面发挥着重要作用。

总之,寺院财产管理者将寺院斛斗进行出便对寺院没有负面作用,在接困济贫的同时,还有可能为寺院增值,从而实现了财产管理者的职责。

(二)贷

与"便"有便物契与便物历两类文书一样,"贷"亦包括贷物契与贷物历,目前所见敦煌文书中的贷物契与贷物历文书一般均为归义军时期①。敦煌文书中保存下来了数量较多的贷物契,这些贷物契的出贷物均为织物如绢、绫等,且一般均有利息。与贷物契不同,贷物历中的出贷物主要是斛斗或斛斗的加工物。

敦煌文书中没有明确属于寺院出贷织物的贷物契。虽有僧人出贷织物的,但不能确定其行为是代表寺院还是代表个人。敦煌寺院的"贷"主要体现在贷物历文书中,但敦煌文书中纯粹的贷物历比较少。还有的文书中既有"贷",又有"便",故严格地说,这些文书应被称为"贷便历"。如前所说,便物历中的"便"一般均有利息。同时我们注意到,在贷便历中,凡是"便"者有息,凡"贷"者一般无息。如S.4060V《戊申年(948)正月五日至六月一日令狐盈君等便贷麦历》载:

(前略)

7　□月十二日,李员信便麦壹石,至秋[壹硕伍斗]。

8　六月一日,就保住便麦两硕,秋叁硕。

9　曹将头贷麦伍硕,索进盛贷麦壹硕□□□□□

10　就盈君贷麦一石,当家所用麦两硕。

---

① S.5244是一件借贷文书,沙知先生在《敦煌契约文书辑校》第174页中将其拟名为《亥年(831?)贷布契》,其内容为:"亥年二月廿七日,功苓外家度布一迁,□歌面上贷九即与,限四月十日便还无里(利)。四月十日不还者,逐月生里(利)。"从用地支纪年的现象来判断,该件文书可能为吐蕃时期或归义军初期,且该件文书与严格的契约在形式上不尽相同。

11　再升便麦一石伍斗。赵家女便麦贰斗,秋叁斗。

12　马海定贷麦两硕加二斗。就保住贷麦壹硕。

13　就良晟便麦六斗,秋九斗。当家贷麦伍硕肆斗。①

该件出便者是否为寺院不能确定,其中凡贷无息,便有息。这种现象在其他明确属寺院的贷便历中亦存在,如本章第一节所引 P.3370《戊子年(928)六月五日净土寺公廨麦粟出便与人抄录》中记录了 27 笔帐目,便者有息,贷者无息,我们再移录部分内容如下:

22　龙勒程恩子便粟伍斗,至秋柒斗伍升,(押)。口承喜喜(押)。

23　洪池邓安久便麦壹硕,至秋壹硕伍斗,(押)。口承李安六(押)。

24　赤心李安六便粟壹硕,至秋壹硕伍斗,(押)。口承邓安久(押)。

25　平康王安君贷麦壹硕伍斗,至秋壹硕柒斗。口承王寺主(押)。

26　王寺主贷麦两硕,口承王安君(押)。

27　曹法律贷麦口斗

在这几笔帐目中,前几笔便者有息,利息率为 50%,后三笔贷者仅王安君所贷一笔有息,但利息率约为 13%,远远低于前几笔,而且不排除误写的可能。又 P.3234V《甲辰年(944)二月后沙州净土寺东库惠安惠戒手下贷便物历》记录了大约 71 笔"便贷"帐目,一般为 50% 的利息率,但其中有 7 笔帐目没有利息,这几笔帐目是第 4 行"史都料贷豆叁硕(押)",第 13 行"杨继崇便黄麻壹石贰斗",第 16 行"押衙安文全豆陆石(押)",第 44 行"愿真豆壹硕",第 55 行"宋都衙黄麻壹硕肆斗,荆曹六将",第 59 行"福子麦壹石",第 65 行"官贷黄麻贰硕捌斗"。在这几笔帐目中,第 16、44、55、59 行所载几笔没有说明是便还是贷,第 13 行的一笔是用了"便"字,第 4、65 行的二笔是用了"贷"字,且这是 71 笔帐目中唯一二笔明确用"贷"字者,其恰好没有利息。此外,S.5064《年代不明(10 世纪)某寺愿戒保心等付贷入粟豆黄麻历》是一件残卷,总共保存下来了约 9 笔帐目,其中有 8 笔帐目是用

---

① 唐耕耦、陆宏基编:《敦煌社会经济文献真迹释录》第 2 辑,第 225 页。

了"付"字,另一笔用了"贷"字,每笔帐目没有利息,如"(前缺)愿戒付粟叁硕,豆伍斗,黄麻柒斗。自年秋入粟两硕柒斗,入豆伍斗,入黄麻柒斗,又入粟叁斗;保心付粟叁硕,豆伍斗,黄麻柒斗。自年秋入黄麻柒斗,入豆伍斗,入粟叁硕。……李押牙贷黄麻伍斗。闰晟郎(后缺)",这些记载说明,用"贷"字无息者并非偶然现象①。

至于其他纯粹的贷物历,不管出贷物是斛斗如麦、粟、黄麻、豆,还是斛斗的加工物如面、油等,均没有利息。如几件属于寺院的贷物历S.2228《年代未详(9世纪前期)解女于大云寺等贷黄麻历》、S.5845《己亥年(959?)二月十七日某寺贷油麦麻面历》、S.6452(2)《辛巳年(981)十二月十三日周僧正于常住库借贷油面物历》、S.6452(4)《壬午年(982)正月四日诸人于净土寺常住库借贷油面物历》、沙州文录补《辛巳年(921?)六月十六日社人拾人于灯司仓贷粟历》等一般均无利息②。

从目前发现的贷物历或贷便历文书来看,"贷"者无息是当时敦煌地区借贷活动中的一种普遍现象,僧俗两界均是如此。但这种现象并不是绝对的,如Ch.0047《年代未详(9世纪)僧法庆福行等贷粟历》载:

1　油拾肆升半,面肆石三斗,
2　粟叁石捌斗,
3　麦五石七斗,
4　僧法庆贷粟壹石八斗,至秋⬜⬜⬜⬜⬜
5　面贰斗,僧福行贷粟壹石六斗,至⬜⬜⬜⬜③

其中第4—5行的两笔帐用的是"贷",虽然"至秋"二字后残缺,但据敦煌同类文书的习惯可知,残缺文字正好是应归还的本金和利息数目无疑,只是我们无从知晓其利息率是多少而已。又据前引P.3370《戊子年(928)六月五日净土寺公廨麦粟便贷与人抄录》中凡"贷"者为低息的现象推测,不排除此处亦为低息的可能。

从内容上讲,贷物历与便物历是较为相似的,涉及的要素主要有贷物

---

① 敦煌文书中还有P.3271《程押衙等付入麦粟历》和P.3112《某寺愿戒保心等付入麦粟豆黄麻历》用"付"作为借贷术语,但前者的利息率为50%,后者的利息率一般不超过10%。
② 录文分别参唐耕耦、陆宏基编《敦煌社会经济文献真迹释录》第2辑,第203、231、239—241、242、206页。
③ 唐耕耦、陆宏基编:《敦煌社会经济文献真迹释录》第2辑,第204页。

者、贷物名目、贷物数量、贷物时间、归还时间、归还数量、口承人、画押,等等,其中有的要素,特别是口承人和画押不一定具备。如 P.3370《戊子年(928)六月五日净土寺公廨麦粟出便与人抄录》和沙州文录补《辛巳年(921?)六月十六日社人拾人于灯司仓贷粟历》中每笔帐目均有画押,S.5845《己亥年(959?)二月十七日某寺贷油麦麻面历》仅个别帐目有画押,大多数则无画押。不管上述要素是否具备,亦不管有无利息,贷历或贷便历与便物历一样是寺产追回的凭据,"贷"在寺院财产管理中发挥的作用与"便"相似。

最后顺便说明一下,作为古代借贷契约中的常用语,贷、便一般来说应该没有严格的不同。但就从敦煌文书来看,贷、便还是有其使用的习惯倾向。谢和耐先生认为,至少在敦煌食物借贷契约中,用"便"者无息,附利息的借一般要用"贷"或"贷便"表示①。童丕先生认为:在敦煌,"便"不仅用来指无息借贷,在 9 世纪还用于粮食质典借贷,在 10 世纪还指一些粮食有息借贷;在 10 世纪的敦煌寺院便物历中,有息借贷被称为"便","贷"则专门用于无息借贷②。而从以上我们对敦煌便、贷的讨论亦可注意到:在吐蕃时期的便物契中一般无利息,在归义军时期的便物历中有利息;归义军时期的贷物历中一般无利息,在贷便历中,"便"者有息,"贷"者一般无息,即使有亦为低息③。

二、算会和点检

(一)算会

"算"为核算,"会"为会计,"算会"就是对某一会计期内寺院财产收支

---

① [法]谢和耐著,耿昇译:《中国五—十世纪的寺院经济》,第 219 页及第 137 页注释 2。
② [法]童丕著,余欣、陈建伟译:《敦煌的借贷:中国中古时代的物质生活与社会》,第 170 页。
③ 便、贷、举是中古时期借贷活动中的常用语。从吐鲁番和敦煌文书的记载来看,斛斗、织物、货币的借贷均可以使用便、贷、举,只是侧重点不同。陈国灿先生认为,西州借钱、练、粮契,限内生息者称"举取",限内无息者称"贷"或"便"。参其著《唐代的民间借贷》,收入唐长孺主编《敦煌吐鲁番文书初探》,武汉大学出版社,1983 年,第 259—262 页。该文又收入陈国灿《唐代的经济社会》,文津出版社,1999 年,第 207—210 页。罗彤华先生通过对高昌和唐代前期吐鲁番契约的归纳分析后亦认同此观点,并云此乃乡法,而非定规,是以例外情形不时而有。参其著《唐代民间借贷之研究》,台湾商务印书馆,2005 年,第 30—33 页。敦煌文书中记载借贷活动时多用便、贷,但生息情况与陈、罗二先生依吐鲁番契约文书得出的结论不尽一致。

结存情况的核算统计。在算会活动中,财产管理人员、本寺僧官和徒众均要参与。

敦煌寺院的算会对象主要是斛斗及其加工物、织物和纸等[1],算会活动主要体现在算会牒、算会稿和交接历等文书中。算会有就某一种斛斗收支结存情况的算会,如前引 S.4702《丙申年(996 或 936)报恩寺算会索判官索僧正领黄麻凭》和 P.3290《己亥年(999 或 939)报恩寺算会分付黄麻凭》为黄麻的算会。此外,S.5806《庚辰年(920 或 980)十一月算会仓麦交付凭》是关于仓麦的算会交付[2]。另有一寺全部常住斛斗、织物等的统一算会,与此相关的文书很多,在随后的讨论中我们会举出其中若干件。

算会的目的主要是通过对上一任管理人员管理期间斛斗、织物等的收支结存情况进行核算清查,检查帐目是否合适,其中一寺全部斛斗等的算会还需向上汇报,而汇报材料就是敦煌文书中的算会牒,底稿即为算会稿。敦煌文书中有众多的算会牒或算会稿,但大多残缺不全,其中仅有 P.2049V 为二件完整的算会牒,此即为《后唐同光三年(925)正月沙州净土寺直岁保护手下诸色入破历算会牒》和《后唐长兴二年(931)正月沙州净土寺直岁愿达手下诸色入破历算会牒》。前者末尾有 1 位直岁、16 位徒众、3 位释门法律和 1 位老宿的签名,算会结束后,僧众在算会稿中签名画押,最后形成一篇上报会计牒[3]。后者末尾亦有 1 位直岁、22 位徒众、1 位释门法律和 1 位释门僧政的签名,算会结束后,僧众在算会稿中签名画押,最后形成了一篇上报会计牒[4]。从两件文书所载"众僧"参与算会来看,当时全寺徒众俱应参加了本寺的这两次会计活动,这一点我们还可以通过当时净土寺的僧人数目来印证。S.2614V《沙州诸寺僧尼名簿》中记载当时净土寺有僧人绍宗、愿济等 22 人,而 P.2049V 中两件文书后分别记载的当时僧人数目为 21 人、25 人,且三件文书中均记载有僧人绍宗和愿济,只不过在《后唐同光三年(925)正月沙州净土寺直岁保护手下诸色入破历算会牒》中两人已成法律,绍宗在《后唐长兴二年(931)正月沙州净土寺直岁愿达手下诸色入破历算会牒》中还升任为僧政。由于时间前后跨度不大,而这些数字

---

[1] 当然,寺院羊只亦为算会对象。
[2] 录文参唐耕耦、陆宏基编《敦煌社会经济文献真迹释录》第 3 辑,第 246 页。
[3] 唐耕耦、陆宏基编:《敦煌社会经济文献真迹释录》第 3 辑,第 347—366 页。
[4] 唐耕耦、陆宏基编:《敦煌社会经济文献真迹释录》第 3 辑,第 369—389 页。

又接近，故可据此断定 P.2049V 中参与寺产算会者为净土寺全部僧人。不过有一点需要说明，那就是在以上两件文书末尾有些"徒众"一词之下没有签名或画押，其原因暂时难以臆断，故且存疑。

除净土寺外，其他寺院常住斛斗的算会情况亦是如此。如日本杏雨书屋藏羽052《宋雍熙三年(986)二月大云寺都师定惠手下诸色入破历算会牒残卷》是雍熙三年二月大云寺都师定惠向上呈报本寺财务收支状况的牒文，其中末尾有8名徒众、1名法师、7名法律、5名僧政的签名或画押，说明大云寺全寺僧众亦参与了本寺的算会活动①。而本章前面所引文书如P.2838(2)《唐光启二年(886)安国寺上座胜净等诸色斛斗入破历算会牒残卷》、P.3352《丙午年(886 或 946)三界寺招提司法松诸色入破历算会牒残卷》和 S.4701《庚子年(1000 或 940 年)报恩寺算会分付斛斗凭》分别记载了安国寺、三界寺和报恩寺徒众对本寺常住斛斗的算会情况，又 S.1625《后晋天福三年(938)十二月六日大乘寺徒众诸色斛斗入破历算会牒残卷》记载了尼寺大乘寺徒众对本寺常住斛斗的算会情况等②。可见这种全寺徒众参与本寺财产算会的方式在当时敦煌寺院具有普遍性，只不过由于保存下来的文书所限，我们对每所寺院的算会情况难究其详而已。

算会周期一般为一年，但亦有二年以上者。如前引 P.2821《庚辰年(920)正月报恩寺寺主延会诸色入破历算会牒残卷》就是报恩寺对丁丑年正月一日至庚辰年正月一日三年之间的算会。算会时间一般在年底十二月或年初正月，有时会在年底十一或年初二、三月进行。

算会活动还涉及算会的地点问题，从相关算会活动文书来看，寺院算会的地点不尽相同，下面我们依据相关文书将算会地点统计如下：

(表3-5)

文书卷号	时间	寺别	算会地点
羽065	甲申年十二月十七日	某寺	众堂
P.3352	丙午年(886 或 946)正月	三界寺	北院
P.2049V	后唐同光三年(925)正月一日	净土寺	北院
P.2049V	后唐长兴二年(931)正月一日	净土寺	北院

---

① 王祥伟：《日本杏雨书屋藏四件敦煌寺院经济活动文书研读札记》，第18—19页。
② 录文可参唐耕耦、陆宏基编《敦煌社会经济文献真迹释录》第3辑，第398页。

第三章　敦煌寺院财产的管理　　181

续表

文书卷号	时间	寺别	算会地点
P.3881V	宋太平兴国六年(981)正月一日	某寺	众堂
S.474V	戊寅年(918)三月十三日	行像司	中院
S.4452(1)	后晋开运三年(946)二月十五日	某寺	中院
S.4452(2)	后晋开运三年(946)三月一日	某寺	中院
S.4701	庚子年(1000或940)十二月十四日	报恩寺	后殿
S.4702	丙申年(996或936)十二月九日	报恩寺	库舍院
P.3290	己亥年(999或939)十二月二日	报恩寺	库舍院
P.2974V	唐乾宁四年(897)正月十九日	某寺	厨院厅
S.5806	庚辰年(920或980)十一月	某寺或某司	殿上

表3－5中所列算会地点有寺院仓库所在地、厨院、众堂,等等,可见,算会的地点并不固定,这种现象除了不同寺院内部的建筑布局有所不同外,还与算会地点选择上的随机性有关。

通过定期的算会,对寺院常住斛斗、织物等的收入来源、支出方向及现存数量等均进行了详细记载,算会后的相关帐历在寺院做了留存,并进行了上报,从而在一定程度上保证了寺院财产免于流失和寺院财务管理体系的平稳运行。

(二)点检

点检就是清点检查的意思,类似于今日的盘点。与算会的对象为常住斛斗等不同,点检的对象主要是常住什物。常住什物的点检主要体现在"点检历"和"点检历状"两类文书中,点检类文书中一般没有说明点检的期限,但与斛斗的算会应相类,有一年、二年,甚至更长者,因为一寺内的某任所由同时管理着常住斛斗和常住什物。同时,点检的时间一般亦是年底十二月或年初正月,当然亦有在年底十一月或年初二月进行者。

同常住斛斗的管理相似,敦煌寺院中常住什物的管理在交接时亦要由什物的管理人员、寺院僧官和徒众全体一一清点,标明每件什物的现状(包括所在地点、新旧状况等),有的还要标明来历等,同时还需向上汇报点检情况。如前引P.2613《唐咸通十四年(873)正月四日沙州某寺交割常住什物点检历》记载参加点检该寺什物的负责人即有判官、所由法律、寺院三纲、直岁及徒众,常住什物在寺院全体僧众一一清点并标注现状之后,由上任交管下任,同时还就点检情况形成一篇上报牒文。这种对常住什物的点检同样亦是当时各寺院必须进行的,如S.1776《后周显德五年(958)大乘寺法律尼戒性等交割常住什物点检历状》和S.1774《后晋天福七年(942)大乘寺法律智定等交割常住什物点检历状》是大乘寺徒众对本寺常住什物的清查,P.4004+P.3067+S.4706+P.4908《庚子年(1000或940)后报恩寺寺主法□交割常住什物历牒》是报恩寺对常住什物的清点,全寺徒众均集体参与。

与常住斛斗的算会地点不固定相反,常住什物的点检一般均在寺库里面进行。因为上述点检类文书如P.2613、S.1774、S.1776、P.4004+P.3067+S.4706+P.4908等中均记载是"就库点检交割"的,即在寺院存储常住什物的仓库中进行点检交割。

通过定期的点检,寺院常住什物的来龙去脉及现状等在相关帐历中均有非常清楚的记载,点检后的相关帐历亦在寺院做了留存,并进行了上报,从而加强了对常住什物的监督管理。

第四节 敦煌寺院财产管理的个案研究
——以净土寺为例

通过以上各节的讨论我们可以看到,敦煌寺院财产的管理是相当严密而成熟的:依佛教经律将寺院财产分而置之于不同的机构管理,不同的管理机构配置相应的管理人员,并采用便、贷、算会、点检等方式对寺院财产进行核算与监督,从而形成纵向上由凌驾于诸寺之上的都司到寺院佛帐所、常住处、仓司等,由都僧统到普通直岁、徒众,横由各种核算监督方式纵横交错的管理网系。但是以上各节主要是利用敦煌诸寺的相关文书对寺院财产管理情况进行的综合讨论,并没有专门讨论具体某一所寺院的财产管理详情。实际上,通过对敦煌某一特定寺院的财产管理进行研究不仅能够厘清该寺的财产管理情况,亦能更加清楚地体现出其他寺院的内部财产管理情况,同时还可以兼顾因不同因素而导致的不同寺院在财产管理方面存在的差异。而在保存下来的为数众多的敦煌寺院相关文书中,有关净土寺的文书相对较为完整,数量较多,为我们提供了完整体现一个寺院财务

第三章　敦煌寺院财产的管理

运营的资料。本节旨在通过利用敦煌净土寺文书探究该寺财务管理状况的同时，来进一步彰显敦煌诸寺的财务运营情况。

一、常住斛斗的管理机构及其经营

我们在本章第一节已经讨论指出，敦煌净土寺的"西仓"和"东库"（又称"常住库"、"库"）是净土寺的两个常住财产储存地。其中西仓所存全为麦、粟、豆，且均为利息收入。东库所存除有麦、粟、豆外，还有油、面、粗面、黄麻、麸、渣、布、纸、毡等，收入来源有利润、春碨、秋碨、散施、经儭、斋儭、念诵、佛食、梁课、地课、神佛僧料、菜价、交换收入等。而西仓司为净土寺设置的负责西仓财务收支的管理机构，"库司"或"常住库司"为东库的负责机构。从有关净土寺文书的记载来看，该寺西仓和东库在平时是独立经营的，这主要体现在以下两个方面：

首先，双方经济往来关系明确。如 P.2049V《后唐长兴二年（931）正月沙州净土寺直岁愿达手下诸色入破历算会牒》第 149－151 记载："（东库）緤贰拾伍尺、细緤贰拾伍尺，高孔目念诵西仓付麦换入。"第 185－188 行载："（西仓）麦叁硕，李员住买金壹钱付库。麦两硕叁斗，徐和员买金半钱，亦付东库保达。"第 261 行载："（西仓）粟肆硕，李员住买金壹钱，付库。"P.3234V（2）《年代不明（10 世纪）净土寺西仓粟破》第 7 行云："（西仓）粟肆拾硕，付东库所由广进用。"P.3234V（11）《年代不明（10 世纪）净土寺西仓豆等分类入稿》第 54－55 行载："（东库）布一疋，西仓王得友折物入。"P.2032V（2）第 76－77 云："（东库）布四十七尺，道引西仓折物入。立机壹疋，斜褐一段，宋法律手上西仓折物入。"等等。即便西仓麦、粟、豆加工成面粉后存入东库，亦要在二者之间进行明确的记录，如唐耕耦先生拼接而成的《净土寺己亥年（939）诸色入破历算会稿残卷》在记载西仓麦破帐目时，第 156 行云"麦贰拾硕，六月付东库碨淘麦用"、第 152－153 行云"麦拾硕，付东库春碨面用"、第 157 行云"麦捌硕，秋付东库碨干麦用"，等等，这几笔西仓支出麦加工后的面和麸没有存入西仓，而是转存入东库，其对应的东库收入帐分别是第 76 行的"面又贰拾硕，自年秋碨入"和第 86 行的"麸陆硕，自年秋碨入"、第 78 行的"（粗）面拾贰硕伍斗，西仓付麦碨入"、第

78—79 行的"(粗)面柒硕捌斗,秋砲入"①。这种情况在净土寺其他文书中亦有明确记载,此处再不另举。从这些记载我们可以清楚地看到,净土寺西仓与东库的经济往来关系是非常明确的,二者之间彼此发生的收支关系在各自的收支帐目中均有相应的明确记载。

其次,东库、西仓各自经营贷便活动。利息收入是净土寺财产收入的一个主要来源,从文书记载情况来看,净土寺西仓与东库均在独立经营贷便活动。P.3234V《甲辰年(944)二月后沙州净土寺东库惠安惠戒手下便物历》记载:

1　甲辰年二月后,东库惠安、惠戒手下便物历。
2　李幸端便豆壹硕,至秋壹硕伍斗。(押)
3　同日张和子便豆壹硕,至秋壹硕伍斗。(押)梁户张咄子弟 住在莲台寺门。
4　史都料贷豆叁硕。(押)
5　何义信便豆壹硕,秋壹硕伍斗。(押)得麦八斗,是何奴子陪。
6　索延庆便黄麻贰斗,至秋叁斗。(押)住在僧愿真巷。
7　安员进便豆壹硕陆斗,至秋两石肆斗。(押)住在寺前大街西。
8　冯友祐便豆两石,至秋叁硕。(押)共宋游弈同巷。
9　陈黑子便黄麻捌斗,至秋壹硕贰斗。(押)
10　刘欺泊便黄麻肆斗,至秋陆斗。(押)
(后略)②

本件为净土寺东库出贷黄麻、豆、麦的记录,与之相对应的另外一件文书 P.2032V(13)恰好记载了以上出贷后利息收回的情况,唐耕耦先生最早发现了这两件文书之间的关系,并利用它们对"便物历"和"诸色斛斗入破历"的关系进行了研究③。为了说明净土寺东库的贷便及利息回收情况,下面我们仅举 P.2032V(13)中几例有关豆的利息收入:

544　豆入:

---

①　参唐耕耦《敦煌寺院会计文书研究》第 77—113 页的录文及 116 页的说明。
②　唐耕耦、陆宏基编:《敦煌社会经济文献真迹释录》第 2 辑,第 212—215 页。
③　唐耕耦:《敦煌写本便物历初探》,载北京大学中国中古史研究中心编《敦煌吐鲁番文献研究论集》第 5 辑,北京大学出版社,1990 年,第 178—183 页。

第三章　敦煌寺院财产的管理

545　豆叁斗,诸巷道场经嚫入。豆伍斗,李幸端利润入。豆伍斗,张

546　和子利润入。豆捌斗,安员进利润入。豆壹硕,冯友友利润入。豆

547　贰斗,曹安信利润入。豆壹硕,齐义员利润入。豆伍斗,郭清

548　奴利润入。豆伍斗,张竹讷利润入。豆伍斗,氾盈达利润入。豆伍斗,

549　烧保达利润入。豆贰斗,邓定子利润入。豆贰斗伍升,彭神奴

550　利润入。豆伍斗,氾安久利润入。豆肆斗,武通子利润入。

551　计七石六斗五升。

（后缺）①

由于前面没有将 P.3234V 全部录出,故两件文书中豆的出便与利息收入并不能一一对应,但从文书全部内容来看它们是相互吻合的。此外,S.6452(4)《壬午年(982)正月四日诸人于净土寺常住库借贷油面物历》、S.6452(6)《壬午年(982)二月十三日于净土寺常住库内黄麻出便与人名目》、S.6452(7)《壬午年(982)三月六日净土寺库内便粟历》等文书均记载了净土寺东库的贷便情况②。

与东库的贷便活动一样,净土寺西仓亦在独立进行贷便取息,可惜我们没有见到明确记载是净土寺西仓出贷的文书。但从前面的讨论已知,西仓与东库平时在财务收支的管理上是独立进行的,故西仓独立进行贷便亦是毋庸置疑的,诸多记载西仓利息收入的文书即是最好的说明。如 P.2040V(3)记载:

434　己亥年西仓粟利入:粟一石七斗五升,张章件利润入。粟一石七斗五升,王神

435　德利润入。粟壹石,张佛奴利润入。粟一石五斗,王富庆利润入。粟一石五斗,张

---

① 唐耕耦、陆宏基编:《敦煌社会经济文献真迹释录》第 3 辑,第 486 页。
② 录文参唐耕耦、陆宏基编《敦煌社会经济文献真迹释录》第 2 辑,第 242、244、245 页。

436 万达利润入。粟五斗,岳安定利润入。粟叁石,安粉子利润
　　　入。粟一石二斗五升,王

437 庆子利闰入。粟贰斗五升,王再住利闰入。粟柒斗五升,道
　　　引利闰入。粟

438 伍斗,仍野盃利闰入。粟伍斗,王友子利闰入。粟贰斗五
　　　升,安善见利闰入。

439 粟捌斗,索流吉利闰入。粟贰斗五升,宋定子利闰入。粟两
　　　石,孔小儿利闰

440 入。粟伍斗,董富员利闰入。粟一石伍斗,张粉堆利闰入。
　　　粟伍斗,何南潘利

441 闰入。粟伍斗,孔曹子利闰入。粟一石,王应儿利闰入。粟
　　　伍斗,高师奴利闰入。

（后略）①

引文中记载己亥年西仓粟均为利润收入,即出贷后的利息收入。此外,P.2049V以及唐耕耦先生拼接后的几件净土寺入破历算会稿中所记西仓收入一般皆为出贷后的利息收入,仅个别收入为交换所得。由于西仓、东库平时在独立进行贷便活动,故我们在诸色入破历算会牒或算会稿中注意到无论是西仓还是东库皆有利息收入,并且是独立登载的。

二、常住斛斗的核算与交接

敦煌寺院的财务管理人员均有一定的任期,在每任负责人任期结束时全寺要在年终集体进行财产的核算与交接。但从前面讨论可知,净土寺东库、西仓在平时是独立经营的,且净土寺文书中经常有"算仓"、"算东库"、"交仓"、"交库"的记载,这说明在年终核算时全寺徒众首先分别对西仓、东库进行算会,然后由各自的下任负责人从前任负责人手中接管应管财务。下面我们结合文书记载对此进行详细说明。

首先,全寺徒众对西仓或东库负责人在任期内各自的财产收支与结余进行核算。如P.2040V《后晋时期净土寺诸色入破历算会稿》记载：

---

① 录文参唐耕耦、陆宏基编《敦煌社会经济文献真迹释录》第3辑,第428页,此处录文时依照图版对个别文字进行了校改。

107 乙巳年正月廿七日已后,胜净戒惠二人手下诸色入。
108 麦拾壹硕,寺门前朽木价入。立机壹疋、土布壹疋,吴僧统患
109 时念诵入。麦陆硕陆斗,粟肆硕八斗,二月六七日八日沿行像散施入。
110 麦两硕五斗,孔僧统百日斋施入。粟贰拾硕,氾僧统施入。麦
111 肆斗,粟肆斗,布八尺,康(辛)家尤婆夷患念诵入。麦肆
112 石贰斗、麻四斗,春季佛食入。麦壹石、麻五斗五升,辰年十二月上
113 城转经神佛及料等入。麦三斗三升、麻二斗五升,
114 三月十八日城上转经神佛食及僧料入。粟三石,卯年
115 官贷将面替入。面四十石,春硙入。麸十二
116 石,春硙入。粟壹硕捌[斗]、黄麻贰斗、布一疋,春官斋
117 馓入。布壹疋,吴和上百日斋馓入。布一疋,氾幸

(后略)①

本件文书没有说明是净土寺东库,亦或西仓的收入,但从前面讨论可知,西仓所存一般仅为麦、粟、豆,而东库贮存有麦、粟、豆、油、面、麸、黄麻和织物等,而上件记载收入内容有麦、粟、豆、油、面、麸、黄麻、布、緤等,故该件应属东库收入。当然,这里还有一种可能,那就是这些收入亦或是净土寺全寺的收入,不过这种可能亦不成立,理由是唐耕耦先生在拼接《净土寺乙巳年(945)正月以后诸色入破历算会稿》时把945年净土寺东库的麦、粟、豆、油、面、麸、黄麻、布、緤收入加起来以后发现恰好与上件文书中所记载数目相符合②,而与西仓麦、粟、豆的数目没有任何关系。这充分说明上件文书所载收入为净土寺东库收入无疑,同时亦告诉我们净土寺东库与西仓平时在财务收支上是独立进行的。而且从唐耕耦先生拼接的入破历算会稿来看,上引文书亦不是算会稿中回残、收入、破除、见在等"四柱"中的

---

① 录文参唐耕耦、陆宏基编《敦煌社会经济文献真迹释录》第3辑,第408页,此处录文时依照图版对个别文字进行了校改。
② 唐耕耦先生并没有指出西仓外的收入属于东库,参唐耕耦《敦煌寺院会计文书研究》,第215—252页。

收入柱,这说明上件文书是对东库进行算会时的记录。同理,西仓亦要进行如此核算,于此不再举例说明了。

其次,核算结束后,在全寺徒众的监督下,西仓、东库的负责人分别进行交接。如 P.2032V(11)载:

331　净土寺西仓司愿胜广进等。
332　右从甲辰年八月廿九日已后,于前司愿达、保应等
333　手下,见领得南柽圌柒拾捌硕,北柽圌豆柒拾肆硕
334　壹斗,又得豆壹拾贰硕,又得新豆捌拾贰硕,见

(中略)

364　石流升粟两硕,索丑儿粟壹硕伍斗,郭顺
365　子粟两硕。
366　　　　上件计得麦壹伯硕,计粟
367　　　　伍伯玖拾捌硕柒斗,计豆贰
368　　　　伯捌拾壹硕壹斗伍升。
369　　　　得当年人上利麦及豆替贰拾叁
370　　　　硕伍斗,得人上利粟及豆替伍拾贰硕贰
371　　　　斗伍升,得人上利豆伍拾叁硕陆斗伍胜。
372　　　　两件通计得本利麦壹伯贰
373　　　　拾[叁]硕伍斗,得粟陆伯伍拾硕玖
374　　　　斗伍升,得豆叁伯叁拾肆硕捌斗。
375　内麦两驮、粟壹驮,园子春粮用。豆两硕
376　雇驴拔毛用。豆拾硕,于索家郎君买铜用。
377　麦两硕、粟两硕,恩子春粮用。豆肆硕,于索
378　押衙换铜用。豆壹硕伍斗,杨孔目墼地稞用。
379　麦壹硕、粟壹硕,李文信梁子价用。麦贰
380　拾硕、粟贰拾硕,买罗家地价用。粟壹斗,
381　宋僧政处分支与史都料用。粟壹斗,烈
382　钥匙博士用。麦壹驮,园子秋粮用。粟
383　壹驮,亦园子秋[粮]用。麦两硕、粟两硕,恩子
384　秋粮用。麦贰斗、粟贰斗,初交仓日买
385　胡饼沽酒众僧吃用,麦拾硕伍斗支与

（后缺）①

本件为净土寺西仓的算会文书。从内容可知，西仓司上届所由为愿达、保应等，本届所由为愿胜、广进等。文中第332—365行为所由愿胜、广进手上收入明细帐，第366—374行为麦、粟、豆分类收入总数，第375—385行为西仓司所由愿胜、广进手上支出明细帐，可惜文书不全，故我们看不到西仓结存数目。从内容来判断，此件为残卷，但其是按照回残、新入、破用、结余的思路格式来登载的，故其应为净土寺西仓前后两任所由交接时的帐目单。既然西仓在独立交接，那么东库一定亦在独立交接，因为我们前面已经讨论过，东库在独立进行经济事务的管理，而且有自己的负责人。

最后，全寺统一汇总结算交接。

前已所论，净土寺西仓、东库各有自己的管理人员，平时它们在财务上是独立经营管理，年终的核算交接是在全寺徒众的参与监督之下分别进行的。但在此时，对斛斗的核算与交接并未结束，而应是继续将西仓、东库各自的帐目汇总为全寺斛斗的统一帐目进行交接，即对西仓、东库的一并交接。因为在西仓、东库设有专门管理人员的同时，全寺还有统一的财务管理人员，这些管理人员负责着净土寺西仓、东库汇总后的财产。相关情况在前述如P.2049V《后唐长兴二年(931)正月沙州净土寺直岁愿达手下诸色入破历算会牒》和《后唐同光三年(925)正月沙州净土寺直岁保护手下诸色入破历算会牒》等中即有反映，其中前者有载：

1　净土寺直岁愿达。
2　右愿达，从庚寅年正月一日已后，至辛卯年正月一日已前，众
3　僧就北院算会，愿达手下，丞（承）前帐回残，及一年中间
4　田收、园税、梁课、散施、利闰（润）所得，麦粟油苏米面黄
5　麻麸浡豆布牒纸等总壹阡捌伯叁硕半抄：

（后略）②

本件文书是净土寺向上汇报本寺财务状况的牒文。文中详细记载了净土寺从庚寅年正月一日以后至辛卯年正月一日以前西仓、东库的收支及全寺财产的结余数目。这种上报牒文是在对全寺斛斗的统一算会交接基

---

① 唐耕耦、陆宏基编：《敦煌社会经济文献真迹释录》第3辑，第474—476页。
② 唐耕耦、陆宏基编：《敦煌社会经济文献真迹释录》第3辑，第369—389页。

础上进行的，它是呈报给上级管理机构及管理人员的，而在寺院内部它实际上是关于全寺在某一会计期内常住斛斗收支结余情况的会计报表，只是作为寺院内部的会计报表在首尾部分不会出现牒状的格式，故两者仅是在开头和结尾的形式上有所不同。当然，这种上报牒文或其底稿亦可以径直作为寺院斛斗收支结余情况的档案资料。本件上报牒文最后有净土寺全寺徒众的签名画押，其中最后签名者为释门法律愿济，释门赐紫僧政绍宗。此外，文中直岁愿达的身份我们有必要在这里做进一步的讨论。

前已所说，佛典文献如《禅苑清规》记载，直岁的职责范围很广。但吐蕃归义军时期敦煌寺院中直岁的职责主要是负责经济事务。唐宋时期，随着寺院经济的发展，一所寺院设立的直岁数目亦在不断变化。前引Ch969－72《唐开元九年（721）十月至十年正月于阗某寺支出簿》中记载有于阗某寺的收支帐目几十笔，每组帐目下均有负责本寺财务管理的人员直岁僧法空、都维那僧名圆、寺主僧日清、上座僧法海的签名。其中有两笔帐目比较特殊，兹引录如下：

  十一月一日，出钱贰阡壹伯陆拾文，籴油麻两硕肆斗，斗别九十文……出钱壹伯文，新庄先陈状，又请掏山水渠，乡原沽酒，供百姓用。付直岁僧"幽润"。出钱壹伯捌拾文，西旧园状请两处掏渠，乡原沽酒，供百姓用，付直岁僧"智寅"。直岁僧"法空" 都维那僧"名圆" 寺主僧"日清" 上座僧"法海"。

  廿七日，出钱伍伯伍拾文，买毡箔一，付匠万金等，造毡使用……酒一石，价三百七十五文，西庄状请营农及供来往征催公客要用。付直岁僧"善法"。直岁僧"法空" 都维那僧"名圆" 寺主僧"日清" 上座僧"法海"。

这两笔帐目的负责人依然是直岁僧法空、都维那僧名圆、寺主僧日清和上座僧法海。但是前面一笔帐中又有直岁僧"幽润"和直岁僧"智寅"，后面一笔又有直岁僧"善法"，这几名直岁其实分别是文书中"新庄"、"西旧园"和"西庄"这些该寺庄园的负责人，而这些庄园在其他帐目中没有出现，故没有相应的负责人——直岁。这一材料明确告诉我们，该寺至少在当年有四名直岁，只不过直岁僧"法空"为全寺负责人，而其他三人为该寺三所寺庄的负责人。

第三章 敦煌寺院财产的管理

上举材料中该于阗寺院中的直岁僧"法空"可被视为该寺大直岁,其他三直岁可被视为该寺小直岁。敦煌寺院的情况亦与此相似,一寺可能设有的直岁人数并不固定。如敦煌文书中亦记载有寺院的"外庄直岁"[①],只不过我们还没有注意到关于净土寺外庄直岁的记载[②]。但大直岁与小直岁是从他们的职责地位上来划分的,大直岁应在自己任期内负责全寺事务,而小直岁主要负责某一部门的相应事务。前面我们讨论过,净土寺西仓(西仓司)和东库均有自己的负责人,即所由,如净土寺西仓司愿胜、广进和净土寺东库惠安、惠戒。从他们的职责来判断,愿胜、广进和惠安、惠戒各自仅负责西仓和东库的财务情况,故他们的身份类似于净土寺的小直岁,不过在西仓和东库的这些所由里面也许各自仅设一名直岁。同理我们可以认为,P.2049V中的"直岁愿达"毫无疑问当为净土寺的大直岁,即直岁愿达应为全寺的负责人,而不仅是西仓或东库的负责人。当然,全寺直岁亦可能会兼任西仓或东库的负责人。

直岁任期一般为一年,与之相对应,净土寺的算会亦应是一年进行一次。如唐耕耦先生在对一些残破的敦煌寺院会计文书进行缀合研究后证明,从942年至945年净土寺每年均要对本寺财产进行一次核算[③]。这一切均说明,前述净土寺全寺徒众在对直岁愿达任期内的斛斗状况进行统一算会后必须进行交接,由下任全寺大直岁进行接管。其程序就是先在全寺徒众的参与监督之下分别对西仓和东库的斛斗进行核算交接,之后,再根据西仓、东库的帐目汇总为全寺斛斗的统一帐目而进行交接。交接的同时,由全寺徒众署名编制上报牒文,从而完成了对常住斛斗的算会交接。在全寺统一进行交接时,交接内容不仅有斛斗,而且还有什物,关于什物的交接情况我们在后面再进行讨论。

当然,直岁仅为寺院财务管理人员之一。如前所论,在寺院财务管理中,直岁与三纲、法律、判官、僧政等人组成所由,每任所由任期满后由下任接替,而且在年终财务算会中全寺徒众均要参加。净土寺亦不例外,前引P.2049V中两件净土寺算会牒文书所反映的情况即是如此。

---

① 姜伯勤:《唐五代敦煌寺户制度》,第75—79页。
② 净土寺文书中经常记载有园子,这些园子是掌握一定园艺的种园人,他们从事劳作的地方可能是净土寺的果园或庄园。
③ 唐耕耦:《敦煌寺院会计文书研究》,第77—280页。

以上我们用敦煌文书中的相关记载对净土寺常住斛斗的核算与交接的具体情况进行了讨论。同时,关于这方面的情况在净土寺文书中还有明确的记载。如 P.2049V《后唐长兴二年(931)正月沙州净土寺直岁愿达手下诸色入破历算会牒》中第237—238行载:"粟贰斗,算西仓写帐众僧斋时沽酒用。"第300—301行云:"油壹抄,算西仓写帐众僧斋时炒醴用。"第371—372行云:"面壹斗伍胜,算西仓写帐众僧用。"P.2049V《后唐同光三年(925)正月沙州净土寺直岁保护手下诸色入破历算会牒》第272—273行云:"(西仓)粟壹斗,写交历日沽酒用。"第312—313行云:"西库粟捌斗,付愿真卧酒算仓用。"第406—407行云:"面贰斗,两日交西库斋时食用。"第428—430行云:"面叁斗伍胜,两日交西库解斋斋时食用。面肆斗,两日交库众僧解斋斋时食用。"P.2032V(12)第494—495行云:"连麸面四斗,油一升,两日交库用。"第496—497行云:"面九斗,油二升,粟一石五斗沽酒,算会东库及西仓兼交库写帐等众僧食用。"显而易见,这里既有对西仓、东库斛斗分别进行算会交接的记载,又有对西仓和东库斛斗(即全寺斛斗)一起进行算会交接的记载,这些记载进一步印证了我们前面论述的正确性。

三、常住什物的点检与交接

前面我们讨论的主要是净土寺常住斛斗的管理情况,那么该寺的常住什物是如何管理的呢?敦煌文书中保存下来了某些寺院的"常住什物点检历",这些点检历表明,在点检交接寺院常住什物时当寺徒众皆得参加,点检结束后将常住什物登录在册,然后由上任负责人交由下任负责人。点检历的内容均为什物而没有斛斗,这种现象正好与"诸色斛斗入破历算会稿"中仅有斛斗而无什物的现象相对应,这说明当时寺院清查本寺财产时斛斗和什物是分别进行的。目前我们所能见到的常住什物点检历大多为残卷,特别是尾部残缺更甚,仅有 P.3495《后唐长兴元年辛卯岁(931)正月法瑞交割常住什物点检历状》这一件文书保存下来了尾部情况,兹录文如下:

    (前略)
  3 右通前件幡伞函柜铛鏊锅釜毡褥
  4 家具什物等一一点检分付后寺主
  5 定圆,具实如前。伏请 处分。
  6 牒件状如前谨牒

第三章　敦煌寺院财产的管理

```
7             长兴元年辛卯岁正月日法瑞状。①
```

从该件尾部内容来看,毫无疑问这是该寺院向上汇报本寺常住什物点检情况的牒文。由此可见,与常住斛斗算会牒一样,常住什物的点检交割亦要上报。因此,我们可以得出这样的认识:常住斛斗的算会和常住什物的点检以及它们的上报均是分开来进行的。尽管在常住什物点检历中没有明确标明属净土寺的点检历者,但净土寺的情况亦不例外。

虽然常住斛斗的算会和常住什物的点检以及它们的上报均是分别进行的,但在全寺内部进行财产统一交接时,二者又是同时进行的。P.3638《辛未年(911)正月六日沙州净土寺沙弥善胜领得历》就说明了这一问题,兹录文如下:

```
1  辛未年正月六日,沙弥善胜于前都师慈恩手上,见领得
2  丞柜铛镦椀楪毡褥门户鏁钥,一一诣实,抄录如后:
3  拾硕柜壹口,像鼻屈戌并全在李上座。柒硕柜壹口并象鼻
4  全。针线柜壹口,象鼻屈戌并全在李老宿房。又拾伍硕新
   柜壹
          (中略)
56 黑盘子伍个,楪子捌个。又得黑櫐子壹。赤里椀子柒个。
57 见领得麦贰拾硕肆斗。见领粟叁拾柒硕壹斗
58 伍胜。见得黄麻壹拾贰硕陆斗。见得豆拾玖硕
59 伍斗。黑豆壹硕叁斗伍胜。面柒硕捌斗。见得油
60 玖斗伍胜。见得查贰拾贰饼。见布贰伯捌拾捌
61 尺。麻壹伯肆拾肆束。门户内外好弱大小粗细新
62 旧都计肆拾陆个。
```

唐耕耦先生认为本件属净土寺文书,但没有说明理由②。郝春文先生指出文书中的"慈恩、神会"见于 S.2614V《沙州诸寺僧尼名簿》中净土寺僧簿中,而"保护"又分别见于 P.2049V《后唐长兴二年(931)正月沙州净土寺直岁愿达手下诸色入破历算会牒》和 P.2049V《后唐同光三年(925)正月沙

---

① 唐耕耦、陆宏基编:《敦煌社会经济文献真迹释录》第3辑,第16页。
② 参唐耕耦、陆宏基编《敦煌社会经济文献真迹释录》第3辑第116—118页。此处录文时依照图版对个别文字进行了重录。

州净土寺直岁保护手下诸色入破历算会牒》中,从而进一步证明了此件文书属净土寺无疑①。文书内容所载的是该寺交接时沙弥善胜于前都师慈恩手上领入的本寺财产。寺院直岁一般由沙弥担任,在归义军时期,寺院有时还设有都师一职,他们二者职掌相似,甚至有时名称可互称②,故这里沙弥善胜应为净土寺直岁或都师。而本件文书可能为净土寺前后两任负责人交接全寺斛斗和什物时所记录下来的帐历。从交接内容来看,既有常住什物,又有常住斛斗,这说明斛斗与什物是同时交接的。不过斛斗数量很小,大约 100 硕左右,这个数字与 925、926 年净土寺全寺有斛斗一千多硕的数字相差很大,当然从 911 年发展到 925 年这样的变化亦是可能的。

由常住什物的性质所决定,什物有的分散于寺院各地,有的则储藏于仓库,这在点检历中表现得很清楚。那么净土寺常住什物的专门储藏地在哪里呢?从敦煌文书的记载习惯来看,凡仓库一般将储存斛斗的称之为"仓",而将储藏斛斗加工后的半成品如面、油以及什物等的称之为"库"。从前面的讨论我们知道,净土寺西仓所存皆为斛斗之物,而东库所藏除了斛斗外,同时还有面、油、织物等。以此来判断,净土寺的东库有储藏什物的可能性。当然,我们不排除净土寺为常住什物设有专门的仓库的可能。不管净土寺常住什物的管理机构是否为东库,其与常住斛斗的管理情况是相似的,即设有专门的机构及负责人,定期点检后交接。交接既在其具体负责机构内部进行,又在全寺财务交接中统一进行。

通过本节讨论,我们可以清楚地看到,净土寺的西仓和东库为该寺常住斛斗的储存地,西仓司和库司分别为二者的管理机构。西仓和东库平时是独立经营管理的,在算会交接时亦是分别进行的,但在全寺财产的算会交接中需要将二者的斛斗分类汇总统一进行。而净土寺的常住什物可能储藏在东库,亦可能设有专门的藏储仓库,其与常住斛斗的管理情况是相似的,即设有专门的机构及负责人,定期点检后交接。最后,在全寺内部的财务交接中,常住斛斗和常住什物则是同时进行的。净土寺的这种财产管理系统应该是当时敦煌诸寺经济运营的一个缩影,因为当时在其他寺院设

---

① 郝春文:《唐后期五代宋初敦煌僧尼的社会生活》,第 127 页。
② 郑炳林、邢艳红:《晚唐五代宋初敦煌文书所见都师考》,《西北民族学院学报(哲学社会科学版)》1999 年第 3 期,第 96—100 页。

置不同的仓库和管理机构具有普遍性,如南仓司(见 P.4694)、西仓司(见 P.2032V)、常住仓司(见 S.4701)、仓司(见 S.5806)等。当然,由于经济规模等因素所致,并不是每一个寺院在财产管理过程中都完全一致。

第四章　敦煌石窟、兰若和佛堂经济论略

第一节　敦煌石窟经济

这里所说的敦煌石窟主要是指敦煌文书中所载的"三窟"或"三所禅窟"，即莫高窟、榆林窟（东窟）和西千佛洞（西窟）[①]。

在敦煌佛教僧团中，三窟与其他寺院一样是独立的单位，故而在文书中往往将三窟，特别是将莫高窟与其他寺院并列。如 P.2469V《帐目等杂写》第9—16行载：

```
 9  亲情僧廿五，俗廿五。图　教授　荣照　净心　怀贞　惠宗
    惠云　义幽
10  惠䚟　法英　慈灯　海德　道远　十二　恩讲　教授
    贺　文哲　进　光泽　惠超　月灯
11  澄晏　海晏　道丕　璆师　智颛　十三　窟　平坚
12  龙　索上座　润上座　段寺主　李寺主　王寺主　润判官
    志(?)　翟　建　邓(?)　报　原　国
13  贞　智　归　正　十七
14  开　张　寺主　二索　藏　润　计六人　永　索　阳　唐
    照　岸　灵　五人
15  金　康　缘　岩　泉　䚟　辩　昙　宋　灯　䚟　白　风(?)
    顶(?)　云
16  云　郭　阴　常　俗　义　惠　海　严　英　岑　藏　忍
```

[①] 对敦煌三窟的详细考证，可参马德《莫高窟与敦煌佛教教团》，载季羡林等主编《敦煌吐鲁番研究》第1卷，北京大学出版社，1996年，第169—171页。又参马德《敦煌莫高窟史研究》，甘肃教育出版社，1996年，第212—216页。

第四章 敦煌石窟、兰若和佛堂经济论略

荣(?)子 十三①

文中的寺院有灵图寺、报恩寺、龙兴寺、开元寺、永安寺、金光明寺、大云寺,而第11行的"窟"即为莫高窟,平坚为莫高窟的僧人。又S.5676《沙州诸寺僧尼数》载:

1 龙廿三人,开廿一人,莲十人,永十七人,图卅七人,云十五人,康十九人,窟十九人,金廿六人,恩卅一人,

2 修五十五人,乘六十一人,普五十七人,国廿九人,圣七人。②

文书中的"窟"亦指"莫高窟",它与龙兴寺、开元寺、莲台寺、永安寺、灵图寺、大云寺、永康寺、金光明寺、报恩寺、灵修寺、大乘寺、普光寺、安国寺、圣光寺等寺院并列,且有属于自己的僧人。由于文书性质不明,故我们难以确定此处莫高窟名下的十九人是否为隶籍莫高窟的所有僧人数③。莫高窟不但有自己的僧人,而且从敦煌文书的记载来看,莫高窟僧人亦有自己的宗教及其他收入。如P.2689《年代不明僧义英等唱卖得入支给历残卷》记载了十几笔唱卖收入分配帐目,其中第10行所载一笔帐为:"道空七条五石五斗,折本分四石四斗六升,法宝一石七斗一升,折唱外余六斗七升,支窟神英。"显然,神英为莫高窟僧人,其在唱卖活动中亦获得了一份收入,说明莫高窟僧人和其他寺院僧人一样可以参加敦煌僧团的宗教活动。又P.3730V载:"大云僧法威下支麦伍硕,窟法行下支一石四斗,报恩寺僧智□下支两硕捌斗。"④这里将"大云"、"窟"、"报恩寺"并列,可惜不明支给莫高窟僧法行的一石四斗麦的来历及性质,不排除亦是宗教收入的可能。这种将三窟或莫高窟与敦煌其他寺院并列的情况在其他敦煌文书如日本滨田德海旧藏115号《诸寺付经历》、S.1947V《唐咸通四年癸未岁(863)敦

---

① 上海古籍出版社、法国国家图书馆编:《法国国家图书馆藏敦煌西域文献》第14册,上海古籍出版社,2001年,第204页。
② 唐耕耦、陆宏基编:《敦煌社会经济文献真迹释录》第4辑,第249页。
③ 住在三窟的僧人,除了本来就隶籍于三窟的僧人之外,另有一部分是各寺派驻窟者,这些僧人一般被称为"窟禅"、"住窟禅师"。还有个别的是被发配窟者,如罗振玉藏《灵图寺寄住僧道猷状》载"金光明寺令狐僧正,因于小事而相诤,致犯条令而重尤",故被归义军节度使"迁流归于窟谷受恕,免却返城隍,近及一周,曾未参请"。
④ 图版见上海古籍出版社、法国国家图书馆编《法国国家图书馆藏敦煌西域文献》第27册,上海古籍出版社,2002年,第169页。池田温先生估计该件文书的写作年代可能在840年,参其著《中国古代籍帐研究》"录文与插图"部分,第407页。

煌所管十六寺和三所禅窟以及抄录再成毡数目》等中亦存在,对此学界已有论及,此处不再详述①。

既然三窟在敦煌僧团中是独立的单位,那么它们亦应有自己的独立经济。但是,敦煌文书及石窟题记中与三窟经济相关的记载比较稀少,这对我们探讨三窟经济极为不便。下面我们就在对相关资料进行搜罗整理的基础上对三窟经济试做初步讨论。

一、敦煌石窟经济的内容

据敦煌文书的不完全记载,敦煌石窟的经济内容主要包括以下方面:

（一）寺户或常住百姓

敦煌寺院有寺户或常住百姓,敦煌石窟亦不例外。如 S.542V《役簿》中记载有诸寺及莫高窟的寺户,由于文书内容较长,故我们仅将其中部分内容按行号摘录如下:

　　64　莲台寺尹善奴:团头。
　　65　杨滔滔:五日守囚修仓五日子年正月守囚四日。
　　72　马典仓:金光明收。
　　75　开元寺张进朝:安国收,看梁。
　　104　乾元寺康净末:团头。
　　105　张胡子:放羊。
　　106　韩荣子:六月修仓两日修仓五日。
　　107　李仙光:贴羊。
　　108　张不要:修仓五日看梨园五日。
　　109　旋进卿:窟收。

该件文书原件中记载有龙兴寺、大云寺、莲台寺、开元寺、兴善寺、永安寺等 13 所寺院,由于文书尾部残缺,故有些寺院缺载。姜伯勤先生研究指出,文书中兴善寺寺户丁口石什一、石奴子、石胜奴被都司转拨给了永安寺,后又转拨给了开元寺,而开元寺寺户张奴子、王日华、武小波、武何子、

---

① 可参袁德领《归义军时期莫高窟与敦煌寺院的关系》,《敦煌研究》2000 年第 3 期,第 169—176 页。

第四章　敦煌石窟、兰若和佛堂经济论略

安善善、张担奴、王名俊等人亦被转拨给了安国寺①。同理,该件中的马典仓、张进朝、旋进卿原来分别为莲台寺、开元寺、乾元寺寺户,后来马典仓由莲台寺寺户被转拨为金光明寺寺户,张进朝被转拨为安国寺寺户,旋进卿被转拨为莫高窟寺户,说明莫高窟有属于自己的寺户无疑。

此外,敦煌藏文文书P.T.997《瓜州榆林寺之寺户、奴仆、牲畜、公产物品之清册》载:"瓜州地面寺庙产业大岸本(总管)古日赍卜登与谢卜悉斯之书办王悉诺桫与榆林寺寺内岸本(总管)擘三(部落)赞拉囊长官及其麾下之榆林寺顺缘寺户、财物、牲畜、青稞、大米、物品等登记簿本清册……"学者认为,此处的榆林寺就是榆林窟②,说明榆林窟亦有寺户、牲畜、斛斗等财产。

总之,在吐蕃时期,莫高窟和榆林窟均有自己的寺户。按此,归义军时期的敦煌石窟亦有自己的寺户,即归义军时期所称的常住百姓。

(二)地产

地产是僧团的重要财产,各类文献中不乏不同时期不同地区施主向石窟布施地产及石窟拥有地产的记载,这种情况在吐蕃归义军时期的敦煌亦存在。如P.3979《修佛龛记》第10—11行载:"近城田地园圃,俨然不留毫分,施与三寺。"③这里的"三寺"应指三窟。又P.3478《年代不明福岩奉献舍施支分疏》载:

(前残)

1　福岩自从离俗,蹂践仙巘,固犯灵龛,致令业重,别无忏除,先施南沙地十五亩、乳牛

2　一头,充为三窟基产。报恩寺常住园圃厨田活具,先早施入

3　一件,今又施大花毡一领,大经床一张,方食床一张,绳床一,一斗铜

4　灌一。又嘱徒众准福岩基本有甚,僧尼具知,二众互不隐藏,

5　莫嫌轻薄收领。

6　　　右件奉献　君王,舍施大众,诸处分补,葬送追斋,留与老

---

① 姜伯勤:《唐五代敦煌寺户制度》,第48页。
② 王尧、陈践编著:《敦煌吐蕃文书论文集》,第4—7页。
③ 上海古籍出版社、法国国家图书馆编:《法国国家图书馆藏敦煌西域文献》第30册,上海古籍出版社,2003年,第310页。

7　　尼。有者如此,使者一般。更无缕线脯情背劈城隍居眷,

8　　福岩若有隐没,千生祸及于身。忽有别人增加,亦同

9　　前愿。故因强健分明之日,诣实支分

(后缺)①

可见,与其他寺院一样,三窟可以接受百姓的土地布施,这是敦煌石窟地产收入的来源之一。

敦煌三窟拥有土地的事实还见于其他记载。如榆林窟第12窟西壁窟口上部墨书题记云:

> 为窟上水,设斋(斋)粮若也。背此粿粮者,仰窟为誓,故立斯□。……等不翻悔者,其地常年一种。时于榆林窟上纳粿麦叁拾□□定截歛成子常住地□与雍归八门(人们),壬(任)意佃种。请上□便及□□□□稚,如斯苦果,不可具陈。子(于)时和尚发丈(大)慈悲丘(之)心,便□□等□中实。若雍归城池,石壁开山,四塞无百人,耕种粮田。□烧香礼仏□头窟内,雍归人门(们)一齐咨申张禅和尚,拜射(谢)□□……和尚圆满大师前设斋财施以了。忽乃早寅巡窟,乐营石田奴三十余人,□□年每载于榆林窟上烧香燃灯……奴……押牙□盈押牙爷再庆押牙□愿佑……五日,雍归人门(们)、僧俗、老丈、幸婆、幸者等。②

题记中提到的常住地为榆林窟地产,且榆林窟土地实行租佃经营,故佃种者要向榆林窟交纳课麦。

此外,敦煌文书中还频繁记载僧侣在西窟进行修堰、上水之事。如P.3490V《辛巳年(921或981)某寺诸色斛斗历》第9—10行载:"油叁胜两抄,西窟修堰造食、燃灯用。"第33—34行载:"油肆胜,西窟上水及乞麻日斋时解火等用。"第80—81行载:"面陆斗叁胜,西窟修堰僧食用。面叁斗,西窟修堰回日迎顿解火用。"第87行载:"面肆斗伍胜,西窟上水及乞麻解火等用。"P.2049V《后唐同光三年(925)正月沙州净土寺直岁保护手下诸色入破历算会牒》第350行载:"油壹胜,西窟修堰僧食用。"第373—374行

---

① 唐耕耦、陆宏基编《敦煌社会经济文献真迹释录》第3辑第108页有该件录文,此处录文时据图版对个别文字进行了校改。

② 谢稚柳:《敦煌艺术叙录》,上海古籍出版社,1996年,第449页。

载:"面叁斗,西窟上水修堰众僧食用。"第417—418行载:"面叁斗,与西窟上水僧用。"S.1135lB载:"断西窟上水僧名目:海柱、永口、定定、法真、善庆、沙弥保定、保行,已上七人各七斗三升。"等等。修堰就是修筑堰堤,而堰堤主要是用来灌溉的,说明西窟拥有土地。至于文书中所载的"上水"意思虽不太明朗,但不排除与农业生产有关。对此,马德先生指出,西窟前有被党河水冲刷而成的可耕地,这些土地可引党河水浇灌,故修堰和上水便是经常性的工作[①]。又P.2049V中第297—299行载:"粟肆硕贰斗,付众僧及女人卧酒冬至岁聚粪西窟、交割西仓等用。"此处的聚粪亦应与农业生产相关[②]。可见,西窟拥有地产是无疑的。

(三)其他

当然,三窟经济的构成绝不局限于属民和地产。比如有地产,就会有相关的斛斗收入及用来耕作的牲畜等财产。而前引P.T.997中记载榆林窟财产除了寺户外,还有牲畜、斛斗及其他物品等。又S.2687《河西曹元忠浔阳郡夫人翟氏回向疏》第11—17行载:"敬造万色锦绣经巾一条,施入宕泉窟,永充共(供)养。于时大汉天福十三年丁未岁十一月壬子朔十九日庚午毕功纪。归义军节度使检校太师兼中书令敦煌王曹公之凉国夫人浔阳翟氏敬造五色绣经巾一,施入窟内。"说明莫高窟有属于自己的织物。S.4245《河西节度使司空造佛窟功德记稿》第1—2行载:"厥今广崇释教,固谒灵岩,舍珍财于万像之前,炳金灯于千龛之内。"其中"珍财"包含的内容就更多了。同时,三窟还有各类建筑物等固定资产,如P.2963《净土念佛诵经观行仪卷下》尾题有:"时乾祐四年(951)岁次辛亥蕤宾之月,冀彤十三叶,于宕泉大圣仙岩寺讲堂后弥勒院写故记。"[③]讲堂还见于S.3929+S.3937《节度押衙董保德重修普净塔功德记》所载:"又于窟宇讲堂后,建此普净之塔。"此外,三窟作为具有礼拜修行性质的石窟寺,其他佛物、法物亦应俱有。

总之,虽然敦煌文书中关于三窟经济的记载稀少,但三窟拥有自己的

---

① 马德:《10世纪敦煌寺历所记三窟活动》,《敦煌研究》1998年第2期,第84页。
② 张弓先生认为,敦煌冬至节聚粪是备来春施用,不仅寺院如此,更是民间习俗。冬至聚粪同敦煌的寒食日堆园、中原的元日告成一样,显示着中古时代敦煌岁节行事所包孕的祈农情结。参张弓《敦煌秋冬节俗初探》,载《敦煌学国际研讨会文集》,辽宁美术出版社,1995年,第593页。
③ 上海古籍出版社、法国国家图书馆编:《法国国家图书馆藏敦煌西域文献》第20册,上海古籍出版社,2002年,第266页。

独立经济是无疑的。且与其他寺院一样,三窟的经济构成应是多方面的,有地产、属民、斛斗、织物、什物,等等。

二、敦煌石窟经济的管理

既然三窟拥有自己的经济,那么其经济管理情况如何呢？

从其他石窟寺的情况来看,一处石窟群往往可以作为一个寺院而有自己的寺主等负责人。如庆阳北石窟寺第165窟所存的《原州彭阳县石窟寺盂兰会记碑》载:"原州彭阳县石窟寺盂兰会记……石窟寺灵迹胜概,历历可览,至□凿龛像,磅礴广大,信非人力所为,心穴天地之自然矣！绍圣元年(1094)七月十四日寺主僧德宣以状闻县……"这里寺主僧德宣就为北石窟寺寺主。又庆阳南石窟寺所存立于大魏永平三年(510)的《南石窟寺之碑》碑额阳刻有"石窟寺主僧斌"的题名,即僧斌为南石窟寺寺主[①]。而莫高窟、西千佛洞和榆林窟在敦煌僧团内部亦是独立的单元,故其亦应有自己的负责人来管理经济事务,尽管其负责人可能不一定以"寺主"等称谓出现。如前引榆林窟第12窟西壁窟口上部墨书题记中的张禅和尚应为榆林窟的负责僧。又英藏Or8210/S7133号文书中有载:"在僧人曹英子(dzevu ing dzeb)掌握的榆林寺僧众(yu lem lha ris)的仓库(stsang)中,悉宁宗部落(snying tshom gyi sde)的曹玛赞(dze-vu rma brtsan)首先借了……汉石(rgya sheg)的大麦。"[②]而《某部落民借寺库麦契》载:

[1—2]悉宁宗(Snying tshom)部落的曹玛赞(Dzevu rma brtsan)向榆林寺(Yu lem lha ris)上人曹阴柘(Dzevu ing dzeb)借到寺库大麦一汉石。

[2—3]归还寺库的时间,确定不迟于今年……之十五日,并不得短缺。

[4—6]如不能按时归还,或图谋不还,将被罚还两倍,并根据需还大麦的双倍数量和好坏,没收债务人户外的耕牛,房内的什物、农具,充作寺产;无论其归属,凡在家者,均可没收,不得申诉。

---

① 分别见甘肃省文物工作队编《陇东石窟》,文物出版社,1987年,第8、10页。
② 陆离:《关于榆林窟第25窟壁画藏文题记释读的两个问题》,《西北民族大学学报》2010年第4期,第57页。

第四章　敦煌石窟、兰若和佛堂经济论略

[6—8]见证人令狐(Leng po)……哲么耶(tse sme ye)等签章,借麦者玛赞签章并按手印。

[8](三枚私印,漫漶难辨)①

可见,榆林窟有自己的仓库及其斛斗,而僧人曹英子和曹阴柘作为仓库的负责人从事借贷活动。

西窟的情况与榆林窟相类。P.2049V《后唐同光三年(925)正月沙州净土寺直岁保护手下诸色入破历算会牒》第259—261行载"麦叁硕捌斗,西库内付酒本冬至岁僧门造设兼纳官冬坐局席并西窟覆库用。"第264—266行载:"麦两硕伍斗,卧酒冬至岁僧门造设纳官并冬坐局席兼西窟覆库等用。"这里的"覆库"即"核库","覆"即核算之意,如敦煌吐鲁番文书中的唐代勾帐类文书中往往有"覆欠"的概念。在敦煌其他文书中亦有相关实例,如P.3718《张清通写真赞并序》云:"次管五城,守明君再安之道。军粮丰赡,收租贮积盈仓。出纳无私,蕴蓄五六余载。深暗户口,差条绳直均平。置器方圆,恤寡先矜下弱。主大柄持,覆算无亏于升圭。嗟之清廉,人间罕匹。"②其中"覆算"就是指"核算"。这说明西窟亦有仓库及其斛斗,同时亦应有相关负责人。

当然,莫高窟亦不例外。浙敦116(浙博091V)载:

1　寅年十一月十日教授对面分付窟家善僧等
2　僦司顿觉手下取。③

文书中的"窟家"应即莫高窟。文书所载教授分付善僧到僦司去领取属于莫高窟的财物,这应是莫高窟作为敦煌僧团的一分子从僦司那里获得的僦利,而善僧应为"窟家"即莫高窟的财务管理人员。关于"窟家"的记载还见于其他文书,如Дx.6065《吐蕃占领敦煌时期乘恩帖》载:

1　_____月廿一日,诸寺尊宿教授法律就灵图寺_____
2　高窟弥勒像所要色緤麻胶等物,仰_____
3　所要人功,仰诸寺尊宿禅律有徒弟者_____

---

① 杨铭:《吐蕃统治敦煌与吐蕃文书研究》,中国藏学出版社,2008年,第226—227页。
② 郑炳林:《敦煌碑铭赞辑释》,第441—442页。
③ 浙藏敦煌文献编委会编:《浙藏敦煌文献》,浙江教育出版社,2000年,第208页。

4 其材木白土,仰窟家供。亲赴窟检校大德宋教授

……

8 张上座。应管窟额僧仰当寺排合,除老病及至小者,五人为一蕃,从起首日至

9 终,一蕃上五人。除本居窟者,终而复始。其法律大德等,

10 应有名者,并限今月廿四日夜窟头取齐。道光禅师智超准□

11 上限须到窟头,并锯一。　　　　乘恩。①

姜伯勤先生认为文书所载的是在817年前后修建莫高窟北大像或南大像之事,并认为文书中的"窟家"是指修建北大像的窟主阴氏或南大像的马氏②。马德先生认为该件文书记载的是817年重修莫高窟130窟弥勒大像和窟前建筑之事,并认为文书中的"窟家"是指南大像的窟主马氏③。但这里的"窟家"与前述浙敦116(浙博091V)中的"窟家"一样应是指莫高窟。在这次修建活动中,敦煌诸寺均参与其事,且每寺均要承担修弥勒像所需物品,"窟家"即莫高窟亦不例外,其承担的是材木、白土等。而在此过程中,具体事务由莫高窟的相关管理者负责。

三、都司与世俗政权对石窟经济的干预

从敦煌文书的记载来看,三窟的管理与敦煌僧团存在密切联系。土肥义和先生认为,敦煌佛教教团统一管理着三窟,敦煌诸寺在莫高窟的禅窟在敦煌教团的统一管理之下,诸寺的住窟禅僧亦在教团统一指导管理之下进行修禅,三窟的管理人员有三窟教授、三窟教主、勾当三窟、检校三窟等,这些管理人员由教团派遣④。这里土肥义和是从禅修的角度认识三窟与僧团之间的关系的。此外,马德先生认为,金光明寺与乾元寺建在莫高窟,且乾元寺代替此前隋代的崇教寺成为莫高窟窟上诸事务的管理机构直至

---

① 唐耕耦、陆宏基编:《敦煌社会经济文献真迹释录》第4辑,第106页。
② 姜伯勤:《敦煌本乘恩帖考证》,参其著《敦煌艺术宗教与礼乐文明》,第381—386页。
③ 马德:《〈乘恩帖〉述略》,第21—25页。
④ [日]土肥义和:《莫高窟千佛洞と大寺と兰若と》,载[日]池田温编《讲座敦煌·3·敦煌の社会》,第354页。

归义军政权灭亡①。袁德领先生认为,吐蕃时期由僧团临时组织一个机构去莫高窟处理事务,归义军时期僧团在莫高窟设置专门机构处理三窟事务,管理该机构的僧官有勾当三窟、判官、窟头等僧职,又有住三窟禅师、三窟教授、三窟教主等清职。该机构的主要职能就是组织敦煌管内寺院、兰若等在三窟进行印沙等佛教性事务和迎来送往等社会性事务②。虽然学界在讨论僧团管理三窟之事时没有说明僧团对三窟经济事务的管理,但既然僧团统一管理三窟,那么其中三窟的经济事务亦应不例外。如前引P.3478《年代不明福岩奉献舍施支分疏》和 P.3979《修佛龛记》中所载施主向三窟布施土地时笼统地说施入三窟,说明这些土地应为三窟的共同财产,且这些土地距离三窟较远,故这些土地应由相关机构和人员负责。那么,敦煌僧团在管理三窟经济事务时是否设置专门的管理机构呢?

根据敦煌文书记载,莫高窟前建有寺院应该是无疑的,如 S.5448 记载:"州南有莫高窟……古寺僧舍绝多,亦有洪钟……"③除了马德先生认为金光明寺和乾元寺建在莫高窟外,荣新江先生认为三界寺亦在莫高窟,并怀疑其位置就在今天第 16 窟前的"下寺"遗址或附近④。如果这些寺院果真设在莫高窟,则由其中的某所寺院负责莫高窟事务亦是可能的。但是,从乾元寺、金光明寺、三界寺的会计文书中不见任何与管理石窟有关的收支记录。至于袁德领先生认为吐蕃时期由僧团临时组织一个机构去莫高窟处理事务的依据就是前引文书 Дx.6065《吐蕃占领敦煌时期乘恩帖》,并认为该文书中的"亲赴窟检校大德"为该机构的负责人;而其认为归义军时期僧团在莫高窟设置专门机构处理三窟事务的依据是,在一些固定时间如正月十五、七月十五敦煌诸寺要在莫高窟纳粟、面等物品,显然这种观点是难以成立的。总之,我们不见在吐蕃归义军时期敦煌僧团设立专门机构管理三窟或莫高窟事务的明确记载,亦不见某寺院代行管理三窟或莫高窟

---

① 马德:《莫高窟与敦煌佛教教团》,载季羡林等主编《敦煌吐鲁番研究》第 1 卷,第 161—176 页。又参马德《敦煌莫高窟史研究》,第 202—212 页。

② 袁德领:《归义军时期莫高窟与敦煌寺院的关系》,《敦煌研究》2000 年第 3 期,第 169—176 页。

③ 郑炳林:《敦煌地理文书汇辑校注》,甘肃教育出版社,1989 年,第 86 页。

④ 荣新江:《敦煌藏经洞的性质及其封闭原因》,载季羡林等主编《敦煌吐鲁番研究》第 2 卷,第 23—48 页;荣新江:《再论敦煌藏经洞的宝藏——三界寺与藏经洞》,载郑炳林主编《敦煌佛教艺术文化论文集》,兰州大学出版社,2002 年,第 14—29 页。

事务的记载,故我们认为,敦煌僧团不再设置专门管理机构管理莫高窟或三窟事务,而是由都司及其下设的其他相关"司"级机构直接管理,其中经济事务亦是如此。如P.2638《后唐清泰三年(936)沙州僧司教授福集等状》第59—61行载:"布贰阡柒伯壹拾尺,三年中间沿僧门、八日法师、七月十五日设乐、三窟禅僧衣直布萨庆阳吊孝等用。"既然僧司要为三窟禅僧支付衣值,那么不排除都司为三窟禅僧提供食用等的可能。

由于都司由都僧统负责,故都司等机构对三窟事务的管理实际上受都僧统的支配,而在具体管理过程中,都僧统又派遣相应的僧职负责处理三窟的经济等事宜。前述土肥义和、袁德领等先生论及的与三窟有关的僧职主要有窟头、住三窟禅师、三窟教授、三窟教主、勾当三窟和判官等。我们认为,窟头并非僧职。"窟头"一词在敦煌寺院会计文书中频繁出现,实际上就是指莫高窟某一地方,而且这个地点可能并不固定。至于三窟判官之职,敦煌文书中没有明确记载。又袁德领先生在《法心与莫高窟第119窟》一文中认为住三窟禅师为管理敦煌三窟的最高僧官①,而在《归义军时期莫高窟与敦煌寺院的关系》一文中又认为住三窟禅师、三窟教授、三窟教主均是清职。我们认为,住三窟禅师不属于僧职,仅是指住窟禅师而已。当时在三窟很多寺院都有自己的住窟禅师,如莫高窟第148窟题记中记载有窟禅莲台寺释门法律福遂、窟禅□□寺法律兴道、窟禅圣光寺法律□□、窟禅显德寺释门法律兴遂、窟禅灵图寺法律□存、窟禅三界寺释门法律左兴见、窟禅龙兴寺释门法律周□□、窟禅开元寺法律□□□,等等②。至于三窟教授,P.2113《唐沙州龙兴寺上座马德胜和尚宕泉创修功德记》载:"亡伯僧前三窟教授,法号法坚,可为缁林硕德,顿悟若空,弃舍嚣尘;住持□涧。"③显然,马德胜实际主持窟上事务,故三窟教授似非清职。从相关记载来看,三窟教主亦应非清职。北图芥35《佛说阿弥陀经》题记载:"施主清信佛弟子诸三窟教主兼五尼寺判官法宗、福集二僧,同发胜心,写阿弥陀经一百卷,施入十寺大众。"法宗、福集所兼的五尼寺判官为负责五所尼寺事务的实职,而他们的本来职务三窟教主更应非清职了。湛如法师认为,

---

① 袁德领:《法心与莫高窟第119窟》,《敦煌研究》1998年4期,第30页。
② 敦煌研究院编:《敦煌莫高窟供养人题记》,第69—70页。
③ 郑炳林:《敦煌碑铭赞辑释》,第312页。

进入归义军时期，三窟教授的职称由三窟教主代替①，若是，两者为同一职务。

此外，具体负责三窟事宜的僧职还有勾当三窟或检校三窟、知三窟者。如莫高窟第188窟题记云"检校窟禅师圆通一心供养"②，P.4660《勾当三窟僧政曹公邈真赞》云敦煌管内僧政兼勾当三窟曹公"检校三窟，百计绍隆"③，又莫高窟第329窟题记云："故兄……僧政□(知)□(三)□(窟)……阐扬三教大法师赐紫沙门善才供养。"④勾当三窟、检校三窟和知三窟应为同一职务，这些僧职一般均是由都司僧官兼任，并且这些僧职应具体负责三窟的相关事宜。如P.3541《张善才和尚邈真赞并序》载张善才于"灵图守行，冬夏不失于安居。葺治鸿资，春秋靡乖而旧积。所以芳声远播，元戎擢法律之班；秉仪五坛，重锡奖三窟之务。委司任后，温恭不怠于来人；拾有五年，清政恐怀于私己。仙岩再饰，祥鸟延喜而排空；宝树新栽，山僧呈疑而溢路"⑤。可见，张善才实际负责三窟事务长达十五年，并作为三窟的负责人常驻于莫高窟。湛如法师认为，检校三窟与知三窟属于具体负责监督和检查三所禅窟禅僧修学的僧职⑥。但从"仙岩再饰"、"宝树新栽"等来看，不排除这些僧职负责禅修之外三窟其他事宜的可能。

这样，负责三窟事务的僧职主要有三窟教授、三窟教主、勾当（检校、知）三窟者等，这些负责三窟事务的僧职一般由都僧统甚至节度使直接委派都司僧官兼任。在这些负责三窟事务的僧职中，他们的分工应有所不同，有的可能负责在三窟的修习等宗教活动，有的则可能会参与管理三窟的经济事务等，这一点我们可以通过文书中所载知三窟者管理斛斗的情况来说明，如P.4813《辛未年十月释门僧正支麦粟状并判凭》载：

（前缺）

1 _____□硕捌斗，粟□_____

2 进盈麦肆硕伍斗，粟捌斗，官渠安_____

---

① 湛如：《敦煌佛教律仪制度研究》，第57页。
② 敦煌研究院编：《敦煌莫高窟供养人题记》，第82页。
③ 郑炳林：《敦煌碑铭赞辑释》，第110页。
④ 敦煌研究院编：《敦煌莫高窟供养人题记》，第133页。
⑤ 郑炳林：《敦煌碑铭赞辑释》，第352页。
⑥ 湛如：《敦煌佛教律仪制度研究》，第59页。

3　　　氾保友麦壹硕伍斗，粟两硕，未蒙判凭，伏取□□□□□
4　　　　辛未年十月　日释门僧正知三□□□□□□
5　　　为凭十二日　　光惠①

文书第 4 行后残缺内容中第一个字应为"窟"无疑。虽然我们不明该件所载的是什么机构的斛斗支出，但从斛斗管理者为"释门僧正知三窟"来看，不排除是三窟斛斗支出的可能，或该支出与三窟有关。

三窟经济亦受到世俗政权的监督。如本书第六章第一节将要引录讨论，P.T.997 记载了瓜州地面寺庙产业大岸本（总管）古日赍卜登与谢卜悉斯之书办王悉诺桽与榆林寺寺内岸本（总管）擘三（部落）赞拉囊长官对榆林窟财产进行登记上报之事。又 P.5579(1)V 载："合从丙戌年悉齿天宫籍以后至己亥年十二月卅日以前，承前帐旧及累年官［私］福田施入佛法、天王唐（堂）寺旧物及荡（宕）泉赤岸窟，兼西年籍上破金银、□□、绫绢、金银器皿等，总一百一十八事绫绢等。"②这里的算会对象有施入佛法者和宕泉赤岸窟、天王堂寺的财产，可见赤岸窟比较特殊。赤岸窟还见于浙敦 116（浙博 091），其第 3—4 行载："□年六月廿一日，供曹僧政等修赤岸窟圈堂人夫、博士手功粮用，一一具名如后。"③马德先生认为此赤岸窟有可能为莫高窟北大像正对面宕泉河东岸新发现的小型石窟群遗迹，也可能是宕泉河沿岸尚未发现的另外的窟龛或窟群④。而天王堂寺位于莫高窟崖面南区和北区交接处窟顶沙山上⑤，故该件很可能是指对莫高窟财产的算会，退一步讲，应与莫高窟有密切关系。而 S.1947V《唐咸通四年癸未岁（863）敦煌所管十六寺和三所禅窟以及抄录再成毡数目》更是明确地记载了对三窟财产的算会，其载："大唐咸通四年岁次癸未，河西释门都僧统缘敦煌管内一十六所寺及三所禅窟，自司空吴僧统酉年（853）算会后至丑年（857）分

---

①　上海古籍出版社、法国国家图书馆编：《法国国家图书馆藏敦煌西域文献》第 33 册，上海古籍出版社，2005 年，第 198 页。
②　上海古籍出版社、法国国家图书馆编：《法国国家图书馆藏敦煌西域文献》第 34 册，上海古籍出版社，2005 年，第 266 页。
③　浙藏敦煌文献编委会编：《浙藏敦煌文献》，第 208 页。
④　马德：《浙藏敦煌文献〈子年金光明寺破历〉考略》，《敦煌研究》2001 年第 3 期，第 97—99 页。
⑤　参张先堂：《唐宋时期敦煌天王堂寺、天王堂考》，载《二十一世纪敦煌文献研究回顾与展望研讨会论文集》，中华自然文化学会，1999 年，第 94—103 页。沙武田：《莫高窟"天王堂"质疑》，《敦煌研究》2004 年第 2 期，第 23—27 页。

都司已来,从酉至未(863)一十一年。"这是说酉年算会的对象包括敦煌地区十六所寺院和三所禅窟,说明三窟不但有自己的独立经济,而且与其他寺院一样,其财产受到官府的管制。

总之,敦煌三窟与寺院一样拥有自己的独立经济,亦有自己的财务管理人员。但三窟经济又具有特殊性,如僧团有时还要提供三窟僧侣的衣食费用,僧团派遣的三窟僧职有时还会参与三窟经济的管理等。

第二节 敦煌兰若和佛堂经济

中国历史上灭佛运动发生的主要原因之一就是佛教严重影响到世俗政权的经济收入,其中由于某些兰若和佛堂有僧人居住修行,且有属于自己的财产,故亦成为灭佛运动中被打击的对象。如会昌四年(844)七月下敕:"令毁拆天下山房兰若、普通佛堂、义井、村邑斋堂等:未满二百间,不入寺额者。其僧尼等尽勒还俗,宛入色役。具令分析闻奏。且长安城里坊内佛堂三百余所,佛像、经楼等庄校如法,尽是名工所作。一个佛堂院敌外州大寺。准敕并除罄尽。"①据载,会昌灭佛中被毁拆的兰若佛堂数有四万余所,如《唐会要》卷49载:"会昌五年,祠部检括天下寺及僧尼人数,凡寺四千六百,兰若四万,僧尼二十六万五百人。"②又《唐会要》卷47载会昌五年(845)八月,下诏宣布灭佛结果:"天下所拆寺四千六百余所,还俗僧尼二十六万余人,收充两税户。拆招提、兰若四万余所,收膏腴上田数千万顷,收奴婢为两税户十五万人。"③但由于文献中直接记载兰若和佛堂经济的资料非常少,故学界对兰若和佛堂经济没有进行过专门讨论。敦煌文书中亦记载了吐蕃归义军时期敦煌的众多兰若和佛堂,并且对兰若和佛堂的经济亦偶有记载,这无疑对帮助我们了解兰若和佛堂经济具有重要意义。

土肥义和先生曾对9—10世纪敦煌的兰若数量进行过整理统计,认为当时的敦煌兰若共有十九所,这些兰若分别以宗教用语、官府建筑、地名、

---

① [日]圆仁著,[日]小野胜年校注,白化文、李鼎霞、许德楠修订校注,周一良审阅:《入唐求法巡礼行记校注》,第442页。
② [宋]王溥撰:《唐会要》,中华书局,1955年,第864页。
③ [宋]王溥撰:《唐会要》,第841页。又见《旧唐书》卷18、《新唐书》卷52。

施主姓名等命名①。但敦煌兰若的数量应多于十九所,因为受当时所见敦煌文书并不全面等因素的限制,土肥义和并没有将有些兰若统计进去,如Дx.06016《兄弟社转贴》所载的"武家兰若"②、北图372:8462V(鸟84号、劫543号)《丑年—未年某寺得付麦油布历》所载的"北兰若"③,等等。兰若之外,敦煌文书中还有众多佛堂的记载。湛如法师认为,佛堂和兰若作为无额小寺,在性质上没有太大区别④。实际上,兰若和佛堂应是对私建的无额小寺的不同称呼而已,这一点我们可以从前述会昌年间的灭佛诏令中得到印证。如会昌四年(844)七月令毁拆的对象有寺院以外的兰若、佛堂等,而在会昌五年祠部检括的记载中仅提及寺院和兰若,在会昌五年八月宣布灭佛结果的诏书中亦仅提到寺院和招提兰若,可见,兰若和佛堂实则相同,故我们在这里将兰若和佛堂的经济置于一起来进行探讨。

一、敦煌兰若和佛堂的经济收入来源

由于敦煌文书中记载兰若和佛堂经济的资料并不多,故我们很难对兰若、佛堂的经济收入来源进行全面的讨论。从现有资料来看,兰若和佛堂的经济收入来源主要有如下方面:

(一)布施收入

从文书记载来看,有的兰若拥有自己的土地。如Дx.2954《广顺二年壬子岁正月一日百姓索庆奴受田契》载:

```
1  户索庆奴   妻阿令孤   男延昌   男延德   男小儿子   男
   口□□□□□□
2  都受田肆拾捌亩   请宜秋东支渠地壹畦壹亩半,东至子渠,
   西至索住子南至子渠,北
```

(中略)

```
7  索清子,南至子渠,北至索注儿。又地壹段捌畦共壹拾陆亩,
   东至石涧道,西
```

---

① [日]土肥义和:《莫高窟千佛洞と大寺と兰若と》,第364—365页。
② 俄罗斯科学院东方研究所圣彼得堡分所等编:《俄藏敦煌文献》第12册,上海古籍出版社,2000年,第318页。
③ 唐耕耦、陆宏基编:《敦煌社会经济文献真迹释录》第3辑,第110—111页。
④ 参湛如《敦煌佛教律仪制度研究》,第68页。

第四章 敦煌石窟、兰若和佛堂经济论略

8 至氾音九及索住子,南至索幸宗及道,北至索住子。又园半亩,东至佛堂地,

9 西至索幸宗园,南至合舍坑,北至合场地。又舍及场准兄弟房数有分。

10 　　　广顺二年壬子岁正月一日百姓索庆奴户①

文中第8行载索庆奴所受园地的东面就与佛堂地相接,说明该佛堂拥有土地。敦煌兰若和佛堂的土地主要是由兰若和佛堂的建造者布施的,如S.4474V《天福八年(908)十月敦煌乡张安三父子敬造佛堂功德记》载:

1 厥有信士张安三父子,倾心真境,志慕善因;思福

2 润之良田,求当来之胜果;悟四大非

3 坚,体无上乘之可托。遂割舍资财,谨依

4 敦煌里自庄西北隅阴施主僧慈惠、龙应应地角敬造佛堂两层壹所。

5 下层功德未就,上层内□□塑释迦牟尼并侍从阿难、迦叶、

6 二菩萨

7 及二天王等各一躯,并塑绘功毕。东西二壁画文殊、普贤并侍从,兼画天龙八部

8 并侍从。北壁画大声闻圣众。屋顶四隅各画□□□王。四面各画阿弥陀如来。观音

9 势至,顶伞徘徊;如帝释献其宝,盖佛神通力遍三界而普覆,而上功德福分,并已功毕。

10 先用资过往亡灵,神生净土,见佛闻法,

11 永离三途八难,超升菩萨彼岸。现存居眷,九横不□□□□兴,世荣不绝。法界众生,

12 俱沾光福分。□佛堂两道侧及佛堂门,开

13 荒地两畦,共二亩。西至曹三,东至井,南至阴进进,北至阴悉列□。又于地泽南坎麻潢壹所,

14 且上居业,并是安三劳力开荒,永充供养。

---

① 唐耕耦、陆宏基编:《敦煌社会经济文献真迹释录》第2辑,第477页。

15　亦非他人地分，若有侵□人□，愿生生世世，
16　三途受报。维戊辰天福八年十月□□□□□①

可见，张安三父子在造佛堂的同时，还将自己开垦的几亩土地作为佛堂资产以资供养。

土地之外，有的信众还可以向兰若和佛堂布施其他资财。如 S.86《宋淳化二年(991)四月廿八日回施疏》第1—3行载："奉为亡女弟子马氏名丑女，从病至终，七日所修功德数。三月九日，病困临垂，于金光明寺殿上施麦壹硕。城西马家、索家二兰若共施布壹疋。"这里马丑女家向马家、索家二兰若布施的就是布疋。

敦煌文书中关于向兰若佛堂直接布施的记载很少。另外我们还可以从相关文书中间接看到施主向兰若、佛堂布施的信息，如 P.3390《孟授上祖庄上浮图功德记并序》载："……因以割舍珍财，抽减丝帛，谨于当庄佛堂内添绘功德圆就已毕。外瞻灵刹，新拟弥勒之宫；内礼真容，创似育王之塔。信仰君子，每□□□而不绝；振振淑人，誓求当戒，严侍供养。"②既然有众多信仰者前来佛堂供养，说明该佛堂亦有布施收入。

总之，布施是兰若和佛堂的主要收入来源之一，并且布施的财物亦应是多种多样。

(二)利息收入

利息是有的兰若和佛堂的又一收入来源。BD16029《周家兰若禅僧法成便麦粟历》载：

1　周家兰若内禅僧法成
2　右法成坚持守院，扫洒焚香，妙理教化，
3　于十方念诵聚求于升合，去丁巳岁押衙
4　周不呗来便将麦伍硕。又至戊午年春将□
5　拾贰硕，至己未年春便麦两硕，粟肆硕，其秋
(后残)③

---

① 中国社会科学院历史研究所等编：《英藏敦煌文献》第6卷，第103—104页。
② 上海古籍出版社、法国国家图书馆编：《法国国家图书馆藏敦煌西域文献》第24册，上海古籍出版社，2002年，第55页。
③ 任继愈主编，中国国家图书馆编：《国家图书馆藏敦煌遗书》第145册，国家图书馆出版社，2012年，第95页。

文书所载僧法成负责周家兰若,并且通过便贷经营利息收入。僧法成放贷取息之事还见于 BD16079《辛酉年二月九日僧法成出便与人抄录》,其载:

1　辛酉年二月九日,僧法成少有斛斗出便与人抄录:
2　周通顺便麦拾叁硕捌斗,其秋入伍硕伍斗,至秋贰拾硕柒斗。
3　周杰德便粟壹[硕,至秋]壹硕伍斗　　　其粟□门□
4　王憨见便粟壹硕至秋[壹硕]伍斗　　口承人阿□,其粟纳社家。
5　□□□[便麦壹硕,至秋]壹硕伍斗
6　▭▭▭▭▭▭▭▭▭▭硕,至秋陆硕,口承人佛奴
7　▭▭▭▭▭▭▭▭▭▭至秋壹硕,口承人佛奴①

该件文书共有 7 行,唐耕耦、陆宏基先生仅释录出了前面 2 行,并推测辛酉年可能为公元 961 年②。此处笔者依据图版将全文进行了释录。BD16029 中的己未年和 BD16079 中的辛酉年应前后相继,二者相差二年。BD16029 和 BD16079 中的僧法成亦应为同一人,因为僧法成主持的是周家兰若,BD16079 中保存下来的便贷者有周通顺、周杰德和王憨见三人,其中周通顺、周杰德的便贷没有口承人,王憨见的便贷有口承人,足见周通顺、周杰德身份的特殊,而他们的便贷没有口承人的原因就是他们与 BD16029 中向法成便贷的周不呓均属同一周氏家族,而周家兰若就是该家族建造的。

当然,周家兰若之外,其他有的兰若和佛堂亦会从事借贷活动,如 S.1053V《己巳年(909 或 969)某寺诸色入破历算会残卷》第 50-51 行载:"苏壹胜,神角兰若贷将不入破用。"虽然此处神角兰若是向其他寺院进行借贷的,但从反面说明神角兰若亦会通过放贷取息。

(三)人事收入

有的兰若和佛堂还有人事收入。如 P.2638《后唐清泰三年(936)沙州僧司教授福集等状》第 56-59 行载:"粗緤伍拾柒定,三年中间诸处人事、七月十五日赏乐人、二月八日赏法师禅僧衣直、诸寺兰若庆阳等用。"又

---

① 任继愈主编,中国国家图书馆编:《国家图书馆藏敦煌遗书》第 145 册,第 128 页。
② 唐耕耦、陆宏基编:《敦煌社会经济文献真迹释录》第 2 辑,259 页。

P.2040V《后晋时期净土寺诸色入破历算会稿》第 94 行载:"䈥破:官布壹疋,高孔目起兰若人事用。"可见,在僧司和净土寺的支出中均有因兰若的支出,而这些支出是用来庆贺兰若的人事支出,同时又属于兰若的人事收入。又 Дx.01428 记载了某寺院的支出帐目,其中第 3－4 行载:"昌褐半疋,石冢井画刘萨诃堂人助用。"[1]石冢井为刘萨诃佛堂的拥有者,其画佛堂时从该寺院得到了半疋昌褐的资助,这半疋昌褐实际上属于佛堂的人事收入。

以上我们对敦煌兰若和佛堂的经济收入来源进行了简要述论,既然有收入,那么就会有相应的支出,如 P.T.1261V《僧人分配斋僧历》第 7－8 行载:"唐兰若斋僧布六尺五斗五升法向;又七尺法忍。"这些布就属于唐兰若的布施支出。但是,由于受文书残缺、兰若和佛堂经济规模弱小等因素的影响,敦煌文书中关于兰若和佛堂经济支出的记载非常罕见。

二、敦煌兰若和佛堂经济的特征

(一)兰若和佛堂经济规模弱小

虽然有的敦煌兰若和佛堂拥有自己的经济,但其规模一般是甚为弱小的。首先,和那些大型寺院不同,兰若和佛堂的经济收入来源少,如在敦煌文书中不见有兰若或佛堂的碾硙、油梁等收入。其次,虽然兰若与佛堂有布施收入,甚至有的还有利息或其他收入,但是这些收入均和大型寺院是无法比拟的。就拿布施收入来说,信众在布施时一般会先去选择大型寺院而不是小型的兰若或佛堂,我们在众多的敦煌"施舍疏"类文书中不见施主向兰若或佛堂布施的现象就是很好的说明。最后,兰若和佛堂经常被废弃是其经济弱小的直接反映。兰若和佛堂的废毁现象在敦煌文书中的记载是比较多的,如 S.5828《社司不承修功德状》第 1－3 行载:"在城有破坏兰若及故破佛堂等。社内先来无上件功德修理条教。忽然放帖,集点社人,敛索修理兰若及佛堂。"从此条所记可知当时沙州城内破坏的兰若佛堂为数不少。又北大 D.202＋北大 D.195＋P.3984《社官董海等廿三人重修唐家佛堂功德记》载:"此坊有唐家佛堂,院五邻礼忏,常住年深,桑海迁讹,陵

---

[1] 俄罗斯科学院东方研究所圣彼得堡分所等编:《俄藏敦煌文献》第 8 册,第 166 页。

谷星变,刹心摧坏,徘徊毁残。起意造新,何如修古。揣当来志,佥议允从。"①这里该社所重修的亦是故破毁坏废弃的佛堂。

当然,有的兰若和佛堂除了建筑物外根本没有其他如斛斗、织物等财产,亦没有僧人居住修行。如 P.4044《公元 905 至 914 年(?)修文坊巷社再缉上祖兰若标画两廊大圣功德赞并序》载:

1　修文坊巷再缉上祖兰若,
2　标画两廊大圣功德赞并序:
(中略)
13　修文坊巷社燉煌耆寿
14　王忠信,都勾当伎术院
15　学郎李文建知社众等
16　计册捌人,抻(抽)减各己之财,
17　造斯功德,专心念善。
18　精持不二之言,探赜桑门。
19　每叹苦空之义,互相
20　谏谓,都无适寐之憩。
21　今缀缉上祖兰若,敬绘
22　两廊大圣,兼以钨镘
(后略)②

这里修文坊巷社在再修葺上祖兰若时所用的不是兰若财产,而是"抽减各己之财",说明该兰若应没有自己的斛斗、织物等财产。

(二)兰若和佛堂经济与建造者关系密切

敦煌兰若和佛堂的建造者有寺院、个人、家族,但更多的是社邑,其中有的社邑又是家族性的,如亲情社即是。从前引 P.2638 中所云"诸寺兰若"来看,很多寺院可能建有兰若或佛堂。如 P.3432《龙兴寺卿赵石老脚下依蕃籍所附佛像供养具并经目录等数点检历》第 10 行载:"周鼎佛堂内铁莲花树壹,柒曾千佛围绕两托。"此佛堂应是龙兴寺的佛堂。关于个人创建

---

① 郝春文:《〈敦煌社邑文书辑校〉补遗(三)》,《首都师范大学学报(社会科学版)》2001 年第 4 期,第 32—33 页。
② 宁可、郝春文辑校:《敦煌社邑文书辑校》,第 666—668 页。

兰若和佛堂的记载比较多,如 P.3774《丑年(821)十二月沙州僧龙藏牒——为遗产分割纠纷》载龙藏在城南有一佛堂,北图咸字 59V《寅年(822)僧慈灯雇博士氾英振造佛堂契》载僧慈灯于寅年八月在东河庄造佛堂一所①,又 P.4640《沙州释门索法律窟铭》载索义辩和尚建宝刹于家隅,P.3490《于当居创造佛刹功德记》记载押衙兼当府都宅务张某乙于所居西南之隅建立佛刹一所,S.3245《创于城东第一渠庄新造佛堂一所功德记并序》载弟子某某于祖父旧庄上创建佛宇②,这里的宝刹、佛刹、佛宇均属兰若、佛堂之类。家族性的建造亦有所载,如前引 P.3390《孟授上祖庄上浮图功德记并序》载某和尚之侄节度押衙张盈润和侄释门法律德荣为其造佛堂一所,并在该和尚亡后又于佛堂内彩绘功德。此外,S.4860V(1)《社邑建兰若功德记并序》记载了某社邑贰拾捌人买地创置兰若之事③。创建或修葺兰若、佛堂的社还有 P.4960《甲辰年(944)五月廿一日窟头修佛堂社再请三官凭约》中所载的窟头修佛堂社和 P.4044《光启三年(887)五月十日文坊巷社肆拾贰家创修私佛塔记抄》中的文坊巷社④,以及前引北大 D.202＋北大 D.195＋P.3984 中所载的二个社邑,等等。

  兰若和佛堂经济与兰若和佛堂的建造者有密切关系,因为建造者修建兰若、佛堂的目的与开窟造像是一样的,主要还是通过这种方式来体现自己的佛教信仰,并为自己及其亲属等营种福田。而在建造过程中,建造者无疑需要支付相关费用。如北图咸字 59V《寅年(822)僧慈灯雇博士氾英振造佛堂契》第 1－4 行载:"寅年八月七日,僧慈灯于东河庄造佛堂一所,为无博士,遂共悉东萨部落百姓氾英振平章,造前佛堂,断作麦捌汉硕。其佛堂外面壹丈肆尺,一仰氾英振垒,并细泥一遍。"这里详细记载了慈灯造佛堂时支付的手工费。兰若和佛堂的建造者既是兰若和佛堂的拥有者,同时又是兰若和佛堂的供养者,而供养的具体方式很多,如有布施、劳作,等等,这些供养方式直接与兰若和佛堂的经济相关。如我们在前面已经讨论过,兰若和佛堂的土地收入主要来自于创建者的布施。又前述 S.86 中所载马丑女家布施的对象有马家兰若、索家兰若,其中马家兰若应为其家族

---

① 分别参唐耕耦、陆宏基编《敦煌社会经济文献真迹释录》第 2 辑,第 283－286、54 页。
② 分别参郑炳林《敦煌碑铭赞辑释》,第 73、529、547 页。
③ 宁可、郝春文辑校:《敦煌社邑文书辑校》,第 679－681 页。
④ 分别见宁可、郝春文辑校《敦煌社邑文书辑校》,第 16－17、661－662 页。

兰若,索家兰若为与马家有姻亲关系的索家所建兰若①。当然,由于受兰若和佛堂经济弱小、有的兰若和佛堂没有住僧等因素的影响,敦煌文书中关于供养者向其拥有的兰若和佛堂直接布施的记载较为少见。

同时,兰若和佛堂的田地经营有时亦由兰若和佛堂的建造者承担。如S.6188《乙卯年(955?)四月一日佛堂修园众社破除名目》载:

1　乙卯年四月一日佛堂修园众社破除名目如后:
2　平章壃地破粟五斗,载堤日破麦陆斗,破
3　破(衍)粟柒斗;垒园日破麦柒斗,破粟柒斗;
4　第二日破麦柒斗,破粟壹硕,夜间头破
5　粟叁斗。②

从文书中所载修园、平地、载堤、垒园来看,该佛堂拥有田地,并且田地的经营是由佛堂的建造者,即社众来承担的。遗憾的是,文中所载在劳作中破用的斛斗是由社众临时交纳的还是该佛堂自己经营的则不明了。又Дx.01410《庚戌年(950)闰四月佛堂头垒园墙转帖》载:

1　社司转帖
2　　右缘佛堂头垒园墙,人各□□□锹
3　　镬一事。帖至,限今月七日卯时于佛堂
4　　头取齐。捉二人后到,各罚酒一角;全不来,
5　　罚酒半瓮。其帖立递相分付,不得停
6　　滞;如滞帖者,准条科罚。帖周却赴(付)本
7　　司,用凭告罚。庚戌年润(闰)四月□□□帖。
8　张社官　刘社长　张保员□□□□
9　唐押衙　程押衙　张金光□□□□
10　张安定　兵马使马定奴(押)　张住子□□□
11　不般(搬)墼人刘社长　刘万子□□□□
　(后缺)③

---

①　湛如:《敦煌佛教律仪制度研究》,第64页。
②　宁可、郝春文辑校:《敦煌社邑文书辑校》,第502—503页。
③　宁可、郝春文辑校:《敦煌社邑文书辑校》,第251—252页。

显然,文书中的佛堂亦有属于自己的园地,佛堂的拥有者就是以张社官、刘社长为首的某社邑,而垒佛堂园墙之事亦由该社社众承担。

(三)兰若和佛堂经济与所住僧关系密切

湛如法师认为:P.3343《律部疏释》中所载的军门兰若和P.2085《四分律删繁补阙行事钞卷上之余》中所载的东山兰若有比丘居住,在敦煌兰若中像这样为头陀行法的出世兰若仅此两所而已。至于敦煌其他兰若有无僧尼居住,限于资料缺乏,还无法证明①。实际上,在其他有的敦煌兰若和佛堂中亦有僧人居住修行者,如前引 BD16029 中的法成就在周家兰若中修行。此外,S.4782《寅年(858)乾元寺堂斋修造两司都师文谦诸色斛斗入破历算会牒残卷》第 58 行载:"又面壹斗,与住南高佛堂僧食用。"说明南高佛堂住有僧人,且从乾元寺为住在南高佛堂的僧人提供食用来看,该佛堂应该是乾元寺所属佛堂。又 P.2450V《状抄(?)》载:"……僧房多年颓毁,社人请僧修住劝导,一无修崇,颇有佛堂多年彩成。"②说明该佛堂亦有僧人居住修行。

对于有僧人居住修行的敦煌兰若和佛堂来说,其僧人的身份应与兰若和佛堂的拥有者密切相关。其中属于寺院的兰若和佛堂,其僧人一般应来自该寺院。属于某家族经营的兰若或佛堂,其僧人来自本家族的可能性很大。而由社邑经营的兰若或佛堂,其僧人有时可能是该社邑的导师,因为敦煌文书中记载有的社邑有属于自己的导师,如北大 D.202＋北大 D.195＋P.3984《社官董海等廿三人重修唐家佛堂功德记》载:"时有□居名坊上里,性寂不二之门,为两社导师。"可见该导师指导二个社邑,其身份应为社邑在佛教方面的指导者,类似于南北朝佛社的"邑师"③。至于在个人经营的兰若或佛堂中居住修行的僧人,其应由兰若或佛堂的拥有者在僧团中拜请与其有密切关系者。当然,若某兰若或佛堂是由某僧人建造,则不排除该僧人自己在其间居住修行的可能。

无论在兰若和佛堂中居住修行的僧人身份如何,其对兰若和佛堂经济的影响是很重要的。如《宋高僧传》卷 18 载:"释普明,不知何许人也,或云

---

① 参湛如《敦煌佛教律仪制度研究》,第 63—68 页。
② 宁可、郝春文辑校《敦煌社邑文书辑校》,第 766 页。
③ 郝春文:《〈敦煌社邑文书辑校〉补遗(三)》,《首都师范大学学报(社会科学版)》2001 年第 4 期,第 32—33 页。

西域之僧。每谈禅法,举榷玄微,莫可测其沉寥之高远欤。大历初年,受胙县人请居阿兰若,学者蚁聚。尘中往来,白衣礼而施之,日以千计。"①这里僧普明就是由兰若的拥有者胙县人请住兰若的,由于其声望地位很高,故供养者及其布施众多。前引 BD16029 中的僧法成亦是"妙理教化,于十方念诵聚求于升合"的,并且通过便贷生息盈利。可见,无论是僧普明还是法成,他们均是有一定影响力的僧人,故他们居住修行的兰若因其而有较多的收入。反之,对于所住僧修行程度低、影响小,特别是没有住僧的兰若和佛堂来说,其相关的收入则会相应减少。

总体来看,敦煌地区的兰若和佛堂经济是较为萧条的,有的兰若和佛堂根本没有经济经营,它们的主要职能或是家族信仰祈愿的场所,或是社邑活动的中心,亦或是公共社交活动的场所②。

---

① [宋]赞宁撰:《宋高僧传》,范祥雍点校,中华书局,1987年,第467页。
② 关于兰若的性质和职能,请参湛如《敦煌佛教律仪制度研究》,第61—69页。

第五章　敦煌僧尼的私有经济

　　敦煌僧尼的私有经济是敦煌佛教经济的重要组成部分，从20世纪80年代以来，学界对其给予了较多关注。较早对敦煌僧尼私有经济进行研究的是谢重光先生，其研究范围涉及僧尼私有经济与寺院经济的关系、僧尼的财产构成和贫富差距等问题①。谢和耐先生对敦煌僧尼的遗产处理问题进行了分析说明②。李德龙先生对敦煌僧尼的蓄财及遗产处理进行了初步讨论③。郝春文先生对敦煌僧尼的经济收入差距及遗产处理问题进行了研究④，石小英和陈大为先生亦对敦煌僧尼的经济收入差距进行了探讨⑤，笔者曾在相关研究成果基础上专门对敦煌尼众与僧众的经济收入差距进行了辨析⑥，后来明成满先生又对敦煌僧尼的私有财产进行了讨论，但并未提及学界的已有研究成果⑦。此外，魏迎春和郑炳林先生还讨论了敦煌僧尼的蓄财问题⑧。这些研究成果为我们进一步探讨敦煌僧尼的私有经济奠定了前提基础，本章则在已有研究成果基础上主要对敦煌僧尼私有经济的收入来源、僧尼贫富分化的表现和亡僧财产的处理等问题再进行讨论。

---

　　① 谢重光：《关于唐后期五代间沙州寺院经济的几个问题》，载韩国磐主编《敦煌吐鲁番出土经济文书研究》，第445—513页。
　　② ［法］谢和耐著、耿昇译：《中国五—十世纪的寺院经济》，第104—110页。
　　③ 李德龙：《敦煌遗书所反映的寺院僧尼财产世俗化》，《山西大学学报（哲学社会科学版）》1995年第2期，第44—50页。
　　④ 郝春文：《唐后期五代宋初敦煌僧尼的社会生活》，第283—373页。
　　⑤ 石小英：《八至十世纪敦煌尼僧研究》，人民出版社，2013年，第157—178页，该书是在作者博士学位论文《8至10世纪敦煌尼僧研究》（兰州大学，2008年）的基础上修订而成；陈大为：《唐后期五代宋初敦煌僧寺/僧与尼寺/尼贫富状况的比较》，第20—32页。
　　⑥ 王祥伟：《吐蕃归义军时期敦煌尼众与僧众经济收入差距辨析》，《中国社会经济史研究》2010年第4期，第9—21页。
　　⑦ 明成满：《唐五代敦煌僧尼私有财产研究》，《学理论》2012年第18期，第149—151页。
　　⑧ 魏迎春、郑炳林：《晚唐五代敦煌佛教教团僧尼违戒蓄财研究》，《敦煌学辑刊》2013年第2期，第1—19页。

第一节 敦煌僧尼私有经济的收入来源和贫富分化

敦煌僧尼私有经济的收入来源可以分为宗教收入和世俗收入(非宗教收入)两部分,前者主要是指僧尼因参加各种法事活动而得的收入,后者是僧尼的非宗教活动收入,如地产、经商、借贷、继承祖产,等等。由于僧尼在宗教收入和世俗收入方面均存在差距,故而在僧尼之间出现了贫富分化的现象,下面就具体情况进行讨论说明。

一、僧尼私有经济的收入来源及差距

(一)宗教收入及差距

郝春文先生将敦煌僧尼的宗教收入主要归纳为从僦司领取僦利和为他人举行法事活动之所得,而为他人举行的法事活动又分为寺院为他人组织的法事活动和施主请僧举行的法事活动两类。在敦煌僧尼的宗教收入差距中,郝春文先生对不同阶层僧侣的宗教收入差距已进行了较为详细的讨论,他将敦煌僧尼分为上层、中层、普通三等并仔细分析了他们一年的宗教收入状况,认为不同阶层僧侣的宗教收入差距很大[①]。故我们再没必要讨论不同阶层僧侣的宗教收入差距,这里主要是对尼众和僧众之间的宗教收入差距再进行分析说明。

尼众与僧众从僦司领取的僦利所得在原则上是基本公平的,因其有固定的分配标准,即比丘尼和比丘所得僦利相同,而沙弥尼和沙弥相对于前者减半。如 P.2638《后唐清泰三年(936)沙州僦司教授福集等状》载:"应管诸寺合得僦僧计叁伯伍拾陆人,沙弥壹伯陆拾叁人合全捌拾壹人半,合得僦大戒式叉尼计叁伯柒拾玖人,尼沙弥计柒拾壹人合全叁拾伍人半。上件僧尼,通计捌伯伍拾贰人,人各支布陆拾尺,僧尼沙弥各支布叁拾尺。"显然,这里的收入差距是依据比丘尼(或比丘)与沙弥尼(或沙弥)在受戒程度上的不同进行区别的,而并不存在性别上的收入差距,故尼众与僧众之间的贫富差距应主要不是由僦司所得僦利的不同造成的。

---

① 郝春文:《唐后期五代宋初敦煌僧尼的社会生活》,第283—366页。

在宗教收入中,尼众与僧众在为他人举行的法事活动即寺院为他人组织的法事活动和施主请僧举行的法事活动中收入差距应该比较明显。我们先来看在寺院为他人组织的法事活动中二者之间的收入差距。敦煌文书 P.5000V、S.8262、P.T.1261V 等均记载有寺院为他人组织的法事活动,就从这些记载来看,僧人参加法事活动的次数不等且差距较大,有的僧人参加了好多次,而有的僧侣仅参加了一次,而尼众与僧众的差距亦很明显。对此,石小英先生分析认为:从 S.8262、P.T.1261V 两件文书记载的参加斋会的总人数及僧尼各自人数看,尼僧的人数远远少于男性僧人的人数。S.8262 记载僧尼总数有 71 人,而尼僧只有 14 人,约占总数的 20%。P.T.1261V 所记载的 11 次尼僧参加的斋会中,僧尼人数亦相差很大。具体情况石小英先生曾统计列表如下:[①]

(表5-1)

斋会次数	参加总人数	僧人数	尼人数	尼所占百分比(%)
1	83	67	16	19
2	65	55	10	15
3	81	66	15	8
4	72	33	39	50
5	135	84	51	37
6	115	89	26	22
7	59	50	9	15
8	107	78	29	26
9	102	77	25	24
10	83	61	22	26
11	35	23	12	34
平均数	95	62	23	26

表5-1所示,每次参加斋会的尼僧人数远远少于僧数,而在吐蕃归义军时期,尼众又始终多于僧众。如 S.2729《吐蕃辰年(788)三月沙州僧尼部

---

① 石小英:《八至十世纪敦煌尼僧研究》,第168-169页。

落米净辩牒(算使勘牌子历)》载僧尼总数为 310 人,其中 139 为僧,171 为尼①。而 P.3600《吐蕃戌年普光寺等具当寺应管尼数牒》载仅普光寺就有尼 127 人②。S.2669《年代未详沙州诸寺尼籍》载大乘寺有尼 209 人,圣光寺有尼 79 人③。S.2614V《沙州诸寺僧尼名簿》载僧尼人数共为 1140 人,其中尼僧 693 人,远远多于僧数。S.5676《沙州诸寺僧尼数》载有僧 199 人,尼 210 人。故从整体上来看,尼众参加斋会的收入普遍低于僧众的收入。

我们再来看看在施主请僧举行的法事活动中尼众与僧众的收入差距。施主请僧举行的法事活动主要体现在敦煌文书中的"请僧疏"中,这些请僧疏主要集中公布于唐耕耦和陆宏基先生所编《敦煌社会经济文献真迹释录》第 4 辑中,主要有 P.2836V、P.3388、S.5718、P.3367、S.6178、S.5855、P.3152、S.5941、P.2054V、P.6005、P.4723、P.4810V、S.4309V、北图 143:6718(4)和 S.3180《请严护等僧尼为大宝国某百辰追念设供疏》、P.4622《雍熙三年(986)十月曹延瑞请释门四部大众疏》等十多件④,此外,陈大为先生又搜集统计出了 BD02258、BD05866、S.3180V2、Дx.07224、BD00234V 和北大 D.204 等几件请僧疏⑤。在这十多件专门的请僧疏中仅有北大 D.204、S.3180V2、P.4622 和 S.3180 中有尼僧被请参加,而在其他文书中均主要是请僧众的。这么多的请僧疏说明当时一般人在请僧时主要是请僧众,而尼众被请的机会远远小于僧众。而在请僧举行法事活动时,被请僧人往往均

---

① 关于该件文书的辰年,藤枝晃先生在《敦煌の僧尼籍》(《东方学报》第 29 册,1959 年)中定为 788 年;[日]池田温著,龚泽铣译《中国古代籍帐研究》"录文与插图"部分第 358—362 页、《敦煌社会经济文献真迹释录》第 4 辑第 194—203 页亦采用 788 年说;竺沙雅章先生在《敦煌吐蕃期の僧尼籍》、《寺院文书·僧尼籍》中均坚持藤枝晃关于 788 年的观点,参其著《中国佛教社会史研究(增订版)》"补编"部分,第 3—7、73—75 页。但也有持不同意见者,如谢重光先生认为此辰年为 800 年,参谢重光、白文固《中国僧官制度史》第 125 页和谢重光《吐蕃占领期与归义军时期的敦煌僧官制度》第 52 页。

② 竺沙雅章先生在《敦煌吐蕃期の僧尼籍》中将该戌年定为 818 年,参其著《中国佛教社会史研究(增订版)》"补编"部分,第 5—7 页。

③ 关于 S.2669 的年代,藤枝晃先生在《敦煌の僧尼籍》中推定为 865—875 年间,竺沙雅章先生在《敦煌吐蕃期の僧尼籍》(载《中国佛教社会史研究(增订版)》"补编"部分第 11—13 页)中同意藤枝晃的观点,并进而认为不会晚于 870 年;[日]池田温著,龚泽铣译《中国古代籍帐研究》"录文与插图"部分第 429—435 页认为在 865—875 年间;唐耕耦、陆宏基编《敦煌社会经济文献真迹释录》第 4 辑第 215—228 页认为在 865—870 年间。

④ 唐耕耦、陆宏基编:《敦煌社会经济文献真迹释录》第 4 辑,第 171—193 页。

⑤ 陈大为:《唐后期五代宋初敦煌僧寺/僧与尼寺/尼贫富状况的比较》,第 26 页。

有施舍收入,故尼僧所得布施收入就要远远少于僧众了。

对为他人举行法事活动时尼僧被邀请的频次远远低于僧众的原因,石小英认为是当时敦煌"女性的社会地位普遍不如男性高,受教育的机会比男性少,而尼僧作为女性出家人,自然更不例外。由于受教育的机会较少,故她们的佛学修养普遍比不上男性僧人,相应的在佛教领域的影响不如男性僧人高,因此受别人邀请参加法事活动的机会自然就更低一些"[①]。其实,除了此原因外,造成尼众与僧众在为他人举行法事活动中收入差距的原因还与僧尼二众各自在现实生活中扮演的角色紧密相关。

首先,在僧团内部任僧官的尼僧人数少且职阶低。在吐蕃归义军时期的敦煌僧团内部,设有寺级以上的僧官,即都司僧官如都僧统(都教授)、僧政、法律、判官等职,这些不同的僧官官阶与世俗官阶系统一样体现了僧侣的尊卑地位。在敦煌僧团内部,尼众的地位远远不及僧众,僧官往往由男性僧人担任,而由尼僧担任的现象非常少见,特别是如都僧统、僧政、都法律等高级僧官,一般更是不会由尼僧担任。笔者对敦煌文书、石窟和绢画题记中所载尼僧任法律以上僧官者进行了粗略统计,现将详情列表如下:

(表5-2)

出处	寺别	法律尼
P.3600《吐蕃戌年普光寺等具当寺应管尼数牒》	普光寺	法律法喜
S.6417《长兴二年(931)正月普光寺尼徒众圆证等状》	普光寺	请妙慈充法律
P.3556《普光寺法律尼清净戒邈真赞并序》	普光寺	法律清净戒
莫高窟五代第108窟	普光寺	法律最胜喜、法律念定
敦煌绢画 Ch.liv.006	普光寺	法律临坛尼大德严会
S.1774《天福七年(942)大乘寺法律智定等交割常住什物点检历状》	大乘寺	法律智定
S.1776《显德五年(958)大乘寺法律尼戒性等交割常住什物点检历状》	大乘寺	法律尼戒性
P.3556《大乘寺法律尼厶乙邈真赞并序》	大乘寺	法律临坛赐紫大德曹某
莫高窟晚唐468窟	大乘寺	法律□光

[①] 石小英:《八至十世纪敦煌尼僧研究》,第170页。

续表

出处	寺别	法律尼
S.4687《乾元寺董法律等斋饼历》	安国寺	信法律
莫高窟中唐第201窟	安国寺	法律尼妙海
莫高窟晚唐第138窟	安国寺	法律智惠性
莫高窟五代第53、61窟，宋代第55窟	安国寺	法律性真
莫高窟中唐第159窟	灵修寺	法律惠性、法律贤胜
莫高窟晚唐第144窟	灵修寺	法律尼妙明
敦煌绢画波斯顿美术馆 No.201570	灵修寺	法律尼监坛秉义大德戒净
敦煌绢画波斯顿美术馆 No.201570	灵修寺	法律尼监坛大德明戒
莫高窟第148窟	圣光寺	释门法律某尼
S.4760《宋太平兴国六年（981）圣光寺阇梨尼修善等请戒慈等充寺职牒并判辞》	圣光寺	戒慈充法律
莫高窟晚唐第156窟	某尼寺	法律了空

显然，表5-2中所列尼僧僧官均为法律之职，虽然尼僧法律亦遍及敦煌的五所尼寺，但是数量非常少。且吐蕃归义军时期敦煌的法律一职有寺级法律和都司法律，而表5-2中明确任"释门法律"者仅圣光寺某尼，其他的尼僧法律很可能主要是寺级法律。可见，尼僧任法律者不但人数少，而且级别低，一般均为寺级法律。相反，男性僧人任法律者人数众多，这在敦煌文书中比比皆是，我们不再一一统计了。至于比法律更高的僧官如都僧统、僧政等职，更是由男性僧人担任而不见尼僧踪影。

敦煌尼僧任僧官者人数少、地位低的现象还于敦煌"邈真赞"类文书中可见一斑。敦煌文书中保存下来的邈真赞有近百篇，其制作时代主要集中于敦煌历史上的吐蕃归义军时期。据杨宝玉先生统计，这些邈真赞所记述的赞主至少有近90人，都是敦煌当地的名人名僧，其中尼僧仅3人，2人为法律，她们各自的赞文均抄于法藏敦煌文书P.3556中。至于在成百上千的敦煌尼僧中仅留下了她们三人的邈真赞的原因，杨宝玉先生认为这大约和她们的出身有很大关系，即三位赞主有一个共同特点：都是当时敦煌地区最高统治者——归义军节度使的至亲①。敦煌邈真赞赞主主要是敦煌

---

① 杨宝玉：《唐五代宋初敦煌尼僧史初探》，《五台山研究》2009年第2期，第9-17页。

当地高级官僚或者有身份的人,故这种看法是有道理的。但同时还有一个重要的原因不容忽视,那就是尼僧任高级僧官者本来就非常少,故在为上层僧侣画邈真及写赞时,关于尼僧僧官邈真赞留存下来的亦相应少见。可能我们会以为这是敦煌邈真赞保存不全的缘故,但是我们还可以从其他敦煌文书中来考察这一现象。P.3218《某年八月廿二日时年转帖》载:

1　时年转帖。
2　右缘普光寺氾阇梨迁化,准例合有盖黄
3　助送。祭杏盘,此着当寺勾当。金光明寺,帖
4　至,限今日午时于西门外取齐。如有
5　后到,罚麦三斗;全不来者,罚麦六斗。
6　其帖各自示名递过者。
7　　　　八月廿二日录事陈僧正　　帖
8　龙刘僧正　吴法律　乾张法律　程法律　开张
9　法律　索法律　永翟僧正　小翟僧正　金马僧
10　正　韩僧正　图张法律　曹法律　显索法律　梁
11　僧正　乾明曹禅　界刘僧正　张僧正　土李
12　僧正　高法律　莲安法律　李法律　恩索法
13　律　张法律　云李僧正　氾僧正　修李阇梨
14　米阇梨　圣申阇梨　张阇梨　国氾阇梨　李阇
15　梨　乘翟阇梨　马阇梨①

　　该件文书记载了因普光寺氾阇梨迁化而某社进行助葬之事。该社应是一个由僧侣组成的僧社,社员基本上涉及当时敦煌诸寺,其中有龙兴寺、乾元寺、开元寺、永寿寺、金光明寺、灵图寺、显德寺、三界寺、净土寺、莲台寺、报恩寺、大云寺、灵修寺、圣光寺、安国寺、大乘寺等16所寺院的僧侣,而且从组成人员大多是僧政、法律来看,这应是一个由上层僧侣组成的僧社。不过,我们注意到,其中僧寺社员基本均是僧政和法律,而后面灵修寺、圣光寺、安国寺、大乘寺等几所尼寺社员均是"阇梨",虽然阇梨亦在修行业德方面高于普通僧侣,但在僧职上并不等同于僧政和法律,这种现象

---

① 唐耕耦、陆宏基编:《敦煌社会经济文献真迹释录》第1辑,书目文献出版社,1986年,第356页。

应不是巧合,而是说明尼僧任僧政和法律者本来就少。

又僧尼籍中亦有对此类情况的反映。如 S.2614V《沙州诸寺僧尼名簿》虽残缺,但是记载了十几所寺院的僧尼人数,总计僧尼人数为 1140 人,其中尼僧 693 人,远远多于僧数。并且该件中僧寺一般有僧政、法律等,而尼寺中没有①。现据其内容将相关情况列表如下:

(表5-3)

寺别	寺名	僧官及人数	每寺总人数
僧寺	开元寺	张僧政、王法律、孟法律、二位阴法律,共5人。	49
	龙兴寺	翟僧政、翟法律、索判官,共3人。	27
	大云寺	康僧统、氾僧录、氾法律,共3人。	50
	报恩寺	张僧政、阎法律、宋判官、王法律,共4人。	47
	净土寺	李僧政,共1人	22
	莲台寺	无	27
	三界寺	无	21
尼寺	某尼寺	无	189
	大乘寺	无	173
	安国寺	无	139
	灵修寺	无	142
	圣光寺	无	49

敦煌文书中往往有"十七寺"、"十六寺"之载,这是指整个敦煌地区的十七所或十六所寺院,其中五所为尼寺,其他的为僧寺。表 5-3 所列为五所尼寺和七所僧寺,而 S.2614V 最前面还残存有某僧寺的部分僧人和沙弥法号,说明前面残缺几所僧寺的名籍。从表 5-3 中看到,七所僧寺里仅有莲台寺和三界寺没有僧官,其他五所僧寺均有僧官,而五所尼寺没有一所有僧官者,这进一步说明尼僧任僧官者确实比僧众要少。

敦煌僧团中尼僧出任僧官者较少且如僧政等高级僧官中不见尼僧的原因在与古代男尊女卑的观念有关的同时,还与尼僧作为女性自身"性弱"有关。如 P.6005《释门帖诸寺纲管》载:

---

① 唐耕耦、陆宏基编:《敦煌社会经济文献真迹释录》第 3 辑,第 229-245 页。

1　释门　　　帖诸寺纲管。
2　奉　　都僧统帖,令僧政、法律告报应
3　管僧尼沙弥及沙弥尼,并令安居,住寺依
4　止,从师进业修习,三时礼忏,恐众难齐,仍
5　勒上座寺主亲自押署,齐整僧徒,具件如后。
（中略）
19　应管僧尼寺一十六所,夏中礼忏,修饰房舍等事,
20　　寺中有僧政、法律者,逐便钳辖。其五尼寺,缘
21　　是尼人,本以性弱,各请僧官一人检教。若人多事
22　　即频繁,勒二张法律检教。其僧寺,仰本寺
23　　禅律及上座勾当。若有晡慢,必不容恕。
（后略）①

这里对夏安居活动期间寺院的管理情况进行了详细安排,寺院有僧政、法律等僧官者,由这些僧官管理,这当然指的是僧寺,而明确说"五尼寺,缘是尼人,本以性弱,各请僧官一人检教"。既然是因为"缘是尼人,本以性弱"而"请僧官一人检教",那么这里的僧官明显不是指由尼僧担任的僧官,而是指由男僧担任者,这亦进一步说明尼僧担任僧政、法律者很少。而正是由于尼僧"性弱"而不善于管理,且任僧官者非常少,故敦煌设有专门管理尼僧事务的僧职——"五尼寺判官",且该职一般由僧人担任。如北图芥35《佛说阿弥陀经》题记云:"施主清信佛弟子诸三窟教主兼五尼寺判官法宗、福集二僧,同发胜心。"莫高窟五代时第98窟南壁贤愚经变画下端供养人像列东向第二十五身题记云:"释门法律知五尼寺判官临坛大德沙门□□一心供养。"②又P.3718《张喜首和尚写真赞并序》云:"和尚俗性张氏,香号喜首……十载都司管内,训俗处下方圆。累岁勾当五尼,终身刚柔两用。"③该件文书中说在金光明寺出家的敦煌僧人张喜首从唐昭宗光化二年(899)起任"五尼寺判官"之职10多年,其职责为"勾当五尼寺",即管理五尼寺事务。

---

① 唐耕耦、陆宏基编:《敦煌社会经济文献真迹释录》第4辑,第120—122页。
② 敦煌研究院编:《敦煌莫高窟供养人题记》,第41页。
③ 郑炳林:《敦煌碑铭赞辑释》,第437页。

敦煌尼僧出任僧官者人数少的现象亦与整个中国佛教僧官制度发展史是相一致的。尼僧充任一寺之上僧官者在南朝时曾有过,如刘宋泰始二年(466)敕授尼宝贤为都邑僧正,并设僧局视事①。当时宝贤寺又有尼法净,"与宝贤尼名辈略齐……(泰始)二年敕为京邑都维那"②。但是,这种现象较为特殊,故《大宋僧史略》卷中云:"北朝立制多是附僧,南土新规别行尼正。宋太始二年,敕尼宝贤为尼僧正,又以法净为京邑尼都维那,此则承乏之渐,梁、陈、隋、唐少闻其事,偏霸之国往往闻有尼统、尼正之名焉。"③谢重光先生亦认为:"东晋南朝的地方和基层僧官制度中,尼僧自有僧官和僧署,有效地实行内部自治。这么一套系统有力的尼僧僧官制度,不但北朝所无,在整个中国佛教史上也是罕见的。"④

郝春文先生认为,在为他人举行法事活动获取收入方面,不同僧人间的差距是很大的。其中处于有利地位的是老宿、高僧、大德和僧官,他们受具早,僧腊长,僧次在前,最容易得到各寺的邀请⑤。既然敦煌僧官一般由僧众担任,而担任僧官者一般亦受具早、僧腊长、社会地位高,故在为他人举行法事活动时最容易得到邀请。诚然,他们的收入相应的要比尼僧和下层僧众多。

其次,由于尼僧不参加一些统治者或官府的杂役使,故尼僧受邀参加法事活动而得到收入的机会可能会相应减少。如 Ch.00207《乾德四年(966)归义军节度使曹元忠夫妇修莫高窟北大像功德记》记载:"助修勾当:应管内外都僧统辩正大师赐紫钢惠、释门僧正愿启、释门僧正信力、都头知子弟虞侯李幸思,一十二寺每寺僧二十人、木匠五十六人、泥匠十人,其工匠官家供备饭食,师僧三日供食,已后,当寺供给。"⑥其中一十二寺是指敦煌的十二所僧寺。修窟虽然是一项福田活动,但这里是敦煌十二寺僧为节度使曹元忠提供劳作助役的,而另五所尼寺的尼僧受限于自己的身体条件

---

① [梁]释宝唱著:《比丘尼传》卷2《普贤寺宝贤尼传》,王孺童校注,中华书局,2006年,第108—109页。
② [梁]释宝唱著:《比丘尼传》卷2《普贤寺法净尼传》,王孺童校注,第113页。
③ [日]高楠顺次郎等编:《大正新修大藏经》卷54,第243页。
④ 谢重光:《晋—唐僧官制度考略》,参何兹全主编《五十年来汉唐佛教寺院经济研究》,第333页。
⑤ 郝春文:《唐后期五代宋初敦煌僧尼的社会生活》,第355页。
⑥ 荣新江:《海外敦煌吐鲁番文献知见录》,江西人民出版社,1996年,第11页。

不再参加。同时,归义军时期敦煌僧众还要代表世俗政权出使中原王朝与周边政权①,这些活动虽然具有杂役性质,但这无疑为僧众获得更多的收益提供了条件,因为诸如节度使之类的上层人物出于感激、拉拢等因素而会更频繁地邀请僧众参加一些法事活动。如 P.2704《后唐长兴四至五年(933—934)曹议金回向疏》中第一件载:"请大众转经一七日,设斋一千五百人供,度僧尼一七人,紫盘龙绫袄子壹领,红宫锦暖子壹领,大紫绫半臂壹领,其袄子于阗宰相换将。白独窠绫袴壹腰,已上施入大众。布壹拾陆疋,施入一十六寺。"而该次转经的目的主要是为节度使及其家人祈福、护佑归义军的统治及政治稳定。同时,P.2704 中第四件亦是归义军节度使曹议金请僧转经、设斋、度僧的内容,转经目的相同,施舍对象亦是一十六寺②。这里的一十六寺是指敦煌地区一十一所僧寺和五所尼寺,由于十六寺全部参加了由节度使主持的转经活动,故均受到施舍。但 P.3556《后唐清泰三年(936)正月廿一日归义军节度留后使曹元德转经舍施回向疏》同样是由节度使曹元德主持的大型转经活动,转经目的与 P.2704《后唐长兴四至五年(933—934)曹议金回向疏》中第一、四件相同,但是仅请了敦煌十一所僧寺僧人参加,而五所尼寺缺席,其载:"请大众转经五日,一十一寺每寺施麦叁硕、油伍胜,充转经僧斋时。牒壹疋,充法事。……清泰三年正月廿一日弟子归义军节度留后使检校司空曹元德谨疏。"③由于仅有僧寺参加,故施舍对象亦仅为僧寺而无尼寺。虽然这里是将施舍之物施入寺院,但寺院财产属于本寺全体僧众所有,故这实际上亦成为僧众收入多于尼众的一个原因。况且,在有的法事活动中,施主往往会将施舍之物直接布施给参加法事活动的僧人,即"见前僧"。如 P.2982《后周显德四年(957)九月梁国夫人浔阳翟氏结坛供僧舍施回向疏》载:"结坛三日,供僧壹柒人,施小绫子壹疋,充经儭。土布叁疋半,充见前僧儭。……显德四年九月日弟子梁国夫人浔阳翟氏疏。"④

(二)世俗收入及差距

---

① 冯培红:《归义军时期敦煌与周边地区之间的僧使交往》,载郑炳林主编《敦煌归义军史专题研究续编》,第604—620页。
② 参唐耕耦、陆宏基编《敦煌社会经济文献真迹释录》第3辑,第85、88页。
③ 唐耕耦、陆宏基编:《敦煌社会经济文献真迹释录》第3辑,第90页。
④ 唐耕耦、陆宏基编:《敦煌社会经济文献真迹释录》第3辑,第96页。

第五章　敦煌僧尼的私有经济

吐蕃归义军时期，敦煌僧侣的收入来源除了宗教收入之外，还有世俗收入，即非宗教收入。而在世俗收入中，不同僧尼如僧众内部、僧众与尼众之间等亦存在差距。

1. 俸禄和赏赐收入

在吐蕃本土，僧人可以参与朝政，而吐蕃归义军时期的敦煌亦一直存在僧人从政、干政的现象①。当然，能够参政者主要是僧官，而这些僧官可能还会有相应的俸禄或者赏赐收入。

统治阶级给与僧官俸禄的现象在中原地区亦存在过，如《大宋僧史略》卷中载："(后)秦主敕选道䂮法师为僧正，慧远为悦众，法钦慧斌掌僧录，给车舆吏力，僧正秩同侍中，余则差降。"②又《高僧传》卷7载宋明帝敕僧瑾为天下僧主，并"给法伎一部，亲信二十人，月给钱三万，冬夏四时赐，并车舆吏力"。还对兴皇寺道猛"月给三万，令吏四人，白簿吏二十人，车及步舆各一乘。乘至舆客省"③。在宝贤尼还没有当上京邑僧正时，"宋文皇帝深加礼遇，供以衣食。及孝武雅相敬待，月给钱一万"④。谢重光先生认为，刘宋时各级僧官的俸禄已有了基本固定的数额，并为齐梁陈各朝所沿用⑤。但吐蕃归义军时期的敦煌僧官俸禄应该更多的是受到了吐蕃本土僧官俸禄制度的影响。吐蕃本土在赤松德赞(755—797)时期规定，"赞普从臣民的赋税中拨给堪布和僧人的生活供应数量是：堪布每月青稞七十五克，一年共计九百克，每月酥油一克又两个半涅噶，一年共计一千一百两，每年给衣服一套、马一匹、纸四十卷、墨三锭以及足够的食盐……"⑥而吐蕃在攻占敦煌前后正是赤松德赞执政时期，在正式统治敦煌以后，吐蕃本土的僧官俸禄制度亦应在敦煌地区得到推行。如 P.T.1203 载："堪布洪晋借粟子二十克，定于狗年秋季八月十五日还于寺庙粮库，保人哈子昌按指印。此二十克粟，抵作堪布过去应得而未得的、每次一月的上等酥油之数。"⑦堪

---

① 李正宇：《8至11世纪敦煌僧人从政从军——敦煌世俗佛教系列研究之七》，第50－61页。
② ［日］高楠顺次郎等编：《大正新修大藏经》卷54，第242页。
③ 分别见［梁］释慧皎撰《高僧传》，汤用彤校注，第294、296页。
④ ［梁］释宝唱著：《比丘尼传》卷2《普贤寺宝贤尼传》，王孺童校注，第108页。
⑤ 谢重光：《中古佛教僧官制度和社会生活》，第44页。
⑥ 东嘎·洛桑赤列著，陈庆英译：《论西藏政教合一制度》，民族出版社，1985年，第19页。
⑦ 王尧、陈践编著：《敦煌吐蕃文书论文集》，第26页。

布洪誓是吐蕃末期归义军早期敦煌地区的最高僧官——都僧统(都教授),任职长达 11 年之久①。引文中洪誓每月所得的上等酥油应为其俸禄,吐蕃一克＝2 汉石,二十克粟即合 40 石粟,此数已经甚巨,但较之于吐蕃本土堪布的俸禄收入却逊色很多,不排除洪誓除了上等酥油之外还有其他俸禄收入的可能。

吐蕃时期的僧官俸禄制度在其后的归义军时期是否得到沿用呢？对此问题我们暂时难以给出肯定的回答,但归义军时期节度使赏赐上层僧众则是比较普遍的现象。如 P.4638《清泰四年(937)都僧统龙誓等牒》是清泰四年十一月十八日都僧统赐紫沙门龙誓、都僧录惠云、都僧政绍宗等因节度使曹元德赏赐他们而作的答谢牒文,其中有云:"草豉壹斗,麦酒壹□。谨因来旨,跪捧领讫。"②又 P.3004《乙巳年(945)兵马使徐留通欠绢契》载:"乙巳年六月五日立契。龙兴寺上座深善先于官中有恩择(泽)绢柒疋,当便兵马使徐留通……"③这是因龙兴寺上座深善可能为官府办事而得到恩赐绢疋。但我们不能排除这些赏赐,特别是固定的赏赐是为俸禄的可能。如 S.5810《门僧法律智弁请支给春衣布一疋状》载:

1　门僧法律智弁。
2　伏以常年春衣布壹疋,今未蒙支给,伏乞
3　阿郎仁恩,照叁时赐支给。伏请处分。
4　　　　　十一月　日④

智弁请支春衣事又见于 P.4640《己未年－辛酉年(899－901)归义衙内破用纸布历》中第 12 行:"十二日,支与楼上僧智弁春衣粗布壹疋。"这里"楼上"指归义军政权首脑机关⑤。显然,法律智弁应经常在官衙行走,故才有常年固定的春衣之赐。当然,作为僧官,虽然在归义军时期可以参与政治,但

---

①　当然,学界对洪誓任都僧统的时间有不同的看法,如荣新江先生认为洪誓从 851 年至大约 862 年任都僧统,参荣新江《关于沙州归义军都僧统年代的几个问题》,《敦煌研究》1989 年第 4 期,第 70－78 页。但竺沙雅章先生认为洪誓在 851－853 年任都僧统,参其著《中国佛教社会史研究(增订版)》,第 331－335、359 页。
②　唐耕耦、陆宏基编:《敦煌社会经济文献真迹释录》第 5 辑,第 19 页。
③　沙知辑校:《敦煌契约文书辑校》,第 211 页。
④　唐耕耦、陆宏基编:《敦煌社会经济文献真迹释录》第 5 辑,第 8 页。
⑤　任爱君:《对敦煌遗书"楼上"一词的释义——兼谈敦煌文化在研究游牧民族的文化传承中的贡献》,《敦煌研究》1999 年第 1 期,第 90－95 页。

转经依然是其份内职责,这点在 S.6405《门僧智弁请赐美奈状》中有说明,其载:

1　门僧智弁
2　右智弁楼上转念之次,忽闻参君郎君出墹于园收奈。
（中略）
5　荣,超五侯之望族。又智弁须则□劣常材,谬蒙驱策,绢
6　尘无补,劳効未彰。伏望参君特赐美奈
7　壹颗(?)。智弁愿尽驱驰,转念感恩,生死荣幸。①

"谬蒙驱策"即说明智弁是为官府效力,而转经是其效力的内容之一。既然智弁所得春衣为常年的固定收入,那么说明其应有俸禄的性质,想必在春衣布之外还应有其他收入。而正因为此,智弁似乎较为富有。如S.5804V《僧智弁吊唁孟阇梨母亡状》载:

1　自拙将治染时疾,惶绕眠在铺席,忽闻孟阇梨慈母亡
2　没,便合奔赴吊问。致为力不赴心,行李寸步不前,伏望不
3　责。白罗壹段、紫绝壹、绯紬壹段色物三事,谨遣堂子卿
4　苟奴送赴。伏惟照察,谨状。
5　　　　　　　六月十七日智弁状。②

在吐蕃归义军时期敦煌僧侣的吊孝活动中一般用的是价格较低的布,且数量很小③,而智弁在孟阇梨母亡后所用吊仪物品白罗、紫绝、绯紬价格较高,如 P.2680《丙申年氾恒安等纳绫绢等历》中 2—3 行载:"白花罗一疋,准绢柒疋。"说明白花罗的价格应是绢的七倍。这表明智弁本身就是一名较为富裕的僧人,而其财产的来源之一就是作为门僧从官方得到俸禄或赏赐。当然,受此恩惠的主要是僧官且非智弁一人,至于普通僧众一般很少能有此收入,同时由于尼僧任寺级以上僧官者非常少,故这种收入显然成

---

① 唐耕耦、陆宏基编《敦煌社会经济文献真迹释录》第 5 辑第 7 页对该件文书进行了释录,此处录文时依照图版对个别文字进行了校改。
② 唐耕耦、陆宏基编《敦煌社会经济文献真迹释录》第 5 辑第 8 页对该件文书进行了释录,此处录文时依照图版对个别文字进行了校改。
③ 参王祥伟《归义军时期敦煌寺院的吊孝活动》,《敦煌学辑刊》2006 年第 2 期,第 145—152 页。

为了导致僧众内部和僧众与尼众间经济收入差距的原因之一。

2.世俗家庭财产的继承

隋唐时期家庭财产继承制仍然实行的是诸子均分的原则，仅在户绝（分家独立之户父系断绝无子嗣）的情况下女儿才可获得财产的继承权。如唐《户令》规定："诸应分田宅者，及财物，兄弟均分。"唐《丧葬令》中规定："诸身丧户绝者，所有部曲、客女、奴婢、店宅、资财，并令近亲（亲依本服，不以出降）转易货卖，将营葬事及量营功德之外，余财并与女（户虽同，资财先别者亦准此）；无女均入以次近亲；无亲戚者官为检校。若亡人在日，自有遗嘱处分，证验分明者，不用此令。"唐文宗开成元年（836）七月敕文又规定："自今后，如百姓及诸色人死绝无男，空有女，已出嫁者，令文合得资产。"①宋代对女儿继承权有了更加有利的规定，但是相较于男性依然有很大程度的限制，如《名公书判清明集》卷8"户婚门·女婿不应中分妻家财产"条规定："在法：父母已亡，儿女分产，女合得男之半。"②即未婚的女儿可以得到男子一半的继承份额。关于户绝财产的继承，《宋刑统》卷12"户婚律·户绝资产"规定："户绝者，所有店宅、畜产、资财，营葬功德之外，有出嫁女，三分给与一分，其余并入官。"③显然，女儿的继承权相对于儿子来说依然处于劣势。那么，唐宋时期出家人能否继承世俗家庭祖上留下的财产呢？对此，我们似乎不见有关专门、明确的规定。不过，我们可以从相关法令中间接进行了解。《名公书判清明集》卷5"户婚门·僧归俗承分"条载："故国家立法有曰：诸诱引或抑令同居亲为童行、僧、道，规求财产者，杖一百，仍改正，赃重者坐赃论。"这是对为了继承财产而诱骗同居亲人出家者的惩处办法，既然同居亲人出家后，在家者可以独吞家产，那么说明出家人是不能继承家产的。同卷又载："在法：诸僧、道犯罪还俗，而本家已分者，止据祖父财产众分见在者均分。"这是说出家人因犯罪还俗后可以分得世俗家产，但仅仅限于均分父祖见在财产，说明出家者还俗前是不能分得家产的④。这些规定明确告诉我们，宋代出家人是不能继承俗家财产的。

---

① ［宋］窦仪等撰：《宋刑统》卷12，吴翊如点校，中华书局，1984年，第197—198页。
② 中国社会科学院历史研究所、宋辽金元史研究室点校：《名公书判清明集》，中华书局，1987年，第277页。
③ ［宋］窦仪等撰：《宋刑统》，吴翊如点校，第198页。
④ 中国社会科学院历史研究所、宋辽金元史研究室点校：《名公书判清明集》，第138—139页。

那么,吐蕃归义军时期的敦煌地区是否亦是如此呢？事实并不尽然。下面我们来看看吐蕃归义军时期敦煌出家人对世俗家庭财产的继承问题。

敦煌文书中记载僧人继承其祖业的情况较多。如 P.2685《年代未详(828?)沙州善护遂恩兄弟分家契》和 S.11332《戊申年(828)四月六日沙州善护遂恩兄弟分家契》记载了僧人善护、遂恩兄弟所分家产有牲畜、房舍、土地、园林、什物等,而这些家产有些定是承继了祖业①。又 S.3876《宋乾德六年(968)九月释门法律庆深牒》载：

1　释门法律庆深
2　右庆深祖业教（较）少,居止不宽,于儒风坊巷张祐子院
3　中有张清奴绝嗣舍两口,今庆深于
4　官纳价讫。伏恐后时,再有搅扰。特乞
5　台造判印
6　凭由,伏听处分。
7　牒件状如前,谨牒。
8　　乾德六年九月日释门法律庆深牒。②

这里僧人法律庆深向节度使申请绝户张清奴的房舍时称"祖业教（较）少,居止不宽",说明作为僧人的庆深是继承了祖业,只不过祖业较少而已,这说明当时敦煌僧人是可以继承祖业的。又 S.528V《三界寺僧智德状稿》载：

1　三界寺僧智德　右智德忝是僧人,家无伫（贮）积。自恳（垦）自光,以
2　给资粮,切缘仆从不多,随宜且过,为沾僧数,不同俗人,其某出
3　生便共董僧正同活。慈母在日,阿舅家得婢一人。其母亡
4　后,智德作主,产得儿女叁人。并他和尚劫将衣食,分坏针草,
5　不与智德。又兼亲情内,并总告报,亦不放入门,无计思量。口承
6　边界,镇守雍归,只残老父一人,亦在和尚同活,早夜

---

①　唐耕耦、陆宏基编:《敦煌社会经济文献真迹释录》第 2 辑,第 142—144 页。
②　唐耕耦、陆宏基编:《敦煌社会经济文献真迹释录》第 2 辑,第 305 页。

7　不离他门,共庄客一般効(效)力。

8　今智德发日临近,现要缠裹衣食,寸尺并无。今者耳南目

9　北知闻,乃有小婢白女壹人,把分之间,智德合得,左右博过,

10　买缠裹取东去。伏乞

11　令公阿郎念见口承边镇百姓些些,分坏毛时,亦要诤论。缠
　　 裹难有。

12　上件事微,无门词讼,伏蒙　台慈持与。谨照,伏

13　请处分。

14　某年月日某状。①

　　这里三界寺僧智德就在母亲亡后,承继得了奴婢一人,其婢后又产儿女三人,但为董僧正所占有。在其"口承边界,镇守雍归"时因无"缠裹衣食",而请求归义军节度使将董僧正所占有其婢判归自己以博换盘缠。而P.3774《丑年(821)十二月沙州僧龙藏牒——为遗产分割纠纷》记载了僧龙藏与其堂兄分割家产的情况,所列内容详细令人感叹,涉及的财产有从父祖那里继承下来的,亦有龙藏通过经商、种地等方式积攒下来的。文书有云:"今见齐周出家,大哥便生别居之意。昨齐周与大哥以理商量,分割什物及房室畜生等。"要求"比者已来,齐周所有运为斛斗及财物、畜生、车牛、人口,请还齐周"②。当然,僧众虽可继承祖业,但由于家资有别,不同僧人继承的祖业亦多寡不等,故继承祖业亦是造成僧众内部收入差距的一个原因。

　　既然敦煌僧众可以继承祖业,那么敦煌尼僧是否拥有世俗家庭的财产继承权呢?对此问题,虽然敦煌文书中没有明确记载,但我们依然可以找到答案。前述P.3774《丑年(821)十二月沙州僧龙藏牒——为遗产分割纠纷》中第5行载:"出镶贝镜一面与梁舍人,附在尼僧脚下。"第52—53行载:"城南佛堂并油梁及大乘寺明觉房内铛镟釜床什物等,并不忏大家之事,一一尽有来处。"大乘寺为敦煌五所尼寺之一,故前者尼僧与后者明觉应为同一人,而该明觉并未参与龙藏兄弟对俗家财产的分割。杨际平等先

---

① 录文参郝春文编著《英藏敦煌社会历史文献释录》第3卷,社会科学文献出版社,2003年,第34—36页。但郝春文先生是按照自然分段的形式释录,此处按照文书图版行号进行迻录。

② 唐耕耦、陆宏基编:《敦煌社会经济文献真迹释录》第2辑,第283—286页。

生推测该尼僧与龙藏可能是亲兄弟①,若此推测成立,说明尼僧是不能继承俗家财产的。而最明确反映尼僧不能继承俗家财产的是 P.3744《年代未详(840)沙州僧张月光兄弟分书》,现将文书内容转录如下:

(前缺)

1 ☐
2 在庶生,观其族望,百从无革。是故在城舍
3 宅,兄弟三人停分为定。余之赀产,前代分擘
4 俱讫,更无再论。前录家宅,取其东分。东西三丈,

(中略)

8 见在橡(橡)木并檐,中分一间,依数与替。如无替,一任
9 和子拆其材梁,以充修本,分舍枇篱亦准上。其
10 堂门替木壹合,于师兄日兴边领讫。步碓壹合了。
11 右件月光、日兴兄弟,自恨薄福,不得百岁为
12 期。日月屡移,不可一概即全。兄友弟恭,遵

(中略)

17 阡。若是师兄违逆,世世堕入六趣。恐后无凭,
18 故立斯验。仰兄弟姻亲邻人,为作证明。
19 各各以将项(?)印押署为记。其和子准上。
20 兄僧月光　弟日兴　侄沙弥道哲
21 弟和子　姊什二娘　妹师胜贤
22 妹八戒胆娘　表侄郭日荣　就
23 邻人索志温　邻人解晟

(中略)

31 平都渠庄园田地林木等,其年七月四日就庄
32 对邻人宋良升取平分割。故立斯文为记。
33 兄僧月光取舍西分壹半居住。又取舍西园
34 从门道直北至西园北墙,东至治谷场西墙直
35 北已西为定。其场西分壹半。口分地取牛家道

---

① 杨际平、郭锋、张和平:《五—十世纪敦煌的家庭与家族关系》,岳麓书社,1997年,第213页。

36　西叁畦共贰拾亩,又取屇坑地壹畦拾亩。又取舍南
37　地贰亩。又取东涧舍坑已东地叁畦共柒亩。孟授［地］
38　陆畦共拾伍亩,内各取壹半。又东涧头生荒地各［取］
39　壹半。大门道及空地车敞并井水,两家合。其树
40　各依地界为主。又缘少多不等,更于日兴地上,取白杨
41　树两根。塞庭地及员佛图地,两家亭分。园后日兴
42　地贰亩,或被论将,即于师兄园南地内取壹半。

（后略）①

这是一件记载僧人张月光和其弟和子、日兴分家产的分书,涉及的财产有房舍、庄园、田地（口分地、生荒地）、碾碨、水井、林木等,内容详细,财产分割力争做到公平,不偏不倚。有趣的是,分书中除了兄弟三人签名画押之外,在为兄弟分家作证的亲邻中有他们的姊什二娘和两个出家的妹妹胜贤、胆娘,但此三位女性均没有参与家庭财产的继承,这说明当时敦煌地区的出家女性一般是不会继承俗家财产的。当然,这是非绝户家庭的情况,至于绝户家庭中出家女性有无继承权不得而知。即便有,出家女性的继承权没有出家男性的继承权普遍,而这又会导致敦煌尼众与僧众之间经济收入差距的加大。

3.商贸和贷便收入

归义军时期,敦煌僧人往往作为归义军的政治使者或文化代表出使中原王朝与周边政权。而在出使之前,这些僧侣与其他出使者如押衙、都头、兵马使、普通百姓等世俗人员一样往往要借贷绢、绵绫等物。如P.3051《丙辰年（956）僧法宝贷绢契（抄）》载:

1　丙辰年三月廿三日,三界寺僧法宝,往于西州充使,欠［少疋
　　帛］,
2　遂于同寺法律戒德面上贷黄丝生绢壹疋,长肆拾尺,［幅阔壹
　　尺］
3　玖寸。其绢梨（利）头立机壹尺,到日填还。若于限不还者,
　　［便看乡原］

---

① 唐耕耦、陆宏基编:《敦煌社会经济文献真迹释录》第2辑,第145—147页。

4　生利。若道上不平善者,并绢及利,壹仰口承人弟□□[面上]
5　取本绢。两共对面平章为第(定),不许閛,故立[此契],
6　用为后验。押字为第(定)。①

又 S.4504V《乙未年(935?)灵图寺僧善友贷绢契(习字)》载:"乙未年正月壹日,灵图寺僧善友往于西州充使,欠少帛绢,遂于押牙(衙)全子面上贷生绢壹定,长肆(后缺)。"P.3051V《丙辰年(956)三界寺僧法宝贷绢契(习字)》载:"丙辰年三月廿三日,三界寺僧法宝往于西州充使,欠[阙定帛],遂于同寺法[律]戒德面上贷黄丝生绢壹疋……"②这些僧人出使前的借贷是与他们的身份及目的相关的。据学者研究,归义军出使中原王朝及周边政权的使团往往不仅仅是归义军节度使政治与外交上的代言人,同时还是经济上开展对外贸易的商贸代表团,使团成员借贷的织物往往是为了在异地市场上进行贸易交换,而出使僧人往往亦是归义军使团成员的组成部分③。在这种商贸活动中,贸易盈利收入又成为出使僧人的收入来源之一,而在出使的僧侣中,我们一般不见尼僧代表归义军政权出使的记载,即便有,一定不会像僧众那样普遍频繁,故出使贸易收入是导致尼众与僧众之间经济收入差距的又一因素。即便是在僧众内部,由于僧人参加出使活动的机会是不均等的,故出使贸易收入亦会影响僧众间的经济收入差距。

商贸收入之外,僧尼在贷便收入方面亦存在差距。我们检阅敦煌文书时会发现,凡是吐蕃归义军时期敦煌僧侣的出便借贷一般是僧众,而且是中上层僧众行为,普通僧众从事出便借贷活动的很少,至于尼僧从事出贷的记载更是非常稀见。现依据有关借贷、贷便契约和债务诉讼文书将相关情况列表如下:

---

① 唐耕耦、陆宏基编:《敦煌社会经济文献真迹释录》第2辑,第125页。
② 录文可分别参沙知辑校《敦煌契约文书辑校》,第196,217页。
③ 参郑炳林、冯培红《唐五代归义军政权对外关系中的使头一职》,《敦煌学辑刊》1995年第1期,第17—28页。齐陈骏、冯培红《晚唐五代宋初归义军对外商业贸易》,《敦煌学辑刊》1997年第1期,第38—51页。沙知《般次零拾》,载《周绍良先生欣开九秩庆寿文集》,中华书局,1997年,第142—148页。

(表 5—4)

文书卷号	年份	出便\出贷者	借贷者	贷便物	利息
P.3860	丙午年(886)	氾法律	翟信子、翟定君	麦粟	有
S.5811	乙丑年(905?)	龙兴寺张法律	索猪苟	麦	有
P.3214V	天复七年(907)	僧愿济	高加盈	麦	有
P.2161p1	庚辰年(920?)	氾僧政	张幸端	生绢	典地
S.4445	己丑年(929?)	僧长千	陈佛德	褐	有
S.4445	己丑年(929?)	永安寺僧长千	何愿德	褐	有
P.3124	甲午年(934)	邓上座	邓善子	绢	有
P.3453	辛丑年(941)	龙兴寺上座心善	贾彦昌	绢絁绵绫	有
P.3150	癸卯年(943?)	龙兴寺索僧政	吴庆顺	麦黄麻粟	典身
P.3004	乙巳年(945)	龙兴寺上座深善	兵马使徐留通	绢	有
S.4654V1	丙午年(946)	金光明寺僧庆戒	李进通等	豆粟	有
P.3051V	丙辰年(956)	三界寺法律戒德	三界寺僧法宝	黄丝生绢	有
S.5632	辛酉年(961)	僧报坚	陈银山	绢	有
北图83:1901	辛酉年(961?)	僧法成	周通顺等	麦	有
P.3565	甲子年(964?)	李法律	氾怀通兄弟等	绢	有
P.2932	964—965年	翟法律	张佛奴等	豆	有
Дх.1449	不明	王法律	保全等	粟	有
P.4803	癸未年(983?)	郭法律	张幸德	褐	有

表5—4中所列的均是以僧人个人名义进行的借贷出便活动,这些僧人主要是僧政、法律、上座,尽管有个别僧人没有说明其僧职,但并不能据此确定其为普通僧人。另外需要说明的是,我们不能完全排除表5—4中有的僧人可能是代表其所在寺院而出贷寺院之物。但在敦煌借贷文书中,若某僧人代表本寺院而进行贷便活动时,一般在负责僧人名下要明确说明是向"某某僧下佛帐物"、"某某僧下佛物所"或"某某僧下佛物处"等贷便,而佛帐物、佛物所、佛物处说明贷便之物属寺院而非僧侣个人,如前述S.1475V中十多件贷便斛斗契大多如此。而表5—4所列文书中没有专门说明。故我们认为这些文书记载的贷便活动一般是僧人个人行为而非寺

院行为。并且,这些贷便活动一般均是有利息的,且利率一般为50%,有时甚至高达100%,这对出贷者来说无疑是一种重要的收入来源。我们在本书第二章曾对吐蕃归义军时期敦煌寺院经济发展的不平衡性进行分析时认为,虽然利息为寺院的主要收入来源之一,但是有些寺院难以拿出更多的资本通过放贷等方式去生财。寺院如此,僧尼个人亦是如此。故贷便的利息收入亦是造成僧众内部和僧众与尼众之间经济收入差距的一个主要原因。

4.地产收入

敦煌文书中载有僧人租种他人土地之事,如 P.3643《唐咸通二年(861)齐像奴出租地契》就记载了僧福智租种齐像奴土地的详细情况[1]。这种租种他人土地一般为僧众行为而非尼僧行为[2],故地产收入是造成僧众和尼众间经济收入差距的又一原因。

此外,前面我们在讨论世俗家庭财产的继承时已明了,僧人可以继承祖业中的地产。而在本书第六章我们将会专门讨论,吐蕃归义军时期的敦煌僧侣还可以通过博换、买卖、请田等形式占有田地,而且上层僧侣往往还拥有庄园。但是僧侣占有田地的数量不等,甚至还会有较大差距。如在继承世俗家庭地产时,由于种种原因,不同僧人继承的地产有别,而尼僧甚至还不能继承祖辈的地产,故无论是在僧众内部还是在僧众与尼众之间,地产收入均存在差距。

从以上讨论来看,由于在僧团内部和世俗社会中地位的不平等造成了敦煌僧尼享有宗教收入和世俗收入机会的不平等,从而在僧团内部会出现上层僧尼与下层僧尼之间、僧众之间、尼众之间、僧众和尼众之间存在经济收入差距的现象。尤其是在僧众和尼众之间,由于僧众特别是上层僧众的收入来源较多,其积累的财富亦相应较多,且僧众往往又可以利用手中的财产通过放贷、经商等方式去不断生财,而大多尼众限于自己经济的拮据只能勉强维持生计,甚至还要去借贷,这样,往往会形成"贫者愈贫,富者愈富"的恶性循环。

---

[1] 沙知辑校:《敦煌契约文书辑校》,第321—322页。
[2] 当然,这种情况亦非绝对,如 P.3947V 第3行载:"金鸾,观(灌)进渠地四亩,见尼真智佃。"可见,尼僧真智亦在佃种别人的土地。

二、僧尼贫富分化的表现

在讨论敦煌僧尼贫富分化的表现时,我们应摆脱总是强调上层僧尼富有而下层僧尼贫困的窠臼,因为受敦煌僧尼收入来源多样、僧尼个人对财富态度不同等因素的影响,普通僧尼,特别是普通僧众之间亦有富有者,而上层僧尼中亦有清贫者。下面我们就从普通僧尼的贫富分化和上层僧尼的贫富分化两方面对该问题进行简略讨论。

(一)普通僧尼的贫富分化

敦煌文书中关于普通尼僧贫困的记载较多,如 P.3730《吐蕃占领敦煌时期尼海觉牒》载:

1　牒海觉不幸薄福,二亲俱亡,孤介累年,兢兢刻剔,
2　特沐　教授和尚重德,余光照临,姊妹相依,炊
3　□不别,登修房际,花严射地,施功明空,文帖见在,
4　先约未朽,从妹尼无边花比日来伴,多在俗家居
5　□月旬,实未久处,今缘姊师迁化,燋爨皆约,
6　妹尼海觉,僧寺潜居,只房未有厨舍,恃此先功,
(后略)①

文中海觉和其姊师相依为命,但在姊师去世后,吃住无依,潜居于僧寺。又 S.5820+S.5826《未年(803)尼明相卖牛契》记载未年闰十月廿五日,尼明相为无粮食及有债负,故将一头三岁的黑牸牛出卖与张抱玉②。又本书第一章引用的 P.3730《寅年八月沙弥尼法相牒并洪辯判辞》中所载为了生存向都僧统乞求儭利的贫病下层尼法相及本章第二节将要引用的 S.2199《唐咸通六年(865)尼灵惠唯书》中所载只有家生婢子一人而无房资的病尼灵惠等均属贫病交加者。

与普通尼众相似,普通僧众中亦不乏贫困者。如 P.3730《吐蕃占领敦煌时期荣清牒》载:

---

① 唐耕耦、陆宏基编《敦煌社会经济文献真迹释录》第 4 辑第 110 页对该件文书进行了释录,此处录文时依照图版对个别文字进行了校改。
② 沙知辑校:《敦煌契约文书辑校》,第 55 页。

1　荣清不幸薄福,父母并亡,债负深广,艰苦非常,
2　食无脱粟,衣罄皮毡,昼则饮水为飨,夜则寒吟
3　彻晓,数年牧羊未息,便充手力,父业不可不承,伏望
（后缺）①

牒文将荣清的生活描述得非常凄凉,虽然应有夸张之虚,但至少说明荣清是一名窘困贫寒的僧人。为了谋生,有的僧人因没有或缺少土地而去租种或与他人合种土地,如 S.10547《乙未年法弁等合种蓝契》记载了僧法弁、住子、法嵩等合种土地之事②。还有僧人迫于生计而去借贷,如 S.1475V《某年(823?)僧神宝便麦契》记载僧人神宝因归还欠负任柒柒的麦子而向灵图寺便麦贰硕捌斗,S.1475V《某年(823前后)僧神寂便麦契》记载僧人神寂因负债而向寺院便麦两硕陆斗③。诸如此类反映普通僧人生活穷窘的记载在敦煌文书中较多,此处略举几例即可。

当然,普通僧尼中亦不乏较为富有者。如前述 P.3774《丑年(821)十二月沙州僧龙藏牒——为遗产分割纠纷》是僧人龙藏因与其堂兄分家而产生的财产纠纷牒,虽然属于龙藏的具体财产不明,但涉及斛斗、什物、织物、牲畜、车牛、人口等,数额甚巨,其中仅羊就有数百只,牛、驴有数十头。由于龙藏在出家前家资颇盈,故在分家后成为一名敦煌普通富僧的代表。又 P.2415p1＋P.2869p5《乙酉年(925?)乾元寺僧宝香雇工契》载:

1　乙酉年二月十二日,乾元寺僧宝香为少人力,遂雇百姓邓件
2　子捌个月,每月断作雇价麦粟壹馱。内麦地叁亩,粟地肆
3　亩,其地折柒个月,余残月取勿(物)。春依(衣)长袖一并襽,袴一腰,皮鞋
4　一量。从入雇已后,便须逐月逐日駸駸入作,不得抛却作功。如若
（后略）④

---

① 唐耕耦、陆宏基编:《敦煌社会经济文献真迹释录》第4辑,第109页。
② 录文可分别参沙知辑校《敦煌契约文书辑校》,第321、344页。
③ 录文可分别参唐耕耦、陆宏基编《敦煌社会经济文献真迹释录》第2辑,第86、90页。
④ 沙知辑校:《敦煌契约文书辑校》,第263—264页。

僧人宝香以每月麦粟壹驮的雇价雇邓仵子为其劳作,并且还有不明数目的土地及其他资财,说明宝香是一名富有的僧人。普通僧人中的富有者应非凤毛麟角,P.2869《年代不明宝香等纳赠历》载:

1 宝香 生绢一疋,紫绢叁丈五尺,碧紬内两接八尺,絁紬□□欠五尺。

2 法晏 古破絁紬非紬内两接二丈,又内四接一疋八尺,白练白绵绫二丈八尺,□□□内一接一丈一尺一段付主人,欠二丈二尺。

3 宝全 红绢三丈八尺,白绵绫二丈一尺,绿绢一丈一尺,古破紫绫六尺,白绵练八尺,古破紫白紬紫紬内两接一丈八尺。

4 智德 白绫一疋,白绵绫□丈□尺一段付主人。白罗一丈七尺,白紬内一接一丈七尺,碧紬内四接□丈五尺两段付主人。

(后略)①

文书中的四位僧人纳赠的是价值昂贵的丝绸制品。据郑炳林先生研究,文书中相关丝绸制品在当时敦煌贸易市场上与麦粟的比价关系是:杂绢一匹折麦粟22石,生绢一匹折麦27石,生熟绢一匹折麦粟18石,绵绫一匹折麦粟88石,绵紬一匹折麦粟32—33石左右②。按此标准计算,这些僧人的纳赠物数量不菲,而且这些丝织品仅仅是其财产中的一部分,说明他们是较为富有的。

与普通僧众相较,普通尼僧较为富有的情况在敦煌文书中甚为罕见,这种现象虽在一定程度上反映出普通尼僧富有者应比较少,但应非绝对没有,这点我们可以从S.2575《后唐天成四年(929)三月六日应管内外都僧统置方等戒坛牓》中窥见端倪,其载:

1 应管内外都僧统榜。

2 普光寺方等道场司。

(中略)

15 释迦诞世,设教无边。为度尼人,

16 真风陷半。戒条五百,一一分明。若

17 不从依,释仪顿绝。如来上妙之

18 服,不过青黑墨兰,剃削持盂,

19 极甚端严表正。虽乃

---

① 唐耕耦、陆宏基编《敦煌社会经济文献真迹释录》第4辑第28页对该件文书进行了释录,此处录文时依照图版进行了重录。

② 郑炳林:《晚唐五代敦煌贸易市场的物价》,《敦煌研究》1997年第3期,第14—32页。

20　国丰家富,僧俗格令有殊。戒条
21　切制嚣华,律中不佩锦绣。今缘
22　香坛逼迩,获晨同跻道场,俱
23　不许串绮彩之裳,锦绣覆盍
24　身体。锦腰锦襟,当便弃于胸
25　前。杂逞绣口纳鞋,即目捐于足
26　下。银匙银筯,辄不得将入众
(中略)
34　灭。辄有不遵律禁,固犯如来
35　大由,便仰道场司申来。锦衣收
36　入库内,银匙银筯,打碎莫惜
37　功夫。或有恃势之徒,陈
(后略)①

这次普光寺的方等道场应主要是为受戒式叉尼、沙弥尼所设,这在其他文书中亦有明确记载,如 S.2575《道场司为下品尼流去住上都僧统状稿》是道场司为式叉尼员戒、沙弥定升等人受戒后上都僧统的状,S.2575V(4)《普光寺道场司僧政惠云法律乐寂等为下品尼流去住上都僧统状稿》是普光寺道场司为式叉尼妙德、沙弥尼保定等人受戒后上都僧统的状,P.3167V《乾宁二年(895)三月安国寺道场司常秘等牒》是因五尼寺沙弥尼戒惠等年小、不依圣教、违王格条流而上长史司马的牒②。引文 S.2575《后唐天成四年(929)三月六日应管内外都僧统置方等戒坛牓》中明令禁止受戒的式叉尼和沙弥尼进入道场时使用、穿戴高级奢侈品如金银制品、丝绸制品等,这从侧面说明有的普通尼僧在现实生活中是拥有这些贵重物品的,P.3167V 中所说的"不依圣教"可能与此有关。

总之,普通僧尼中既有众多贫困者,又有较为富有者,特别是僧众中有许多拥有较多资财者。普通僧人拥有较多财富的原因是多方面的,而且主要是非宗教收入如继承祖业、经营农业和商业、借贷等所致。当然普通尼

---

①　录文参唐耕耦、陆宏基编《敦煌社会经济文献真迹释录》第4辑,第134—140页。
②　录文分别参唐耕耦、陆宏基编《敦煌社会经济文献真迹释录》第4辑,第142、143、66—67页。

僧富有者亦主要与俗家有关，如 S.2575《后唐天成四年(929)三月六日应管内外都僧统置方等戒坛牓》第 76—80 行还云："切缘一坛戒品众平雅低昂，伏缘贫富有殊，输次互生高下，或有父娘住世，兄弟推梨，额外更觅名闻，食上重增色数，如此之事，切令不行。"充分说明这些受戒尼的经济状况与其俗家密切相关。

（二）上层僧尼的贫富分化

相较于普通尼僧，上层尼僧的经济状况应比较好一点，因为上层尼僧，特别是任僧官者大多出自敦煌大族，这些尼僧不仅宗教收入较多，且因其身份而会获得更多世俗收入。如 P.2583(7)《申年正月十五日比丘尼慈心施舍疏》中的慈心就是其中之一，其载：

1　檀絁被一张，禄絁袄子一，黄绢裙衫一对，紫官絁襦裆一，
2　紫绢衫子一，九综布袈裟覆襆一对，其袈裟凝燃取，准麦八石。
　　九综布裙衫一对，
3　细布衫子一，针毡子一，施入合成大众。布一疋，施入报恩
　　常住。
4　麦五石、花盘子二、花椀五、花叠子、五花钵子一 施入灵修寺常住。
5　细布手巾一条入法事。
6　　右慈心舍施意者，为髫年入道，脱俗披

（中略）

12　之中，难持易犯。或污渥伽蓝，侵损常
13　住。或妄言起语，疾（嫉）妒悭贪，我慢贡高，
14　冲突师长。或呵叱家客，口过尤多。如
15　斯等罪，无量无边，卒陈难尽。今投
16　道场，请为忏念。
17　　　　申年正月十五日比丘尼慈心谨疏。①

文中尼慈心的施舍物是比较多的，其中布施麦五石，再加上九综布袈裟所折的麦八石，就已经多达十三石，这表明慈心是一名较为富有的

---

① 唐耕耦、陆宏基编《敦煌社会经济文献真迹释录》第 3 辑第 67 页对该件文书进行了释录，此处录文时依照图版对个别文字进行了重录。

尼僧。从文中"侵损常住"、"呵叱家客"来看,慈心是一名地位较高的尼僧,应是某一寺院的纲管,故其才有机会和地位去侵损常住财产、呵叱寺院的家客。

不过与普通尼僧相似,敦煌文书中所载上层尼僧富有的情况亦很少。相反,对上层僧众富有的记载较为普遍。如 P.3150《癸卯年(943?)慈惠乡百姓吴庆顺典身契》载:

1 癸卯年十月廿八日,慈惠乡百姓吴庆顺兄弟三人商拟(议),为缘
2 家中贫乏,欠负广深,今将庆顺已身典在龙兴寺索
3 僧政家。见取麦壹拾硕,黄麻壹硕陆斗,准麦叁硕
4 贰斗。又取粟玖硕,更无交加。自取物后,人无雇价,物无
5 利头,便任索家驰驱。比至还得物日,不许左右,或若到
(后略)①

这里索僧政不但雇人劳作,而且一次性付给吴庆顺家雇价麦粟竟达20多硕,足见其家资颇丰。又 P.3440《丙申年(996)三月十六日见纳贺天子物色人绫绢历》记载向天子纳贺的物品有白小绫、白楼绫、绫子、黄绫、楼绫、绯绫、白绫、小绫、白透贝、绢、黄绢、白绢、碧绢、绯绢、紫绢、颊缬等,数量一般均为一定。纳贺的人员有归义军政权的各级官吏和各级僧官,其中俗官有司徒、仆射、大尚书、小尚书、太子太师、都押衙、镇使、阴教练、索指挥、陈帐吏、判官、孔目官、库官、都知、田羊司、都头、衙推、县令、马步押衙、游弈、索营田、酒司、作坊、氾草场、张柴场、仓曹等,僧官及其所纳物的情况是:张僧统白小绫子壹疋,索僧统楼绫壹疋,程校授黄绢壹疋,阎僧统白绢壹疋,都僧正黄绫子壹疋,张僧录黄绫子壹疋②。这些僧官与归义军政权各级官吏一起向天子纳贺,不仅仅是其地位高的体现,同时说明他们较为富有,因为所纳织物数量较多,而且均是较为奢侈的丝绸制品。此外,我们在本书第六章第五节还将会论及,敦煌上层僧人拥有庄园的现象亦较为普遍。

上层僧众的富有情况还可以从开窟造像活动得到证实,因为开窟造像

---

① 沙知辑校:《敦煌契约文书辑校》,第 351 页。
② 录文参唐耕耦、陆宏基编《敦煌社会经济文献真迹释录》第 4 辑,第 16—17 页。

需要大量的人力物力,而上层僧众普遍在莫高窟营此功德。莫高窟藏经洞西壁所嵌的《洪䛒碑》记载有唐宣宗赐给都僧统洪䛒锦二匹、色吴绫二匹、色小绫二匹、色绢八匹、杂绢廿六匹,共计四十匹。又紫吴绫僧衣二副,银大散椀二枚。而 P.4640《吴僧统碑》记载了吴僧统洪䛒开凿七佛窟之事,说明吴洪䛒拥有的资财不菲。碑文还记载"有僧王云胜,办诃梨勒二千颗,同助功德"①。僧人王云胜资助诃梨勒竟达二千颗,说明其非常富有,可惜王云胜的僧职不明②。又 P.4640《沙州释门索法律窟铭》和 S.530《大唐沙州释门索法律义辩和尚修功德记碑》为释门法律索义辩修窟功德记,其中载索义辩"建宝刹于家隅,庄成紫磨。增修不倦,片善无遗。更凿仙岩,镌龛一所。召良工而朴琢,凭鄠人匠以崇成。竭房资而赏劳,罄三衣而务就"③。可见索法律既建佛刹,又开窟造像。虽然碑文所云费用时仅提"竭房资"、"罄三衣",但实际的花费应为数不少。

敦煌文书中明确所载拥有较多财产的上层僧人当属崇恩了。崇恩俗姓索,出家于报恩寺,官至都教授,后参与了张议潮收复敦煌等地的活动,唐宣宗还曾赐其信物,其去世的时间可能在大中十年(856)或大中十四年(860)前后④。P.3410《年代不详僧崇恩析产遗嘱》较为详细地记载了索崇恩拥有的财产,而这件文书亦往往是学界论证敦煌富僧时所征引最频繁的文书之一⑤。为了进一步说明索崇恩的富有情况,此处不妨将崇恩遗嘱中所载的财产与《代宗朝赠司空大辨正广智三藏和上表制集》卷3《三藏和尚遗书》中所载唐代著名高僧不空(705—774)的财产列表比较如下:⑥

---

① 郑炳林:《敦煌碑铭赞辑释》,第64页。
② 大谷物价文书记载天宝二年(743)交河郡诃梨勒价格是:诃梨勒壹颗,上直钱贰文伍分,次贰文,下壹文伍分。参[日]池田温《中国古代物价初探——关于天宝二年交河郡市估案断片》,收入其著《唐研究论文选集》,中国社会科学出版社,1999年,第122—189页。
③ 郑炳林:《敦煌碑铭赞辑释》,第91页。
④ 对索崇恩的研究,主要参姜伯勤《敦煌本乘恩帖考证》,参其著《敦煌艺术宗教与礼乐文明》,第390页;[日]竺沙雅章《敦煌吐蕃期の僧官制度——とくに教授について》,参其著《中国佛教社会史研究(增订版)》"补编"部分,第45—46页;郑炳林《〈索崇恩和尚修功德记〉考释》,《敦煌研究》1993年第2期,第54—64页。
⑤ 录文参唐耕耦、陆宏基编《敦煌社会经济文献真迹释录》第2辑,第150—152页。
⑥ [日]高楠顺次郎等编:《大正新修大藏经》卷52,第844—845页。

(表5—5)

僧人	奴婢侍者	法物器物织物什物金银	土地庄园牲畜农具	斛斗
不空	侍奉者宝金刚，院内行者童子，奴苏但那野奢，家人庭秀、令乔。	金刚、铃杵、银盘子、菩提子念珠、水精念珠、合子。银道具有五股金刚杵、三股独股铃和银羯磨金刚杵。道场所有幡华、桢像、诸功德等，毡、廧、毯、褥、铜器、瓷器、蠡杯。金八十七两、银二百二十两半。身衣（注：已舍尽）。家具什物、柴器、铁器、瓦器、床廧、毡褥、床子、褥子及诸杂一切物等（注：没有明细）。	庄上有牛两头。寺南宅壹区，舍肆口并院落。东京和上塔所师僧院舍庄园、车牛。鄠县南庄并新买地及御宿川稻地街南菜园。祥谷紫庄。	
崇恩	买得的小女子一口，供崇恩驱使的王禄般，替崇恩知家事的僧文信，侍奉崇恩的沙弥宜娘，养女娲柴。①	拾伍两金银间腰带壹□，银椀壹枚，拾伍两银椀壹，柒两银盏壹。双䌷绯坛柒条，袈裟一条，汗衫壹，紫绫夹裙衫壹对，京褐夹绫裙衫壹对。绫袄子壹青绫里，绿绢兰、白练汗衫壹，赤黄绫夹袴两腰，绯绫被壹，鹤子皮裘壹领，紫绫缦，故王皮裘壹领，红䌷缦，紫绫履壹量，京皮靴壹量并靴毡。故赤黄绫三、衣幞子壹、白方毡壹领，龙须席。八窠上锦壹张，白练裹草録（绿）交缘，红锦袄子壹绯绢里。緤壹□。紫绫袈裟壹条，紫绫庐山冒（帽）子一顶。青绮夹长袖壹，绯蘩丝兰。白绫壹㸃，白绫韈壹量，浴衣一，长绢褝壹，赤黄绵壮袴壹腰，京褐夹长袖壹，独织紫绫壮袄子壹领，紫绫裙衫壹对，紫绫柒条，袈裟壹条，紫罗庐山冒（帽）子壹顶，覆面绵壹屯，覆面青沙壹段。朱里椀壹，铜椀壹，铜叠子壹，坠铜盘子壹，蛮叠子□，漆叠子肆，画油木盛子贰并盖，画油木钵子贰并盖，画油酱叠子贰，木油酱台子贰，酱醋杓子贰，铜匙筯壹，画木叠子拾，独胡木盘壹，録（绿）石枕壹枚，藤裘杖壹，绢扇壹柄。大床壹张，踏床壹张，新车盘壹。方耳铛壹口，小牙盘子□面，坠铜尺五面，悉罗壹。净土寺里的相关家具什物车乘供养具佛衣。	田庄，微薄房资。芨渠上地贰拾亩，无穷地两突，延康地两突。铧各壹孔，镰各壹张，铛扣各壹口，椀叠，车壹乘，楼（耧）壹具，种壹副，粟楼（耧）壹具，青刚鞍几壹。五岁草驴壹头，肆岁父驴壹头，牸牛壹及子共五头，肆岁牸牛壹头，耕牛壹头，剥草马一疋。	麦叁硕

① 谢重光先生认为，宜娘和小女子的身份类似于部曲、奴婢，王禄般是寺户一色，娲柴类似于南朝僧尼手下的养女。参其著《中古佛教僧官制度和社会生活》第632页注释1。

P.3410内容有残缺,故表5—5中所列并非崇恩财产的全部。客观地说,由于双方生活的时代和地域不同,双方遗嘱所载的财物不全或不明晰,故要对二者的财产进行具体详细比较是不可能的。但即便如此,通过表5—5我们可以进一步认识到索崇恩确实是一名富有的僧官。

当然,地位较高的敦煌僧人亦有清贫者。如本章第二节我们将要引用的P.3730《寅年正月尼惠性牒并洪辩判辞》记载贺阇梨虽尊为阇梨,但其遗物寥寥无几,且"苏油无升合",说明其资财不多。这样的例子在敦煌文书中较多,P.4640《住三窟禅师伯沙门法心赞》载僧法心曾陪太保南征疆场,后"舍俗出家,俄然落发。期年受具,仗锡西还。一至宕泉,永抛尘迹。戒同朗月,寂入无言。三衣[之外],唯持一钵。岁寒自保,实谓精通"①。P.3718《刘庆力和尚生前邈真赞并序》载后唐河西敦煌府释门法律临坛供奉大德兼通三学法师毗尼藏主刘庆力"年逾知命,万行斯门粗圆。四大不顺于躬怀,枕疾俄经于岁月。病颜转炽,去世非遥。衣钵外匮畜积之期,殒没后虑累辛门众"②。P.3718《马灵佺和尚邈真赞并序》载唐故河西释门僧政临坛供奉大德阐扬三教毗尼藏主赐紫沙门马灵佺"幽闱取静,衣钵外而无余。捐离公私,常弃世荣之务。三千众内,广扇馨兰。百万凡间,纤毫不怨"③。P.3718《程政信和尚邈真赞并序》云程政信和尚"贞廉守节,衣钵外而无余,聚散浮云,悟世荣如同水未(沫)。芳兰妙馥,恒遍布于人伦"④。赞文所载这些僧人均是衣钵之外再无他财,我们不排除其中有夸张之成分,但说明他们资财应不多。造成地位较高僧人财缺物乏的原因可能亦与其不喜聚财、自恃清修有关。如P.3556《都僧统氾福高和尚邈真赞并序》云都僧统氾福高"随身一钵,悟贮货而芭蕉;房具三衣,弃余资而聚沫"⑤。又P.3630+P.3718《阎会恩和尚邈真赞并序》云大梁故河西管内释门都僧政兼毗尼藏主京城内外临坛供奉大德阐扬三教大法师赐紫僧会恩"资财蓄积,念尝只守于三衣。分寸有余,赈给溥均而一概"⑥。S.390《氾嗣宗和尚邈真赞并序》曰氾嗣宗和尚"空持一钵,余资弃舍于率泥;共具三衣,刻己赈

---

① 郑炳林:《敦煌碑铭赞辑释》,第80页。
② 郑炳林:《敦煌碑铭赞辑释》,第432页。
③ 郑炳林:《敦煌碑铭赞辑释》,第434页。
④ 郑炳林:《敦煌碑铭赞辑释》,第447页。
⑤ 郑炳林:《敦煌碑铭赞辑释》,第371页。
⑥ 郑炳林:《敦煌碑铭赞辑释》,第410页。

贫而守道"①。都僧统氾福高、都僧政阎会恩和氾嗣宗和尚均将多余的财产用来赈济而不聚财,故亦仅有衣钵之物。

以上我们主要是从普通僧尼的贫富分化和上层僧尼的贫富分化方面审视了敦煌僧尼的贫富分化现象。总体来看,尼众要比僧众贫困,普通僧尼中僧众比尼众要富有,上层僧众中除了不喜聚财者外一般是比较富有的。此外,需要补充的是,在僧众之内,由于受收入来源的影响,亦有个别地位较低的普通僧人所拥有的财产不会逊色于上层僧人,如龙藏所拥有的财产即便是在上层僧众内亦是佼佼者。

第二节 从佛教经律的规定看敦煌亡僧财产的处理

佛教原始教义中规定,僧侣是不能私蓄财产的。但是,随着佛教的发展,佛教经律的规定由僧侣不能蓄财逐渐发展为可以私蓄财产。同时,佛教经律还对亡僧私财的归属问题进行了诸多规定,对此问题,谢和耐、何兹全、姚崇新等先生已有详细讨论②。而对敦煌亡僧财产的处理问题,前已所说,谢和耐、谢重光、李德龙、郝春文等先生亦进行过研究。本节则在前人研究的基础上对该问题再试做述论。

一、佛教经律对亡僧财产归属的规定及在唐代的执行

关于佛教经律对亡僧财产归属的规定,目前所见较早而详尽的记载是胜友所集《根本萨婆多部律摄》,《律摄》卷7所载亡僧资财中仅象、马、驼乘、驴、骡当与王家,其他财产一概归僧团所有③。据学者推测,《律摄》集成的时间约当公元6世纪中期至7世纪初④,唐代高僧义净在其所著《南海

---

① 郑炳林:《敦煌碑铭赞辑释》,第510页。
② [法]谢和耐著,耿昇译:《中国五—十世纪的寺院经济》,第95—110页。何兹全:《佛教经律关于僧尼私有财产的规定》,载何兹全主编《五十年来汉唐佛教寺院经济研究》,第158—181页,原载《北京师范大学学报》,1982年第6期,第79—92页。姚崇新:《在宗教与世俗之间:从新出吐鲁番文书看高昌国僧尼的社会角色》,《西域研究》2008年第1期,第45—60页。
③ [日]高楠顺次郎等编:《大正新修大藏经》卷24,第567—568页。
④ 姚崇新:《在宗教与世俗之间:从新出吐鲁番文书看高昌国僧尼的社会角色》,第48页。

寄归内法传》中所述的关于亡僧财产处理的规定与此一致,可能是借抄于此①。

对亡僧财产归属的处理原则,佛教经律中的说法很多,而唐代道宣大师所著《四分律删繁补阙行事钞·二衣总别篇》是以《四分律》为本,搜集《四分律》、《五分律》、《十诵律》、《摩诃僧祇律》等诸律部而形成的关于对亡僧财产归属进行的总体规定,这些规定在《行事钞》中被分作十项来叙述:制入僧,余处不得;对亡者分法不同;同活共财不同;嘱授是非;负债还不;定物轻重;具德赏劳;分物时节;正加分法;杂明受物②。这些规定的核心就是亡僧财产要归属僧团,而排斥俗界对亡僧财产的拥有。如第一项"制入僧,余处不得"就是说亡僧财产归属僧团所有,其他俗世任何人不得拥有。《行事钞》卷下一《二衣总别篇》在解释该项时云:

> 初门制意者,所以五众亡后皆入僧者。生则依三宝出家,而物不入佛法。以出家六和同遵出要,身行所为,莫不为僧法所摄。故人施佛法,比丘无分。若施僧者,依位受之,亦不属俗,非福田故。《僧祇》:阿若憍陈如空林中入涅盘,牧牛人送衣物与王,王即评直五钱,依法断还沙门,乃至佛言属僧。《十诵》:跋难陀死,衣物直四十万两金,国王、刹利种及诸亲里各欲收取。佛言:王赐诸臣,比丘不得,乃至亲里集会,不见唤及。僧家财法并同,俗人不合,此属僧物。③

这里《行事钞》对"制入僧,余处不得"的原因,即僧侣"以出家六和同遵出要,身行所为,莫不为僧法所摄"进行了解释,并且举《僧祇律》和《十诵律》中"佛言"的两个例子来进一步说明亡僧财产属僧团而非俗人所有,故所谓的"制"就是指"佛言"。"制入僧,余处不得"实际上是亡僧财产处理的前提和总则,其他各项是在该项之下进行的规定,故其他九项的内容依然是强调亡僧财产归属僧团所有的这个原则,其间还对将财产留与俗人的做法进行了否定。如在第四项"嘱授是非"中,《行事钞》云:"恐此财物死后僧得,悭贪俗态,妄授白衣,谓言胜善,此嘱非善。"这是对亡僧在嘱授时将财

---

① 参[唐]义净著《南海寄归内法传校注》第4卷《亡僧则现》,王邦维校注,中华书局,1995年,第215—219页。

② [日]高楠顺次郎等编:《大正新修大藏经》卷40,第113页。对此十项内容的解释,详参前说何兹全《佛教经律关于僧尼私有财产的规定》一文。

③ [日]高楠顺次郎等编:《大正新修大藏经》卷40,第113页。

产嘱授与俗家人,而没有将财产归寺院常住进行了批评,认为此是不善之举。此外,虽然在第二项"对亡者分法不同"中有"入所亲白衣"的说法,但是《行事钞》又以《萨婆多论》中"灭摈比丘死,将衣钵付生缘"来解释之,"灭摈比丘"系指犯重罪而又不如法忏悔被除僧籍者,其身份不再是僧人,故其资财"入所亲白衣"并不代表亡僧财产可以由俗家亲属拥有。

总之,《行事钞》、《四分律》、《五分律》、《十诵律》、《摩诃僧祇律》等佛教经律对亡僧财产归属的规定是一致的,均强调亡僧财产应归僧团所有而排斥俗界拥有,这种规定在佛教中是一以贯之的,如后来的《百丈清规·住持章》亦云:"一切亡比丘物,尽属四方僧。"

既然佛教经律规定亡僧财产归僧团所有而排斥俗界拥有,那么在现实生活中这种规定是否得到执行呢?宋代赞宁所著的《宋高僧传》卷15《唐京兆安国寺乘如传》载:"先是五众身亡,衣资什具悉入官库。然历累朝,曷由厘革。如乃援引诸律,出家比丘生随得利,死利归僧,言其来往本无物也。比丘贪畜,自兹而婿者,职由于此。今若归官,例同籍没。前世遗事,阙人举扬。今属文明,乞循律法,断其轻重。大历二年十一月二十七日敕下,今后僧亡,物随入僧。仍班告中书门牒,天下宜依。"① 又《佛祖统计》卷54载唐德宗敕曰:"亡僧资财,旧例送终之余,分及一众。比来因事官收,并缘扰害。今仰依旧,一准律文分财法。官司仍前拘收者,以违制论。"② 何兹全、张弓先生认为,这两条资料的情况体现了世俗政权与僧侣教团在财产争夺上的矛盾③。从这两条资料中我们可以了解到,可能在唐代中叶,由于社会战乱而影响到国家的经济收入,唐代世俗政权将亡僧财产收归官有,而在这种特殊时期之外,亡僧财产应是归僧团所有的,亦即遵照了佛教经律的规定。这种情况我们还可以从唐代僧侣的遗嘱中进一步得到印证,如前述作于大历九年(774)的《三藏和尚遗书》载不空和尚将自己的车牛、土地、田园、金、银及家具什物如漆器、铁器、瓦器、床、毡、褥、床子、褥子等一并留给了僧团,另外还留给了俗家弟子功德使李开府"银道具五股

---

① [宋]赞宁撰:《宋高僧传》,范祥雍点校,第367—368页。
② 《佛祖统计》卷41载:"兴元元年,敕亡僧尼资财,旧系寺中检收,送终之余,分及一众。比来因事官收,并缘扰害。今并停纳,仰三纲通知,一依律文分财。"说明该敕发布于兴元元年(784)。
③ 何兹全:《佛教经律关于僧尼私有财产的规定》,参何兹全主编《五十年来汉唐佛教寺院经济研究》,第172页。张弓:《唐五代的僧侣地主及僧尼私财的传承方式》,《魏晋南北朝隋唐史资料》第11期,1991年,第199—205页。

金刚杵、三股独股铃",留与监使李大夫"银羯磨金刚杵四个并轮",这两位虽然是世俗人,但不空赠与他们的均是法器,而且目的是帮助他们修行,以便"作念受持,速证悉地"、"受持为念,取证菩提",这与普通意义上将财产嘱授与"白衣"的做法是不同的。并且,为了让自己的遗嘱能够执行下去,遗嘱后还请当寺直岁慧达、典座明彦、都维那法高、寺主道遇、上座潜真等署名为记①。不空和尚之后,唐大中六年(852)比丘正言的遗嘱亦是将自己的财产留给了寺院,如《病中上寺主疏》载:

> 正言自小入道,谬列(一作烈)缁伦,陪行伍。今缘身婴风疾,恐僧务多有,故有悟用三宝圣言,所有罪障,不敢覆皆消灭,有少许僛利,充众僧外,请将自出钱买得废安所在万年县产川乡并先庄,并院内家具什物,兼庄内若外若轻若重,并嘱授内供奉报圣寺三教谈论首座答制赐紫大德兼当寺主。有手下弟子李自迁并付,庄悉是自出钱物买得,尽不并诸同学等事,并皆无分。今法师为主,一舍永舍生死。纲维和上老宿大德徒明谨疏。②

这里正言嘱授给寺院的财产包括家具什物、庄园等一切轻重之物。可见,唐代亡僧财产的归属一般是遵循了佛教经律的规定而留给了僧团。

二、敦煌亡僧财产的处理与佛教经律的背驰

虽然佛教经律在竭力将亡僧财产收归僧团所有,但在现实生活中事实情况并非总是如此,在佛教发展过程中,某时期某地区的佛教僧侣的财产往往可能会并不完全遵照佛教经律的规定来处理。如从敦煌文书中可以看到,敦煌亡僧对自己的财产可以不按照佛律的规定进行处理,从而体现出与佛律的背驰。

郝春文先生说敦煌亡僧财产的处理依据是遗嘱③,其实这亦是唐五代时期亡僧处理财产的常见方式,而遗嘱是佛律中所说的"嘱授"的具体体现。前已所述,佛教经律规定僧人虽然可以将自己的财产通过嘱授的方式进行处理,但是前提必须是要留给僧团而非世俗人,若留与世俗亲人,则是

---

① [日]高楠顺次郎等编:《大正新修大藏经》卷52,第844—845页。
② [清]董诰等编:《全唐文》,上海古籍出版社,1990年,第4251页。
③ 郝春文:《唐后期五代宋初敦煌僧尼的社会生活》,第369—373页。

不善的。但吐蕃归义军时期的敦煌僧侣在处理自己财产时往往会考虑到亲属而将财产留给他们。如 P.3410《年代不详僧崇恩析产遗嘱》中财产的分配对象非常广泛,有净土寺、合城大众、都司、僧官、普通僧侣等,当然亲人亦没有被遗漏,如"与侄僧惠朗□□壹张,白练裹草録(绿)交缘,拾伍两银椀壹,表弟大将阎英达红锦袄子壹绯绢里。外生(甥)邓猪□□□信□□尼严定已上五人緤壹□"。另外,"娲柴小女,在乳哺来作女养育,不曾违逆远心,今出嫡事人,已经数载。老僧买得小女子一口,待老师终毕,一任与娲柴駈使,莫令为贱"。遗嘱后有侄僧惠朗、表弟大将阎英达、侄都督索琪、侄虞侯索、侄兵马索荣彻、侄女夫张忠信、侄女夫张忠均等人的签名画押①。财产所得者有侄、表弟、外甥等人,养女娲柴也有一份,这些亲属有的是出家人,有的则是世俗人,这与佛教经律的规定是不一致的。又如 S.2199《唐咸通六年(865)尼灵惠唯书》载:

1　尼灵惠唯书。
2　咸通六年十月廿三日,尼灵惠忽染疾病,日日渐加,恐
3　身无常,遂告诸亲,一一分析,不是昏沉之语,并是醒
4　苏之言。灵惠只有家生婢子一名威娘,留与侄女潘娘,
5　更无房资。灵惠迁变之日,一仰潘娘葬送营办,已
6　后更不许诸亲悋护。恐后无凭,并对诸亲,遂作唯
7　书,押署为验。

文书后有弟金刚、索家小娘子、外甥尼灵飯、外甥十二娘、外甥索计计、侄男福晟、侄男胜贤、索郎水官、左都督成真等多人的署名或画押②。依据佛教经律的规定,寺属奴婢本属佛教财产中的重物,而重物属不可分财产,应归寺院常住所有。僧侣私属奴婢在主人亡后的去向在佛教经律中亦有规定,如《毗尼母》云:"若有奴婢,应放会去,若不放者作僧祇净人。"即要么放良,要么成为寺院净人,但这里尼灵惠则将婢女留给了俗家亲人,显然这与佛教经律的规定相悖。

其实,亡僧遗嘱中与佛教经律的规定相悖的地方不仅仅体现在将财产

---

① 唐耕耦、陆宏基编:《敦煌社会经济文献真迹释录》第 2 辑,第 150—152 页。关于学界对该件文书年代的判定,详参本书第一章第一节。
② 唐耕耦、陆宏基编:《敦煌社会经济文献真迹释录》第 2 辑,第 153 页。

留给俗家亲属上,而且在其他方面亦有反映。P.3730《寅年正月尼惠性牒并洪[晉]判辞》载:

```
1    尼惠性          状上。
2       亡外甥僧贺阇梨铛一口,剑一口,镫三只,皮裘一领,
3       遗书外,锁两具,缘窟修拭未终,拟博铁,其窟将为减办。
4        右阇梨在日遗言,偿某乙不成人,其上件物色,缘当
5        房苏油无升合,任破用葬送。虽则权殡已讫,然斋
6        七未施。伏望依遗言,乞上件物,斋七将办,庶得
7        存济,请处分。
8       牒件状如前,谨牒。
9          寅年正月日尼惠性谨牒。
10       亡人遗嘱,追斋冥路,希望福利,傥违
11       先愿,何成济拔之慈,乍可益死损
12       生,岂可得令他鬼恨。裘剑铛镫,依嘱
13       营斋。镌窟要尖,将鑼博觅,仍
14       仰僢司点检分付,事了之日,须知破
15       用功绩。廿四日洪[晉]。①
```

文中贺阇梨虽没有将财产嘱授给俗家亲属,但嘱咐将财产用于自己身亡后的丧葬事宜。这种嘱授亦与佛教经律的规定不符,因为佛教经律在规定亡僧对自己财产拥有嘱授权的同时,还规定亡僧的嘱授有的时候是不能成立的。如《行事钞》卷下一《二衣总别篇》云:"凡言嘱授,正在舍财相应心,要必决与生福胜处,定无变悔,皆悉成就。若云此物死后与我作墓,买棺椁、碑碣、作像、写经、供僧等事,并不成就。"②显然,贺阇梨遗嘱就属于《行事钞》所说的"不成就"的嘱授。从都僧统的判辞来看,这种"不成就"的嘱授得到都僧统的认可,说明这种嘱授在当时的敦煌僧团中是很正常的。又从前引唐德宗敕文中"亡僧资财,旧例送终之余,分及一众"来看,这种将

---

① 竺沙雅章在《敦煌の僧官制度》中认为该件文书中的寅年是 834 或 836 年,参其著《中国佛教社会史研究(增订版)》第 367-368 页。池田温将该件文书中的寅年定为 846 年,参其著《中国古代籍帐研究》"录文与插图"部分,第 409 页。

② [日]高楠顺次郎等编:《大正新修大藏经》卷 40,第 113 页。

财产用于自己丧葬费用的嘱授应是唐代的普遍现象。

谢重光先生依据前引 P.3410 认为,亡僧处理财产的指导思想是尽量不违背佛律关于亡僧财产处分和临终嘱授善恶的规定,其财产的最大部分还是留给了僧团。就吐蕃归义军时期的敦煌地区而言,现实情况可能并不尽然。P.4624《唐大中七年(853)八月廿六日邓荣施入疏》载:

(前缺)

1 □□□□□□□三粗布□□□□□
2 物施入修窟。
3 家人定娘男德子放出从□□□□
4 □褐长袖一,黑布七条,袈沙一,绯褐兰方毡一领,大床一张,铛一口,□铁镢一面,鞍一具,单
5 经布裙衫一对,牙盘子一,麦拾硕,粟拾硕,瓮大小四口,瓦盛一,
7 油瓮一,案板一,食刀一,故袋一口,五岁草驴一头,已上物与沙弥德子。
8 细布袴段一、充法事。
9 　　右件转经造窟设肃(斋)舍施功德,为己
10 　　弟师舍化已来,不知神识落在何道。
11 　　今将生前受用微少依(衣)物,叩触三尊,
12 　　谨因此晨,伏愿慈悲,希垂回向。
13 　　大中七年八月廿六日兄邓荣谨疏。①

这件文书亦体现了敦煌亡僧可以将自己的财产留给俗家亲属,且从内容包括织物、斛斗、什物,甚至袈裟等来看,该僧应是将自己的资财全部留给了俗家亲人,只是后来其兄在为他追福时又将这些财产重新进行了分配。又 P.4525V《宋太平兴国八年(983)僧正崇会养女契(稿)》载:

1 [太平]兴国八年癸未岁三[月]廿□日立契。僧正崇会□
2 为释子,具足凡夫。□俗即目而齐修,衣食

---

① 唐耕耦、陆宏基编《敦煌社会经济文献真迹释录》第 3 辑第 82 页对该件文书进行了释录,此处依据图版对其内容进行了重录。

3　时常而要觅。是以往来举动,随从藉人
4　方便招呼,所求称愿。今得宅僮康愿昌
5　有不属官女厶,亦觅活处。二情
6　和会,现与生女父娘乳哺恩,其女
7　作为养子,尽终事奉。如或孝顺到头,亦有
8　留念衣物。若或半路不听,便还当本
9　所将乳哺恩物,厶便仰别去,不许论
10　讼养父家具。恐后无信,遂对诸亲,勒
11　字用留后凭。
12　　养身女
13　　养母阿安
14　　养父宅僮康愿昌
15　　知见
16　　知见①

这是僧正崇会养女时立的契据,从"如或孝顺到头,亦有留念衣物"、"不许论讼养父家具"来看,僧人在亡殁之时完全可以将自己的财产按照自己的意愿进行处理,并不一定要留给僧团。

那么,为什么会出现亡僧在处理自己的财产时违背佛教经律规定的这种现象呢？应该说,造成这种现象的原因是多方面的,过程亦是极为漫长复杂的。如前面所述唐代在战争时期将亡僧财产收归官有,这是外在的特殊因素强行改变了佛教经律对亡僧财产处理原则的规定,而要完全解释清楚此类现象似非易事,这里我们仅对敦煌亡僧可将自己的财产留给世俗亲人的原因略作说明。论者或认为亡僧财产中来自祖产的部分应留给俗家亲人,如谢和耐先生认为,亡僧亲属所得的亡僧财产来自其俗家祖产,这部分财产即便是亡僧没有留下遗嘱亦是如此,但世俗家属不能收回亡僧在宗教等活动中所得的财产②。但事实上,有些非来自俗家祖产的财产亦可以由俗家亲属继承,如前引僧崇恩将自己买得的小女子留与养女娲柴驱使,反之,祖产亦不一定仅由俗家继承而可以留给僧团,这一点郝春文先生已

---

① 沙知辑校:《敦煌契约文书辑校》,第360—361页。
② [法]谢和耐著,耿昇译:《中国五—十世纪的寺院经济》,第104—108页。

经论及①。至于敦煌亡僧将自己的财产留给世俗亲人的原因主要是与僧侣和世俗社会、世俗家庭之间的关系有关。郝春文先生研究指出,晚唐五代的敦煌,寺院一般不供应僧人日常饭食,一部分僧尼(即"散众")与家人生活在一起或与亲属生活在一起,他们也有自己个人的房舍,他们与世俗家庭、家族互为依存,许多僧人出家后在家中的经济地位、经济权利都未发生变化②。既然出家人居住在俗家而与俗家亲属经济关系密切,互为依存,那么僧侣与世俗家庭之间必然存在着权利与义务关系,僧侣的生老病死更多的是需要亲属而非其他僧侣的照顾,甚至亡僧的债务亦由俗家亲人来负责偿还③。在这种情况下,亡僧财产的全部或部分自然可以由俗家亲属来继承。故佛教经律虽然规定僧侣亡于白衣之家,其财产依然要属于僧团所有,如《行事钞》卷下一《二衣总别篇》云:"《四分》:若比丘在无住处白衣家死,彼有信心檀越,应掌录此物;若有五众先来者,应与;若无来者,应送与近处僧伽蓝僧。"但佛教经律同时还做了变通的规定,如《二衣总别篇》又云"《摩得伽》:白衣看比丘病,应与少许"、"《伽论》:外界看者,亦合赏之"④。是指若俗家人照顾病僧,照样可以得到其部分财产。这既是佛教经律对僧侣居于俗家、亡于俗家现实的认同,又是对亡僧将财产留给俗世亲属无奈的许可。

当然,亡僧财产的归属与佛教经律规定之间出现的矛盾不仅仅是存在于吐蕃归义军时期的敦煌地区,其他地区在不同时期亦会出现这种情况,因为僧人俗居现象可能会在不同时期由于不同原因而存在于不同地区,如公元5—7世纪时期的高昌国就是如此⑤,且高昌僧侣亦可将自己的财产嘱

---

① 郝春文:《唐后期五代宋初敦煌僧尼的社会生活》,第373页。
② 参郝春文《唐后期五代宋初敦煌僧尼的社会生活》相关章节的讨论。
③ S.4332V《壬午年三月卅日兄代弟僧愿学填还所便麦粟凭据稿》载:"壬午年三月卅日,龙兴寺僧愿学去己卯年十一月廿二日于王法师仓便麦粟八石,到壬午年三月言道愿学汉地身亡。其王法师于他兄边征索此物,其兄与立居(机)緤壹定,黄棱衣壹对,只(质)典此物。后有人来,其愿学不死,滴实取物者,年年借利,一在自取者。"可见,僧愿学所欠王法师的债务是由其兄代为偿还的。
④ [日]高楠顺次郎等编:《大正新修大藏经》卷40,第116页。
⑤ 姚崇新:《试论高昌国的佛教与佛教教团》,参季羡林等主编《敦煌吐鲁番研究》第4卷,北京大学出版社,1999年,第65—68页。

授给俗家亲人①。不仅边地如此,中原内地亦不排除这种情况存在的可能,如《入唐求法巡礼行记》卷1载扬州"国清寺常有一百五十僧久住,夏节有三百已上人泊。禅林寺常有四十人住,夏即(节)七十余人"。又同书卷2载莱州北海县观法寺有"十二来僧尽在俗家,寺内有典座僧一人"②。这些记载说明在晚唐的扬州、莱州均有在俗家居住的僧侣,与敦煌、高昌国在俗家生活的僧众一样,他们应与俗家亲人之间存在着密切的经济关系,生活上互为依存,在这种情况下,这些僧侣在离世前将自己的财产遗嘱给俗家亲属等人亦是很有可能的。

---

① 姚崇新:《在宗教与世俗之间:从新出吐鲁番文书看高昌国僧尼的社会角色》,第45—60页。
② 分别参[日]圆仁著,[日]小野胜年校注,白化文、李鼎霞、许德楠修订校注,周一良审阅《入唐求法巡礼行记校注》,第107、234页。

第六章　吐蕃和归义军政权对敦煌佛教经济的管制

在吐蕃和归义军政权的支持下，敦煌佛教得到了较快发展。敦煌佛教的发展表现在诸多方面，如佛经数量的增加、写经和讲经活动的兴盛、佛学水平的发展、石窟开凿的盛行、佛教经济的发展、寺院及僧尼人数的增加，等等。其中最能直观地体现出吐蕃归义军时期敦煌佛教发展的当属寺院、僧尼及寺院依附人口数量的增加了，而对敦煌寺院、寺院依附人口和僧尼人数的变动情况，许多学者利用敦煌文书的相关记载进行了不同程度的研究。如藤枝晃先生在《敦煌の僧尼籍》一文中对吐蕃归义军时期敦煌僧尼人数的增长情况进行了详细统计说明，指出僧尼人数由吐蕃初期的三百多人增至归义军早期的一千余人，寺院由十三所增至十六所以上[①]。谢重光先生认为：由于战乱的影响，吐蕃统治敦煌初的僧尼人数比吐蕃攻占敦煌前的人数大大减少，但至吐蕃统治中后期，敦煌寺院的数量由初期的13所增加至17所之多，僧尼数量由初期的三百多人增加至六七百人以上[②]。郑炳林先生认为吐蕃占领敦煌初期的僧尼人口为400多人，此后处于增加的趋势，到张氏归义军时期，敦煌佛教僧团的人数增加到1000人左右，曹氏归义军初期发展到1500至1600人之间，到曹元忠时期僧尼人数增加到2000多人[③]。从这些研究成果来看，吐蕃归义军时期的敦煌寺院和僧尼数，特别是僧尼人数在持续增加[④]。

---

① ［日］藤枝晃：《敦煌の僧尼籍》，《东方学报》（京都）第29册，1959年，第285—338页。
② 谢重光：《关于唐后期五代间沙州寺院经济的几个问题》，参韩国磐主编《敦煌吐鲁番出土经济文书研究》，第445—453页。
③ 郑炳林：《晚唐五代敦煌地区人口变化研究》，《江苏社会科学》2004年第12期，第20—30页。
④ 当然，归义军时期亦有时间较晚文书中所载僧尼人数少于时间较早文书中所载僧尼人数的现象，如P.2638《清泰三年(936)六月沙州儭司教授福集僧者状》所载沙州僧尼969人比写于895年或10世纪初的S.2614V《沙州诸寺僧尼名簿》所载1140人少了将近200人。谢重光先生在《关于唐后期五代间沙州寺院经济的几个问题》一文中认为这是受当时沙州四面受敌的政治局势影响而导致寺院经济衰退的结果。郝春文先生起初在《唐后期五代宋初沙州僧尼的特点》（载中国敦煌吐鲁番学会编《敦煌吐鲁番学研究论文集》，汉语大词典出版社1990年）一文中试图以曹氏时期兵役徭役的减少来解释P.2638中僧尼数的下降问题，但后来在《唐后期五代宋初沙州僧尼的宗教收入（三）——大众仓试探》（《敦煌学辑刊》1996年第2期）一文中认为P.2638所记并非沙州全体僧尼，其中不包括老病孝者，并最终认为曹氏归义军时期的在籍僧尼亦不会少于张氏归义军时期。

同时,学界认为在吐蕃晚期至归义军初期,寺院依附人口的数量亦有大幅增加,达到千人以上甚至二千人①。总之,从目前学界的研究成果来看,吐蕃归义军时期敦煌僧团的规模在逐渐扩大。

虽然在吐蕃和归义军政权的支持下,敦煌僧团的规模在不断发展壮大。但无论是吐蕃政权还是归义军政权均非常注重对敦煌佛教僧团的管制。关于吐蕃或归义军政权,特别是归义军政权对敦煌佛教僧团的管制问题,学界已专门进行过相关讨论。竺沙雅章先生指出,张议潮收复敦煌以后,面对在吐蕃时期迅速发展起来的佛教势力而采取一些限制措施是非常必要的。并对张议潮所采取的调查寺院财产、改革教团机构、解放寺户等限制和削弱佛教势力的具体措施进行了初步探讨②。姜伯勤先生亦对张议潮限制、削弱都僧统权力的历史进行了考察③。谢重光先生指出归义军时期的敦煌僧官逐步沦为"释吏"④。苏金花先生亦认为归义军时期敦煌教团地位下降,僧人沦为世俗政权的"释吏"、"门僧"⑤。荣新江先生指出,在张承奉时期,敦煌佛教教团势力衰落,归义军政权已完全凌驾于教权之上⑥。郝春文先生认为,归义军政权通过多种方式加强对佛教的管制,如控制僧官及都司、控制僧尼的出家权、掌握处罚僧尼的权利、干预监督教团的宗教活动等,并认为归义军政权对佛教势力的控制是愈来愈严,佛教的地位愈来愈低⑦。郑炳林先生从控制僧官的任命、控制僧尼出家和佛教教团的各种活动方面讨论了归义军政权对敦煌佛教教团的管制问题⑧。当然,我们注意到,尽管学界已经关注并讨论过世俗政权对敦煌佛教僧团的

---

① 参[日]布目潮沨、栗原益男《中国历史》(4),讲谈社,1974年,第200—201页;谢重光《关于唐后期五代间沙州寺院经济的几个问题》,参韩国磐主编《敦煌吐鲁番出土经济文书研究》,第449页;姜伯勤《唐五代敦煌寺户制度》,第44页。
② [日]竺沙雅章:《敦煌の寺户について》,参其著《中国佛教社会史研究(增订版)》,第427—476页。
③ 姜伯勤:《唐五代敦煌寺户制度》,第142—143页。
④ 谢重光:《吐蕃占领期与归义军时期的敦煌僧官制度》,第58页。
⑤ 苏金花:《从"方外之宾"到"释吏"——略论汉唐五代僧侣政治地位之变化》,《敦煌学辑刊》1998年第2期,第109—117页。
⑥ 荣新江:《九、十世纪归义军时代的敦煌佛教》,载葛兆光主编《清华汉学研究》第一辑,清华大学出版社1994年,第88—101页。
⑦ 郝春文:《归义军政权与敦煌佛教之关系新探》,载《周绍良先生欣开九秩庆寿文集》,第164—175页。
⑧ 郑炳林:《晚唐五代归义军政权与佛教教团关系研究》,第1—15页。

管制问题,但这些讨论并不全面。

首先,相关讨论主要是关注归义军政权对佛教僧团的管制,而很少关注吐蕃政权对敦煌佛教僧团的管制。造成这种现象的原因有二:一是被吐蕃扶持佛教发展的现象所遮蔽,二是相关资料的缺乏。实际上,吐蕃非常重视对敦煌僧团的管制,其中对出家的管制就是一个体现,如我们在本章第三节将要引用的 P.5579 中记载吐蕃时期度僧还需要吐蕃宰相的印信。又 P.3774《丑年(821)十二月沙州僧龙藏牒——为遗产分割纠纷》第 46 行载:"大兄度女平娘,于安都督处买度印,用驴一头,牸牛一头。"说明出家时需要买度印,并且度印的价格不菲,可见出家并非易事。甚至在敦煌文书中还有禁止出家的记载。如 P.2469 本为"道教类书",首尾残缺,共存 3 纸 84 行,其中在第 28—38 行的类书文字之间天头地脚顺序相倒又写有内容并不完整的书信一封,其内容如下:

1 违离已久,倾恋弥深,人使如流,不蒙诲示,下情维□,坏(怀)中心谨,宿夜坏(怀)

2 结,仲寒严寒,伏惟师兄清(?)然,动止安适,玄通在此远蒙厚恩,

3 常况不易(?),维忧师兄所彼,二师兄去世如何存济?有

4 维有邓道道弟亦是十六姨儿子,为沙州近一二年间频有恩令

5 出家交难,昨因迎僧统伴次,其前件悉况□□,玄通令奉

6 书嘱师幸根受与欲拟觅,如到日愿不弃微言,收在

7 房院驱使,有好便次是必与觅出家,恩不同日,所有荣度

8 但用着多少,须直得阿师了日,即当填备。①

从内容来看,这封书信是玄通写给其师兄的。而这封书信写于吐蕃时期的可能性较大,原因如下:

第一,P.2469 背面为帐目等杂写及佛经注疏,其中在帐目中有"戌年"的明确记载,该戌年当为 818 年②。至于 P.2469 正面道教类书的书写时间

---

① 上海古籍出版社、法国国家图书馆编:《法国国家图书馆藏敦煌西域文献》第 14 册,第 202—203 页。

② 参[日]竺沙雅章《敦煌吐蕃期の僧官制度——とくに教授について》,参其著《中国佛教社会史研究(增订版)》"补编"部分,第 25—50 页;王祥伟《法藏敦煌文书 P.2469V 释录研究》,《敦煌研究》2015 年第 2 期,第 39—44 页。

当然应更早。可见，P.2469正反面的内容均是吐蕃时期所写。

第二，关于玄通其人在敦煌其他吐蕃时期的文书中亦有记载。P.T.1261V《僧人分配斋儭历》中第51、60、81、96、102行分别有玄通的记载，而P.T.1261V的时间竺沙雅章先生定在820年前后①。玄通还见于P.3491《某寺因佛事分配勾当帖》②，而P.3491中的许多僧人又见于P.T.1261V，如惠朗见于P.T.1261V的第24行，绍隆见于P.T.1261V的第103、134行，智深见于P.T.1261V的第120、138行，广真见于P.T.1261V的第13、61、120行，神威见于P.T.1261V的第14、25、37、61、83、96、103、121、131、134、146行。神威还见于P.3850V《酉年四月僧神威等牒残卷》，道恽、智英又见于S.6829V《丙戌年(806)正月十一日已后缘修造破用斛斗布等历》，智英还见于S.3074V《吐蕃占领敦煌时期某寺白面破历》③。可见，P.3491《某寺因佛事分配勾当帖》亦为吐蕃统治敦煌时期的文书，故P.T.1261V和P.3491中的玄通为吐蕃时期的僧人无疑。此外，S.2691《丁酉年十一月六日僧玄通祭姊师文》为玄通祭其姊师的祭文，刘永明先生将丁酉年定为817年④。P.T.1261V、P.3491、S.2691和P.2469是目前仅见记载有僧人玄通的四件文书，并且这四件文书的时间均属吐蕃统治敦煌时期，故这四件文书中的玄通应为同一人。

第三，这封书信中还提到僧统，即"昨因迎僧统伴次"。或有观点因而认为该书信写于归义军时期。但学界研究认为，吐蕃统治敦煌早期，僧官制度基本上沿袭了唐制，"僧统"一职依然存在。故"僧统"一职亦不能作为否定该件书信写于吐蕃时期的依据。敦煌文书所载吐蕃时期的"僧统"职名前大多有限制性定语，如大蕃国都统(P.2038《瑜伽师地论》卷24)、龙兴寺都统和大云寺都统〔S.2729《吐蕃辰年(788)三月沙州僧尼部落米净辩牒(算使勘牌子历)》〕、天下僧统(P.3699《祈愿文》、S.542V《役簿》)、宫廷僧

---

① ［日］竺沙雅章：《敦煌吐蕃期の僧尼籍》，参其著《中国佛教社会史研究(增订版)》"补编"部分，第19—22页。

② 录文可参唐耕耦、陆宏基编《敦煌社会经济文献真迹释录》第4辑，第154页。

③ 当然，惠郎和神威还见于P.2250V，但P.2250V的时间藤枝晃先生定在925年，唐耕耦和陆宏基先生定在923—926年间，李正宇先生定在923—926年，郝春文先生定在937年前不久，故P.2250V中的惠郎与神威为归义军时期的僧人。参郝春文《唐后期五代宋初敦煌僧尼的社会生活》，第307—308页。

④ 刘永明：《散见敦煌历朔闰辑考》，《敦煌研究》2002年第6期，第13页。

统(P.T.997《瓜州榆林寺之寺户、奴仆、牲畜、公产物品之清册》)、瓜沙两州都番(蕃)僧统大德(P.2807《斋文》)[①]、僧统大德(P.4646《顿悟大乘正理决并叙》)、此州僧统番(蕃)大德(P.3728《二月八日文》)、释门教授和尚僧统和尚(S.6101《行城文》),等等。"僧统"职名前的限制性定语应与该僧统管辖范围及僧职高低有关,但我们无法确定P.2469书信中的僧统是沙州僧统、瓜沙二州僧统还是吐蕃天下僧统。

以上三点说明,P.2469中的书信应写于吐蕃统治敦煌时期。从书信中透漏出来的信息告诉我们,吐蕃政权很重视对僧团的管制。如书信中所云"沙州近一二年间须有恩令,出家交难"、"有好便次是必与觅出家,恩不同日",这是说,邓道道想出家,而恩令不许,暂无机会,故玄通让邓道道先至师兄处供其"驱使",等有机会必再出家。翻检敦煌文书,这种明确禁止出家的记载似乎较难看到,故这封书信从另一个侧面证明了吐蕃政权非常注重对敦煌佛教僧团管控的历史事实。

其次,已有研究成果对相关管制方式的讨论不全面或不甚深入,传统的管制方式如僧尼籍帐制度[②]、经济管制等还需要全面深入探讨。

因此,为了更全面深入地认识吐蕃和归义军政权对敦煌僧团的管制问题,本章拟在前人研究基础上,主要讨论吐蕃和归义军政权对敦煌佛教僧团的经济管制问题。学界认为,自从南北朝以来,特别是进入唐代以后,寺院和僧侣享免赋役的特权在逐渐丧失[③]。与此一致,在吐蕃归义军时期,吐蕃和归义军政权亦对敦煌寺院和僧侣征税课役,同时还通过对寺院财产的核算监督和对寺院属民、寺院宅舍的管理等方式而加强对敦煌佛教经济的管制,下面就对相关问题进行具体讨论。

---

① 陆离先生认为P.2807的具体写作时间当在798—815年,参陆离《有关吐蕃太子的文书研究》,《敦煌学辑刊》2003年第1期,第29—41页。

② 对敦煌僧尼籍及相关文书进行专门研究的主要成果有前述藤枝晃的《敦煌的僧尼籍》、池田温的《中国古代籍帐研究》、竺沙雅章的《敦煌吐蕃期の僧尼籍》和《寺院文书·僧尼籍》,但这些成果并非主要是从世俗政权管制佛教的角度对其进行研究的。此外,中国学者主要利用归义军时期的敦煌僧尼籍及相关文书讨论了唐代世俗政权对僧尼的管理问题,主要有白文固《唐代僧籍管理制度》,《普门学报》第15期,2003年,第233—266页;周奇:《唐代国家对僧尼的管理——以僧尼籍帐与人口控制为中心》,《中国社会经济史研究》2008年第3期,第8—19页。

③ 参[日]诸户立雄《中国佛教制度史の研究》,平河出版社,1990年,第338—473页;谢重光:《略论唐代寺院僧尼免赋特权的逐步丧失》,参何兹全主编《五十年来汉唐佛教寺院经济研究》,第247页,该文原载《中国社会经济史研究》1983年第1期,第66—72页;谢重光:《魏晋隋唐佛教特权的盛衰》,《历史研究》1987年第6期,第47—60页。

第一节　吐蕃政权对寺院财产的核算监督及向寺院征税课役

一、对寺院财产的核算监督

为了加强对寺院经济的管制,吐蕃政权专门设有由世俗人担任的官员对敦煌地区寺院经济进行监督管理。P.T.1111《寺庙粮食帐目清单》载:"沙州寺庙粮官于马年春统计,尚留存麦子、青稞二千六百九十八克半外九升,粟米三千五百三十七克半外七升……"①这是说沙州设有专门的寺庙粮官,而从相关敦煌文书可知,这些寺庙粮官应是"岸本"之类。如P.T.997《瓜州榆林寺之寺户、奴仆、牲畜、公产物品之清册》载:"瓜州地面寺庙产业大岸本(总管)古日贲卜登与谢卜悉斯之书办王悉诺桬与榆林寺寺内岸本(总管)擘三(部落)赞拉囊长官及其麾下之榆林寺顺缘寺户、财物、牲畜、青稞、大米、物品等登记簿本清册……"②这里所说的岸本有管理瓜州地面寺庙产业的大岸本和榆林寺寺内岸本,其职责与P.T.1111中的沙州寺庙粮官一致,主要是对寺院经济进行监督管理。"岸本"本为吐蕃本部管理税务的官员,其职责主要是管理税务等经济事务,吐蕃占领敦煌后,在敦煌亦设岸本一职,主管财税事务③。同时,吐蕃统治敦煌时期还设置了管理敦煌寺院经济事务的岸本及一寺之内的岸本。

除了岸本以外,吐蕃政权还设置了寺卿一职管理寺院经济等事务。在敦煌汉文文书中,我们经常看到寺院内部设有由世俗人担任的"寺卿"一职,该职可能亦与敦煌藏文文书中的寺院岸本有关。竺沙雅章和姜伯勤先生认为,敦煌寺院中的寺卿由并未出家的世俗人担任④。谢重光先生起初

---

① 王尧、陈践编著:《敦煌吐蕃文书论文集》,第20页。
② 王尧、陈践编著:《敦煌吐蕃文书论文集》,第4页。
③ 关于对岸本的讨论,请参金滢坤《吐蕃统治敦煌的财政职官体系——兼论吐蕃对敦煌农业的经营》,《敦煌研究》1999年第2期,第84—91页;陆离《唐五代敦煌的司仓参军、仓曹与仓司》,《兰州大学学报(社会科学版)》2003年第4期,第67—68页。
④ [日]竺沙雅章:《敦煌の僧官制度》,参其著《中国佛教社会史研究(增订版)》,第394—397页。姜伯勤:《唐五代敦煌寺户制度》,第52页。

将寺卿理解为僧人①，但后来亦认为寺卿由世俗人担任，其类似于隋及唐初官府派至寺院的"监丞"和唐后期中原内地的"监寺"。同时还认为寺卿可能是由都司派驻各寺，负有监察和协理寺务之职，地位与寺院三纲并列的一种基层僧官②。从敦煌文书中所载寺卿一职一般均为俗名的情况来看，寺卿就是由世俗人担任。如P.3600《吐蕃戌年普光寺等具当寺应管尼数牒》是普光寺向都司上报本寺所管尼僧名单，后有该寺寺卿索岫、寺主真行、法律法喜的署名，其中寺主与法律显然均为法号，而惟独寺卿为俗名。又S.4120《壬戌年—甲子年(962—964)布褐等破历》第15—16行载："昌褐贰仗叁尺，与寺卿憨儿春衣用。"这里憨儿亦为俗名。而P.3947《亥年八月寺卿蔡殷牒》中所载寺卿蔡殷及在后面将要介绍的S.542V中几件算羊牒文书中的金光明寺寺卿张□□、灵修寺寺卿薛惟谦及大乘寺寺卿唐千进等均为俗名③。既然寺卿均由俗人担任且遍布各寺，那么寺卿应该不是都司而应是世俗官府派驻各寺的。且P.5579(1)《吐蕃占领敦煌时期教授崇恩帖》第1—6行载："帖诸寺所由……从未年算已后，有辛(新)度僧尼戒等亦通状过，其状引到，其帖速递相分付。六月三日，诸寺所由并寺卿。教授崇恩。"④这里将寺卿与寺院所由并列。而我们在前面第三章已经讨论过，寺院所由即纲管有三纲(寺主、上座、维那)甚至寺级法律、僧政等僧官，说明寺卿不属于寺院所由之列，其中原因正是由于寺卿是吐蕃世俗政权设置的代表吐蕃统治者意志的世俗官员之故。

从敦煌文书来看，寺卿的职责较多，如管理寺户、管理僧尼籍、组织转经活动等，同时还对寺院经济事务进行管理。如P.3432《龙兴寺卿赵石老脚下依蕃籍所附佛像供养具并经目录等数点检历》是一件对龙兴寺佛法僧三宝财产的点检记录文书，其中第1—2行云："龙兴寺卿赵石老脚下依蕃籍所附佛像供养[具并经目录佛衣及头冠]等数如后。"说明寺卿赵石老是

---

① 谢重光:《关于唐后期五代间沙州寺院经济的几个问题》，参韩国磐主编《敦煌吐鲁番出土经济文书研究》，第473页。
② 谢重光:《吐蕃占领期与归义军时期的敦煌僧官制度》，第53页。
③ P.3947《亥年八月寺卿蔡殷牒》中的亥年竺沙雅章先生定为819年；唐千进在P.5579《酉年大乘寺寺卿唐迁进牒》中又作唐迁进，该酉年在《敦煌社会经济文献真迹释录》第4辑第206页中定为805年，而竺沙雅章先生将此酉年定为829年。详情分别参竺沙雅章《中国佛教社会史研究(增订版)》"补编"部分，第16—17、10—12页。
④ 唐耕耦、陆宏基编:《敦煌社会经济文献真迹释录》第4辑，第107页。

负责该寺三宝财物的①。又寺卿经常参与算会管理所在寺院的羊只,如S.542V(1)《丑年(809或821)十二月廿五日莲台寺寺卿某某于报恩寺请得福田羊牒》、S.542V(2)《丑年(809或821)十二月二十一日金光明寺寺卿张□□点算史太平羊群见在数牒》、S.542V(3)《丑年(809或821)七月普光寺寺卿索岫请得佛羊牒》、S.542V(4)《丑年(809或821)十二月二十一日灵修寺寺卿薛惟谦算见在羊牒》和S.542V(5)《丑年(809或821)十二月大乘寺寺卿唐千进点算见在及欠羊牒》等文书就记载了寺卿算会管理寺院羊只的情况。可见,寺卿与负责寺院经济事务的岸本一样均参与对寺院经济的监督管理,两者均是吐蕃政权为了对敦煌寺院经济加强管理而设置的基层官员。

吐蕃政权不但设立专门的世俗基层官员对寺院经济进行监督管理,而且上层世俗官员会同僧官一道还对寺院经济进行核算管理。P.T.1111《寺庙粮食帐目清单》记载:"马年和羊年,从沙州大小寺庙中取作补充佛事顺缘及设斋,驻锡沙州僧伽消耗之口粮、酒浆;往昔所得补偿与唐人笈离玉在沙州时所得青稞一百克,粟米十克,两相合计,与粮食清册最初所载不符。其短缺部份,由大尚论批准算作损耗。……收入小麦、青稞一百九十二克,此项粮食于猴年春后,告各粮官登记入册,清册之抄本盖印,交与论刺腊藏(zla—bzang)和论嘘律卜藏(klu—bzang)驾前校对。"②其中大尚论陆离认为是驻节河州的吐蕃东道节度使③,寺院粮食的损耗需要大尚论批准才能正式作为销帐处理,并且核算后的财产还要交与俗官进行管理。而吐蕃东道节度使统领吐蕃凉州节度使、瓜州节度使④,说明吐蕃东道节度使代表吐蕃中央政权对整个河西地区的寺院经济进行着宏观管理。

当然,对寺院经济的管理不仅仅是由俗官独自负责,而往往是俗官会同僧官一道进行管理。如前述S.542V(2)中金光明寺寺卿张□□和S.542V(5)中大乘寺寺卿唐千进均分别是与所在寺院的寺主惠寂、善来共同算会本寺羊只的。另外,P.T.997《瓜州榆林寺之寺户、奴仆、牲畜、公产

---

① 唐耕耦、陆宏基编:《敦煌社会经济文献真迹释录》第3辑,第2—6页。
② 王尧、陈践编著:《敦煌吐蕃文书论文集》,第21页。
③ 陆离:《唐五代敦煌的司仓参军、仓曹与仓司》,《兰州大学学报(社会科学版)》2003年第4期,第69页。
④ 金滢坤:《吐蕃瓜州节度使初探》,《敦煌研究》2002年第2期,第20—25页。

物品之清册》中对此有更清楚的说明,其载:

　　瓜州地面寺庙产业大岸本(总管)古日赉卜登与谢卜悉斯之书办王悉诺桬与榆林寺寺内岸本(总管)擘三(部落)赞拉囊长官及其麾下之榆林寺顺缘寺户、财物、牲畜、青稞、大米、物品等登记簿本清册,为鼠年春于□□宫,住持沙门乔吉旺布、寺院长老、军官、悉编(观察使)论藏热、尚赍心赞,论绮立淩节诸人于大和尚座前集会供奉……登录寺庙财产之僧统所公有。沙门没庐旋奴洛卓与茹本绒巴拉努斯之驾前管理顺缘属民、财物、粮食之长官:内府役使辛·玛金与茹帖达乃穷、东本若·毕悉诺猎、洛悉诺勒、达聂悉曼勒、年野卜藏等人,清点财物。

　　瓜州地面寺庙顺缘诸寺户,往昔由住持沙门文殊师利登记入册。此后,多年间,长官更迭频繁,寺属民户与财物、粮食等清册上,未再更改,兹乃下令更改,重立清册。今后,每七年重新登记一次。超越此规定,给予惩处,照此执行。

　　从宫廷僧统来函中得悉:往昔,寺户、财物、粮食、用品等之登记册以及布施、献与寺庙之粮食、用具(器皿)、上峰所赐全部零星之物,交与总管岸本迷迪管理。羊年冬……所收布施上交,依册清点,更改清册后,于沙门住持和军官、悉编观察使驾前点交,然后交与大岸本总管古日赉卜登与谢卜悉斯之书办王悉诺桬和榆林寺之总管擘三(部落)赞拉囊长官及其麾下诸人。寺户及财物、牲畜、粮食、青稞、大米、室内用品等写入所交之清册目录,一式四份,一份上交官廷,一份交与寺庙住持,一份作为当地底本,一份交与长官作为副本。①

文书所载鼠年对榆林寺经济进行核算的僧官主要有住持沙门乔吉旺布、寺院长老,俗官有军官、悉编(观察使)论藏热、尚赍心赞、论绮立淩节等,他们均是在大和尚前进行算会的。另有僧官沙门没庐旋奴洛卓及俗官茹本绒巴拉努斯、内府役使辛·玛金与茹帖达乃穷、东本若·毕悉诺猎、洛悉诺勒、达聂悉曼勒、年野卜藏等人。这里的僧官和俗官具体的官名大多不太清楚,陆离先生认为大和尚是主管瓜州僧务的"瓜州都番(蕃)僧统大

---

① 王尧、陈践编著:《敦煌吐蕃文书论文集》,第4—5页。

德",没庐旋奴洛卓是瓜沙两州都僧统,茹本绒巴拉努斯是吐蕃在河陇地区委派的节度使①。而军官很可能是指管理瓜沙地区的吐蕃最高官员瓜州节度使。文书所载在羊年冬进行的核算交接中亦有僧俗官员沙门住持、军官、悉编(观察使)、大岸本总管古日赍卜登与谢卜悉斯之书办王悉诺楞和榆林寺之总管擘三(部落)赞拉囊长官及其麾下诸人。瓜州与沙州同为吐蕃瓜州节度使辖区,瓜州节度使衙就设在瓜州,故僧俗官员对沙州寺院经济的算会同瓜州榆林寺的情况是一致的。

除了军官(瓜州节度使)、悉编(观察使)、大岸本等俗官之外,吐蕃政权在敦煌设立的最高统治者为"节儿",节儿在主管军政事务的同时,还管理敦煌地区的财税经济事务②。此外,节儿亦会对寺院经济进行管理监督,如在一件敦煌所出文书中记载某负责人申请批准寺院写经所用经绳的损耗时云:"特向寺庙主持伦珠和节儿等,恳请恩准:按规定的时间计算损耗,据实报销。"③可见,敦煌吐蕃最高长官节儿亦和寺庙住持一道对寺院经济进行管理。

在核算结束以后,要对寺院经济的收支盈欠情况编成清册,僧俗官员均要对清册进行保管留存,作为以后进行核算监督的依据。而从前述P.T.997可知,寺院财产在核算清点完毕后要编成清册一式四份,一份上交宫廷,一份交与寺庙住持,一份作为当地底本,一份交与长官作为副本。上交宫廷者,由吐蕃宫廷僧统管理,因为蕃占区的寺院财产统一由宫廷僧统管理,故文中说"寺庙财产之僧统所公有";交与寺庙住持者应是留给当地僧团的负责人如瓜沙都僧统等;留作当地底本者可能是指留给当时管理瓜沙等地区的瓜州节度使衙;另外还要交给负责管理寺院经济的长官一份。其管理之严密于此可见一斑。

---

① 陆离:《吐蕃僧官制度试探》,载《华林》第3卷,2003年,第85页。
② 关于吐蕃统治敦煌的长官节儿的研究成果,主要有[日]藤枝晃:《吐蕃支配期の敦煌》,《东方学报》第31册,1961年;王尧、陈践:《吐蕃职官考信录》,《中国藏学》1989年第1期;王尧:《敦煌吐蕃官号"节儿"考》,《民族语文》1989年第4期;邵文实:《沙州节儿考及引申出来的几个问题——八至九世纪吐蕃对瓜沙地区汉人的统治》,《西北师大学报》(社科版)1992年第5期;张云:《"节儿"考略》,《民族研究》1992年第6期;金滢坤、盛会莲:《吐蕃沙州节儿及其统治新探》,《中国边疆史地研究》2000年第3期,第10—16页;陆离:《吐蕃敦煌乞利本考》,《中国边疆史地研究》2007年第4期,74—81页。
③ [英]F·W·托马斯编著,刘忠、杨铭译注:《敦煌西域古藏文社会历史文献》,民族出版社,2003年,第67页。

从以上讨论可知,吐蕃对瓜沙地区的寺院经济实行僧俗共管,管理寺院经济的僧官主要是宫廷僧统、瓜沙都僧统、住持沙门和寺院长老、寺院纲管等,而世俗官员除了地方高级官员如军官(瓜州节度使)、节儿等以外,还设有专门的财务官员如总岸本,在寺院之内又设有寺内岸本、寺卿等,甚至统领吐蕃凉州节度使、瓜州节度使等的吐蕃东道节度使亦要参与。这种从中央到地方的僧俗官员共同对寺院经济进行的核算管理,体现了吐蕃世俗政权着意加强对寺院经济进行管理的目的,而这种管理正是吐蕃对河陇等新占领区加强统治的一个缩影。

二、向寺院征税课役

在吐蕃本土曾明文规定不向寺院和其属民征税课役,如赤松德赞(755—797)规定:"赐给寺院民户一百五十户,赐给每名僧人三户属民,总计赐给桑耶寺和三百零五名僧人的寺属奴户为一千零六十五户,按平均每户四口计算,总计四千二百六十二人,这些寺属奴户都不向赞普缴纳税赋,不担负兵役。"这种规定在其后的牟尼赞普(797—798)和赤德松赞(798—815)时期继续得到执行①。但是,吐蕃统治时期的敦煌等地区并非如此,吐蕃政权是通过向寺院属民征税课役而制约寺院经济规模的。

关于世俗政权向敦煌僧团征税课役的情况,学界虽有过专门讨论,但是主要集中于归义军时期,且主要是僧侣个人而非寺院②。至于对吐蕃时期的相关情况我们还需要进一步说明。姜伯勤先生曾认为寺户不著于官府户籍③,但这并不意味着吐蕃政权放松了对寺属人口的管理。实际上,吐蕃世俗政权非常注重加强对寺院所属寺户、寺奴的管理④,而管理的主要目的之一就是要使寺户、寺奴承担官府税役。关于吐蕃政权对敦煌寺户、寺奴的管理及其征收赋税的情况,在 P.T.1079《比丘邦静根诉状》中有清楚的记载,其内容如下:

---

① 东嘎·洛桑赤列著,陈庆英译:《论西藏政教合一制度》,第19—20页。
② 郝春文:《唐后期五代宋初敦煌僧人的税役负担》,《敦煌学辑刊》1998年第2期,第1—9页;苏金花:《试论晚唐五代敦煌僧侣免赋特权的进一步丧失——兼论归义军政权的赋税制度》,《敦煌研究》2000年第3期,第153—159页;雷绍锋:《归义军赋役制度初探》,第255—289页。
③ 姜伯勤:《唐五代敦煌寺户制度》,第44—46页。
④ 参本书第六章第三节。

往昔,比丘邦静根有一单身女奴名为洒邱子(又名公噶尔邱子),她有女儿盐盐、鲁鲁、华氏才井连她本人共四人。华氏才井被主人静根给与比丘尼邦洒芒训。后又将公噶尔邱子、盐盐和鲁鲁三人供养寺院,登记入于户册之上。未年,正在各行其役时,安抚使论尚赞桑、论牙札与尚绮立笃节召集临时会议。尚来三摩赞、论野桑、尚来桑在瓜州行营军中议会,于齐比鸟集会之故,头年之冬沙州以下,肃州以上,集中僧统所属农户,根据田地好坏,制定承担赋税标准。僧统沙门巴尔奈,亲教师沙门罗扬,沙州节儿总管论野绮立,论吐桑·许布,论野札来息,财务官嘘律丹在场时,谓:"鲁鲁未死,已换姓更名,才井实为鲁鲁。才井之女为秀盐与高曼。盐盐之女,即米子、华娘与金刚。"比丘吉净、惠……,比丘尼本训等人禀告:官册所言属实,鲁鲁已死,如才井……,往昔,三个唐人部落和供养寺庙顺缘未分之时,给与妹妹芒训,女孩高曼、小盐等,米子、华娘和布朴金刚,初,盐盐一无所有,为我等兄弟之奴,年长僧众,新旧首座,管家上下均已知晓。曾与文籍记载核对,请依旧留下作为我等之奴。……但邱子、盐盐、鲁鲁母女三人,在寺庙之庙产户册上写明确是鲁鲁已死。才井母女虽为邱子之后代,但在王当权时,给与妹妹芒训,所以寺庙户册上无名。米子、华娘、金刚,过去不是静根之奴,已判为沙门玄诤和惠谦兄弟之奴。与寺庙产业户册核对,但有西洒邱子、盐盐、鲁鲁之人名字出现,才井母女当初在寺庙产业户册上无名。若按长老,上下管家证词判别,沙门玄诤兄弟和比丘尼芒训有理,以后邱子与盐盐二奴照文籍所载。才井母女、米子、华娘和金刚判与玄诤兄弟与比丘尼芒训,堪布们发盖印文书,长老、上下管家均按指印。①

从文书中频繁出现的"官册"、"寺庙产业户册"来看,其实吐蕃官府非常注重对寺院依附人口的管理,对寺属人口的流动情况往往进行详细登载,而这样做的目的之一就是与税役有关。本件文书中的"集中僧统所属农户"之"农户"应与P.T.997中的民户一致,应包括寺户和寺奴,只是该件的内容主要是调查某寺院的寺奴虚实情况的,故主要涉及的是寺奴而非寺户。吐蕃占领瓜沙二州后,在瓜州设置瓜州节度使管理瓜沙二州事务,故

---

① 王尧、陈践译注:《敦煌吐蕃文献选》,第46—48页。

第六章 吐蕃和归义军政权对敦煌佛教经济的管制

文书中所说"沙州以下,肃州以上,集中僧统所属农户,根据田地好坏,制定承担赋税标准"。即是指向瓜州和沙州两地的寺户和寺奴依据寺院田地好坏征收赋税。文书还告诉我们,属于僧侣私人的奴婢是不向政府纳税的,但是寺院之奴属于寺院财产,政府要向其征收税役。如比丘邦静根之女奴公噶尔邱子有三个女儿盐盐、鲁鲁、华氏才女,后邦静将华氏才女送与妹妹比丘尼芒训为女奴,故华氏才女及其女儿秀盐、高曼在寺院户册上无名,又将公噶尔邱子、盐盐、鲁鲁母女三人送与寺院为寺奴,故登载在寺院户册之上。后不知何故盐盐又成为僧玄诤兄弟之奴,故其三个女儿米子、华娘、金刚亦成为玄诤兄弟之奴而在寺院户册上无名。这样,寺院户册上仅有公噶尔邱子和盐盐、鲁鲁三人,但鲁鲁已死,故最后登录僧统所属民户而承担赋税的仅有公噶尔邱子和盐盐两人。

虽然敦煌文书中没有明确记载寺户、寺奴所承担赋税的具体内容,但从吐蕃时期向民户征收的基于土地的突税内容有纳小麦、纳青麦、纳布等来看[①],纳麦、纳布等亦应属于寺户、寺奴所承担的赋税内容。S.2228《辰年巳年麦布酒付历》载:

(前缺)

1 □□领布九疋,并付兴胡胡充悬欠用□□□□□

2 断麦五硕五斗,至秋还,其布纳官用。又张老于尼僧边买布一疋卌二尺,

3 至断麦壹硕五斗,两家合买,其布纳官用,各半。

4 吊田秀妇平意布三丈三尺,其布于寺家贷。又于寺家取布两疋,

5 辰年十月折麦纳官用。又于寺家取布一疋,智秀受戒时告裙衫用。

6 巳年四月九日,共曹住送路空设热布一疋,墨两庭(挺),已上合当家送纳□□

7 又于索家贷绯紬一疋,其紬四月十日却对面分付惠照上座于车□□□□

8 五月十四日,于李日荣边买小钗子一三升,其钗子折麦十硕,

---

① 参姜伯勤《突地考》,《敦煌学辑刊》1984年第1期,第10—18页。

9　并汉斗。于阴兴兴边付本身麦三䭾,又对僧员岸付麦一石八

10　斗,又对僧觉义[付]麦三石,并汉斗,□本身麦六汉斗,□付砲课用。

11　后五月付宋澄清酒半瓮。廿二日,付王□子麦半䭾。

12　廿五日,又付宋澄清麦六汉斗,又酒半瓮,付□□□布□□。

13　三䭾再晟母领。

该件文书唐耕耦和陆宏基先生进行过释录①,此处录文时依据图版对个别文字进行了重录。唐耕耦先生认为S.2228《辰年巳年麦布酒付历》的时间属吐蕃时期,尽管没有说明理由,但唐先生的观点是有依据的,因为该件文书纪年用地支,斛斗单位用"䭾",这均是吐蕃时期的特征。同时,该件内容倒写在S.2228《亥年修城夫丁使役簿》行间,《亥年修城夫丁使役簿》记载的是丝绵部落等部落的百姓修城服役之事,从其内容中"部落—将"的编制来看,必属吐蕃时期无疑。又S.2228背面为麦粟布的破用内容,但是字迹模糊难辨,其中第3—4行内容为:"米七斗五升,内准□□□晟子□□□□用,着驴□□麦一升付翟米老。又经先瓜州送粮折麦安头着麦七升,□安善子。"②翟米老其人还见于S.1475V《卯年(823?)悉董萨部落百姓翟米老便麦契》,故S.2228背面内容亦应为吐蕃时期。此外,S.2228《辰年巳年麦布酒付历》中的智秀又见于本章第三节将要引用的P.5579,而P.5579中的酉年被竺沙雅章定为817年③。S.2228《辰年巳年麦布酒付历》中的惠照又见于S.545V《吐蕃戌年永安寺僧惠照具当寺应管主客僧名数状》,而S.545V的戌年藤枝晃、竺沙雅章、唐耕耦等先生定为806年④。总之,S.2228《辰年巳年麦布酒付历》应属吐蕃时期的文书,其辰年、巳年的公元纪年可能分别是824、825年。

S.2228《辰年巳年麦布酒付历》第2—3行记载了两笔用麦子买布纳官之帐,第4—5行记载的一笔纳官帐是将应纳官的麦子折合成布而交纳。

---

①　唐耕耦、陆宏基编:《敦煌社会经济文献真迹释录》第3辑,第149页。

②　中国社会科学院历史研究所等编:《英藏敦煌文献》第4卷,四川人民出版社,1991年,第51页。

③　参[日]竺沙雅章《中国佛教社会史研究(增订版)》"补编"部分,第13—15页。

④　参[日]竺沙雅章《中国佛教社会史研究(增订版)》"补编"部分,第4—5页;唐耕耦、陆宏基编《敦煌社会经济文献真迹释录》第4辑,第208页。

那么,这是谁向官府纳布纳麦呢?从文书中"两家合买"、"于寺家取布"来看,这应不是寺院的帐历。而文书第2行的张老或与张老合买某尼僧布者实为纳布之人,且从文书内容来看,其与寺院关系非常密切。在第4—5行所记三笔帐目中,吊孝用布是向寺院"借贷"的,而其他两笔向官府纳布和制作智秀受戒时的裙衫用布均是从寺院方"取"得的,特别是前者,即"于寺家取布两疋,辰年十月折麦纳官用",要么是其代表寺院向官府通过用布替麦而交纳属于寺院承担的税负,要么是由寺院方承担了其应交纳的税负。综合以上情况,我们认为,该件文书所载向官府纳布纳麦者的身份应为寺院属民。

寺院的寺奴一般没有自己的独立经济,故向寺奴征收的税负只能是由寺院承担。而寺户有自己的独立小经济①,但由于其经济规模很小,故其税负可能有时还是由寺院承担,类似的情况在唐代于阗寺院中就存在。如前引 Ch969—72《唐开元九年(721)十月至十年正月于阗某寺支出簿》中有寺院替家人交纳税负的几条资料如下:

  出钱壹阡柒伯叁拾文,付市城政声坊叱半勃曜诺,充还家人悉末止税并草两络子价。出钱贰伯文,付同坊叱半可你婆,充还家人盆仁挽税[并草两]络子价。

  出钱贰伯文,付市城安仁坊叱半庆蜜,充还家人勿悉满税草两络子价。

  十二月一日,出钱伍伯伍拾文,付市城安仁坊叱半虵蜜,充还家人忽悉满又科差着税。

  廿二日,出钱捌伯文,付西河勃宁野乡厥弥拱村叱半萨董,充家人悉勿吉良又科着税并草两络子价。

从文书内容可知,家人所负担的是税草和其他杂负,而家人与寺户性质相类。姜伯勤先生认为家人原应有独立的小经济,后来才沦为寺院隶属人口,故原应纳课役现由寺院支出②。

除了交纳赋税以外,吐蕃时期敦煌地区僧侣及寺院所属寺户和寺奴还

---

① 参姜伯勤《唐五代敦煌寺户制度》,第66—67页。
② 参姜伯勤《唐西州寺院家人奴婢的放良》,载《中国古代史论丛》第3辑,福建人民出版社,1982年,第286—303页。后收入何兹全主编《五十年来汉唐佛教寺院经济研究》,第202—219页。

要向官府承担役负,如 S.542V《役簿》中记载了寺户在都司上役的详细情况,姜伯勤先生将这些役类归纳为田园劳役、畜牧役、修造役、杂役、官差等多种,其中"官差"是吐蕃分摊给寺院而由寺户承担的差役,官差主要有营田夫、守囚等[①]。其实,除了官差外,杂役中还有遣送过境寺户、迎使等,如 S.542V《役簿》中第 35 行"送西州人户往瓜州"、第 57 行"送西州寺户往瓜州"、第 112 行"送西州寺户向东"等的记载,第 186 行有"迎使两日"的记载。吐蕃在攻陷河西、西域等地后,为了维系自己的统治,往往将新占领地人户,包括寺户迁往异地,在攻占西州后,将西州寺户迁至瓜州、甘州等地,故而出现了 S.542V《役簿》中沙州寺户遣送过境寺户的记载,而这均是吐蕃政权摊派给寺院而由寺户承担的杂役负。又编号为 Ch.73,Xv.10 的敦煌藏文文书《本籍表》是吐蕃时期的一份官府差役或兵役名籍,其间记载了部落百姓、僧人、寺户从役的情况,其中有普光寺寺户吉四娘、杨葵子、吉才才、郝朝春和灵图寺寺户王昆子等人充任"射手"。除寺户外,《本籍表》中还有僧人与部落百姓、寺户一起从事役使[②]。

吐蕃对河西、西域等新占领区寺属人户的控制主要是为自己的统治服务的,故而这种控制具有普遍性,但是这种控制毫无疑问影响到寺院的经济利益等,从而会导致寺院与世俗政权之间矛盾的产生。如 M1.xxxiii,1号简牍载:"寺庙的财产有十二屯半,去年以来发生战乱,属民……僧众生活无有收入,让我等六人(僧众代表)前去申请费用……现寺属民户官长,应由寺属民户之僧众(后缺)。"[③]该简内容说明吐蕃可能曾设置俗官管理该地区寺户,而其目的之一就是为了征税课役。当然,僧众对此并不满意,故要求由僧众自己来管理寺户而代替世俗"官长"。

三、后论

在吐蕃统治者的支持下,敦煌佛教在吐蕃统治时期得到了很快发展,因而学界一般亦一贯地认为,吐蕃时期敦煌寺院拥有雄厚的经济实力,从

---

① 姜伯勤:《唐五代敦煌寺户制度》,第 25—34、84—102 页。
② 对该件文书的译文,F·W·托马斯、藤枝晃、北原熏、姜伯勤、刘忠、杨铭等先生有所不同,详细情况请参[英]F·W·托马斯编著,刘忠、杨铭译注《敦煌西域古藏文社会历史文献》第 52—63 页的录文介绍及第 55 页注释 2。
③ 王尧、陈践编著:《吐蕃简牍综录》,文物出版社,1986 年,第 69 页。

而忽略了吐蕃对敦煌寺院经济的管理与制约。事实上,吐蕃为了维系自己的统治,在大力支持佛教发展的同时,还非常注重对敦煌寺院经济进行管制,从而使得敦煌寺院经济在适度发展的同时并不对自己的统治带来负面影响。而其对敦煌寺院经济管制的主要措施——对寺院经济的核算监督和征税课役早在唐代中期以前的历史上已经是世俗政权对寺院经济进行控制管理的主要手段了,其中唐代世俗政权对寺院的征税课役学界已有讨论。但由于资料的限制,唐代世俗政权对寺院经济的核算监督问题则并未引起学界的关注。其实,唐代世俗政权对寺院财产的核算监督在吐鲁番文书中就有明确记载,如吐鲁番文书73TAM506:04/13《唐大历六年(771)某寺田园出租及租粮破用帐》载:

1　　　　□□□□□状上
2　　　□从大历五年正月一日至大历六年七月十六日以前,管常部田总陆拾亩陆拾步。
3　　壹拾捌亩陆拾步出租并常□
4　　樊渠地陆亩 亩别麦粟各六斗 王居随 ,计柒硕贰斗。麦粟各半
5　　杜渠菜园一亩八十步,得麦粟肆硕。麦粟各半
6　　张渠地半亩,麦粟陆斗,各半。王德实
7　　单秋樊渠四亩,亩别四斗,计粟壹硕陆斗。王居遂
8　　石宕渠一亩一百步,得糜壹硕壹斗。崇福寺
9　　酒泉城地五亩,租得粟伍硕。刘客
10　卅二亩常部田空荒不种。内一亩常田,卅一亩部田。
11　高宁城一亩常田　左部十亩　九亩胡房渠　九亩枣树渠
12　　　　□不识二亩白渠不识二亩申石渠
13　以前共租□□粟总壹拾玖硕伍斗
14　　　　□斗青麦壹拾叁硕陆斗粟
15　　伍硕□□□粟破用
16　　肆硕□斗麦　壹硕一斗粟
17　　青麦叁硕出粜用造资(?)䁀　粟壹硕壹斗贴七月十五日造盆
18　　粟伍斗用雇车般(搬)酒泉粟伍硕入州

19　　　　壹拾肆硕肆斗粟麦见在①

该件文书详细记载了某寺院的土地数及当年出租地亩数,并对出租收入、支出(破用)及见在等进行了详细记载。从行文来看,这应是寺院呈上官府的状文,这一点在另一件文书 73TAM506:5/2(a)《唐大历五年(770)后前庭县马寺常住田收租帐》中得到明示,其内容如下:

1　前庭县
2　马寺
3　合当寺从大历五年正月一日已▢▢▢▢▢▢
4　常住田出租应收入新旧▢▢▢▢▢▢
5　▢捌事什物伍拾②

该件文书开头部分与前一件相同,内容依然是对寺院的地租收入及相关支出情况进行的汇报,只是后面内容残缺,并且书明状文是呈上前庭县的。从该件文书我们可以明了,县衙掌握着寺院财产的收支情况。

此外,当时可能还设有专门的机构对寺院财产进行核算,如 D.VⅡ.4.fCha.15.S.6968《唐护国寺计算所牒状残片》载:

1　计▢(算)所状上
2　僧普▢　宝明　▢▢　▢▢　法进　道超
(后缺)③

虽然文书残缺太甚,但是我们依然可以看出该件文书是计算所对僧法进等人所执掌的寺院常住财产进行核算以后对上级部门进行汇报的状文,计算所无疑是核算寺产的一个机构。

以上情况说明,在吐蕃攻占河陇之前,起码在西域地区,唐代世俗政权已经非常注重对寺院经济的收支情况进行核算监督了,吐蕃占领敦煌后对寺院经济的核算监督亦不排除是受到此影响。

---

① 国家文物局古文献研究室、新疆维吾尔自治区博物馆、武汉大学历史系编:《吐鲁番出土文书》(录文本)第10册,第296—297页。
② 国家文物局古文献研究室、新疆维吾尔自治区博物馆、武汉大学历史系编:《吐鲁番出土文书》(录文本)第10册,第258页。
③ 陈国灿:《斯坦因所获吐鲁番文书研究》,第551页。

第二节　归义军政权对寺院财产的核算
监督及向寺院征税课役

一、"酉年算会"及其继续

吐蕃政权对敦煌寺院财产的核算监督在其后的归义军时期得到延续。归义军首任节度使张议潮在其任期内推行了诸多改革，如废除吐蕃的部落—将制而恢复了唐乡里制、实行户口调查、调整土地等，同时还对敦煌佛教僧团机构进行改革，如调查僧团财产、放免寺户等①。而调查僧团财产、放免寺户显然是张议潮对敦煌寺院经济进行管制的体现，故尽管张议潮在逐蕃归唐及其后的统治过程中得到佛教界的大力支持，但其并未放松对敦煌寺院经济的管制。

在财产调查方面，归义军建立之初，张议潮就对寺院财产进行了算会记录，相关记载见于 S.1947V 中，其内容如下：

（一）

1　大唐咸通四年岁次癸未，河西释门都僧统缘敦煌
2　管内一十六所寺及三所禅窟，自司空吴僧统酉
3　年算会后至丑年分都司已来，从酉至未一十一年。

（二）

1　癸未年五月廿三日抄录官算籍上明照手下再成毡定数如后：
2　新方褥一，细鲽儭锦面。丝麻锦褥一，毡儭。绯治毡一领，锦缘。
3　又圣僧褥子一，故。天王褥子三。小袄故方绣褥子一，白毡儭。东
4　河水硙一轮。油梁一所。青花毡一领。五色花毡三领，
5　内一破。绯绣罗褥一。七尺氍毹一。新方毡九领。
6　新夹毡一条。袄毡廿三条。黑毡一条，白儭。香

---

①　［日］竺沙雅章：《敦煌の寺户について》，参其著《中国佛教社会史研究（增订版）》，第465—467页。

7　奁小褥子一。故破毛锦二,内一非(绯)一绿。故破五色褥

8　一条,在吴和尚。杜心秤产一。二升同(铜)钵一。神幡五口。钟一口。

9　除褥计袄毡方毡廿八领。

该件文书第二部分与第一部分紧抄在一起,中间有一二行的空间,字迹为一人所写,二者应为同一内容,故唐耕耦先生在释录时将二者统一命名为《唐咸通四年癸未岁(863)敦煌所管十六寺和三所禅窟以及抄录再成毡数目》①。但郝春文先生释录时将二者分别命名为《大唐咸通四年(863)敦煌管内寺窟算会抄》、《癸未年(863)五月抄录官算籍上明照手下再成毡定数》②。关于该件文书,学界多有讨论,其中酉年为853年,丑年为857年,未年为863年。文书中所记载的司空就是张议潮,吴僧统就是著名的归义军首位都僧统吴洪辩,他们在酉年(853)对敦煌僧团财产进行了算会,此即大家所熟知的"酉年算会"③。第二部分记载的是在"官算籍"上明照所管的织物和一些什物。从该内容来看,在酉年(853)算会后,张议潮时期(848—867),官方在未年(863)亦对寺院财产进行了算会登记,因为"官算籍"就是官方登记寺院或僧团财产的清册,前已有论,在吐蕃统治时期,这种清册一式四份,其中一份就是要交给敦煌当地官方保管的。但遗憾的是,敦煌文书中关于张议潮对寺院财产进行算会管理的明确记载仅此而已,这无疑制约了我们进一步对张议潮及归义军政权管理寺院经济的研究。那么,敦煌文书中还有无张议潮对寺院财产进行算会管理的记载呢?在梳理敦煌文书的过程中,笔者发现了个别文书残卷如 Дх.00981(又编号为:Дх.01311、Дх.05741、Дх.05808)+S.5927V 和P.4957中均有与张议潮对寺院财产进行算会管理的蛛丝马迹。下面我们就通过对这几件文书及相关内容的讨论说明,从而进一步管窥张议潮对寺院经济的管理。

(一)Дх.00981+S.5927V 中对张议潮管理寺院经济的记载

1.文书录文

俄藏敦煌文书 Дх.00981 首尾均残,《俄藏敦煌文献》第7册中将其拟

---

① 唐耕耦、陆宏基编:《敦煌社会经济文献真迹释录》第3辑,第8页。
② 郝春文等编著:《英藏敦煌社会历史文献释录》第8卷,社会科学文献出版社,2012年,第336—339页。
③ 参姜伯勤《唐五代敦煌寺户制度》,第142—143页。

名为《亥年某寺破用历》①，内容如下：

（前残）

1　麵叁斗，粗面肆☐☐☐☐☐☐☐☐☐☐☐☐☐☐☐☐
2　豉各壹抄，缘众僧☐☐☐☐☐☐☐☐☐☐☐☐☐☐☐
3　斗，粗面肆斗☐☐☐☐☐☐☐☐☐☐☐☐☐☐☐☐☐
4　各壹抄，亥年正月☐☐☐☐☐☐☐☐☐☐☐☐☐☐☐
5　两硕叁斗伍☐☐☐☐☐☐☐☐☐☐☐☐☐☐☐☐☐☐
6　麵贰斗，二月八日贴☐☐☐解斋用。麦叁斗、油壹胜、麦壹斗
7　沽醋。草豉半胜，苈芹子壹抄，荜豆贰胜 煮粥赠上座
8　粗麵肆斗，充博士食用。白麵柒斗，麦，麦肆斗捌胜
9　油叁胜，苈芹子壹抄，荜豆草豉☐☐☐☐☐☐☐☐☐☐
10　充设修砲轮博士用。布捌拾叁尺，赏☐☐☐志☐☐
11　柒缥布两疋，共捌拾贰尺 尼贤胜亡赠尚书用。麵
12　胜，麦伍胜沽醋。苈芹、草豉各壹抄☐☐☐☐☐☐☐
13　初移日尊宿等食用。白麵两硕壹斗，粗[面]
14　两硕柒斗，☐麵叁硕，油伍胜，充修砲人夫粮用。
15　麦柒斗，油伍胜，六月廿日就八角看尚书用。油壹胜，七月
16　十七日就砲置解斋用。柒缥布肆拾壹尺，赏☐☐寺☐☐
17　麵捌斗、麦壹斗沽醋。油叁胜 吴僧统庆窟日众僧解斋用。
18　油壹胜，秋回造点灯用。麵贰斗伍胜，油半胜，苈芹子
19　壹抄，煮粥赠灵照用。粟叁斗伍胜 缘尚书令六封库门日沽酒用。
20　麵伍斗、油叁胜 于张苟庄斫木般载两日食用。麵壹硕壹斗，油
21　陆胜半，麦贰斗沽醋，苈芹子壹胜，豆贰斗
22　麦壹斗，买苁蓉一☐☐☐☐☐☐☐☐☐☐☐☐☐☐

（后缺）

英藏敦煌文书 S.5927V 亦前后残缺，唐耕耦和陆宏基先生对其进行了

---

① 俄罗斯科学院东方研究所圣彼得堡分所等编：《俄藏敦煌文献》第 7 册，上海古籍出版社，1996 年，第 239—241 页。

释录,并定名为《戌年(?)某寺诸色斛斗入破历算会残卷》①,《英藏敦煌文献》第 9 卷中将其定名为《某寺诸色斛斗破历》②,现将其内容移录如下:

(前缺)

1　买盐用。面陆斗^{春砲回造麦两车与砲主食用。}面叁硕伍斗、油叁

2　胜半^{从十七日至廿二日中间六日众僧解斋用。}面贰斗伍胜、油半胜^{煮粥赠吴僧统用。}

3　面壹硕、油壹胜,充两日解斋用。面捌斗、油肆胜半,

4　阴教授斋日加廿人料用。面叁硕、油叁胜^{充六日解斋用。}

5　面壹硕陆斗、油柒胜、粟两硕壹斗、苏壹胜帖

6　麦贰斗伍胜^{充设当寺人户徒众行人等用。}麦肆硕叁斗叁胜壹

7　抄,粟两硕叁斗叁胜壹抄,油叁斗伍胜两抄,已

8　上麦粟油等缘看梁人善信落蕃至今不回,众

9　僧矜放。菜子柒胜,戌年春种菜用。麦伍硕肆[斗][看]

10　园人善奴价直用。面两硕、油贰胜充四日▢▢▢

11　面叁斗、油半胜,煮粥赠智昊用。麦壹硕伍斗、粟壹[硕]

12　伍斗,买刺柴两车用。粟陆斗,买盐用。麦捌斗,买草豉贰硕[用]。

13　麦壹斗,买菌子一斗用。面拾贰硕肆斗、油壹斗叁胜,

14　芎芹子贰胜半、草豉壹胜,充解斋用。麦肆斗,雇牛

15　具种菜用。麦壹斗、粟壹斗、曲两饼▢▢▢

16　面伍斗、油壹胜、草豉半胜▢▢▢

17　粥两瓮^{用赠李阇梨绍见阇梨}。面▢▢▢

18　麦叁斗,麦伍斗▢▢▢

19　醋,油壹胜,芎▢▢▢

(后缺)

2.文书中的尚书及其对寺院经济的管理

从 Дx.00981 和 S.5927V 的图版来看,两件文书卷面、字迹完全相同,

---

① 唐耕耦、陆宏基编:《敦煌社会经济文献真迹释录》第 3 辑,第 306 页。
② 中国社会科学院历史研究所等编:《英藏敦煌文献》第 9 卷,第 213 页。

显系一人所写,并且内容亦一致,均为某寺院的面、麦、粟、油等支出,故应为同一件文书,只是被分割开来而分藏于俄、英两地。但由于两件文书中间还有残缺,故不能直接将二者拼接缀合。从 Дx.00981 第 16 行中的"十七日"和 S.5927V 第 2 行中的"从十七日至廿二日中间六日众僧解斋用"来推测,S.5927V 原本就是在 Дx.00981 之后。从卷面来看,两件文书内容均不是占有整个纸面去书写的,在文书内容上部还有相当大的空白纸面,在这些空白纸面的个别地方还写有文字。如在 Дx.00981 中第 4、5 行上端的 3 行文字为:"愿胜:二月廿二日一石四斗,出粟两硕八斗,二月廿一日出。"又第 17、18 行上端的 3 行文字为:"二月三日愿胜粗麵一石,又粗麵三斗,粟麵六斗,又粗麵捌斗。"同样,在 S.5927V 中上端有《天复二年(902)樊曹子刘加兴租佃土地契》,此契内容较长,我们不再将其移录。但从字迹来看,所有纸面上端的这些文字与 Дx.00981 和 S.5927V 中下端的文字明显不同,内容更不相关,同时 Дx.00981 和 S.5927V 上端的文字亦非一人所写。故即便是卷面上有天复二年(902)的契约,且愿胜之法名又与公元 10 世纪敦煌净土寺文书中的愿胜有为同一人的可能[①],但并不能说明前录 Дx.00981、S.5927V 的时间亦在公元 10 世纪以后。唐耕耦先生曾对 S.5927V 注释说:"本件上部有后写的唐天复二年刘加兴樊曹子互佃契稿,则本件写作年代当在天复二年以前。目录初稿Ⅱ注明本件为公元九世纪前期,属吐蕃占领敦煌时期。"[②]在这里,唐耕耦先生显得较为谨慎,笼统地说以上两件文书的时间在天复二年以前,并对《目录初稿Ⅱ》关于 S.5927V 属吐蕃时期的观点未置是否。

　　Дx.00981 和 S.5927V 中的诸多信息,如教授之僧官称谓、戌年之地支纪年及落蕃、当寺人户等无不体现出吐蕃和归义军初期的特征。但 Дx.00981 中同时出现了尚书与吴僧统,这里的尚书一般是对归义军节度使的称呼,僧统是唐代僧官名号,吐蕃统治敦煌后将其改称为教授,归义军时期又改为僧统,故这两件文书应属于归义军时期。而在归义军时期,节度

---

① 关于净土寺文书中愿胜的记载有:P.2040V《后晋时期净土寺诸色入破历算会稿》中第 83 行"布二尺,愿胜父亡吊孝用"。第 433 行"粟壹硕,愿胜不办诵戒纳直人"。第 538 行"麦两石,愿胜不办诵戒纳直人"。P.2032V《后晋时期净土寺诸色入破历算会稿》中第 256 行"面四斗伍升、油一胜半,算会愿胜净胜了日造解劳用"。第 331 行"净土寺西仓司愿胜广进等"。

② 唐耕耦、陆宏基编:《敦煌社会经济文献真迹释录》第 3 辑,第 306 页。

使中称尚书者有张议潮、张淮深、张淮鼎、索勋、张承奉、曹议金①,那么这里的尚书究竟是指谁呢?

S.5927V中第11行的"智旻"又见于S.1350《唐大中五年(851)僧光镜负儭布买钏契》,在该契约的末尾有见人"僧龙心、僧智旼、僧智恒字达",其中智旼可能就是智旻②。又Дx.00981第11行中的尼贤胜、第19行中的灵照见于P.T.1261V《僧人分配斋儭历》中,且在P.T.1261V中,贤胜和灵照均被列在尼僧名目之中,则知此二人为尼僧。而P.T.1261V《僧人分配斋儭历》的年代竺沙雅章先生定在820年前后③。此外,尼贤胜还见于莫高窟中唐第159窟,该窟西壁龛下南侧供养人像列北向第二身题名"孙尼灵修寺法律贤胜",可知贤胜在灵修寺出家为尼。又该窟西壁龛下北侧供养人像列南向第一身题名"侄孙张氏十三娘"④,可知该窟与张氏家族有关,尼贤胜应为张氏家族成员。据研究,第159窟营建的具体时间是吐蕃统治敦煌时期的9世纪初至839年左右⑤,而从第159窟中尼贤胜的供养像来看,其在吐蕃统治的公元9世纪初期显然已为一成年女性,又我们已经确定Дx.00981和S.5927V属归义军时期,故从时间及贤胜的年龄上来判断,其去世的时间当在归义军初期是合理的。这样,我们亦可将前录两件文书的时间进一步暂定为归义军初期,而归义军初期节度使称尚书者只能是张议潮和张淮深。

据荣新江先生研究,张议潮称尚书的时间约从848年始,至858年结束,其后约在858—861年称仆射,在861—867年称司空;张淮深称尚书的时间从872年始,约至890年结束⑥。但是要确定文书中的尚书属此二人之一,我们还需要借助前录两件文书中所记载的吴僧统。据研究,归义军初期的吴僧统是被誉为"释门巨擘"的归义军首任都僧统吴洪辩。一般认

---

① 荣新江:《归义军史研究——唐宋时代敦煌历史考索》,第62—132页。
② 唐耕耦、陆宏基编:《敦煌社会经济文献真迹释录》第2辑,第43页。
③ [日]竺沙雅章:《敦煌吐蕃期の僧尼籍》,参其著《中国佛教社会史研究(增订版)》"补编"部分,第19—22页。
④ 敦煌研究院编:《敦煌莫高窟供养人题记》,第75页。
⑤ 樊锦诗、赵青兰:《吐蕃占领时期莫高窟洞窟的分期研究》,《敦煌研究》1994年第4期,第76—94页;沙武田:《吐蕃统治时期敦煌石窟供养人画像考察》,《中国藏学》2003年第2期,第84页。
⑥ 荣新江:《归义军史研究——唐宋时代敦煌历史考索》,第62—88、131页。

为,洪䛒任都僧统的时间为851年始直至去世,但对其去世的时间说法不同,主要有862年左右、853年左右、869年等几种观点①。不管这几种观点孰是孰非,从时间上来看,在张淮深于872年称尚书时吴洪䛒已经去世,故文书中的尚书只能是张议潮,这亦就是 Дx.00981 第11行中记载在尼贤胜作为张氏家族成员亡后,寺院还支出"柒缥布两疋"纳赠尚书用的原因。又由于张议潮在858年以后不再称尚书而称仆射,故 Дx.00981 和 S.5927V 的内容只能属858年以前,而 Дx.00981 中第4行的"亥年"只能是855年无疑了,其中 Дx.00981 中所载"亥年"前为戌年的破用,此后为亥年的支出。又 S.5927V 第9行明确提到戌年的菜子支出,可见 S.5927V 主要还是亥年的破用,故 Дx.00981 和 S.5927V 可能是某寺在子年(856)对戌(854)、亥(855)二年的收支结存情况进行算会的文书,且依据文书中数字用大写的情况来判断,当是某寺院向上级汇报的算会文书,即敦煌寺院文书中的"算会牒"。根据同类文书,我们可将其定名为《子年(856)某寺诸色斛斗入破历算会牒残卷》。

厘清了文书的时间、性质及其中的尚书后,我们再来看看文书中与张议潮对寺院经济进行管理相关的细节。Дx.00981 中第19行"粟叁斗伍胜,缘尚书令六封库门日沽酒用"。蒙李正宇先生教知,"令六"就是"令律",该词在敦煌契约文书中频繁出现,有时又因谐音而写作"领六"。如 S.1475V《卯年(823?)阿骨萨部落百姓马其邻便麦契》、S.1475V《某年(823?)灵图寺僧义英便麦契》、S.1475V《某年(823?)灵图寺僧神宝便麦契》、S.1475V《某年(823年前后)灵图寺僧神寂便麦契》、S.1475V《某年(817年前后)沙州寺户严君便麦契》等借贷麦的契约文书中均有"仍任将契为领六,牵掣房资什物,用充麦直。"这是说将双方立定的契约作为令律执行。又 S.1475V《某年(823年前后)阿骨萨部落百姓赵卿卿便麦契》、P.3422V《卯年(823?)正月十九日曷骨萨部落百姓武光儿便麦契》中有若按

---

① 关于对都僧统洪䛒进行研究的学者及成果很多,较早如竺沙雅章、戴密微、藤枝晃、马世长、李永宁、贺世哲、苏莹辉、吴其昱、金维诺、石璋如、马德等先生均进行过研究,荣新江先生在《关于沙州归义军都僧统年代的几个问题》一文中有简要介绍。郑炳林《敦煌碑铭赞辑释》第65—66、200页等中亦有讨论。近年来对洪䛒研究的成果还有彭建兵:《归义军首任河西都僧统吴洪辩生平事迹述评》,《敦煌学辑刊》2005年第2期,第157—163页;李尚全:《洪辩禅师行迹考》,《社会科学战线》2010年第3期,第88—93页。

时不履行契约规定的话,将"不著领六",任"掣家资杂物"云云①。故Дх.00981中第19行中的"缘尚书令六(律)封库门"是指寺院遵照尚书张议潮之令封存寺院仓库,且此令可能是张议潮下达给整个敦煌僧团而非具体某个寺院的。尊为归义军节度使的张议潮亲自下达了封存寺院仓库的命令,此举定与对寺院财产的算会管理有关,因为若是其他修建等杂务的话,一般不会劳其亲自去管理,且无必要,故此次子年(856)算会无疑是张议潮直接管理寺院经济的又一例证,亦可看作是酉年算会的继续。

(二)P.4957《某寺诸色入破历算会牒残卷》对张议潮管理寺院经济的记载

P.4957采用四柱结算式,但其前后残缺,保存下来有一部分未年、申年的收支帐目,其中第3—4行载:"粟陆硕五斗,申年佛食入。"唐耕耦、陆宏基先生将其拟名为《申年(?)某寺诸色入破历算会牒残卷》②。但从敦煌寺院财产的算会时间来看,该件亦有可能是酉年初对某寺院财产进行的算会,其中有几笔破用帐目如下:

第20—22行:白面柒斗伍升,油叁胜半,苏壹胜,胡饼价买菜麦叁斗,已上充官点勘库舍什物教授法律等食用。

第23—24行:白面壹硕捌斗伍升,油捌胜,麦叁斗,粟叁斗,苏壹升,已上充龙兴寺算会食用。

第43—45行:白面壹硕柒斗肆升,油叁升,粟玖斗,已上充三日算会尊宿等食用。

从这几条帐目来看,官方参与算会寺院财产的迹象非常明显。首先,第一笔帐目明确记载官方点勘了寺院的库舍什物。其次,第二笔帐目记载了该寺院因在龙兴寺算会时的支出。此处的龙兴寺算会显然不是指龙兴寺内部的算会,因为若是龙兴寺内部的算会,该寺院不会因此而支出自己的斛斗等财物,故这次算会应是敦煌官方对敦煌诸寺财产进行的一次统一调查。这一点我们还可以通过这几笔帐目中的数字来进一步说明。虽然我们不能肯定以上三笔帐目均是该寺院因在龙兴寺算会时的支出,但即便是仅从第二笔的数目来看,该寺院在这次算会时支出的面、油、麦、粟等的

---

① 此处S.1475背面诸件及P.3422V的录文,请参唐耕耦、陆宏基编《敦煌社会经济文献真迹释录》第2辑,第84—93页。

② 唐耕耦、陆宏基编:《敦煌社会经济文献真迹释录》第3辑,第316—319页。

第六章　吐蕃和归义军政权对敦煌佛教经济的管制

数额很大，且该数还仅仅是这一所寺院支付的，若再加上其他寺院支付的费用，其数额将会更大，也许会是该费用的多倍。而从相关记载中可以看到，寺院在内部算会时不可能有这么多的费用支出，如 P.2032V《后晋时代净土寺诸色入破历算会稿》第 496—497 行载："面九斗，油二升，粟一石五斗沽酒，算会东库及西仓兼交库写帐等众僧食用。"P.3234V(9)《癸卯年(943)正月一日已后净土寺直岁沙弥广进面破》第 3—4 行载："面五斗五升，算会愿通中间六日及写帐人食用。"P.2838(2)《唐光启二年(886)安国寺上座胜净等诸色斛斗入破历算会牒残卷》第 7—8 行载："粟陆斗、麦叁斗、油贰升，当寺算会日用。"显然，无论是净土寺的两次算会还是安国寺在 886 年的算会，所用面、油等的数额要远远小于 P.4957 中所载算会时所用之数。

那么，P.4957 所载的是什么时候敦煌官方对寺院财产进行的算会调查呢？从 P.4957 的内容来看，其"破除"部分所载的主要是申年的支出，故其第 23—24 行所载在龙兴寺的算会亦应是在酉年之前的申年，至于申年的具体年代我们还需要进一步讨论。唐耕耦、陆宏基先生依据本件笔迹与 S.4782《寅年乾元寺堂斋修造两司都师文谦诸色斛斗入破历算会牒残卷》相似和该件第 26 行"粟叁斗，充山娘粮用"见于 P.6002(1)《辰年某寺诸色入破历算会牒残卷》第 48 行而认为本件写作年代可能属归义军张氏时期，同时又说申年的绝对年代待考。这种观点是有道理的，亦就是说，三件文书中的寅年、辰年、申年均很接近。而我们已经考证出 S.4782《寅年乾元寺堂斋修造两司都师文谦诸色斛斗入破历算会牒残卷》中的寅年为 858 年，P.6002(1)《辰年某寺诸色入破历算会牒残卷》中的辰年应为 860 年[①]，故 P.4957 中的申年应为 864 或 852 年，而此时正是由张议潮担任归义军节度使。

至此我们认为，在 864 年或 852 年，更有可能是在 864 年，以张议潮为首的归义军政权对敦煌寺院财产进行过统一算会调查，其算会地点设在龙兴寺。当然，作为对敦煌僧团财产的统一算会，和"酉年算会"一样，都僧统及其他有关僧官一定亦会参与。

总之，自酉年(853)算会后，张议潮在其节度使任期内一直很注重对敦

---

① 详参本书第二章第二节。

二、归义军时期寺院财产算会与点检帐的一式多份

前面已经讨论过,吐蕃时期在对寺院斛斗算会后形成算会籍一式四份,这种一式多份的情况在归义军时期应该亦是如此,因为我们从敦煌文书中可以看到具有相同内容的关于寺院财产帐目的文书数件并存的现象,其中既有斛斗帐目又有什物帐目。

P.4004、P.3067、S.4706 和 P.4908 为四件残片,字迹相同,内容相互衔接,故实为同一件文书,唐耕耦先生将其拼接缀合后拟名为《庚子年(940 或 1000)后某寺交割常住什物点检历》①。后来唐先生又进而认为该文书属报恩寺文书,从而将其拟名为《庚子年(1000 或 940 年)后报恩寺前寺主法□交割常住什物历牒》②。又郝春文先生将其定名为《庚子年(940)后报恩寺交割常住什物点检历》③,金滢坤先生定名为《宋庚子年(1000)前后报恩寺交割常住什物点检历》④。翻检敦煌文书我们会发现,还有其他几件文书与 P.4004＋P.3067＋S.4706＋P.4908 内容相同,为了便于说明,下面我们先将其中 S.4706、P.4908 的内容转录于下:

以下 S.4706:
1　□□□□定昌二人相壹□并簸面钾壹
2　领,通计陆伯肆拾玖叶。又大床壹,在惠索
3　僧正。花镜盘壹,在库。又花镜盘壹,欠在
4　寺主教琮。又镜盘壹,欠在法超。又李僧正
5　花镜盘壹,在库。又李僧正花柜子壹,在惠
6　索僧正,故小索僧正花柜子壹,并鏁具全,
7　在库。大合盘壹副,又张午子折债新花
8　合盘壹副,内一副欠在寺主法净。红锦褥贰于曹库官施入。
9　毡褥:伍色新花毡壹领,梁户宋员达折债入。
10　又伍色新花毡柒领,内叁领故破;内壹领

---
① 唐耕耦、陆宏基编:《敦煌社会经济文献真迹释录》第 3 辑,第 32—36 页。
② 唐耕耦:《敦煌寺院会计文书研究》,第 293—299 页。
③ 郝春文:《唐后期五代宋初敦煌僧尼的社会生活》,第 129 页。
④ 金滢坤:《敦煌社会经济文书定年拾遗》,第 9—14 页。

11　欠在寺主法兴。白毡叁条，内壹条欠在

12　☐内方毡壹领。

以下 P.4908：

1　寺主戒会。又白方毡两领，欠在寺主

2　戒会。青圆黑毡两条。白绣毡壹领。

3　红绣毡壹领，内有鹿肆个。圣僧坐花

4　毡子壹领。汉擀白方毡伍领，内壹领欠

5　在寺主明藏，又两领欠在寺主法兴，又

6　壹领从拽硇来，故张法律将去。于阗

7　毡褥壹条。方汉褥贰。氍毹褥贰。又

8　氾铁奴折债新花毡壹领。又娘子于阗

9　花毡壹领。又锦褥儭白方毡两领。又李

10　都头施入圣僧小胡锦褥子壹。白方

11　毡肆领，欠在寺主保惠。又白方毡壹

12　领，庚子年入毡，欠在寺主员会。白毡壹条，欠在寺

13　主明信、教琜二人。白方毡伍领，入白方毡一领，欠在寺

14　主保藏。又新白方毡壹条，欠在惠索僧正。

15　又毡壹条，欠在寺主明信。又新白方毡叁

16　领。又新白毡条贰拾壹条，内壹条欠在

17　寺主法清，内壹条欠在寺主法林。白银

18　椀壹枚，重捌两半。苻僧正镴壹副，并钥

19　匙具全，在般若藏。又候糟都头大镴壹副，

20　并钥匙具全，在杂藏。又邓悬（县）令镴壹

21　副并钥匙具全，在花严藏。镴壹副，并

（后缺）

在敦煌文书中，与 P.4004＋P.3067＋S.4706＋P.4908 内容相同者主要有 S.4215《庚子年（940 或 1000）报恩寺交割常住什物点检历》和 BD11988 两件文书，由于文书内容较长，此处不再录文，只将相关情况进行说明。

S.4215 前后残缺，共残存 18 行，其第 1—15 行的内容与 P.4908 第 3—21 行一致，而 S.4215 中最后 3 行的内容在 P.4908 中缺失，故可补前者之

缺,此三行内容是:

  16 壹副并钥匙在藏门。又伍尺大锯壹梁,又叁尺锯
  17 壹梁,又叁尺伍寸锯壹梁,在库,锯错壹,重壹两。大斧
  18 壹柄,重拾伍两。又大斧壹柄,重拾两。打砘□□
  (后缺)

BD11988亦前后残缺,其内容从S.4706第四行开始,还基本上包括了P.4908的内容。

当然,就残存的帐目内容而言,除了前述S.4215中第16－18行内容在P.4908中没有保存下来外,BD11988、P.4004＋P.3067＋S.4706＋P.4908和S.4215三者之间还有几笔帐目并不吻合:S.4706中第8行"红锦褥贰于曹库官施入"和第9行"伍色新花毡壹领,梁户宋员达折债入"在BD11988中无;BD11988中第9行"又壹领白□□徒众除破"和第12－13行"旧红锦褥贰除见交与戒会外"在P.4908中无;P.4908中第9－10行"又锦褥儭白方毡两领。又李都头施入圣僧小胡锦褥子壹"和第15－17行"又新白方毡叁领。又新白毡条贰拾壹条,内壹条欠在寺主法清,内壹条欠在寺主法林"在BD11988中无;S.4215中第16－17行"又叁尺锯壹梁,又叁尺伍寸锯壹梁,在库,锯错壹,重壹两"在BD11988中无,而BD11988中第19行"又肆尺锯壹梁"在S.4215中无。S.4215中第15－16行"又邓县令镰壹副,并钥匙全,在华严藏。镰壹副并钥匙在藏门"在P.4908中有,但在BD11988中无。那么,为什么会出现这样的现象呢?其原因应该是:尽管三件文书中帐目的内容一致,但是有时同一笔帐在不同的文书中所处的位置并不相同,亦就是说这些文书中所载的帐目的顺序并不是严格一致。同时,这些文书均不同程度地残破,一般是首尾残缺,故某件文书中没有的某笔帐目应该是由文书残缺所致。

此外,同一笔帐在不同文书中的表述法有时亦会略有不同,如P.4908中第14－15行的"又新白方毡壹条,欠在惠索僧正。又毡壹条,欠在寺主明信"在BD11988中第17－18行表述为"又新白毡壹条,欠在索僧正。又壹条,欠在寺主明信",当然,这种细微差别并不会影响内容的一致。

总之,BD11988、P.4004＋P.3067＋S.4706＋P.4908和S.4215为报恩寺点检什物时形成的三份内容一致的文书,只是由于三者均有残缺而各自

第六章 吐蕃和归义军政权对敦煌佛教经济的管制

仅保存下来了一部分,故内容无法一一对应。其中 P.4004＋P.3067＋S.4706＋P.4908 中开首即云:"▢▢▢九日徒众齐坐交割寺主法▢▢▢香奁铃铃铛锅镦铜罐莲花大床踏床什物等并分付与后寺主僧教通抄录谨具如后。"说明该件应是报恩寺内部的交接文书,即"点检历"。而 BD11988 和 S.4215 的开头和末尾没有保存下来,可能其中一件是上交给都司的,另一件是上交官府的,凡上交者应为"点检历状"。

与什物一样,斛斗的帐目亦是如此。如 S.5049《庚辰年(980 或 920)正月报恩寺寺主延会诸色斛斗入破历算会牒稿》与 BD15246(1)的内容一致①,下面我们先将 S.5049 的内容转录于下:

(前缺)

1　　　　　三十三石六斗五升[粟]
2　　　　　八石五斗豆
3　　　　　四石五斗黄麻
4　　　　　二十四石白面
5　麦四石二斗,于官仓春佛食领入。麦九
6　石,于上头庄佛住手上领入。豆两石,多浓
7　王师手上领入。豆两石,大让龙法律手上领入。
8　麦一石五斗,千渠赵承恩手上领入。麦两
9　石五斗,多浓王师手上领入。黄麻三斗,多
10　浓索通子手上领入。麦一石五斗,于千渠张
11　保山手上领入。麦七石,上头庄佛住手上领[入]。
12　粟二十石,于上头庄佛住手上领入。黄麻一
13　石二斗,北园门地颗入。黄麻一斗,多浓索
14　通子手上领入。黄麻四斗,于官仓秋佛
15　食领入。麦四石二斗,秋佛食领入。戊
16　寅年豆两石五斗,于大让和尚手
17　上领入。麦三石,大让龙法律手上领入。

---

① 其中 BD15246(1)与 P.2821 为同一件文书,唐耕耦先生在《敦煌寺院会计文书研究》第 281—291 页中将其缀合拼接后定名为《庚辰年(980 或 920)正月报恩寺寺主延会诸色斛斗入破历算会牒》。但唐耕耦先生使用的不是 BD15246(1)编号,而是北图新 1446(1)编号。

18　粟三石,于西仓龙法律团领入。粟五斗,
19　西仓索法师团领入。麦四石二斗,春佛
20　食领入。粟两石六斗,索法师团领入。
21　粟五斗五升,亦索法师团领入。麦一石
22　五斗,千渠保真手上厨田领入。麦三石,
23　于上头庄佛住手上领入。麦三石,千渠
24　赵承恩手上领入。豆两石,上头庄佛住手
25　上领入。麦三石,多农王师手上领入。
26　麦五斗,多农安家人手上领入。麦八斗,
27　多农索通子手上领入。麦一十二石,大让
28　庄和尚手上领入。黄麻五斗上头庄
(后缺)①

该件文书与 BD15246(1)均前后残缺,其中该件第 1 行内容在 BD15246(1)中无,而第 28 行以后残缺的内容在 BD15246(1)中又保存下来了一部分,此即:

26　上头庄佛住手上领入。黄麻肆斗,千渠张保
27　山手上领入。麦肆硕贰斗,黄麻肆斗,秋佛
28　食领入。黄麻肆斗,春佛食领入。粟伍
29　斗,多浓索通子手上领入。粟壹硕,多浓
30　王师手上领入。粟叁斗,千渠张保山手上领入。
31　己卯年,麦贰拾硕,上头庄佛住手上领入。②

唐耕耦先生据 S.5049 书写不如 BD15246(1)端正,且数字用简体,从而认为 S.5049 是 BD15246(1)的稿本③。即便 S.5049 中的数字是小写,但书写还算工整,且没有涂改,故其作用应不仅仅是作为 BD15246(1)的底

---

① 唐耕耦、陆宏基先生在《敦煌社会经济文献真迹释录》第 3 辑第 532—533 页对该件文书进行了释录,并定名为《戊寅年(978?)某寺诸色斛斗入破历算会牒残卷》,后来唐耕耦先生又在《敦煌寺院会计文书研究》第 288 页将该件文书定名为《庚辰年(980 或 920)正月报恩寺寺主延会诸色斛斗入破历算会牒稿》,并认为前者定名不妥。
② 任继愈主编,中国国家图书馆编:《国家图书馆藏敦煌遗书》第 141 册,第 180 页。
③ 参唐耕耦《敦煌寺院会计文书研究》,第 288 页。

稿,其起码可以作为一份档案资料用于寺院内部自存①。总之,就像前面所说报恩寺关于常住什物的帐目存在一式多份一样,报恩寺常住斛斗的帐目亦应是一式多份。

当然,归义军时期的寺院常住什物和常住斛斗帐目未必与吐蕃时期完全一样是一式四份,但有一点可以肯定的,那就是相关帐目一式多份。

三、归义军时期寺院的税役负担

在吐蕃统治时期,敦煌寺院要向官府承担税役。但对归义军时期敦煌寺院是否亦要承担税役的问题,由于敦煌文书,特别是在有关寺院财产收支的帐目文书如破历、交接历、算会牒和算会稿等中没有明确记载向官方纳税的支出,故学界对该问题很少展开专门讨论。雷绍锋先生认为,归义军时期敦煌寺院要对官府尽一定的"义务",这些义务的内容有纳物(包括缴纳油粮、迎来送往、纳布、纳家具)、官配、硙课、服力役和守城池②。在这些"义务"中,有的可能不属于税役,但有的应与税役负担有关。下面我们就对归义军时期敦煌寺院的税役负担问题试做详细探讨。

(一)寺院税负

1.地税

归义军政权赋税征收的主要内容是基于土地的地税,主要包括地子、税草、税柴、官布等③。而从相关记载来看,归义军政权非常注重对寺院土地的管理,如 P.2776《年代不明(10 世纪)诸色斛斗入破历算会牒残卷》第 13—14 行载:"面叁硕,官家括地时票子僧门造设用。"第 23—25 行载:"面伍斗,僧门造括地顿时悉儿女沙弥等伍日中间吃食用。"这里的"括地"就是检查丈量寺院拥有的土地数,其直接目的就是与征税有关。故拥有一定地产的敦煌寺院和世俗百姓一样亦应承担基于土地的地子、税草、税柴、纳布

---

① 敦煌文书中保存下来的与"算会牒"或"算会稿"相关的用小写数字的文书残卷有很多件,但我们不能完全肯定这些文书均是用来编写算会牒的底稿。其实,即便是从用大写数字的四柱式算会牒或相关文书来看,其帐目亦不一定非常准确。如 P.2049V《后唐同光三年(925)正月沙州净土寺直岁保护手下诸色入破历算会牒》中"新入"柱就出现了重复,而且两"新入"柱中的数字还不完全一致。又 P.2638《后唐清泰三年(936)沙州僧司教授福集等状》上面虽盖有都僧统的印章,但帐目亦不完全平衡。
② 雷绍锋:《归义军赋役制度初探》,第 265—279 页。
③ 参刘进宝《唐宋之际归义军经济史研究》,中国社会科学出版社,2007 年,第 92—188 页。

等地税。

(1) 地子

归义军时期，敦煌寺院土地的经营主要有租佃经营与自营两种，特别是租佃经营占据主导地位，这一点学界早有讨论[①]。在租佃经营中，寺院方所得的土地收入，即承租方因租种寺院土地而付给寺院的土地租价往往被称为地税、地课，亦即地子。如 P.2040V《后晋时期净土寺诸色入破历算会稿》中第 123—126 行载："麦捌硕肆斗，园南地税入。麦四硕贰斗，生地种入。麦贰拾贰硕，菜田渠税入。……粟贰拾叁硕，无穷厨田税入。"第 137—139 行载："麦八硕四斗，园南地税入。……麦贰拾硕贰斗，菜田渠地税入。"第 160 行载："粟二十三石，无穷厨田税入。"P.3234V(9)第 23—24 行载："面壹斗，牧羊人来及菜田渠地送地税人吃用。"第 32 行载："面壹斗，周赵二家纳地课来用。"又 P.2032V《后晋时代净土寺诸色入破历算会稿》第 4—5 行载："麦贰拾贰硕肆斗，菜田渠税入。麦贰拾叁硕，无穷厨田入。麦捌硕肆斗，园南地税[入]。"第 79—80 行载："麦八石四斗，园南地税入。粟拾玖石五斗，延康地税入。"

从归义军时期的土地租佃契约来看，基于土地的税役由谁承担一般在契约中均有约定，有的是由地主承担，有的是由承租方承担，甚至还有双方承担者。如 P.3155V《唐天复四年(904)神沙乡百姓僧令狐法性出租土地契》载令狐法性出租土地给价员子，其中第 7—9 行约定："其地内，除地子一色，余有所著差税，一仰地主祗当。地子逐年于官，员子逞纳。渠河口作，两家各支半。"这是说地子由承租方承担，其他差税由地主承担。又 P.3257《甲午年(934)索义成付与兄怀义佃种凭》载：

1　甲午年二月十九日索义成身着瓜州，所有父祖口分地叁拾贰亩，分

2　付与兄索怀义佃种。比至义成到沙州得来日，所著官司诸杂烽

3　子、官柴草等小大税役，并总兄怀义应料，一任施功佃种。若收得麦粟，任

[①] 参姜伯勤《唐五代敦煌寺户制度》，第 178—225 页；李德龙《试论唐后期寺院经济的特点》，载其著《敦煌文献与佛教研究》，中央民族大学出版社，2010 年，第 46—92 页。

4　自兄收,颗粒亦不论说。义成若得沙州来者,却收本地。渠河
　　口作税役,不忓
5　□兄之事。两共面[对]平章,更不许休悔。如先悔者,罚壮
　　(?)羊壹口。恐人无信,
6　故立文凭,用为后验。
（后略）①

可见,该件约定在索怀义佃种索义成土地期间,基于土地的一切税役由承租方索怀义承担。

此外,在敦煌土地的租佃契约中,亦有由地主一方承担地税的情况,如 P.3214V《唐天复七年(907)高加盈出租土地充折欠债契》第4—5行载:"……其地内所著官布、地子、柴草等仰地主祇当,不忓种地人之事。"

那么,在归义军时期敦煌寺院土地的租佃经营中,税役应由谁承担呢? 由于目前所见敦煌文书中仅有寺院出租土地的记载,而没有关于寺院出租土地的契约文书,故我们无法直接从敦煌文书中得到明确答案。但相同问题在吐鲁番出土的寺院租佃土地文书中有所反映,如吐鲁番文书 73TAM506:04/1《唐大历三年(768)僧法英佃菜园契》载:

1　马寺园一区□□□□□□□
2　大历三年十月廿四日,僧法□□□□
3　取上件园佃种,其园限叁年佃种。每年租价准麦
4　壹亩贰硕伍斗,粟叁硕。其麦粟□至时熟,仰□
5　英依数送纳;其田税仰佃人自知。园内起三月□□
6　送多少菜,至十五日已后并生菜供壹拾束,束壹□。
7　如修理墙壁不如法,送菜阙少,不在□□□□□斛
8　斗,并须依□送付。如违限,任掣夺衣资杂物,平充
9　斛斗直,并□别人。仍限叁年佃种。如修理□疏（蔬）如法,
10　斛斗不阙,徒众不得中途改悔。其韭两畦,壹畦佃
11　人收,余壹畦分为叁分,两分入寺家,一分□□。其韭至八月
12　一日更不得侵损,其冬藏蔓□□□□□□北壁壹畦入寺

---

①　唐耕耦、陆宏基编《敦煌社会经济文献真迹释录》第2辑第29页对该件文书进行了释录,此处录文时依照图版对个别文字进行了校改。

13　家。如收菜之时,有不如法,仰佃人□□□□菜充替。其有
14　官科税诸杂,一仰佃人知当,不忓(干)寺□事。仍下葱子壹斗,
15　其子寺家出陆胜,佃人出肆胜,人功仰佃人。□□葱内所种芥,
16　寺家取壹伯束。契有两本,各执一本。其园内所种瓜,每日与寺
17　壹拾颗。两家平和,画指为记。地主
18　　　　地主马寺尼净信年册
19　　　　地主尼上坐法慈年卅四①

这件文书是僧人法英租佃马寺园田的契券,其中第5行的"田税"和第14行的"官科税诸杂"是指基于寺院土地的税役。在同一件契约内两次出现税负的记载,并且名目不同,前者称为田税,后者称为官科税诸杂,即指官府依据寺院土地向寺院征收的杂税与役负,说明这是两种不同的税负。既然后者明确是为杂税,那么前者应为正税,即土地税,这是中唐时期寺院要承担基于土地税负的明确记载。该契约中约定,基于土地的"田税"等一切税役负担均由承租方承担。又73TAM506:04/11《唐大历三年(768)邓光□佃田契》载:

1　□□□□□□□□堂　南壕　北道
2　□□□□□□□□□为无□□
3　□□□□□□□□四年营种,春□还
4　□□□□□□□□壹斗,其麦粟立契□付
5　□□□□□□□□不还,即□□□□掣
6　□□□□□□□□麦粟直,春秋税子并仰
7　□□□□□□□事,租(诸)渠[百]役,寺家不知。
8　□□□□□□□□先悔者,罚钱贰佰文
9　□□□□□□□□章,画指为□
10　□□□□□□□□□□寺

---

①　国家文物局古文献研究室、新疆维吾尔自治区博物馆、武汉大学历史系编:《吐鲁番出土文书》(录文本)第10册,第292—293页。

第六章 吐蕃和归义军政权对敦煌佛教经济的管制　297

11　　　　　　　□地人邓光□年□□□
12　　　　　　　保人妻张年廿五

该件文书内容残缺较多,土地租佃双方不明,但町田隆吉和陈国灿先生已经考证出此件为邓光实租佃马寺土地的契约文书,不过二人分别认为文书的时间为大历四年(769)、大历三年①,双方在考证该件文书的租佃双方时所依据的是同墓出土的另一件文书73TAM506:04/4《唐邓光实转租田亩契》,其内容如下:

1　□□□□□□□□亩　东道　西佛堂　南壕　北道
2　□□□□□□□日,客邓光实先于马
3　□□□□□□□种不办,今转租与
4　□□□□□□□依元契□□壹
5　□□□□□□□田税并佃人知。
6　□□□□□□□渠百役寺家知。
7　□□□□□□□□仰依时
8　□□□□□□□身家具将
9　□□□□□□□或□文□依
10　□□□□□□□经如佃种
11　□□□□□□□与营种。恐人
12　□□□□□□□指为验。②

通过对两件文书的比较可知,文书中的土地所有者就是马寺,且出租的土地是同一块土地,因为两件文书中第1行所载土地的"四至"是一样的。第一件文书所载马寺土地的租佃者就是邓光实,但由于邓光实"营种不办",故寺院又将此地转租与他人。从第二件文书第4—6行所载"依元契……田税并佃人知……渠百役寺家知"可知,第一件文书中第6—7行内容应为"春秋税子并仰佃人知,租(诸)渠[百]役,寺家不知",两件文书均约

---

① 町田隆吉:《唐西州马寺小考——八世纪后半の尼寺の寺院经济をめぐって》,《驹泽史学》第45号,1994年,第184—185页。陈国灿:《吐鲁番出土唐代文献编年》,新文丰出版公司,2002年,第332页。
② 国家文物局古文献研究室、新疆维吾尔自治区博物馆、武汉大学历史系编:《吐鲁番出土文书》(录文本)第10册,第309—310页。

定田税由佃人承担。但是诸渠百役前件约定由佃人负责,后件约定由寺家负责,不排除后者有误的可能。此外,73TAM506:04/15(a)《唐大历五年(770)赵拂昏租田契》记载了赵拂昏在租种马寺土地时,双方约定:"其官税子仰赵拂昏输纳……准往例,渠破水滴仰佃人。"①

以上几件公元8世纪后半期西州寺院土地租佃契约均规定,基于寺院土地的税负一般由承租者承担。此外,73TAM506:04/5(a)《唐天宝十三载(754)孙玄参租马寺菜园契》约定"其园税子,两家共知"、"诸渠杂役,仰佃人"②。虽然该件约定马寺菜园的税子由双方承担,但是该件文书相较于前引几件时间略早,且在吐鲁番所出西州寺院土地租佃契约中仅此一件约定地税由租佃双方承担。对此问题,杨际平先生亦认为:虽然唐前期西州土地租佃契中一般均明确规定"租输百役,仰田主了",但此只不过是一种套话,有名无实,而佃人交纳地税信而有征③。故我们认为,在当时西州寺院土地的租佃经营中,基于寺院土地的税负一般由承租方承担是一种普遍现象。

接下来必须要讨论这样一个问题,即公元8世纪后半期西州寺院土地租佃经营中一般由承租方承担基于土地税负的情况能否说明在归义军时期敦煌寺院的土地租佃经营中亦是如此呢?我们认为是可以的,因为双方土地租佃经营的背景是相似的,这个背景就是寺院依附人户的放良或地位的大大提高。西州在公元762年及其前后进行了放良寺院依附人户的活动,寺院劳动力锐减④。如73TAM506:04/8《唐大历四年(769)马寺尼诉令狐虔感积欠地子辞稿》就说寺院"常住无人",故寺院土地主要采取租佃经营。即便如此,有的寺院还是出现了大量土地荒芜的景象⑤。而在敦煌地区,由于吐蕃在786年统治了敦煌,故濒临崩溃的寺户制度却在敦煌地

---

① 该件文书的录文参《吐鲁番出土文书》(录文本)第10册第305页,文书的时间参陈国灿《吐鲁番出土唐代文献编年》第335页。

② 该件文书的录文参《吐鲁番出土文书》(录文本)第10册第301—302页,文书的时间参陈国灿《吐鲁番出土唐代文献编年》第308页。

③ 杨际平:《唐代西州青苗簿与租佃制下的地税》,《新疆社会科学》1989年第1期,第79—86页。

④ 关于唐代西州寺院依附人口的放良,请参姜伯勤《唐西州寺院家人奴婢的放良》,载何兹全主编《五十年来汉唐佛教寺院经济研究》,第202—219页。

⑤ 如73TAM506:04/13《唐大历六年(771)某寺田园出租及租粮破用帐》记载该寺共管常部田总陆拾亩陆拾步,当年出租壹拾捌亩陆拾步,而卅二亩常部田空荒不种。

区暂时得到延续。且在吐蕃统治时期,敦煌寺院土地的经营主要有寺院自营和寺户分种两种形式,自营主要是由寺户、寺奴婢及下层僧众营作,分种则是在寺院提供耕牛种子并在寺院监督下完全由寺户耕作[①]。寺院自营土地的收获归寺院所有,即便是寺户分种地,由于寺户地位的低下及耕作的不自主性,其收获物的绝大多数依然归寺院所有,故此时基于寺院土地的税负应由寺院承担。但在吐蕃后的归义军时期,特别是归义军早期亦对一些寺户进行了放良,尽管后来寺院依附人户又以"常住百姓"的名义存在了下来,但此时的常住百姓地位逐渐提高,对寺院的依附性大大减弱,从而出现了寺院劳动力缺乏的现象,并进而影响到寺院土地经营形式的变化,即由吐蕃时期的自营和寺户分种转为主要依靠租佃经营,租佃对象主要是常住百姓和僧人,亦有世俗百姓。此时的常住百姓不再是完全受寺院役使的劳动力,他们租种寺院土地是为了获得更多的经济收入[②]。至于其他租种寺院土地的僧人或世俗百姓更是如此。在这种背景之下,寺院所得的仅仅是土地的租价,而常住百姓、僧人等租种寺院土地者获得土地租价以外的收入。同时,与西州一样,基于寺院土地的税收(包括地子)亦应由承租方承担,这样可以为本来就缺乏劳动力的寺院省却不必要的麻烦。

当然,除了租佃经营外,归义军时期有的寺院在有的时候可能还有少量自营地。若是自营地,寺院应该承担税负而向官方交纳地子,可惜相关文书残破,故这方面的明确记载亦付之阙如。或许 P.3223《永安寺法律愿庆与老宿绍建相诤根由责勘状》中第 16 行"因兹仓库减没,顿见圖转不丰。官中税麦之时,过在仓司身上"等记载就是对寺院自营地承担地子的间接说明吧。

(2)税草和税柴

税草作为国家的一项财政收入,在开元年间被列入国家的统一计划中[③]。而吐鲁番文书中就有西州寺院向官府纳税草的记载,如《唐西州高昌县出草帐》共 19 行,其中记载了高昌县寺院纳草之事,现随机摘录几行如下:

---

① 姜伯勤:《唐五代敦煌寺户制度》,第 71—74 页。
② 关于归义军时期对寺户的放良、常住百姓的出现及地位的变化、寺院土地的经营等问题,请参姜伯勤《唐五代敦煌寺户制度》中第三、四章的相关论述。
③ 李锦绣:《试论唐代的税草制度》,《文史》34 辑,中华书局,1992 年,第 103—118 页。

4　龙兴观柒束　　大宝寺三束半　　崇宝寺拾肆束
5　龙兴寺贰拾肆束半　　遵戒寺贰拾壹束　☐☐☐☐柒束
6　证圣寺贰拾壹束　　开觉寺叁拾伍束　　索善瑞叁束①

从中可以看到,崇圣寺等西州寺院和编户一样要为国家交纳税草。

归义军时期,税草亦是基于土地的一项主要税收,该项税收寺院理应难免。P.2856《唐景福二年癸丑岁(893)十月十一日沙州某寺纳草历》载:

1　景福二年癸丑岁十月十一日,副僧统、都僧政、僧
2　政、僧录、法律、判官等,就草院内,输纳粗草,
3　一一抄录如后:
4　东团:阎力力、吴丑奴下纳草贰佰束。
5　中团:云曹满奴下纳草伍拾束。
6　开石兴兴下叁拾束。
7　乘董紧紧下纳草肆拾肆束。
8　莲石欻律钵下纳草柒拾束。
9　恩李鹋子下纳草叁拾束。
10　西团:索钵单下纳伍拾束。
11　永张天养下纳得伍拾束。
12　图石兴元下纳得草伍拾束。
13　金安保保下纳得草伍拾束。
14　普史兴子下纳得草陆拾肆束。②

对于该件文书,学界的理解有所不同。谢和耐先生认为这是寺户向寺院交纳的草料税,但同时又认为"所有寺院在同时向寺户征收草料税并不是完全出于自己的需要。相反,这些草束很可能是代表着由世俗政权所要求的一种税,其目的是为了供应河西县的军队"③。堀敏一先生在讨论本件文书中人名后的"下"字时云:"人名后复又有'下'字,表明此人为数位纳

---

① 国家文物局古文献研究室、新疆维吾尔自治区博物馆、武汉大学历史系编:《吐鲁番出土文书》(录文本)第9册,第23—25页。
② 唐耕耦、陆宏基编:《敦煌社会经济文献真迹释录》第3辑,第114页。
③ [法]谢和耐著,耿昇译:《中国五—十世纪的寺院经济》,第138—139页。

草者之代表。在向政府纳草时,大概与纳柴同例,也应有负责人或代表者。"①刘进宝先生尽管没有说明该件文书记载的是寺院内部还是寺院向官方纳草,但他是用该件文书来说明归义军政权的税收制度的,故实际上是认同后者②。此外,姜伯勤先生起初在《论敦煌寺院的"常住百姓"》一文中认为"本件系寺院内部的草课文书",是常住百姓向寺院纳草的记载③,但后来在《唐五代敦煌寺户制度》一书中仅说"本件系常住百姓的草课文书"④,而没有具体说明常住百姓的纳草对象是寺院还是官方,说明姜伯勤先生对该件文书的认识有所变化。总体来看,学界一般认为该件文书是常住百姓向归义军政权交纳税草的记载,故其亦是寺院及其属民承担税草的实例。

同时,归义军政权还要向寺院税柴,如国家图书馆藏敦煌文书BD05802载:"乙巳年八月一日春柴五束,常住百姓造食人盈德手上于南宅内送纳。"⑤这里的纳柴应该就是常住百姓在租种寺院土地时承担的税负,并且从"南宅"来看,显然不是向寺院而是向官方交纳⑥。

(3)纳布

在归义军时期的赋税征收中,官布是地税的重要组成部分。既然归义军时期的敦煌寺院要向官府承担地子、税草等税负,那么官布亦应该交纳。但敦煌文书中不见归义军时期寺院向官府交纳"官布"的明确记载,仅有一条关于纳布的记载,此即 S.1519(1)《辛亥年(891 或 951)某寺诸色斛斗破历》中第 20—21 行载:"十六日,豆两硕,买吴怀定布,纳官用。"这是目前所见敦煌寺院向归义军官府纳布的唯一一条明确记载,但不明所纳之布是否为官布。此外,本章第一节已有讨论,吐蕃时期的敦煌寺院或寺属民户要

---

① [日]堀敏一著,张宇译:《中唐以后敦煌地区的税制》,《敦煌研究》2000 年第 3 期,第 151 页。
② 刘进宝:《唐宋之际归义军经济史研究》,第 141—142 页。
③ 姜伯勤:《论敦煌寺院的"常住百姓"》,《敦煌研究》试刊第 1 期,1980 年,第 43—55 页。后收入何兹全主编《五十年来汉唐佛教寺院经济研究》,第 182—201 页。
④ 姜伯勤:《唐五代敦煌寺户制度》,第 156 页。
⑤ 任继愈主编,中国国家图书馆编:《国家图书馆藏敦煌遗书》第 78 册,国家图书馆出版社,2008 年,第 20 页。
⑥ 关于敦煌文书中经常出现的"西宅"、"北宅"、"南宅"等宅名,李鑫在硕士学位论文《唐五代宋初的敦煌城市》(南京师范大学,2008 年)中认为"西宅"是归义军节度使的内宅,"北宅"居住着归义军节度使的夫人,而"南宅"则有可能是节度使的子弟或子侄辈的住处。

向官府承担纳布等税负，归义军时期寺院向官府纳布应是承袭了吐蕃时期的旧制。

从以上分析我们看到，归义军时期的敦煌寺院要交纳基于寺院土地的地子、税草、税柴、纳布等税负，而寺院向官府交纳这些税负的记载在敦煌文书中少见的原因与当时寺院土地的主要经营形式——租佃经营有关，同时亦与敦煌文书的残破等因素有关。

2. 硙课

除了承担基于土地的税负之外，归义军时期敦煌寺院经营的碾硙可能与唐宋时期的中原寺院一样亦要纳税。雷绍锋、谢和耐先生认为敦煌寺院文书中的"硙课"一词可能就是寺院向官方交纳的税负①。关于敦煌文书中"硙课"一词的含义，正确的理解应是姜伯勤和唐耕耦先生所说的工价、租税和加工费三层含义②。雷绍锋先生观点的依据是 P.2049V《后唐长兴二年(931)正月沙州净土寺直岁愿达手下诸色入破历算会牒》中记载净土寺在春秋季都有"硙课用"的支出。其实，在敦煌寺院会计文书中往往有支出麦或粟多少石用来"春硙面"或"秋硙面"的记载，说明当时寺院往往是在春秋二季进行硙面的，而在硙面时要支付给加工方一定的加工费——硙课。同时，当时净土寺有无碾硙尚有争议，如姜伯勤先生认为有，但唐耕耦先生认为没有③。从 P.2049V 所载净土寺的收入帐中无碾硙收入来看，净土寺应无碾硙。故前述净土寺文书中的"硙课用"并不是指向官方交纳税负。

虽然敦煌文书中的"硙课"一词不是指寺院向官府交纳的碾硙税，但我们并不能据此就肯定归义军时期寺院的碾硙不承担税负。如Дx.03168载：

（前残）

1　□麦两石□□□□□□□□□□

2　下硙麦一石，粟四斗，其□□□□□

3　于氾愿长领入算了。除矜免外

---

① 雷绍锋:《归义军赋役制度初探》，第 274—278 页；[法]谢和耐著，耿昇译:《中国五—十世纪的寺院经济》，第 180 页。

② 详参本书第二章第二节。

③ 参姜伯勤《唐五代敦煌寺户制度》，第 231—239 页；唐耕耦《敦煌寺院会计文书研究》，第 464—467 页。

第六章　吐蕃和归义军政权对敦煌佛教经济的管制　　303

  4　合受入麦五十三石、粟二十一石
  5　二斗,其年纳瓮(?)主持教于氾愿长领
  6　入算了。戊寅年管硙二十七轮,
  7　内矜开元寺下硙麦一石、粟四斗,
  8　除矜免外,合管入麦五十三石,粟
(后残)①

  该件文书正背两面有习字,其中就有"税"、"徒劳"、"徒众"、"支"等等。第2行"其"字至第3行"算了"二字与第5—6行一样,应为"其年纳瓮(?)主持教于氾愿长领入算了"。第6行后所载戊寅年二十七轮硙共收入麦53石,而粟的数字残缺,但应和第4—5行所载上一年的粟入数相同,即粟收入为21.2石,麦粟收入共为74.2石,平均一轮硙收入麦粟约为2.74石,若将矜免掉的开元寺麦粟1.4石计算在内,平均一轮硙收入为2.8石。据姜伯勤先生推算,一轮水硙一年给寺院带来的硙课收入数约为98石②。又唐耕耦先生研究指出,吐蕃时期硙户在向粮主征收硙课时,粟的硙课费为20%,罗麦的硙课费为25%,干麦的硙课费为10%,课率很高③。归义军时期与吐蕃时期的课率应不会有太大差距。故无论Дx.03168中所载的是硙户向寺院交纳的硙课,还是粮主向硙户支付的加工费,数目均太少。而且一所寺院亦不可能有二十七轮碾硙。故Дx.03168的内容只有一种可能,即二十七轮碾硙是敦煌所有寺院拥有碾硙的总数,其中的麦粟数是寺院向官方交纳的碾硙税。

  此外,由于水硙需要水动力,故寺院还要承担寺硙所在河渠之役负,如S.4373《癸酉年(913或973)六月一日硙户董流达园硙所用抄录》第11—12行载:"八月三日,柽壹车,又枝壹车、掘三十笙、木大少(小)十二条,官家处分于阎家硙后修大渣(闸)用。"既然寺院要承担基于碾硙的役负,那么寺院理应承担相应的碾硙税。

  既然归义军时期的敦煌寺院要承担碾硙税,那么为何在敦煌文书中没有寺院交纳碾硙税的明确记载呢?我们认为,其原因除了与敦煌文书的残

---

  ①　俄罗斯科学院东方研究所圣彼得堡分所等编:《俄藏敦煌文献》第10册,上海古籍出版社,1998年,第200页。
  ②　姜伯勤:《唐五代敦煌寺户制度》,第243页。
  ③　唐耕耦:《敦煌寺院会计文书研究》,第485页。

破缺载有关外,还与寺院碾硙的经营方式有关。归义军时期,敦煌寺院的碾硙有寺院自营和出租经营两种形式①,其中在出租经营中,碾硙税可能由承租寺硙者如硙户等负责交纳。

(二)寺院役负

归义军时期,敦煌寺院在承担税负的同时,还要承担一定的役负。因为基于寺院土地的役负与税负是并存的,既然寺院要承担基于土地的税负,那么承担基于土地的役负亦不可避免。反之,寺院承担基于土地的役负又可进一步证明寺院承担基于土地的税负问题。从敦煌文书的记载来看,敦煌寺院的役负主要包括基于土地的渠河口作和其他杂役负。

1. 渠河口作

渠河口作是指在土地所系的河渠上进行的劳作。与土地税一样,渠河口作可以由地主和承租方在租佃契约中约定,由双方或某一方承担。敦煌寺院承担渠河口作的记载在敦煌文书中比较常见,如 P.2049V《后唐同光三年(925)正月沙州净土寺直岁保护手下诸色入破历算会牒》第 252—255 行载:"麦壹斗,与无穷渠人修口用……麦壹斗,后件无穷[渠]人来修河用。"又 P.2040V《后晋时期净土寺诸色入破历算会稿》第 230—231 行载:"粟二斗,菜田渠修渣(闸)木价用。"第 236 行载:"粟四斗,无穷修查(闸)与渠人用。"无穷渠、菜田渠是寺院土地较集中的水渠,作为水利灌溉系统,主干河、水渠、河口、水闸及其他设施等均是系统地组织在一起,故修河、修河口、修闸等均属渠河口作的内容。郝春文先生认为这些文书中的"渠人"是指承担渠河口作的百姓,而寺院不直接承担渠河口作,寺院一般是雇人或寺属佃农替寺院承担渠河口作,寺院提供给他们一定数量的粮食作为补贴②。不管渠河口作具体由谁去完成,此役负的来由是基于寺院的土地等。实际上,敦煌文书中还有寺院徒众亲自承担渠河口作的记载,如 P.2838(1)《唐中和四年(884)正月上座比丘尼体圆等诸色入破历算会牒残卷》第 24—25 行载:"麦壹硕,油叁胜,粟壹硕,合寺徒众修河斋时用。" P.3165V《年代不明(10 世纪)某寺入破历算会牒残卷》载:"两石四斗,阴婆庄修堤用。"又 Дx.1378《当团转帖》是某僧正下给某僧团老宿、张法律等人

---

① 姜伯勤:《唐五代敦煌寺户制度》,第 226—245 页。
② 郝春文:《敦煌的渠人与渠社》,《北京师范学院学报》1990 年第 1 期,第 90—97 页。

的帖文,其第 4—5 行云:"右件徒众修堤,人各枝两束,二人落举一副,锹钁一事。帖至,限今日限夜,于堤上取齐。"这些寺院僧徒亲自参加修河、修堤等渠河口作之役的原因应是在寺院土地的租佃契约中约定由寺院方或寺院和承租方双方共同承担渠河口作的役负,亦有可能是这些河渠所系的寺院土地由寺院自营。

2.杂役

除了基于寺院土地的役负外,寺院还要承担其他的杂役负,而这些役负一般亦是由寺院属民,甚至僧人来承担。以往论者在论及归义军时期敦煌寺院或寺院属民承担官役时所依据的材料主要是 S.5947《年代不明(10世纪)宋家宅南宅官健十寺厮儿百姓用面历》,其载:

(前缺)

1　宋家宅官健廿七人,计三日每人壹斗,得面两石七斗。南宅官健,计三日每人壹斗,

2　廿四人,得面两石四斗。十寺厮儿十六人,得面一石六斗,每人墼四十,

3　宋宅官健三十人,五日中间计用面四石五斗。南宅官健二十四人,计用面

4　三石六斗。土十寺百姓一十七人,五日中间计用面两硕五斗五升。

(后缺)

此件文书属归义军时期,十寺应即敦煌的十所僧寺,十寺百姓即十寺常住百姓,十寺厮儿即寺奴之属①。这是敦煌十所僧寺应官府征召而造土墼,即从事力役的明确记载。

此外,俄藏敦煌文书 Дx.04776 的内容亦与寺院役负有关。Дx.04776 为四件碎片,从字体看本应为同件文书无疑。但是由于残缺,四件碎片无法直接缀合,此处我们将其内容按顺序移录如下:

(前残)

1　＿＿＿＿张期　仓曹故判官手力惠庞润＿＿＿＿

---

① 参姜伯勤《唐五代敦煌寺户制度》,第 162 页。

```
2 □□□□□□□使手力鄩庭□□□
3 □□□官缪琮手力□□□
4 □□庭超□刘进封户主杨元□□
5 □□蔡斯□□□
6 □□张广庭金光明寺王崇俊莲
7 □□金光明□□□
8 □□远□□王得□□□超□□
（后残）①
```

虽然该件文书残损太甚，但所载的应是手力之役无疑。从第1行的仓曹故判官手力、第2行的某使手力、第3行的某官手力来看，这些手力虽属侍役官员的私人仆役②，但应属官配的官役。类似的例子在敦煌文书中还有，如 P.3774《丑年（821）十二月沙州僧龙藏牒——为遗产分割纠纷》第27—28行载："齐周身充将头，当户突税差科并无。官得手力一人，家中种田驱使。"可见，在吐蕃时期，身为将头的齐周就由官方配给手力一人。寺院属民充手力之役者在吐蕃时期亦已存在，如 S.542V《役簿》所载龙兴寺寺户曹奉进充蕃教授手力，龙兴寺寺户张像法充蕃卿手力，灵图寺寺户朱奴子充翟教授手力，其中蕃卿为吐蕃俗官③。Дх.04776 保存下来的充手力之役者有金光明寺的王崇俊，其身份应为常住百姓，另外还有莲台寺的某常住百姓充手力。当然，该件文书所载充手力的寺院常住百姓应不局限于金光明寺和莲台寺，还有其他寺院的常住百姓一定承担了手力之役，只是文书中没有保存下来而已。

随着寺院常住百姓地位的上升或人数的减少，有时寺院力役可能由僧人亲自承担，如本书第五章第一节所引的 Ch.00207《乾德四年（966）归义军节度使曹元忠夫妇修莫高窟北大像功德记》记载在这次助修北大像的力役中，工匠饭食由官家供给，而僧人饭食官家只供给三日，三日后由寺院自己负责。

总之，虽然归义军时期的敦煌是一个较为特殊的地区，但与唐宋时期

---

① 俄罗斯科学院东方研究所圣彼得堡分所等编：《俄藏敦煌文献》第11册，上海古籍出版社，1999年，第318页。
② 关于"手力"的含义，参姜伯勤《唐五代敦煌寺户制度》，第95页。
③ 姜伯勤：《唐五代敦煌寺户制度》，第94—95页。

佛教寺院渐失享免赋役特权的大背景相一致,归义军时期的敦煌寺院亦要向官府承担一定的税役。而向寺院征税课役是归义军政权对敦煌佛教经济进行管制的重要内容之一。

第三节 吐蕃和归义军政权对寺院属民的管理

吐蕃统治时期,敦煌的寺户制度较为兴盛,学界亦对其进行了大量研究,其中集大成者当属姜伯勤先生[1]。对于敦煌寺户制度的形成,姜伯勤先生认为是源于北魏沙门统昙曜所创的僧祇户制度,该制度是从印度传来的佛教内律中的"净人"制度与中国晋唐间田客荫户部曲制度相结合的产物,敦煌寺户制度是历时百年已趋没落的中土佛寺使人、净人制度在蕃占时期的复兴[2]。陆离先生认为敦煌寺户制度是吐蕃占领河陇之后推行的三户养僧制度与寺院属民制度与河陇寺院中本来就有的中土使人、净人制度相结合的产物[3]。对于寺户人数,有学者估计,至吐蕃末归义军初,敦煌寺户及家口总人数已至二千人[4],谢重光先生推测吐蕃统治中后期敦煌寺院的依附人口约可接近千人[5],姜伯勤先生亦估计保守数字近千人[6]。至吐蕃之后的归义军时期,寺户被称为常住百姓,此时常住百姓的人数估计亦不少,因为 P.3859《丙申年十月十一日报恩寺常住百姓老小孙息名目》是一件专门登载报恩寺常住百姓及其家眷的文书,文书后面残缺,所存有报恩寺的常住百姓 8 户,男女老少共约 55 人,按归义军时期的寺院曾达到十

---

[1] 主要研究成果有[日]那波利贞:《梁户考》,《支那佛教史学》第 2 卷,1、2、4 期,1938 年;[日]藤枝晃:《沙州归义军节度使始末》,《东方学报》(京都)第 12 册,3、4 分册,第 13 册,1、2 分册,1941—1943 年;[法]谢和耐著,耿昇译:《中国五—十世纪的寺院经济》,甘肃人民出版社,1987 年;[日]竺沙雅章:《敦煌の寺户について》,《史林》第 44 卷第 5 期,1961 年;姜伯勤:《唐五代敦煌寺户制度》,中华书局,1987 年;陆离:《唐五代敦煌寺户制度源流辨析》,载季羡林等主编《敦煌吐鲁番研究》第 6 卷,北京大学出版社,2002 年。
[2] 姜伯勤:《唐五代敦煌寺户制度》,第 1—24 页。
[3] 陆离:《唐五代敦煌寺户制度源流辨析》,第 283—295 页。
[4] [日]布目潮渢、栗原益男:《中国历史》(4),讲谈社,1974 年,第 200—201 页。
[5] 谢重光:《关于唐后期五代间沙州寺院经济的几个问题》,参韩国磐主编《敦煌吐鲁番出土经济文书研究》,第 449 页。
[6] 姜伯勤:《唐五代敦煌寺户制度》,第 44 页。

六七所来计算,归义军时期常住百姓的人数至少亦在千人左右①。同时,与寺户或常住百姓共同构成寺院属民的还有比其身份地位更低的寺院奴婢等,故吐蕃归义军时期敦煌寺院属民的规模是较为庞大的。而吐蕃和归义军政权又非常注重对敦煌佛教僧团的管制,其中对寺院属民的管理甚为重要,故其采取了相应措施加强对寺院属民进行管理,本节就对该问题试作探讨。

一、对寺院属民的户册管理

杨际平先生认为吐蕃时期寺户既依附于寺院,又处于政府的直接控制之下,寺户在寺户编制与管理方面不属于僧尼部落,而分属于其他部落②。姜伯勤先生依据 S.2729《吐蕃辰年(788)三月沙州僧尼部落米净辩牒(算使勘牌子历)》上不见寺户和伦敦印度事务部图书馆藏 Fr12《原籍表》中"曷骨萨部落"的应役僧人均不用法号而用俗名者达 10 人之多,从而认为此时未必再有"僧尼部落"的编制,僧尼户籍已编入各部落户籍之中。同时依据《原籍表》中的应役人中还有普光寺寺户郝朝春、吉四郎、杨贵子、曹泽泽及灵图寺寺户王琨泽等 5 人,且这些寺户均不属于"曷骨萨部落"的名籍,从而认为寺户不属于"部落—将"的官府户籍编制,即寺户亦不属于官府户籍③。后来金滢坤先生在讨论吐蕃的户籍制度时完全重申了姜伯勤的观点④。可见,学界对于敦煌寺户的户籍编制有不同的看法。我们认为,以上两种观点各有其合理性,因为在吐蕃时期,寺户虽不属官府的户籍编制,

---

① 谢重光先生在《关于唐后期五代间沙州寺院经济的几个问题》一文中认为,由于张议潮放免了一批家人、奴婢和寺户,故导致了归义军初期的常住百姓可能要比吐蕃中后期的寺户少。但又据 P.3859 认为,张氏归义军时期常住百姓的总数还是不少的,而至曹氏归义军时期,敦煌寺院的常住百姓数可能继续减少。参韩国磐主编《敦煌吐鲁番出土经济文书研究》,第 451—452 页。学界对 P.3859 中丙申年具体年代的观点有别,谢和耐先生疑为 876 或 936 年,竺沙雅章先生疑为 876 年,池田温先生疑为 936 年,姜伯勤先生估计为 996 年,金滢坤先生依据该件中张有昌、石保全、阎存子等又见于其他相关文书中而将丙申年定为 996 年,详参金滢坤《敦煌社会经济文书定年拾遗》,第 9—14 页。假若 996 年的考定不谬,则说明至曹氏归义军末期,敦煌寺院常住百姓的数目依然可观。

② 杨际平:《吐蕃时期沙州社会经济研究》,参韩国磐主编《敦煌吐鲁番出土经济文书研究》,第 380 页。

③ 姜伯勤:《唐五代敦煌寺户制度》,第 44—47 页。

④ 金滢坤:《吐蕃统治敦煌的户籍制度初探》,《中国经济史研究》2003 年第 1 期,第 122—124 页。

但是吐蕃政权却非常注重对寺院属民的管理,故对寺院属民建立了专门的户册,下面我们对此进行详细讨论说明。

在吐蕃本土,吐蕃多位赞普不但颁布了一系列关于对寺院及其属民免除税役的规定,而且还规定官府无权干涉寺院事务和寺院财产如土地、牲畜、属民等。如赤松德赞颁布了一系列维护寺院利益的诏令:每座寺院划拨给一百户属民;规定给各级僧侣提供长期的固定供养物品;明令官府无权干涉寺院内政,寺院独立自主[①]。《贤者喜宴》载:"益希旺波启奏赞普道:'为使三宝之所依永存而不毁,如果制定这样的法律:即诸王民如不向三宝及僧人供奉食品,致使助缘断绝,对此当绳之以法。'于是赞普想到:'将给予每名僧人以户属民做为顺缘。'益希旺波随即针对此想法奏禀道:'……应决定给每处三宝(道场)以二百户属民,给每个补特伽罗僧人以三户属民。如果在授予僧侣以权力之后,而又使上级机构不再统治寺院所属之属民及土地,那么(佛教之三宝道场)则会永固而美好。'益希旺波陈述上述理由之后,赞普随即按照益希旺波所奏予以赐授。"[②]又立于公元812年的《谐拉康碑乙》记载:"凡献与寺庙之奴户、地土、牲畜,其他臣民上下人等概无权干涉。"[③]等等。这些规定在强调保护寺院财产的同时,还强调世俗政权不再管理寺院属民。这说明,在吐蕃本土,寺院属民是不会编入吐蕃官府户籍的。

但是,吐蕃占领敦煌地区后,在大力扶持佛教发展的同时,亦注重对佛教的管制,其中对寺院属民的管理即是其表现之一。吐蕃对寺院属民的管理方式主要是对其建立了专门的户册,P.T.997《瓜州榆林寺之寺户、奴仆、牲畜、公产物品之清册》中明确将寺户、奴仆并列登载,其中有载:

  瓜州地面寺庙顺缘诸寺户,往昔由住持沙门文殊师利登记入册。此后,多年间,长官更迭频繁,寺属民户与财物、粮食等清册上,未再更改,兹乃下令更改,重立清册。今后,每七年重新登记一次。超越此规定,给予惩处,照此执行。

  ……

[①] 黄颢:《〈贤者喜宴〉摘译(十一)》,《西藏民族学院学报》1983年第2期,第32页。
[②] 黄颢:《〈贤者喜宴〉摘译(十)》,《西藏民族学院学报》1983年第1期,第60—61页。
[③] 王尧编著:《吐蕃金石录》,文物出版社,1982年,第127页。

属榆林寺之民户共计：唐入三十家，独居男子三十一人、老汉一人，独居女子二十六人，老妪五人，单身男奴二人，单身女奴一人。

财物牲畜：牦牛十"椗"（每"椗"栓牛十头左右），三岁母黄牛四头，牛犊四头，阉羊及公、母羊三百三十九只，两岁公、母羊羔八十八只，绵羊羔九十二只，公、母山羊二十四只，三岁山羊一只，山羊羔七只。

成对的铜、铁锅，垫子……铜瓢一对，方铜钢两口，平锅一口……①

引文说明当时与敦煌毗邻的瓜州地区寺院的寺属民户即寺户和奴婢要专门登记入册，而"册"即指寺院户册，这在其他敦煌文书中亦有明确记载，如本章第一节所引P.T.1079《比丘邦静根诉状》中就多次提到官册、寺庙户册和寺庙产业户册，从P.T.1079内容来看，寺院户册就是专门登载寺院属民的名籍。且从其载"官册所言属实，鲁鲁已死"和"在寺庙之庙产户册上写明确是鲁鲁已死"来看，官册和寺院户册其实是一样的，它们可能是由僧俗两界对寺院属民进行统计登载造册后，由官方和寺院各自保存的一份寺院户册，官方保存的称为官册，寺院保存的称为寺院户册。由于该件文书是关于寺院奴婢的纠纷，故没有提到寺户，但从文书所说"沙州以下，肃州以上，集中僧统所属农户"来看，"农户"应包括寺属奴婢和寺户，这亦与前引文书P.T.997中寺属民户指奴婢和寺户是一致的，故寺院户册中无疑登载有寺户②。

此外，P.T.1079《比丘邦静根诉状》中还有"往昔，三个唐人部落和供养寺庙顺缘未分之时"云云的记载，这里我们对"唐人三部落"的身份及其名籍的变化有必要再进行分析。唐人三部落是指吐蕃占领敦煌后以唐人为

---

① 王尧、陈践编著：《敦煌吐蕃文书论文集》，第4—6页。
② 从文书内容还了解到，僧尼私属奴婢是不入寺际户册的，私属奴婢应该和主人同属官府户籍，从而形成僧俗同籍的现象，这在敦煌文书中有明确记载。如S.3287《吐蕃子年（808）沙州百姓氾履倩等户籍手实残卷》就是一件僧俗同籍文书，其中亦有奴婢，但该卷中没有明确说明出家人的奴婢。而日本京都有邻馆藏敦煌文书五十一号《大中四年（850）十月沙州令狐进达申请户口牒》亦是僧俗同籍，其中奴婢并不是集中列在一起，而是分别列在某人之后，如奴进子被列在妹银银之后，婢宜宜被列在妹尼照惠之后。郝春文先生认为："这样书写的意图应是表示户内的主奴或主婢关系。即奴进子属于妹银银，婢宜宜属于妹尼照惠，依据这个推断，会发现第五行弟僧恒璨有属于自己的婢要娘，第六行弟僧福集有属于自己的婢来娘。"参其著《唐后期五代宋初敦煌僧尼的社会生活》，第108—110页。

部落民而设置的阿骨萨、悉董萨和悉宁宗部落,三部落大约最终形成于824年①。从文书所云"往昔,三个唐人部落和供养寺庙顺缘未分之时"来判断,唐人三部落曾经是寺院属民,此处寺院顺缘指的就是寺属民户,唐人三部落可能在此之前的身份就是寺户,故唐人三部落对寺院承担相应的供养义务,如P.T.1111《寺庙粮食帐目清单》载:"马年秋,沙州唐人三部落(东岱)有唐人六百八十四户,每户向寺庙交供养粮二克计,共计青稞一千三百六十八克;与余粮合计共有麦子、青稞四千四百九十克九升,粟米三千五百三十七克七升于库。"②唐人三部落很类似于北魏时期的僧祇户,《魏书·释老志》载:"平齐户及诸民,有能岁输谷六十斛入僧曹者,即为僧祇户、粟为僧祇粟,至于俭岁,赈济饥民。又请民犯重罪及官奴以为佛图户,以供诸寺洒扫,岁兼营田输粟。高宗并许之。于是僧祇户、粟及寺户,遍于州镇矣。"③塚本善隆先生认为僧祇户是北魏灭齐后将齐降将僚属与诸民迁徙至平城附近而设立了平齐郡,平齐户及诸民即指平齐郡户或平齐郡民,并认为昙曜奏请将平城附近的平齐郡户置于僧曹监督之下,变为替佛教、并替社会救济事业服务的僧祇户,是为了利用佛的教化而更有效地对其进行统治④。吐蕃将唐人三部落变为寺院属民的目的可能亦与此相类。但后来唐人三部落的身份有了变化,那就是与寺院顺缘有别了。从户籍制度上讲,身份改变前的唐人三部落作为寺户,其应该被编入寺院户册,身份变化后其应被编入吐蕃的"部落—将"编制,因为此时的这些部落民已属"赞普之臣民",而非属寺院顺缘的"僧统所属"民户了。

从以上讨论得知,虽然吐蕃政权在本土不会干预管理寺院属民,但是在占领敦煌后,吐蕃对敦煌寺院的奴婢和寺户等属民建立了专门的户册进行管理。至于这么做的原因应与吐蕃为了加强自己对敦煌地区的管理有

---

① 但是学界对三部落分别设置的时间观点不同,如山口瑞凤和杨铭先生认为阿骨萨、悉董萨设置于820年,悉宁宗部落设置于公元824年之后,参杨铭《吐蕃统治敦煌研究》,新文丰出版公司,1997年,第26—27页;陆离先生认为阿骨萨、悉董萨部落于820年分别改建于行人部落和丝绵部落,参陆离《吐蕃统治敦煌时期的"行人"、"行人部落"》,《民族研究》2009年第4期,第92—94页;金滢坤先生则认为悉董萨和悉宁宗部落设置于820年,参金滢坤《吐蕃统治敦煌的社会基层组织》,《中国边疆史地研究》1998年第4期,第30—31页。
② 王尧、陈践编著:《敦煌吐蕃文书论文集》,第20页。
③ [北齐]魏收撰:《魏书》卷114,第3037页。
④ [日]塚本善隆著,周乾濚译:《北魏之僧祇户与佛图户》,《食货》(半月刊)第五卷第十二期1937年,第18—20页。原载《东洋史研究》二卷三期,1937年。

关。因为在吐蕃统治敦煌的早期,社会并不稳定,汉人的反抗此起彼伏,故加强对敦煌地区居民的管理势在必行,而管理的有效手段之一就是建立户籍制度,包括对寺院属民亦建立了专门的户册,寺院户册既可以帮助吐蕃控制敦煌寺属人口的变动①,又可以据之征税课役。当然,吐蕃对敦煌地区寺院属民建立户册而严加管理不排除是受到了唐朝政府的影响或向唐朝政府进行了借鉴,因为在中唐以前,唐政府已经非常注重对寺院属民的管理了。如吐鲁番518号唐墓所出土大约是乾封、永淳年间的官府文书记载"☐☐县所管寺观部曲并十八中男速点堪(勘)"②,这是唐代前期对寺观部曲,即类似于敦煌的寺户进行管理的明证③。虽然唐代注重对寺院属民的管理,但我们目前看不到唐代对寺院属民设置专门户册的记载。唐代寺院属民的户籍主要是附载于僧尼籍中,这在吐鲁番文书中的僧尼籍和寺院手实中有明确记载。如《唐西州高昌县弘宝寺僧及奴婢名籍》中保存了几件僧籍,虽然均残缺,但是结合其中两件我们可以窥见基本情况。第一件开首即云:"弘宝寺僧及奴婢等,上☐惠寂寺主法绍都维那幢海。"然后紧接着是该寺众僧之法号,但是该件后面残缺,故不见奴婢之名。第二件虽首尾俱残,但却保存下来了部分僧号和奴婢之名,如其中最后四行为:

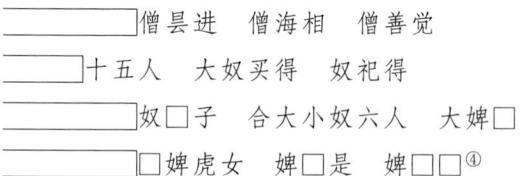

该四行中第一行为僧人法号,后三行为该寺奴婢之名。这种情况还在寺院手实中得到进一步证明,如新发现的吐鲁番文书《唐神龙三年(707)正月西州高昌县开觉等寺手实》是目前为止所发现的唯一一件关于唐代寺院的手

---

① 吐蕃在攻占河西、西域等地后,为了有利于自己的统治,往往将这些地区的人户,包括寺户迁往异地,但敦煌人户在"勿徙他境"的盟誓下并未被迁走他乡,故建立专门的寺属民户册显得更为重要。
② 国家文物局古文献研究室、新疆维吾尔自治区博物馆、武汉大学历史系编:《吐鲁番出土文书》(录文本)第7册,第345页。
③ 关于敦煌寺户的身份与性质,可参姜伯勤《唐五代敦煌寺户制度》,第118—122页。
④ 国家文物局古文献研究室、新疆维吾尔自治区博物馆、武汉大学历史系编:《吐鲁番出土文书》(录文本)第4册,第48—50页。

实①，文书前后残缺，残存有两所寺院的内容，其中前一寺院的内容较多，前面几行记载了该寺院土地的四至情况，从此四至后的内容"牒被责令，通当寺手实，僧数、年名、部曲、奴婢并新旧地段、亩数、四至具通如前，其中并无脱漏，若后虚妄，连署纲维，请依法受罪"来看，手实中定有部曲、奴婢的详细情况，且是官府责令寺院如此登录的，只是由于该件文书前面残缺，这部分内容无从目睹而已。

在吐蕃之后的归义军时期，由于寺户的放免，寺户被常住百姓的称呼所取代。那么，常住百姓的名籍制度如何呢？姜伯勤先生据 P.3859《丙申年(936)十月十一日报恩寺常住百姓老小孙息名目》中将常住百姓的名单仍称为"名目"而不称为"户籍"，从而认为常住百姓与《唐律疏议·释文》中"此等之人，随主属贯，又别无户籍"的部曲地位相类而不属国家编户②。尽管常住百姓不属国家编户，但归义军政权仍然对其建立了专门的户册而加强管理。如 P.3490《辛巳年(921 或 981)某寺诸色斛斗破历》第 59—60 行载："面柒胜，僧家造户籍纳官用。"S.6330《年代不明(10 世纪)诸色斛斗入破历算会残卷》第 13—14 行载："粟贰斗，安国寺纳送路曹僧统用。粟贰斗宋孔目检户状来看用。"这里的户籍、户状不应是僧尼籍。因为和吐蕃时期一样，归义军时期的僧尼籍中没有常住百姓和寺院依附阶层的名目，同时僧尼籍又不能称为户籍或户状，如 S.4899《戊寅年(918 或 978)诸色斛斗破历》第 6—8 行载："十八日粟壹硕壹斗、麦三斗付丑子卧酒屈肃州僧用，粟壹斗勘僧席(籍)用。"故这里的户籍、户状应是指寺院依附阶层如奴婢、常住百姓的专门名籍，亦即寺院属民户册。

当然，吐蕃归义军时期对寺院属民建立专门的户册进行管理有别于唐代在僧尼籍中登载寺院属民的情况，不过两者的目的是相同的，那就是为了加强对寺院属民及佛教僧团的管理。

二、都司对寺院属民的管理及其实质

在唐代，虽然将寺院属民登载在僧尼籍中，但奴婢、部曲并未入国家编户。如本书第一章所引吐鲁番文书 73TAM509:8/26(a)《唐宝应元年

---

① 荣新江、李肖、孟宪实主编：《新获吐鲁番出土文献》(上)，第 53 页。
② 姜伯勤：《唐五代敦煌寺户制度》，第 153—155 页。

(762)五月西州节度使衙牓》载节度使衙要求西州"诸寺观割附充百姓等""并放从良,充此百姓",指的就是将寺观依附人户如奴婢、部曲等放免为良而入国家编户,说明这些寺观依附人户此前是不入国家编户的。与此一致,虽然吐蕃归义军时期建立了专门的寺院属民户册,但这只是世俗政权加强管理的一种方式,寺院属民依然是一个特殊的群体而没有被纳入政府编户,这亦正是我们在敦煌文书中看到有部落百姓、乡司百姓、寺户、寺院百姓、常住百姓等称谓的原因。若将寺户、寺院百姓或常住百姓亦编入国家编户的话,寺户、寺院百姓、常住百姓亦成了编户百姓,严格区别这些称谓就没有了意义,故寺院属民依然依附于寺院或者说佛教僧团。而在敦煌佛教僧团内部,具体管理这些寺院属民的机构就是都司。

姜伯勤先生据 S.542V《役簿》、S.542V《沙州寺户放毛女娘名簿》及其他相关文书认为吐蕃统治敦煌时期寺户虽分属各寺,但高居于各寺之上的"都司"拥有教团内的司法权、财产权,并可以调拨寺与寺之间的寺户,故寺户实际上隶属于都僧统所代表之都司[①]。其实,关于都司对寺户的管理,我们还可以通过其他记载得到证明。前引文书 P.T.997《瓜州榆林寺之寺户、奴仆、牲畜、公产物品之清册》云要"登录寺庙财产之僧统所公有",而登载的内容除了斛斗、什物、牲畜外,还有寺户与寺奴。P.T.1079《比丘邦静根诉状》中亦将寺院奴婢、寺户称为"沙州以下,肃州以上"的"僧统所属农户",说明寺户和寺奴均属僧统管理。而在敦煌,都僧统是都司的最高僧官,故都僧统对寺户、寺奴的管理是代表了都司。此外,我们可以从寺户向都司或寺院的借贷中窥见寺户与都司之间的隶属关系来。隶属于都司的寺户往往编制为"团","团"由"团头"负责,每一团头负责若干寺户,寺户以团为单位或以某一寺院名义进行借贷时,其借贷对象往往是都司,如北图咸字59V中所载的向都司仓借贷的龙兴寺、开元寺、安国寺、灵修寺、金光明寺、报恩寺等寺户即是如此[②],这种现象亦在一定程度上反映了寺户与都司之间的隶属关系。

吐蕃时期敦煌都司的最高负责人都僧统管理寺户的职能在吐蕃本土业已如是,如《楚布江浦建寺碑》载:

---

① 姜伯勤:《唐五代敦煌寺户制度》,第47—50页。
② 录文参唐耕耦、陆宏基编《敦煌社会经济文献真迹释录》第2辑,第97—102页;沙知辑校《敦煌契约文书辑校》,第86—96页。

……乃于堆垅之江浦,建神殿,立三宝之所依处,敬事四部比丘等众。作为供养顺缘之奴隶、农田、牧场及供物、财产、牲畜等项,一应备齐,悉充赞普可黎可足猎赞之常川不断之功德供养。此神殿之名,亦由赞普颁诏敕赐,书于温江岛神圣大殿之后,颁诏概由王庭管理。作为寺产之民户及产业之上,不征赋税、不征徭役、不取租庸、罚金等项。颁诏敕授寺产寺属民户之文书。

此神殿之供养顺缘民户作功德回向及使用,亦如尚·聂多所施、所行,回向严以诏示。今后,倘聂多子嗣断绝,一切所辖之地土、所属之属民,赞普不再收回,并不专赐他人,均增赐为此神殿之供养顺缘。如此颁诏矣。

供养神殿之顺缘财产清册及回向功德文书,节目正文置于世尊教法堪布(亲教师)之前,副本赐予温江岛神殿之应供长老及主持执事。与此副本相同之另一抄本,存诸本殿,如此颁诏矣。

该引文是王尧先生的译文①,其中最后一段中"世尊教法堪布之前"中"之前"二字的藏文转写为"vdun sar",但王尧和陈践先生又将有关敦煌古藏文文书中的该词翻译为"衙署"②,才让先生亦采用王、陈二位先生关于"衙署"的译法③。若此,世尊教法堪布应有专门办公的衙署。碑文所载寺院财产清册的内容包括赐给寺院的土地、牲畜等,另外还有寺属民户和奴隶,这些寺院属民作为寺院财产的一部分而被登载在寺院清册之上,而寺院清册的正文由吐蕃世尊教法堪布来管理。世尊教法堪布即吐蕃最高僧官佛教宗师,即敦煌汉文文书中所称的天下僧统④。这说明,在吐蕃本土,凡是赐予寺院的民户和奴隶实际上是由天下僧统来统一管理的,这种情况与敦煌地区主要是由都司之都僧统统一管理调拨寺户的情形是一致的。

前已说之,归义军时期亦有寺院属民的专门户册,那么常住百姓是否

---

① 王尧编著:《吐蕃金石录》,藏文见第173—179页,汉译文见第180页。
② 参王尧、陈践译注《敦煌古藏文文献探索集》,上海古籍出版社,2008年,第199、227、296页。
③ 才让:《敦煌藏文文献 P.T849 号〈印度高僧德瓦布扎事略〉研究》,载增勤主编《首届长安佛教国际学术研讨会论文集》第二卷,陕西师范大学出版总社有限公司,2010年,第415—416页。
④ 陆离:《吐蕃统治时期敦煌僧官的几个问题》,第94页。

属于都司管理呢？姜伯勤先生认为，归义军时期，常住百姓虽也到都司事务中上役，但与吐蕃时期隶属于都司不同而隶属于各寺院①。而竺沙雅章认为常住百姓与寺户一样属教团管理②。两位先生对各自的观点均没有做过多的说明。我们认为，归义军时期的常住百姓与吐蕃时期的寺户相似，即虽然分属于各寺院，但作为敦煌僧团最高管理机构的都司依然对其进行着管理。首先，与吐蕃时期寺户以"团"为单位进行组织一样，在归义军时期，常住百姓仍以"团"为组织单位，且编制为团的常住百姓在都司主持下进行有关活动。如本章第二节所引 P.2856《唐景福二年癸丑岁（893）十月十一日沙州某寺纳草历》是在都司僧官副僧统、都僧政、僧录等组织下常住百姓向官府交纳税草的记录，其中大云寺、开元寺、大乘寺、莲台寺、报恩寺的常住百姓组成中团，永安寺、金光明寺、灵图寺、普光寺等寺院的常住百姓组成西团，其他寺院的常住百姓组成东团。又 P.2856V《乾宁二年（895）三月十一日僧统和尚营葬榜》记载在僧统离世后都司组织营葬的情况，其中寺院的常住百姓亦承担相应的任务，而且这些常住百姓亦组织成中团、西团③。又本章第二节所引 S.5947《年代不明（10 世纪）宋家宅南宅官健十寺厮儿百姓用面历》记载了官健、十寺厮儿、十寺百姓服官役的情况，其中厮儿应为寺院奴婢或部曲之属，百姓为常住百姓，他们被都司派遣代表寺院服役。其次，虽然在归义军时期，常住百姓的地位渐趋提高并出现了两极分化现象，但在身份上，他们依然属于寺院依附人户，特别是经济上贫困的常住百姓对寺院还有很强的依附性④。正因如此，归义军时期依然有关于常住百姓等寺院属民的专门户册。同时，与吐蕃时期一样，归义军时期的都司拥有僧团内的财产等权利，如寺院要将某一会计期内的财产收支状况上报都司由都僧统审批，故在归义军时期，都司亦应负责管理对寺院经济有重要影响的常住百姓等寺属人户。

---

① 姜伯勤：《唐五代敦煌寺户制度》，第 153—155 页。
② ［日］竺沙雅章：《敦煌の寺户についつ》，参其著《中国佛教社会史研究（增订版）》，第 469 页。
③ 唐耕耦、陆宏基编：《敦煌社会经济文献真迹释录》第 4 辑，第 123—124 页。
④ 关于敦煌常住百姓的身份与性质问题，学界多有讨论，有奴隶说、农奴说，甚至良人说，等等，诸家观点请参姜伯勤《唐五代敦煌寺户制度》，第 173—175 页。此外，姜书中没有提到的其他主要研究成果还有［法］谢和耐著，耿昇译《中国五—十世纪的寺院经济》，第 133—135 页；张弓《南北朝隋唐寺观户阶层述略——兼论贱口依附制的演变》，载何兹全主编《五十年来汉唐佛教寺院经济研究》，第 315—322 页，原载《中国史研究》1984 年第 2 期。

在吐蕃归义军时期,世俗政权均注重对佛教僧团的管制,而都司又是吐蕃和归义军政权在敦煌设置的僧团管理机构,都司僧官由世俗政权任命,亦即都司对世俗政权负责,故都司对寺院属民的管理实质上是代表了世俗政权的意志而替世俗政权进行管理。

三、分都司改革与放免寺户

分都司改革与放免寺户是张议潮等人对敦煌佛教僧团进行整顿的重要举措,学界对此已进行了相关研究,此处我们在前人研究基础上再对分都司与放免寺户的相关问题略陈己见。

(一)对诸家"分都司"观点的认识

关于分都司之事,目前所见敦煌文书中的记载仅有一处,此即前引S.1947V前3行所载:

1　大唐咸通四年岁次癸未,河西释门都僧统缘敦煌
2　管内一十六所寺及三所禅窟,自司空吴僧统酉
3　年算会后至丑年分都司已来,从酉至未一十一年。

紧接此三行后面的是"癸未年五月廿三日抄录官算籍上明照手下再成毡定数"的详细内容。文中的司空就是张议潮,"酉年算会"指的是张议潮和吴僧统在酉年(853)对敦煌教团财产进行的算会。从文中将酉年算会和分都司改革之事并列,然后紧接着就是"官算籍"上对再成毡数目的登录来看,分都司改革显然与经济原因有关。但由于敦煌文书中没有明确记载分都司的具体情况,故学界对分都司改革的内容存在不同的认识。竺沙雅章先生认为分都司的内容不明[①]。姜伯勤先生认为分都司应指整理僧团财产,是将庞大和集中的都司财产分散到各寺常住,并把调整后的财产由官方监督造册。张议潮企图以此削弱和限制都僧统的经济权利,然而他的改革只是昙花一现[②]。谢重光先生认为分都司改革以前都僧统前冠以"河西"这一限定词而称为河西都僧统,都僧统所辖教区为整个河西道,河西都僧统兼摄沙州僧政。而分都司之后河西都僧统不再兼摄沙州僧政之职,故分都

[①] [日]竺沙雅章:《敦煌の寺户について》,参其著《中国佛教社会史研究(增订版)》,第466页。
[②] 姜伯勤:《唐五代敦煌寺户制度》,第142—143页。

司可能是对都司原来拥有的广泛权力的分割。改革之后沙州以外各州僧务由当州僧政全权处理,也可能在各州分设了小都司①。张弓先生认为公元857年进行的分都司改革是在都司之下增设若干分司,协助都僧统管理各类事务,这些分司有经司、仓司、功司、馔司、羊司、灯司、行像司、道场司、功德司、招提司、修造司、堂宅司等。分司事务,由都司委派下级僧官"法律"主持,都僧统统辖②。但是,由于资料的缺乏,诸位先生并未对各自的观点进行详细的论证。

分都司的内容是否如姜伯勤先生所说呢?雷绍锋先生认为 S.1947V 中的酉年算会和分都司改革"不一定是要将都司财产分散至各寺,而是通过清查点勘,掌握寺院的财产、收入等种情况"③。这里笔者同意雷绍锋先生关于"不一定是要将都司财产分散至各寺"的观点,因为在分都司改革以前,寺院就有自己的独立财产,故我们在敦煌文书中经常看到有寺户或百姓向寺院常住进行借贷的事例。且分都司改革后,都司依然拥有自己的财产。此外,张议潮分都司改革的目的与限制削弱敦煌佛教僧团的经济实力有关,但若将都司财产分散到各寺院常住的话,仅仅在一定程度上削弱和限制了都司最高僧官都僧统的经济权利,而并未削弱整个敦煌佛教僧团的经济实力。至于姜伯勤和雷绍锋先生认为分都司改革时对僧团财产由官方清点造册应无疑问,但此乃吐蕃和归义军政权的惯用举措,主要是起到监督作用而并未对僧团经济带来实质影响。

接下来我们再对谢重光先生的观点进行分析。敦煌都司在吐蕃时期就已经存在,而在吐蕃统治时期的河西地区并非没有一个河西都僧统统管河西佛教事务,当时河西其他州有的亦设有僧统,如 P.5579 载:

(前缺)

1　□□,俗名荣子,上乞心儿印,巳年□□□酉年六月至沙州。

2　□□,俗名宋盈金,上纥结罗印,未年十二月廿二日□□□僧统纥□赞□□年□月廿□日。

3　□□,俗名索文奴,宰相论纥颇藏印,申年正月对□□□寺僧

---

① 谢重光:《吐蕃占领期与归义军时期的敦煌僧官制度》,第54页。
② 张弓:《汉唐佛寺文化史》(上),第363页。
③ 雷绍锋:《归义军赋役制度初探》,第263页。

统仓孙(?)罗度,酉年二月至沙州。上

4　法惠,俗名佛奴,宰相尚乞心儿印,酉年二月廿五日到甘州,僧统遍执度,酉年七月至沙州。上

5　智秀,俗名樊利利,上乞心儿印,申年十二月对廓州僧统度行。上

6　□□,俗名董晏奴,尚乞心儿印,未年十月廿日□□僧统度行,申年正月一日至沙州。

7　□宽,俗名侯苟子,宰相论勃颊藏印,未年十月对肃州僧统行,申年正月一日至次。

8　法高,俗名张太平,上乞心儿印,未年十月对肃州教授度下,申年正月一日至沙州。

该件文书在《敦煌社会经济文献真迹释录》第4辑中定名为《吐蕃占领时期某寺具应管僧法惠等状残片》①。但竺沙雅章先生在《寺院文书·僧尼籍》和《敦煌吐蕃期の僧尼籍》中认为其属"僧籍",并且在后者中将该件文书的酉年定为817年②。文书中提到有甘州僧统、廓州僧统、肃州僧统,其他几处僧统前地名残缺,说明吐蕃统治时期河西诸州多有僧统之设。而P.T.1079《比丘邦静根诉状》中有"沙州以下,肃州以上,集中僧统所属农户"之语③,说明吐蕃时期敦煌都司僧官都僧统最多管理瓜沙二州的僧务。同时,敦煌藏文文书P.T.1003《伊州李僧政贝登致沙州李僧政文书》是伊州李僧政贝登写给沙州李僧政的书信,说明在吐蕃时期沙州就有僧政④,故起码在吐蕃时期不一定要由都僧统兼摄沙州僧政。那么,在吐蕃之后的归义军时期,都司是否就管辖整个河西呢?虽然P.3720《唐大中五年至咸通十年(851—869)赐僧洪䛒、悟真等告身及赠悟真诗》载唐朝于大中五年(851)曾授予洪䛒的职衔是"京城内外临坛供奉大德",同时,洪䛒的职衔还有"释门河西都僧统、摄沙州僧政、法律、三学教主"等⑤,但张议潮分都司改革是在857年,而收复凉州是861年,故即便是在分都司改革的857年

---

① 唐耕耦、陆宏基编:《敦煌社会经济文献真迹释录》第4辑,第207页。
② 参[日]竺沙雅章《中国佛教社会史研究(增订版)》"补编"部分,第76—77、13—15页。
③ 王尧、陈践译注:《敦煌吐蕃文献选》,第47页。
④ 王尧、陈践编著:《敦煌吐蕃文书论文集》,第199页。
⑤ 唐耕耦、陆宏基编:《敦煌社会经济文献真迹释录》第4辑,第29页。

前,河西都僧统并未管辖整个河西,更不可能在凉州设立小都司。据此我们认为,分都司改革的内容应非谢重光先生所言。

至于张弓先生的观点亦应难以成立,因为敦煌文书中所载的那些佛教"司"名机构有的在 857 年之前就已经设立,如儭司等机构早在吐蕃时期就已经存在,而且其中有的"司"名机构都司和寺院均会设置,有的机构如招提司、堂宅司等就根本不属于都司下设机构①。

(二)放免寺户与分都司改革的关系

虽然分都司改革的具体内容不明,但在张议潮整顿僧团的多种举措中,放免寺户与分都司改革之间存在着密切关系。

首先,张议潮放免寺户与分都司改革的原因是一致的,并且放免寺户直接削弱了都司及其最高僧官都僧统的势力。尽管学界对张议潮分都司改革具体内容的看法不同,但分都司改革的原因无疑是佛教势力,包括其经济力量的强大影响到了世俗政权的统治。与此一致,对张议潮放免寺户的原因,竺沙雅章先生认为是因吐蕃的支持而教团经济实力过于强大②,姜伯勤先生亦认为是因寺户制度阻碍了生产力的发展,教团规模的庞大而影响了世俗地主的经济利益③。虽然作为寺院属民而非政府编户的寺户分属诸寺,但从整个僧团来看,他们又是整个僧团的寺户,寺院的诸多事务均要由都司负责,寺户亦受都司的管理则是必然的,故姜伯勤先生认为,敦煌寺户实际上隶属于都司④。由于寺户不仅是僧团主要的供养者、劳动者和财富的创造者,而且其本身亦是僧团的一种特殊财产,故寺户的被放免无疑是对作为敦煌最高僧务管理机构的都司及其最高僧官都僧统势力的重大冲击。

其次,张议潮最早放免寺户的时间与分都司改革的时间一致。关于张议潮放免寺户的明确记载及其影响见于 P.2187《河西都僧统悟真处分常住榜》,其载:

1　因兹管内清泰,远人来暮(慕)于戟门,善能抑强,龙家披带而生降,达讷似不呼

---

① 参本书第一、三章的论述。
② [日]竺沙雅章:《中国佛教社会史研究(增订版)》,第 467—468 页。
③ 姜伯勤:《唐五代敦煌寺户制度》,第 138—139 页。
④ 姜伯勤:《唐五代敦煌寺户制度》,第 44—50 页。

2　而自至。昔为狼心敌国,今作百姓驱驰。故知三宝四王之力,难可校量。陪(倍)更遵

3　奉盈怀,晨昏岂能懈怠。今既二部大众,于衙恳诉,告陈使主,具悉根源,

4　敢不依从众意。累使帖牒处分事件,一一丁宁押印指撝。连粘留符,合

5　于万固。应诸管内寺宇,盖是先帝勅置,或是贤哲修成,内外舍

6　宅庄田,因乃信心施入,用为僧饭资粮。应是户口家人,坛越将持奉献,永

7　充寺舍居业,世人共荐光扬,不合侵陵,就加添助,资益崇修,不陷不倾,

8　号曰常住。事件一依旧例,如山更不改移。除先故太保诸使等世上给状

9　放出外,余者人口在寺所管资庄水硙油梁,便同往日执掌住持。自

10　今已后,凡是常住之物,上至一针,下至一草,兼及人户老至已小,不许

11　倚形恃势之人,妄生侵夺及知典卖。或有不依此式,仍仰所由具

12　状申官,其人重加形责,常住之物,却入寺中,所出价直,任主自折。其

13　常住百姓亲伍礼,则便任当部落结媾为婚,不许共乡司百姓

14　相合。若也有违此格,常住丈夫私情共乡司女人通流,所生男女,

15　收入常住,永为人户驱驰,世代出(无)容出限。其余男儿丁口,各须随

16　寺料役,自守旧例,不许(下空)①

---

① 邓文宽:《敦煌文献〈河西都僧统悟真处分常住榜〉管窥》,载周绍良等编《周一良先生八十生日纪念论文集》,第218—219页。

藤枝晃、那波利贞、姜伯勤、谢和耐、邓文宽等先生均对该件文书的年代进行过判定[①]，并且观点并不一致，但文中先故太保就是指张议潮无疑。在放免寺户后，寺户人数一定大大减少，这无疑对僧团经济带来不利影响。正是由于张议潮等人放免寺户的举措触动了教团利益，故"二部大众，于衙恳诉，告陈使主，具悉根源"。于是这位使主一反张议潮等人的做法而保护寺院的寺户等常住财产不受侵犯，其停止放免寺户及保护常住财产的原因则被冠以佛法的强大，即"故知三宝四王之力，难可校量"云云。

但敦煌文书中没有明确记载张议潮最早是何时开始放免寺户的。竺沙雅章先生认为张议潮放免寺户与土地调整的改革是相连的，而P.2222V《唐咸通六年(865)正月张祇三请地状》是竺沙雅章讨论张议潮放免寺户与土地调整的一件主要文书，竺沙雅章认为文书中张祇三的身份本非良民，而是寺户，是张议潮放免为良的，当时从良后没有请得土地，故有865年请地之事。同时，竺沙雅章还推测张议潮放免寺户在唐大中四年(850)至六年(852)左右[②]。这就是说，张祇三在被放免为良后十五年左右的时间内一直没有请得土地，这似乎有点遥远。相较而言，张祇三请地的865年距分都司改革的丑年(857)倒是较近，故将张议潮放免寺户的时间推定在分都司改革的857年似乎更符合实际。关于这个推定，我们还可以从张议潮统治初期的社会背景方面进行分析。张议潮在统治初期不断地与吐蕃进行战争：在848年收复瓜、沙二州后，于849年收复甘、肃二州，850年又收复伊州，856年6月前曾一度取得石城镇，直至861年收复凉州[③]。可见，在张议潮统治早期，特别是在856年以前，其所面临的周边形势还很严峻。同时，学界共识，张议潮在逐蕃归唐的过程及其后的统治中均得到佛教僧团的大力支持，当时敦煌名僧洪䛒、悟真等在此过程中扮演过极其重要的角色，故沙畹指出："敦煌的汉僧们曾是导致850年把沙州归还给唐朝这一

---

① 参本书第二章第二节。
② [日]竺沙雅章：《中国佛教社会史研究(增订版)》，第465—468页。
③ 郑炳林：《晚唐五代归义军疆域演变研究》，载郑炳林主编《敦煌归义军史专题研究续编》，第4—13页。原载《历史地理》第15辑，上海人民出版社，1999年，第56—73页。

政治进展的主谋者。"①若从笼络僧界的角度来看,在850至852年,虽然张议潮进行了人口、土地的调查和登记等工作②,但为了争取佛教界的支持,张议潮应该不会贸然去触动僧团的利益。更何况这次土地调查调整本来就没有触动旧有的土地占有关系③。而至856年左右的时候,张议潮向东西征伐的步伐相对放缓,而其统治中心瓜、沙等州则已基本得到巩固,形势相对稳定,故直至丑年(857)张议潮才进行分都司改革,放免寺户等亦随之进行。此外,正如竺沙雅章所说,放免寺户应与土地调整是相连的,在放免寺户的同时,张议潮还应对都司和寺院的土地进行了调整,在这种情况下,寺院为了保护自己的土地而将寺田改称为"厨田"。目前所见敦煌文书中最早出现厨田之称的时间在858、859年间④,这个时间恰好与张议潮分都司的857年紧邻,这恐怕不是偶然的,而是进一步说明张议潮最早放免寺户、调整僧团土地与分都司改革基本是同时进行的。

当然,从P.2187《河西都僧统悟真处分常住榜》中"除先故太保诸使手上给状放出"一语来判断,放免寺户不是一次性完成的,除张议潮外,其后继者亦有此举。我们认为,即便是张议潮时期,放免寺户亦可能是在渐进中进行的,而与S.1947V所载丑年(857)分都司大致同时进行的放免寺户应是其中一次,并且应是第一次。

总之,张议潮放免寺户与其分都司改革是密切相关的。从分都司改革的目的是为了限制削弱敦煌佛教势力来分析,分都司改革的具体内容应该是较多的,其中限制僧团的经济实力为其内容之一。但前已说,将都司财产分散到各寺院并由官方监督造册的举措并未从实质上改变敦煌佛教界的经济状况,亦即分都司改革的经济目的不能实现。而放免寺户及其与之相连的调整僧团土地则会对僧团经济带来较大冲击,且张议潮最初放免寺

---

① 转引自[法]戴密微著,耿昇译《吐蕃僧诤记》,中国藏学出版社,2013年,第318页。关于佛教僧团在张议潮起义及归义军早期政权中所发挥的作用,还可参冯培红《P.3249背〈军籍残卷〉与归义军初期的僧兵武装》(《敦煌研究》1998年第2期,第141—147页)和李正宇《8至11世纪敦煌僧人从政从军——敦煌世俗佛教系列研究之七》(《敦煌学辑刊》2007年第4期,第50—61页)中的讨论。

② 参[日]藤枝晃《敦煌の僧尼籍》,第330—333页;[日]竺沙雅章:《中国佛教社会史研究(增订版)》,第465—467页;刘进宝:《归义军政权初期的人口调查和土地调整》,《敦煌研究》2004年第2期,第58—62页。

③ 刘进宝:《归义军政权初期的人口调查和土地调整》,第58—62页。

④ 参本书第二章第二节。

户与分都司改革的时间一致,故不排除张议潮首次进行的放免寺户属分都司改革内容之一的可能性。

第四节　吐蕃和归义军政权对寺院宅舍的管理

一、敦煌寺院宅舍的来源

(一)勅置、贤哲修成和施入

吐蕃归义军时期敦煌寺院的宅舍来源是多方面的,P.2187《河西都僧统悟真处分常住榜》云:"应诸管内寺宇,盖是先帝勅置,或是贤哲修成,内外舍宅庄田,因乃信心施入。"这里提到的就有敕置、贤哲修成和施入。

敕置是指根据皇帝的敕旨创建的官方认可的寺院,寺院名额由官府颁发。敦煌作为佛教圣地,历史上敕置的寺院不少。在吐蕃归义军时期,敦煌大寺最多时达十多所,其中有的寺院就是在吐蕃占领敦煌前中原王朝敕置的,如龙兴寺、开元寺、乾元寺等均是。

贤哲修成是指由信奉佛教的信徒兴建的寺院。吐蕃归义军时期的这类寺院较多,如在吐蕃统治敦煌后期由尚书令都元帅赐大瑟瑟告身尚起律心儿(或作"尚绮心儿")建的圣光寺就属此类[①]。Дx.1462+P.3829《大蕃古沙州行人部落兼防御兵马使及行营留后监军使论董勃藏重修伽蓝功德记》记载吐蕃论董勃藏亦曾重修废寺一所[②]。又P.2136《释门文范》载:"二都督唱导于尧,三部落使和声应,百姓云集,僚吏同携,建一所伽蓝。"P.4010+P.4615《索崇恩和尚修功德记》载:"左衽移风,桑海迁讹,流离未准。俾以后来遗范,将有所凭,建寺之因,记镌碑石。"[③]等等,这些无论是由官僚,还是僧侣、百姓创建的寺院均可归入贤者修成者。

施入是指由施主布施给寺院的宅舍。历史上舍宅入寺的现象甚为常见,敦煌地区亦不例外。如S.1438背《书仪》残卷是蕃占初期敦煌汉人都督索厶的书状汇编,其中写给赞普请求出家的状文有云:"厶舍官出家,并

---

①　李正宇:《敦煌地区古代祠庙寺观简志》,《敦煌学辑刊》1988年第1、2期合刊,第80页。
②　李正宇:《吐蕃论董勃藏修伽蓝功德记两残卷的发现、缀合及考证》,载季羡林等主编《敦煌吐鲁番研究》第2卷,第250—252页。
③　郑炳林:《〈索崇恩和尚修功德记〉考释》,《敦煌研究》1993年第2期,第54—64页。

施宅充寺，资财驼马、田园等充为常住。……回宅充寺，誓报国恩……伏乞圣慈，允臣所请。谨因厶奉状闻，伏听敕旨。"①又P.3410《年代不详僧崇恩析产遗嘱》第7行云："施入合城大众微薄房资。"又P.3556《施舍疏》载："伏以定祥生居女质……今则忽染微疾，未获蠲瘳。谨将前件房资投仗安国之寺，永作鸿基。"②可见，施主布施亦是敦煌寺院宅舍的主要来源之一。

（二）买入

除了敕置、贤哲修成和施入外，敦煌寺院宅舍的来源还有其他途径，买入即是其中之一。如P.3587《年代不明某寺常住什物交割点检历》中第9—10行载："诸家卖捨（舍）文契及买道论（轮）碢文书一角。"卖舍文契是指屋舍买卖契约。从该条记载来看，寺院买舍的现象可能较为频繁。P.4907《庚寅年（930?）九月十一日—辛卯年七月九日诸色斛斗支付历》第3—6行载："廿九日，阎骨子舍价粟拾硕。辛卯年正月九日，还令狐阎骨子舍价粟柒硕陆斗伍升，孔库官社印沙佛粟壹斗。十七日，还氾都头舍价粟壹车。"S.4120《壬戌年—甲子年（962—964）布褐等破历》第10—15行载："土布壹定，安憨儿舍价用，又土布壹定，亦安憨儿舍价用。……细昌褐贰仗陆尺，付安憨儿舍价用。"P.5032V《丁巳年（957或897）九月廿日酒破历》第2—3行载："买舍造文书酒半瓮，付张判官。"S.6452(3)《壬午年（982）净土寺常住库酒破历》第24—25行载："六月三日，酒叁斗，买舍造文书用。"这些均是寺院因买宅舍而支出斛斗、织物的记载。

关于寺院买宅舍时的文契及具体细节在敦煌文书中亦有记载，如日本杏雨书屋藏羽064《李山山卖舍契》则为我们提供了寺院购买宅舍的相关情况，兹录文如下：

（前残）

1　咨保邻近觅舍充替，壹定已后，两不许休悔，□□

2　悔者罚青麦贰拾驮，充入不悔之人，恐人无信，故勒

3　私契，两拱（共）对面平章，书纸为记，用要后验

---

① 中国社会科学院历史研究所等编：《英藏敦煌文献》第3卷，第18—19页。关于《书仪》的作者，陆离先生认为是敦煌吐蕃时期文献P.2807《释门文范》、P.3256V(1)《发愿文》等中所提到的都督索公，其任都督的时间在8世纪90年代，参陆离《敦煌写本S.1438背〈书仪〉残卷与吐蕃占领沙州的几个问题》，《中国史研究》2010年第1期。

② 唐耕耦、陆宏基编：《敦煌社会经济文献真迹释录》第3辑，第91页。

4		舍主李山山(藏文签名)
5		保人易闰盈年廿二(闰盈指节画押,且有闰盈指节四字)
6		徒众男(?)阴(签名)
7		徒众庆恩
8		徒众
9		徒众福智
10	□□	徒众寺主广(?)惠
11	僧政□贾(?)	徒众上座福
12		徒众
13		徒众
14		徒众超净

(后残)

该件文书首尾均残,《敦煌秘笈》中定名为《李山卖屋契》[①]。从第 2 行"悔者罚青麦贰拾驮"、第 4 行舍主李山山用藏文签名来看,该件文书应属吐蕃时期。文书末尾有寺院徒众多人,包括寺主、上座,甚至僧政的签名画押,可惜由于尾残,我们无从确知签名画押的具体人数。但该件文书告诉我们,在寺院屋舍的购置中,普通徒众亦会参与,且在契约上代表所在寺院签名而承担违约责任,从而使得寺院购置屋舍成为了一种集体行为,这体现出了敦煌寺院在财产管理方面的成熟及寺院僧众作为寺院主人的地位。

(三)僧尼自建

僧尼自建是敦煌寺院宅舍的又一重要来源。P.4980《僧谈信等乞施文》载:

(前略)

4 □钱同造三节。见古刹新建鸣沙(?),邀住僧徒,全无院舍。谈信

5 等悉怢忍服,虚挂四衣,难报施主之恩,每缺六时忏念。今欲覆

---

① 武田科学振兴财团、杏雨书屋编:《敦煌秘笈》(影片册)第 1 册,武田科学振兴财团印行,2009 年。

6　盖屋舍居住,金田亏缺者而颇多,贫乏者而不少。巡门告乞,只为

7　遮热止寒,教化椽材,望杖檀越施主。大圣观音菩萨。

8　弃辞萧(?)寺来相谒,总把衷肠肝切说。一回吃子一伤心,一遍言时

9　一气喧。话苦云未申恳切,数个师僧门旁烈(列),只为全无居住处,

10　如何冬夏遮寒热。大圣观音菩萨。或深秋,严凝月,萧寺寒时声□□。

11　盖屋无有一行椽,身上故衣千处结。最伤怜,难申说,

12　僧房门户皆总缺。特来亲到施主前,愿与成办遮寒趣。大圣观音菩萨。

(后略)

该件文书较长,郝春文先生对其进行过释录①,此处移录时笔者参照原卷对个别文字进行了校改。从全卷内容来看,该乞施文情文并茂,将乞施的情境描写得甚为逼真,读来生动诙谐,有身临其境之感。郝春文先生认为这是谈信等为建僧房而登门乞施时使用的文稿。从内容来看,该文稿确实是实用性文书,谈信等僧人乞施椽木等修建屋舍应是代表寺院的一种行为。

同时,僧尼还可以在寺内自己修建宅舍。S.542V(2)《坚意请处分普光寺尼光显状》载:

1　普光寺尼光显

2　右前件尼光显,近日出家舍俗,得入释门。在寺律仪不存长幼,但行

3　粗率,触突所由。坚意虽无所识,揽处纪刚,在寺事宜,须存公道。昨

4　因尼光显修舍,于寺院内开水道修治,因兹余尼取水,光显便即相

---

①　郝春文:《唐后期五代宋初敦煌僧尼的社会生活》,第265—267页。

5 诤。坚意忝为所由,不可不断。遂即语光显,一种水渠,余人亦合得用。

6 因兹便即罗职(织)所由,种种轻毁,三言无损。既于所由,不依条式,徒众

7 数广,难已伏从,请依条式科断。梵宇纪刚无乱,徒众清肃僧仪。伏望

8 详察,免有欺负,请处分。

(后缺)①

文中尼光显就是在普光寺内修建自己的屋舍,此属个人行为。又北敦13203(L.3332)《□年九月四日寺主武通进牒》亦记载了僧侣在寺院里面自己修造宅舍的实例,其内容如下:

(前缺)

1 ⎯⎯⎯⎯单贫,无居止处,请

2 ⎯⎯⎯⎯存生计,请处分。

3 ⎯⎯⎯⎯谨牒。

4 ⎯⎯⎯⎯年九月四日寺主武通进牒。

5 □当寺所由,其地实若空闲无主,

6 即任通进修治。无得怪让忏繁。

7 八月五日龙安②

这是寺主武通进因建房舍而请求处分的牒文,文尾龙安的判文是让寺院所由在寺内空地属实的情况下同意武通进修造屋舍,无需阻挠。只是我们不明龙安的身份为僧官还是俗官。

当然,这种僧尼个人在寺院内修造屋舍的现象应不是敦煌所特有的,中原内地寺院亦存在类似情况。如《代宗朝赠司空大辨正广智三藏和上表制集》卷3《贬兴善寺寺主圆敬归河南思远寺制一首》载:

右特进试鸿胪卿大兴善寺三藏沙门大广智不空奏。

前件僧比将解捡校僧事,不空遂举充兴善寺,今得徒众如谦等状

---

① 唐耕耦、陆宏基编:《敦煌社会经济文献真迹释录》第4辑,第116页。
② 录文参郝春文《唐后期五代宋初敦煌僧尼的社会生活》,第89页。

称：其僧自任纲维，侵损常住，毁圻僧舍屋，修自己私房，非理役使家人，手功已下妄聚尼众止宿不护嫌疑，见被京兆府推问，事迹彰露，恐令准法科绳，法门之中实可愧耻，伏乞存其法服，不夺僧名，勒归陆浑本寺，许其改过，为国修持。①

奏文中兴善寺寺主圆敬因在兴善寺毁僧房而修自己的私房，被徒众检举后，不空和尚奏请皇帝贬回其在河南陆浑的本寺。这种情况说明，在唐代寺院中某些僧侣就是拥有属于自己修造的私人房舍，前述敦煌僧侣在寺内自己修造的屋舍亦应归私人使用，故僧尼在寺内为自己修造房舍亦成为寺院宅舍私有化的一种途径。

那么，这里有一个问题需要回答，那就是这种僧侣自己修造的房舍的私有化程度到底如何呢？《行事钞》卷下四《诸杂要行篇》曰："僧有五种物不可卖不可分。一、地；二、房舍；三、须用物；四、果树；五、华（花）果。"②这是说土地、房舍、需用物、果树、花果等五种财物是不能据为己有、不可分割、不能出卖的。《量处轻重仪》曰："局限常住僧物，谓约界限，不通余寺。恒供别住，故云然也。物相如何？即田园、房宇、山林、池泽、人畜等是也。"③《行事钞》卷中一《随戒释相篇》曰："常住常住，谓众僧厨库、寺舍、众具、华果、树林、田园、仆畜等。以体通十方，不可分用，总望众僧，如论断重。《僧祇》云，僧物者，纵一切比丘集亦不得分。"④显然，房舍、田园等是常住僧物，不能据为己有，不可分为私有财产，更不能出卖。故虽然吐蕃归义军时期的敦煌寺院出现了寺院宅舍私有化的现象，但我们认为，一寺之内的房舍，本于僧团所有，寺内房舍的私有是暂时性的，即僧尼在世时拥有该房舍的使用权，寺院里面的僧人私房（即便是僧尼自己修建的）应与寺外的不同，应该不能随意买卖、博换给世俗人，亦不能在其离世时作为自己的私有财产留给世俗亲属，在其离世后其房舍依然为寺院集体财产。如我们可以从后面将要引用的 S.4622V、S.9227 等中看到，凡是寺院里面的僧舍，不管归哪位僧人使用、使用权如何变动，其均是在僧侣之间进行的。

---

① ［日］高楠顺次郎等编：《大正新修大藏经》卷52，第842页。
② ［日］高楠顺次郎等编：《大正新修大藏经》卷40，第146页。
③ ［日］高楠顺次郎等编：《大正新修大藏经》卷45，第844页。
④ ［日］高楠顺次郎等编：《大正新修大藏经》卷40，第55页。

二、吐蕃和归义军政权对寺院宅舍的管理

历史上,世俗政权非常关注佛教的发展对社会经济的影响,其中对寺院宅舍的管理如限制兴建佛寺、禁止舍宅入寺、管理寺院修葺,甚至拆毁寺院等即是表现之一。与此一致,吐蕃和归义军政权对敦煌寺院宅舍的管理应该亦是多方面的,但就从目前所见敦煌文书来看,主要可以分为两种情况:一种是控制施主向寺院布施宅舍,一种是管控寺内僧尼个人的房舍。

(一)控制施主向寺院布施宅舍

控制施主向寺院布施宅舍是吐蕃和归义军政权对敦煌寺院宅舍进行管理的表现之一。S.6829《戌年(806)八月氾元光施舍房舍入乾元寺牒并判》载:

(前残)
1　宅内北房一口并檐,次西空房地一口无屋,庑舍一口。
2　右元光自生已来,不食薰茹,白衣
3　道向,历卅余年。从阴和上已来,
4　乾元寺取缘听法,来往不恒,腾踏已
5　常,涕唾恶地,及诸罪障,卒陈难尽。
6　从今年四月已来染患,见加困劣,无
7　常将逼。谨将前件房舍施入乾元
8　佛殿,恐后无凭,请乞判命,请处分。
9　牒件状如前,谨牒。
10　戌年八月　日氾元光牒。
11　任　施　仍　为　凭
12　据,润示。
13　　　廿七日。①

该件文书是氾元光在将自己的宅舍施入乾元寺时请官方处分的牒文及判辞,其戌年为806年,属吐蕃统治敦煌时期,说明吐蕃统治者对寺院宅舍的来源如施舍等进行着严格的控制。正是由于吐蕃和归义军政权对寺

---

① 唐耕耦、陆宏基编:《敦煌社会经济文献真迹释录》第3辑,第73页。

院宅舍的布施来源进行着控制,故而在敦煌文书中还有相关的施物文样,如 S.4632V《施物疏文样》即是此类文书,文曰:

1　　厶乙今于厶处有厶物等。
2　　右件舍施所申意者,伏以厶乙自以投师学道,问
3　　法参禅,多踏履于金田,广秽犯于佛地,实
4　　亏奉报,乃阙献涑,伏恐一朝捹终,遭沉苦海(趣)。
5　　今则闻身强健,敬舍□基,报　三宝之慈
6　　恩,用津梁于去径,虽则施心预发,未果卑情,
7　　伏望　仁明慈乞赐疏后　判印　公验,不令
8　　官私侵射,永永为金其(基)　佛业,以成卑愿,谨疏。①

该件原卷第5行"敬舍□基"中第3字漫漶不清,但结合最后一行"侵射"一词来推断,很可能是指田宅。当然,即便不是宅舍,作为施物文样,文中施舍内容可以依据具体的施舍物而变动,宅舍亦是施舍对象。但施舍须征得官方同意并赐"判印公验"才具有合法性而保证施入寺院的宅舍不被"官私侵射"。

(二)管控寺内僧尼个人的房舍

我们知道,在吐蕃归义军时期,敦煌有的僧侣在寺院之外拥有自己的私人宅舍,但这些宅舍的获得、转移、处理等均受世俗政权的监管。如 S.3876《宋乾德六年(968)九月释门法律庆深牒》记载释门法律庆深通过"于官纳价"而买得了绝户张清奴的房舍两口,同时请求官府"台造判印"作为"凭由"②。说明政府容许僧人购置房舍,但是世俗政权会对其进行管理。又如 P.3281V《押衙马通达状稿》中第三件第4—7行载押衙马通达向官府上状云:"……伏缘当家兄弟子侄数多,居住舍屋窄狭。今有亡僧宋友友绝户舍窄小一驱,伏望大夫仁恩裁下,特赐居住,已后不令亲眷诸人恌护侵夺,伏请处分。"③亡僧宋友友应为户主,但可能是独居为户,在其亡后,世俗人押衙马通达向官方申请居住其房舍。

---

①　唐耕耦和陆宏基先生在《敦煌社会经济文献真迹释录》第3辑第109页对该件文书进行了释录,此处依据图版对个别文字进行了重录。
②　唐耕耦、陆宏基编:《敦煌社会经济文献真迹释录》第2辑,第305页。
③　唐耕耦、陆宏基编:《敦煌社会经济文献真迹释录》第4辑,第376页。

与世俗政权对僧侣在寺外的私有房舍进行管理一样，僧侣在寺内的房舍亦要受到世俗政权的管理。如 P.6005《释门帖诸寺纲管》第 6—8 行载："诸寺僧尼，自安居后，若无房舍，现无居住空房舍，仰当寺纲管，即日支给。若身在外，空闲房舍，但依官申状，当日支与。"这是说在安居活动中，无主人的房舍由寺院纲管支给，有主人但主人身在外地者，则要向归义军官府申状，请求支给，说明官府有权对离寺僧尼在寺院的房舍进行处理。又 S.4622V《尼僧菩提心菩提严请亡僧舍地状稿》载：

1　尼僧菩提心菩提严　　　状
2　右菩提心等在先来邻寺为客，并无居住处。今圣光寺内有亡僧口舍
3　地两口，元（无）人居住，虽（？）似空闲。今拟修治居住，恐后僧人
4　□□□□□。伏请
5　大夫即行笔命□□。
6　牒，件状如前，谨牒。①

显然，该件文书亦说明归义军政权对寺内僧尼房舍有支配权。

此外，当僧侣在寺院内的房舍所有权发生冲突时亦由官府负责处理。如 S.9227《永安寺僧绍进上表》载：

1　永安寺僧绍进　　　上表
2　右伏以绍进自小出家，配名与永安寺为僧，
3　西院得堂一口，修饰为主。昨因开元寺僧
4　慈音移就永安寺居住，绍进遂将西院堂
5　一口回换东院绍智舍两口。其绍智还□□□
6　亦空闲。比至移来，内一口被同院僧庆安争
7　将，全不放绍进取近。其庆安旧有房舍，亦
8　在同院。绍进将西院舍对徒众换得东院舍
9　两口，今绍进换舍，庆安争将，有何词理？伏望
10　□□□□□□]微诚，特开明旨。辄将碎事干冒，

---

① 图版参中国社会科学院历史研究所等编《英藏敦煌文献》第 6 卷，第 169 页。录文参郝春文《唐后期五代宋初敦煌僧尼的社会生活》，第 374 页。

11　　　　　　　　　　　　　　　以闻。绍进诚惶诚恐,顿
12　　　　　　　　　　　　　　　
13　　　　　　　　　　　　　　　年六月日永安寺僧绍进表。

郝春文先生对该件文书进行了释录,并认为其是绍进上给张承奉的进表,时间最有可能在910—914年之间①。文中的僧人绍进和庆安在因寺内房舍而产生矛盾时,上表请求节度使进行裁决。该件还说明,虽然僧人在寺内所居房舍属个人所有,但当该僧人不再在该寺居住或转籍他寺时,其原居房舍依然属寺院所有。

总之,寺院宅舍作为寺院重要的常住财产,吐蕃和归义军政权均非常注重对其从多方面进行管理,而对寺院宅舍的管理又是吐蕃和归义军政权对敦煌寺院经济进行管制的一个方面。

第五节　吐蕃和归义军政权对僧尼地产的管理

虽然僧尼私有经济的构成是多方面的,但从敦煌文书中的相关记载来看,吐蕃和归义军政权对敦煌僧尼私有经济的管制主要体现在地产管理方面。

唐代均田制以前,政府法令中没有明确规定对寺院和僧尼授予土地,至唐代均田制却明确规定了对僧尼的授田情况,如《唐六典》卷3"尚书户部"条记载:"凡道士给田三十亩,女冠二十亩,僧尼亦如之。"②但是唐代对僧尼所授之田往往成为了僧尼所隶籍寺院土地的一部分,而并非为僧尼个人所支配,在僧尼亡逝或还俗时,这部分土地要么收归官有,要么转化为寺院土地或转授他人。如开元十年(722)正月二十三日敕令云:"天下寺观田,宜准法据僧尼道士合给数外,一切管收,给贫下欠田丁。其寺观常住田,听以僧尼道士女冠退田充,一百人以上,不得过十顷,五十人以上,不得过七顷,五十以下,不得过五顷。"③又《天圣令·田令》记载开元年间田令规定:"诸道士、女冠受老子《道德经》以上,道士给田三十亩,女冠二十亩。

---

① 郝春文:《唐后期五代宋初敦煌僧尼的社会生活》,第92—93页。
② [唐]李林甫等撰:《唐六典》,陈仲夫点校,第74页。
③ [宋]王溥撰:《唐会要》,第1028页。

僧尼受具戒者,各准此。身死及还俗,依法收授。若当观寺有无地之人,先听自受。"①故尽管唐代均田制规定了对僧尼的授田,但受田僧尼并没有像普通百姓一样掌握着这部分土地。当然,历史上亦有僧人在寺院土地之外通过购买等方式占田的现象,但这些均是私占田地而没有被纳入国家的征税对象,故在制度层面上亦是得不到国家认可的。如唐代会昌二年(842)十月九日敕:"若僧尼有钱物及谷斗田地庄园,收纳官。如惜钱财,情愿还俗去,亦任勒还俗,宛入两税徭役。"②该敕文即是对唐代会昌法难前有些僧尼私占土地及规避税役的反映。但是,在吐蕃归义军时期,敦煌僧尼则可以在寺院土地之外自己完全占有土地,并且世俗政权对僧尼的这种占田是认可的,甚至僧尼还可以像普通百姓一样向官府请得土地,拥有土地的僧尼则要向世俗政权承担基于土地的税役负担。对此,谢重光先生曾在讨论敦煌僧尼的私有经济时从宏观上进行过论述③。本节则在谢重光先生等的研究基础上专门对吐蕃归义军时期敦煌僧尼的占田及相关情况再展开详细讨论,这将对帮助我们认识世俗政权对僧尼私有经济的管制具有重要意义,因为正如学者认为的那样,唐代均田制对寺院僧尼的授田是为了限制寺院经济的膨胀④,而吐蕃和归义军政权允许僧尼占有田地,并对其据地征税课役亦是对僧尼私有经济进行管制的体现。

一、土地私有化背景下敦煌僧尼的占田

(一)僧尼占田的表现

吐蕃占领敦煌以后在敦煌地区实行了废除唐制、推行吐蕃制度的政治、经济等诸多改革,其中土地制度亦是改革的重要内容。对吐蕃在敦煌实行的土地制度,前贤早有研究。杨际平先生研究指出:吐蕃占领敦煌后,将当地居民按"将"与"部落"的形式进行编制,与此同时,吐蕃在瓜、沙等州(也许还包括整个河西)推行带有土地国有性质的计口授田制和"突税"制,

---

① 宋家钰:《唐开元田令的复原研究》,天一阁博物馆、中国社会科学院历史研究所天圣令整理课题组校证《天一阁藏明钞本天圣令校证:附唐令复原研究》,中华书局,2006年,第451页。
② [日]圆仁著,[日]小野胜年校注,白化文、李鼎霞、许德楠修订校注,周一良审阅:《入唐求法巡礼行记校注》卷3,第404页。
③ 谢重光:《关于唐后期五代间沙州寺院经济的几个问题》,载韩国磐主编《敦煌吐鲁番出土经济文书研究》,第487—513页。
④ 白文固:《唐代僧尼道士受田问题的辨析》,《甘肃社会科学》1982年第3期,第54—58页。

即人均按10亩土地进行分配。但后来并未进行土地还授工作,也未按各户家口异动情况重新分配土地,故此后不久,这种计口授田的土地即转化为私有①。杨铭先生认为,吐蕃在敦煌推行的计口授田实际上是吐蕃在敦煌原有的土地占有基础上实行的一种土地调整制度,但由于世家豪族、寺院及官吏对土地的占有和兼并,使得计口授田制度开始实行就不彻底,以后沿用的时间也不长②。从这些研究成果可知,吐蕃统治敦煌时期曾推行过计口授田,但是由于这种土地制度并未推行多久,故土地走向了私有化。

我们暂时无从得知在计口授田时僧尼是否亦是授田对象,但我们注意到,在土地私有化背景下,吐蕃时期敦煌僧人占田的现象比较普遍,如P.3947V载:

1　僧光圆,都乡仰渠地十五亩,解渠四亩,并在道真佃。
2　离俗,城北东支渠地七亩,见在。
3　金鸾,观(灌)进渠地四亩,见尼真智佃。
4　维明,菜田渠地十亩,入常住。智广菜田渠地十亩,见道义佃。
5　戒荣,观(灌)进渠地十五亩。

(后缺)

该文书原件中在僧人的法名旁多注有小字"行"、"丝",此系指吐蕃时期在敦煌设置的行人部落和丝绵部落。学界对该件文书中所载土地属于寺院还是僧侣个人的观点是存在分歧的。北原薰先生在移录该件文书时所用题名为《僧沙弥配分寺田历》,认为文中土地属寺田③。《敦煌社会经济文献真迹释录》第2辑中将该件定名为《年代未详(10世纪)僧沙弥配分寺田历》④。竺沙雅章先生依据P.3947V中的光圆、金鸾、维明、智广等又见于S.2729《吐蕃辰年(788)三月沙州僧尼部落米净辩牒(算使勘牌子历)》中大云寺僧籍而将其拟名为《大云寺僧众田历》,并认为该件文书的时间在

---

① 杨际平:《吐蕃时期敦煌计口授田考——兼及其时的税制和户口制度》,《甘肃社会科学》1983年第2期,第94—100页。
② 杨铭:《吐蕃在敦煌计口授田的几个问题》,《西北师大学报(社会科学版)》1993年第5期,第105—105页。又收入杨铭《吐蕃统治敦煌研究》,新文丰出版公司,1997年,第27—33页。
③ [日]北原薰:《晚唐五代の敦煌寺院经济——收支决算报告を中心に》,载[日]池田温编《讲座敦煌·3·敦煌の社会》,第377—378页。
④ 唐耕耦、陆宏基编:《敦煌社会经济文献真迹释录》第2辑,第459页。

788—818年①。苏金花先生亦将本件文书称为《寺田历》,认为其是寺院登记的僧人土地②。谢和耐先生认为文中土地是僧人的私有土地,但未说明理由③。堀敏一先生亦认为属僧人个人的土地④。笔者认为,若将这件文书称为《寺田历》似乎并不妥当,因若为《寺田历》的话,说明这些僧人名下的土地是属于寺院的,而从第4行"维明,菜田渠地十亩,入常住"。来看,应是僧人维明在菜田渠的十亩土地变成了寺院常住财产,说明此十亩土地此前是属于僧人维明的私有财产,而后来可能是通过施舍或其他方式成为了寺院土地。其他僧人光圆和金鸾的土地分别被僧人道真、真智佃种,而僧人离俗的七亩土地在调查统计时"见在",故这件文书很可能是官府专门对僧人占有土地的清查,而清查土地是为了让拥有土地的僧人承担税役。至于这些土地的来历是官府所授、继承家产还是自己所买则不得而知,但其说明吐蕃时期僧人拥有土地则是无疑的。

除 P.3947V 外,敦煌文书中对吐蕃时期僧人占有土地的情况还多有记载,如敦煌藏文文书 P.T.1297(4)《收割青稞雇工契》载:"虎年,比丘张海增……虎年……雇谢比西收割十畦青稞地,定于秋季七月收割。到时不割,往后延期或比西毁约……立即交给僧人(比丘)与当地产量相当之十畦青稞数。假如比西因摊派王差不能完成,仍照上述交付……。担保人阴腊赉、郭悉诺山、王玉悉顿、张孜孜等……比西父子按指引签字。谢比西签字。"⑤这说明比丘张海增至少有十畦土地,由于一畦所含土地亩数并不固定,故我们不能确知张海增究竟拥有多少土地。但从文书记载来看,吐蕃时期敦煌有的僧人占有土地的数目较大,如 S.1475V《卯年(823?)灵图寺僧义英便床契》第1—3行载:"同日,当寺僧义英无种子床,于僧海清边便两番驮。限至秋,依契填纳。如违,任前陪(倍)纳。便床僧义英。见人僧

---

① 参[日]竺沙雅章《敦煌吐蕃期の僧尼籍》、《寺院文书·僧尼籍》,分别参见其著《中国佛教社会史研究(增订版)》"补编"部分第9—10页、71页。
② 苏金花:《唐五代敦煌寺院土地的占有形式》,《中国社会经济史研究》2004年第3期,第27页。
③ [法]谢和耐著,耿昇译:《中国五—十世纪的寺院经济》,第164页。
④ [日]堀敏一:《均田制の研究——中国古代国家の土地政策と土地所有制》,岩波书店,1975年,第360页注释第62。
⑤ 王尧、陈践编著:《敦煌吐蕃文书论文集》,第32页。

第六章　吐蕃和归义军政权对敦煌佛教经济的管制

谈惠。"①床为糜的俗体字,亦即糜。僧人义英向海清便糜属于个人行为,而其所便两驮糜是作为种子用的,故其拥有土地则是必然的。《齐民要术》卷2引崔寔语曰:"糜,黍之秫熟者,一名穄也。"又曰:"凡黍、穄田……一亩,用子四升。"一驮相当于一汉石,则两驮为两汉石,按每亩用种子4升计算,僧人义英拥有土地50亩,而此土地可能还不是其全部,可见其拥有土地的数目是相当可观的。又P.3410《年代不详僧崇恩析产遗嘱》中亦记载僧人崇恩至少有"无穷渠地两突,延康地两突",吐蕃一突为汉制10亩,则僧崇恩最少有40亩土地。当然,我们不排除这些土地是属于僧人和家人共有财产的可能,因为当时在俗家和亲属生活在一起的僧人是较多的,这些俗居僧人可能一般均拥有土地。

吐蕃在敦煌的统治结束以后,归义军政权在敦煌实行请田制度。由于请田制度是在唐代均田制遭到破坏后,以承担赋税为前提,承认兼并土地私有权的土地管理制度,这种制度的准则是"以亩定税",有地便有税。不承担赋税的土地,可以由愿承担赋税之人通过请地而取得对土地的所有权②。故归义军时期实行的请田制度亦是一种私有土地制度,民户请得的土地即为私有土地。在这种土地私有制背景下,归义军时期亦出现了僧侣广占土地的现象,如后面我们将要介绍的P.3394《唐大中六年(852)僧张月光、吕智通易地契》中的僧人张月光、吕智通、张法原均有土地田园。又P.2222V《唐咸通六年(865)正月张祇三请地状》中第2行载:"僧词荣等北富鲍壁渠上口地六十亩。"P.2451《乙酉年(925或985)二月十二日乾元寺僧宝香雇百姓邓仵子契》载僧宝香雇邓仵子劳作之事,其中第2行提到僧宝香的"麦地三亩,粟地四亩"。Дx.2168《敦煌县孟受渠康章六等苨粟田纳蓝历》中第3—4行有"三界寺贺师苨田蓝伍升"、第10行有"僧王住盈苨田

---

① 唐耕耦、陆宏基编:《敦煌社会经济文献真迹释录》第2辑,第91页。
② 关于唐代和敦煌归义军政权的请田制度及其性质,请参冷鹏飞《唐末沙州归义军张氏时期有关百姓受田和赋税的几个问题》,《敦煌学辑刊》1984年第1期,第28—40页;唐刚卯《唐代请田制度初探》,《敦煌学辑刊》1985年2期,第55—61页;杨际平《唐末宋初敦煌土地制度初探》,《敦煌学辑刊》1988年第1、2期合刊,第10—24页;陈国灿《从归义军受田簿看唐后期的请田制度》,参其著《敦煌学史事新证》,甘肃教育出版社,2002年,第301—326页,该文原以《德藏吐鲁番出土端拱三年(990)归义军"都受田簿"浅释》为名载敦煌研究院编《段文杰敦煌研究五十年》(世界图书出版公司1996年)第226—233页。

蓝壹斗"、第12行有"僧赵不勿苈田蓝壹斗"等的记载①。该件文书第一行有庚子年和辛丑年,丘古耶夫斯基和唐耕耦先生均将庚子年确定为940年②,故属于归义军时期。又 P.3396《年代未详(10世纪)沙州诸渠诸人粟田历》中第10—11行有"后不勿永安寺李阇梨瓜田南(蓝)壹亩"、第16行有"龙法律南(蓝)壹亩"的记载③。而 P.3396V《年代未详(10世纪?)沙州诸渠诸人苈园名目》则集中记载了敦煌诸多寺院中的僧人拥有苈园的情况,内容如下:

1 大弟一金唐阇梨苈园,马定德苈园,翟丑挞苈园,吴信德苈园,
2 冯宝德苈园,报恩长德阇梨苈园,李生瘦子苈园,小弟一龙
3 僧张成昌苈园,郭定住阇梨苈园,显宋阇梨苈园,赵再住苈园,
4 曹憨子苈园,布多阇梨苈园,没底板苈园,杨汉儿苈园,赵宝盈
5 苈园僄子康员奴苈园,乾明僧李长朵苈园,掘渠赵德全苈
6 园,大云王阇梨苈园,龙清憨苈园,官渠李寝儿苈园,杜
7 坠(?)头地苈园,东河两(濠)枝张兴苈园,刘骨子苈园,东河灌
8 进董成儿苈园,三界富进阇梨苈园,向东龙兴城阇梨苈园,
9 汜家大歌苈园,新城河母三界赵阇梨苈园,东八尺张定子
10 苈园,李家渠寺家庄苈园,连(莲)台郭阇梨苈园,程家渠连(莲)
11 台僧令狐僧奴苈园,北阜定昌大歌苈园,宋家昌子大歌苈园,张偏

---

① 孟列夫和刘进宝先生将 Дx.2168 中孟受渠下三界寺贺师和僧王住盈之间的20人及王住盈之后的2人均列入三界寺之下,从而误将三界寺和孟受渠等诸渠并列,其实这22人均为普通百姓,文书的原意是他们与三界寺僧贺师、王住盈一样在孟受渠拥有苈田。参[俄]孟列夫编,袁席箴、陈华平译《俄藏敦煌汉文写卷叙录》下册,上海古籍出版社,1999年,第494—495页;刘进宝《唐五代敦煌种植"红蓝"研究》,《中华文史论丛》2006年第3辑,第247—270页,该文又收入其著《唐宋之际归义军经济史研究》,第267—284页。
② [俄]丘古耶夫斯基著,王克孝译:《敦煌汉文文书》,上海古籍出版社,2000年,第106页,该书的俄文版由前苏联科学出版社于1983年出版;唐耕耦、陆宏基编《敦煌社会经济文献真迹释录》第2辑,第426页。
③ 刘进宝先生将 P.3396 中永安寺李阇梨之后的唐憨儿等四人均列为永安寺之下,从而误将永安寺和文书中所说大弟一渠等诸渠并列,其实文书原意是指永安寺李阇梨与此四人在"大弟一渠"拥有苈田等土地。参刘进宝《唐宋之际归义军经济史研究》,第278—280页。关于该件文书的年代,《敦煌社会经济文献真迹释录》第2辑第460页认为可能在公元10世纪,金滢坤先生进一步考定认为在10世纪70至90年代,参金滢坤《敦煌社会经济文书定年拾遗》,第13页。

12　子苽园,掉消康丑定苽园,康千子苽园,无穷曹家地苽园,
13　王黄儿苽园,翟镇使愿德大歌苽园,多农兆河渠苽园,显
14　德僧安不勿苽园,大让阿顿汉清儿苽园,李定保苽园,张愿盈
15　苽园,邓平水汉苽园,阴山子苽园,翟荣田地苽园,
16　北阜汜愿长苽,无都石再昌苽,张舍子苽。①

该件文书中记载到金光明寺、报恩寺、龙兴寺、显德寺、乾元寺、大云寺、龙兴寺、三界寺、莲台寺等寺院的僧人均拥有苽园,而且这些寺院均是当时敦煌地区的僧寺,其他尼寺如灵修寺、圣光寺、安国寺、大乘寺等的尼僧不在其列,这亦是敦煌尼众和僧众在经济收入方面存在差距的原因之一。

此外,敦煌僧人还拥有自己的庄园。如 S.5890《羊籍残片》背面载:"丙寅年二月廿三日绍智庄上拔毛抄录羊数名目如后。"S.1519(1)《辛亥年(891或951)某寺诸色斛斗破历》中第1—2行载:"就西院索僧政庄上僧正法律算羊用。"P.3875V《丙子年(976或916)修造及诸处伐木油面粟等破历》中第13—14行载:"面壹斗伍升、[粗]面贰斗,第二日王僧政庄□木食用。"第16—17行载:"粗面五斗、油半升,汜法律庄□木众僧食用。又粟壹斗,亦于庄上赛神用。"又第27—28行载:"面壹斗、粗面叁斗、王僧政庄载木看博士众僧食用。"S.4782《寅年(858)乾元寺堂斋修造两司都师文谦诸色斛斗入破历算会牒残卷》中第60—61行载:"面贰斗伍升,油壹升,粟陆斗,充张老宿庄载木用。"P.2032V《后晋时代净土寺诸色入破历算会稿》中第132行载:"面一斗、粗面一斗,吴僧政庄上斫木用。"第140—141行载:"面五升,种青麦人食用。面一斗五升、粗面一斗五升、粟一斗沽酒,吴僧政庄上载木僧及车家人食用。"P.3763V《年代不明(10世纪中期)净土寺诸色入破算会稿》中第87—88行载:"粟壹斗,廿六日近夜看博士用。粟贰斗沽酒,祭拜及张僧政庄上斫梁子用。"这里的绍智庄、索僧政庄、汜法律庄、王僧政庄、张老宿庄、吴僧政庄、张僧政庄等均是指庄园②,可见,僧人特别是地位比较高的僧人拥有庄园的现象亦较普遍。

---

① 唐耕耦、陆宏基编:《敦煌社会经济文献真迹释录》第2辑,第461页。
② 对敦煌文书中"庄园"、"庄田"的研究,请参刘红运《敦煌文书中所见的"庄"、"田庄"、"庄田"、"庄园"非封建庄园说》,《敦煌学辑刊》2000年第2期,第22—32页;姜伯勤《论敦煌"守庄农作"型外庄与"合种"制经营》,《敦煌研究》2006年第6期,第74—81页。

（二）僧尼占田的方式

在土地私有化背景下，吐蕃归义军时期的敦煌僧尼不但可以广占田地，而且其占田的方式亦较多。

1.博换和买卖

由于吐蕃在敦煌的计口授田并未推行多久，同时土地转化成为了私有财产，故而这些私有土地亦可以进行买卖。如 S.1475V《未年（827?）上部落百姓安环清卖地契》载：

1　宜秋十里西支地壹段，共柒畦拾亩^{东道，西梁，南索晟，北武再再}

2　未年十月三日，上部落百姓安环清为

3　突田债负，不办输纳，今将前件地

4　出买（卖）与同部落人武国子。其地亩别

5　断作斛斗汉斗壹硕陆斗，都计麦壹拾

6　伍硕、粟壹硕，并汉斗。一卖已后，一任武

（后略）①

又 S.2103《吐蕃酉年（805?）沙州灌进渠百姓李进评牒》载灌进渠百姓李进评等因无过水渠道，"遂冯（凭）刘屯子边，卖（买）合行人地壹突用水"。后来刘屯子要收回这"壹突"土地，李进评等就向官府申请城南七里神农河"空地两段共叁突"，以便与刘屯子对换②。显然，土地不但可以买卖博换，而且从李进评可以向官府请地的情况来看，我们不排除在吐蕃统治敦煌时期就已经存在请田制度的可能。而我们在前面已经讨论过，吐蕃时期僧人占有土地的现象非常普遍，这些土地亦是私有财产，故亦应可以通过买卖、赠送、施舍的方式进行处理。那么，敦煌文书中有无吐蕃时期敦煌僧人博换、买卖土地的记载呢？P.T.1118《水磨费等杂据》载："（猴年）仲夏五月，小米两汉升，交与张法律。此后，潘成玛又交小米五汉升，兰掣逎庸向沙弥色尔师交购置田地费用青稞五汉升。"③由于文书记载比较含混，故我们无法确定沙弥色尔师是卖出还是买入土地，亦不能确定色尔师是代表寺院还是代表个人，即便这是他代表寺院而不是买卖自己的土地，但亦不能否定

---

① 唐耕耦、陆宏基编：《敦煌社会经济文献真迹释录》第2辑，第1页。
② 参唐耕耦、陆宏基编《敦煌社会经济文献真迹释录》第2辑，第374页。
③ 王尧、陈践译注：《敦煌吐蕃文献选》，第56页。

第六章 吐蕃和归义军政权对敦煌佛教经济的管制　　341

吐蕃时期僧人的私有土地可以买卖的事实,仅仅是文书缺载而已。

至归义军时期,请田制度本来就是一种私有土地制度,故土地是可以自行进行博换买卖的。P.2595《唐乾符二年(875)慈惠乡陈都知卖地契》、P.4017《出卖口分地契残片》、S.3877V《唐天复二年(902)赤心乡百姓曹大行回换舍地契》、S.3877V《唐天复九年(909)安力子卖地契》、S.1398《宋太平兴国七年(982)赤心乡百姓吕住盈吕阿鸾兄弟卖地契》等均反映了归义军时期土地可以买卖博换的事实。同时,敦煌文书中还明确记载了归义军时期僧人进行土地博换买卖的情况,如P.3394《唐大中六年(852)僧张月光、吕智通易地契》详细记载了僧人博换土地和官府对此的态度问题,兹录文如下：

1　［宜秋平］都南枝渠上界舍地壹畦壹亩,并墙及井水,门前

2　［道,张月光］张日兴两家合同共出入,至大道东至张日兴舍平分,西至僧张法原菌及智通菌道,南至

3　张法原及车道井南墙,北至张日兴园园道。智通舍东开。又园地叁畦共肆亩

　　东至张日兴园,西至张达子道,南至张法原园及子渠并智通园道,法原菌

4　□□墙下开四尺道,从智通舍至智通园与智通往来出入为主已,其法原园东墙□□□□智通舍西墙,法原不许纥慊。北至何荣。井水共用。园门与西车道

5　□□同出入至大道。又南枝下界地一段叁畦共贰拾亩东至刘黑子张和子,西至氾荣庙,

　　南至渠及周兴子,北至索进晟庙

6　已上园舍及车道井水共计并田地贰拾伍亩。大中年壬申十月

7　廿七日,官有处分,许回博田地,各取稳便。僧张月光子父将上

8　件宜秋平都南枝渠园舍地道池井水,计贰拾伍亩,博僧吕

9　智通孟授葱同渠地伍畦共拾壹亩两段东至阎家及子渠,西至阎咄儿及建女道,

　　南至子渠及张文秀,北至阎家。

10　又一段东至阎家及麻黄,西至张文秀,南至荒,北至阎家。壹博已后,各自收地,入官措案为定,永

11　为主已。又月光园内有大小树子少多,园墙壁及井水开道功直解(价)

12　出买(卖)与僧吕智通。断作解(价)直,青草驴壹头陆岁,麦

两硕

13　壹斗，布叁丈叁尺。当日郊(交)相分付，一无玄(悬)欠。立契[以后]，或有人

14　忏悋园林舍宅田地等称为主记者，一仰僧张月光子父知(祇)当。

15　并畔觅上好地充替，入官措案。上件解(价)直斛斗驴布等，当日却

16　分付智通。一定已后，不许休悔。如先悔者，罚麦贰拾驮入军

17　粮，仍决丈(杖)卅。如身东西不在，一仰口承人知当。恐人无信，故立此契，用作

18　后凭。园舍田地主僧张月光(手印)　保人男坚坚(手印)　保人男手坚(手印)　保人弟张日兴(藏文押)

19　男儒奴(手印)侄力力　见人僧张法原(签字)　见人于佛奴

20　见人张达子　见人王和子　见人马宜奴

21　见人杨千荣　见人僧善惠①

该件明确记载僧张月光父子将其舍地、园地和田地与僧人吕智通田地进行了交换，同时，与土地相关的园墙、道路、树木、井等折价后亦卖出，这说明僧人的私有土地、宅舍可以进行博换是无疑的，并且这种行为还是官方明文规定许可的，即"官有处分，许回博田地，各取稳便"。而博换亦成为僧人占有土地的一种方式。

同时，买地亦是归义军时期敦煌僧人占有土地的又一方式。S.6308《丙辰年(956?)某僧政付唐养子地价麦粟褐凭》载：

1　丙辰年正月廿日，僧政□

2　伍硕。又见还粟叁硕、昌褐肆拾□

3　　　　地主领物人唐养子□

4　二月十四日，又付昌褐半疋，见付麦叁石，粟叁石。

5　　　　　　　　见人押衙氾保员(押)

---

① 唐耕耦、陆宏基编《敦煌社会经济文献真迹释录》第2辑第2页和沙知辑校《敦煌契约文书辑校》第4—6页中对该件文书的释录有所不同，此处移录时以二者录文和图版均进行了参照。

6　　　　　　　　　　　见人同院马上坐

7　　　　　　　　　　　取物人唐养子（押）

8　五月六日，又付养子地价斜褐壹段一丈捌尺，准土布伍拾尺。又斜褐

9　壹段壹丈玖尺，折土布伍拾尺。取物人唐养子（押）

10　　　　　　　　　　见人兄唐□子（押）

11　　　　　　　　　　见人僧大进至

12　　　　　　　　　　见人马上坐愿

13　　　　　　　　　　见人孔德保宣

（后残）①

该件中身为僧官的僧政应为买地人，而地主为唐养子，买地人所付地价有麦、粟、褐，而地价的支付是从正月至五月期间分数次进行的，这种在较长时间内分多次付地价的现象在敦煌买地文书中亦有类似者。如Дx.06000为一残卷，记载了卖地人罗光信及其男领取地价麦之事，领取时间有某月六日和十七日、二月四日、九月十日等多次，前后时间跨度亦很大②。

2.请田

前已所述，吐蕃时期是否计口授田给僧尼不得而知，但在归义军时期僧尼可以像编户百姓一样向官府请田。僧尼的请田可以分为两种情况，一种是僧人作为户头直接请地，如P.2222B《唐咸通六年（865）前后僧张智灯状（稿）》载：

1　僧张智灯状

2　右智灯叔侄等，先蒙尚书恩造，令

3　将鲍壁渠地回入玉关乡赵黑子绝户地永为口

4　分，承料役次。先请之时，亦令乡司寻问实虚，两重判命。其

5　赵黑子地在于间渠，碱卤荒渐，佃种

---

① 中国社会科学院历史研究所等编：《英藏敦煌文献》第11卷，四川人民出版社，1994年，第1页。

② 俄罗斯科学院东方研究所圣彼得堡分所等编：《俄藏敦煌文献》第12册，第311页。

6　不堪。自智灯承后，经今四年，总无言语，车牛人力，不离田
　　畔，沙粪除练，似将

7　堪种。昨通颇言，我先请射，忏怪苗麦，

8　不听判凭，虚效功力，伏望（以下空白）①

这里张智灯和其侄子生活在一起，不排除家中还有其他成员的可能，且张智灯应为一家之主，故由其负责向官府呈状。其家所得赵黑子绝户地本是向官府请得的，但由于通颇言其先于张智灯而请射，故请求官府裁决。僧人作为户头的现象应是敦煌僧人俗居的结果，且这种现象较为普遍，如P.3418V《唐沙州诸乡欠枝夫人户名目》在记载沙州欠柴枝人户的名目时，有几户户主就是僧人，其中第12行"某乡全欠枝夫人户"名目中有"张法律欠七束"；在龙勒乡"全不纳枝夫户"中第64行有"僧氾志渐欠四束"；在洪润乡"全不纳枝夫户"中第121行有"僧吴庆寂五束半"；在慈惠乡"全不纳枝夫户"中第159行有"僧石奴子十一束"②。显然，在这些欠枝户中，僧人应是户头，而这些作为户头的僧人则可以像编户百姓一样向官府请地，其所欠柴枝即是因请得土地而应交纳的赋税的一部分。

另外一种是僧尼作为家庭成员请地，这种请地情况主要集中反映在敦煌户状文书之中。如S.4125《宋雍熙二年（985）正月一日百姓邓永兴户状》中第一件载：

1　户邓永兴，妻阿，弟章三，弟会进，弟僧会清

2　都受田。请千渠小第一渠上界地壹段玖畦共贰

3　拾亩，东至杨阇梨，西至白黑儿及米定兴并杨阇梨，南至

4　米定兴及自田，北至白黑儿及米定兴。

5　雍熙二年乙酉岁正月一日百姓邓永兴户③

---

① 唐耕耦、陆宏基编：《敦煌社会经济文献真迹释录》第2辑，第289页。
② 关于该件文书，[日]池田温著，龚泽铣译《中国古代籍帐研究》"录文与插图"部分第454—458页定名为《唐年次未详（9世纪后期?）沙州诸乡欠枝夫人户名目》，唐耕耦、陆宏基编《敦煌社会经济文献真迹释录》第2辑第427—436页定名为《唐沙州诸乡欠枝夫人户名目》。雷绍锋先生在《P.3418背〈唐沙州诸乡欠枝夫人户名目〉研究》(《敦煌研究》1998年第2期，第107—115页)一文中对该件文书进行了专门研究，认为该件文书属归义军张氏时期，时间最晚不出乾宁三年（896）或光化三年（900），并进而肯定了池田温的定年。
③ 唐耕耦、陆宏基编：《敦煌社会经济文献真迹释录》第2辑，第479页。

该件中户主邓永兴的两个已经出家为僧的弟弟会进、会清作为家庭成员请得了土地,并且该件中还提到杨阇梨的土地,其可能亦为僧人。又如 P.4989《唐年代未详(9 世纪后期?)沙州安善进等户口田地状》载:

1　户安善进年卅八,父僧法□□□,妹小小年十五,妹安香年□□□妹□□年卅

2　□□子年卅四,妹尼印子年卅,外甥僧法□年□□□羗王悉都□承。

3　受田壹拾伍亩半。于涧渠地一畦陆亩,东至郭悉□忠,西至福妙,南至安日兴

(中略)

11　户傅兴子年卅九,妻阿阴年卅一,男文达年九岁,女娇子年五岁,女最子年四岁,兄傅兴谈

12　年卅九,嫂阿张年卅七,侄男惠安年十一,侄女自在年九岁,姊尼福胜年卅三,

13　受田柒拾亩。请涧渠地壹段肆畦共壹拾贰亩,东至傅兴谈兼自田,西至□迈,南

(后略)①

该件中安善进的父亲、外甥和傅兴子的姊姊福胜均已出家,但他们仍然作为各自家庭的成员进行了请地。这种僧尼作为家庭成员请地的情况起码在归义军初期就已经存在,如 S.6235V《唐大中六年(852)十一月唐君盈申报户口田地状》所载其家总受田四十七亩,其家成员除了户主唐君盈外,还有其父母、妻子、兄弟,其中一个弟弟是三十七岁的僧人,法名君亦②。

3.继承祖业

在吐蕃归义军时期敦煌土地私有化背景下,僧人还可以通过继承祖业的方式获得土地,相关情况在敦煌文书中多有明确记载。如 P.3774《丑年(821)十二月沙州僧龙藏牒——为遗产分割纠纷》、P.3744《年代未详(840)沙州僧张月光兄弟分书》、P.2685《年代未详(828?)沙州善护、遂恩兄弟分家契》和 S.11332《戊申年(828)四月六日沙州善护、遂恩兄弟分家契》等文书

---

① 唐耕耦、陆宏基编:《敦煌社会经济文献真迹释录》第 2 辑,第 471 页。
② 参唐耕耦、陆宏基编《敦煌社会经济文献真迹释录》第 2 辑,第 465 页。

中均提到继承祖业土地之事,详细情况我们在第五章第一节中已有讨论,此处从略。

需要说明的是,由于受性别、地位等因素的影响,尼众获得地产的来源要比僧众少,故敦煌尼众占田的情况没有僧众普遍。

二、吐蕃和归义军政权对僧尼地产的管理

(一)对僧尼据地征税课役

吐蕃归义军时期,世俗政权在承认僧尼对土地占有的同时,还对僧尼据地征税课役,从而加强了对僧尼私有经济的管制。

吐蕃政权在其本土曾明文规定是不向寺院和其属民征税课役的,甚至对僧人个人似乎亦不科派课役,如赞普赤德松赞规定:"绝不准将出家僧人给予别人为奴,亦不科派差税而奴役之,不以世俗之法律惩处之,而以彼等作为朕父子皈依供养之对象。"[①]但吐蕃统治敦煌时期,敦煌僧人则是要承担税役的。P.2858V《酉年(829?)索海朝租地帖》载:

(前缺)
1　索海朝租僧善惠城西阴安渠地两突,每
2　年价麦捌汉硕,仰海朝八月末已前依数
3　填还了。如违不还,及有欠少不充,任将此
4　帖掣夺家资,用充麦直。其每年地子,三分
5　内二分亦同分付。酉年二月十二日索海立帖。
6　身或东西不在,仰保填还。见人及保弟晟子(押)
7　　　　　　　见人及保兄海奴
8　　　　　　　见人□氏
9　　　　　　　见人
10　　　　　　　见人
11　　　　　　　见人

该件文书一般被认为属吐蕃统治敦煌时期,如唐耕耦、沙知先生均将

---

① 巴俄·祖拉陈瓦:《贤者喜宴》,民族出版社,1986年,第411页。

该件文书中的酉年定为829年①。陈国灿先生亦以该件文书为例而认为吐蕃时期据地亩征收的土地税即"突税",在民间亦有将其径称为"地子"者②。P.2858V中说地价为每年麦捌汉硕,这是指租佃土地的地租,即"突课"③。同时又提到地子,而地子是指据地亩征收的土地税④,其中三分之二由佃田人负担,三分之一由地主僧人善惠负担。据此推理,若僧人善惠自己耕种时,所有地子则应由自己承担,这说明敦煌僧人在吐蕃时期是要向官府交纳税收的。又如P.3774《丑年(821)十二月沙州僧龙藏牒——为遗产分割纠纷》中第27行云:"齐周身充将头,当户突税差科并无。"又第30—31行云:"大兄初番和之日,齐周附父脚下,附作奴。后至金牟使上析出为户,便有差税身役,直至于今。突田大家输纳,其身役、知更、远使,并不曾料。"齐周就是龙藏,其出家为僧的具体时间不明,但既然其承担"差税身役,直至于今",那么说明他出家后依然承担着税役负担。其中"突田"指的是突税,相当于地子,差科就是附着于土地上的力役,主要有身役、知更、远使等。可见,吐蕃时期僧人除交纳"地子"即"突税"等外,还有其他差科。又前引吐蕃时期的一份关于官府差役或兵役名籍的敦煌藏文文书Ch.73,Xv.10《本籍表》中记载了部落百姓、僧人、寺户从役的情况,其中有董同同等十位僧人。

与吐蕃政权一样,归义军政权亦注重对占有土地的僧人征税课役。归义军时期僧人的税役负担学界已有讨论,税收内容包括地子、官布、税草等,役负有出使、兵役等⑤。这里我们在已有研究成果基础上再对相关问题做进一步的讨论。

以往在论及归义军时期敦煌僧人的税役负担时往往提到P.2222V《唐咸通六年(865)正月张祇三请地状》中僧词荣土地"不辨(办)承料"和

---

① 唐耕耦、陆宏基编:《敦煌社会经济文献真迹释录》第2辑,第23页;沙知辑校:《敦煌契约文书辑校》,第319页。
② 陈国灿:《从敦煌吐鲁番文书看唐五代地子的演变》,参其著《敦煌学史事新证》,第290页。
③ 参见姜伯勤《突地考》,《敦煌学辑刊》1984年第1期,第17—18页。
④ 关于吐蕃归义军时期敦煌赋税制度中的地子,前贤如姜伯勤、杨际平、鲍晓娜、陈国灿、刘进宝、堀敏一、池田温、陆离等先生多有讨论,限于篇幅,这里不再将相关成果一一罗列介绍。
⑤ 郝春文:《唐后期五代宋初敦煌僧人的税役负担》,第1—9页;苏金花:《试论晚唐五代敦煌僧侣免赋特权的进一步丧失——兼论归义军政权的赋税制度》,第153—159页;雷绍锋:《归义军赋役制度初探》,第280—289页。

P.2222《僧张智灯状》中说他们所请之地要"承料役次",这里的"不辨(办)承料"和"承料役次"一般被学者解释为是向官方承担赋税或赋役[①]。刘进宝先生曾亦认同这种观点[②],但后来又进行了新的理解,认为"不办承料"是指无力耕种土地,"承料役次"是指耕种其土地,两者不是指承担官府的徭役赋税[③]。该观点的提出确实具有重要的意义。当然,即便这两件文书中的"不辨(办)承料"和"承料役次"不是指僧人的税役负担,但其亦不能否认僧人承担税役的事实。如 P.3155V《唐天复四年(904)僧令狐法性出租土地契(稿)》载:

1 　天复四年岁次甲子捌月拾柒日立契。神沙乡百姓僧
2 　令狐法性有口分地两畦捌亩,请在孟受阳员渠下界。为要物色
3 　用度,遂将前件地捌亩,遂共同乡邻近百姓
4 　价员子商量,取员子上好生绢壹疋,长
5 　捌综□壹疋,长贰仗(丈)伍尺。其前件地,祖(租)与员子贰拾
6 　贰年佃种。从今乙丑年至后丙戌年末,却付
7 　本地主。其地内除地子一色,余有所著差税,一仰
8 　地主祇当。地子逐年于官员子逞纳。渠河口
9 　作,两家各支半。从今已后,有恩赦行下,亦不在论
10 　说之限。更[有]亲姻及别[人]称忍(认)主记者,一仰保人
11 　祇当。邻近觅上好地充替。一定已后,两共
12 　对面平章,更不休悔。如先悔者,罚□□□□
13 　□纳入官。恐后无凭,立此凭俭(验)。
14 　　　　地主僧令狐法姓(性)
15 　　　　见人吴贤信

---

① 谢重光:《略论唐代寺院僧尼免赋特权的逐步丧失》,参何兹全主编《五十年来汉唐佛教寺院经济研究》,第 247 页;唐刚卯:《唐代请田制度初探》,第 55—61 页;陈国灿:《从归义军受田簿看唐后期的请田制度》,参其著《敦煌学史事新证》,第 307 页;陈国灿:《唐代的经济社会》,第 80 页;郝春文:《唐后期五代宋初敦煌僧尼的社会生活》,第 103 页;雷绍锋:《归义军赋役制度初探》,第 280—281 页。

② 刘进宝:《归义军土地制度初探》,《敦煌研究》1997 年第 2 期,第 53 页。

③ 刘进宝:《"不办承料"别解》,《文史》,2006 年第 3 辑,第 155—161 页。该文又收入其著《唐宋之际归义军经济史研究》,第 52—60 页。

16	见人宋员住
17	见人都司判官汜恒世
18	见人衙内判官阴再盈
19	见人押衙张
20	都虞候卢(?)①

从该件文书内容来看，僧令狐法性将自己的土地出租给价员子，基于土地征收的"地子"由价员子每年向官府交纳，而其他"差税"即差科杂税则由地主僧令狐法性自己承担，说明僧令狐法性是要向官府交纳基于土地的地子，并承担差税的。此外，基于土地的渠河口作由僧令狐法性和价员子两家各自承担一半。渠河口作就是指修渠事宜，凡是拥有土地的僧人，均应承担相应的修渠役负。P.3412V《壬午年（982）五月十五日渠人转帖》载：

1	渠人　转帖　索法律　张延住　吴富员　龙长盈
2	已上渠人，今缘水次逼近，要通底河口，人各锹钁
3	壹事，白刺壹束，桱一束，掘（橛）壹茎，须得庄（壮）夫，不
4	用斯（厮）儿。帖至，限今［月］十六日卯时于皆（阶）和口头取齐。
5	捉二人后到，决丈（杖）十一，全不来，官有重责。其帖各自
6	示名递过者。
7	壬午年五月十五［日］王录事帖②

该件中僧人索法律一定拥有土地，故他和其他渠人一样要承担修渠义务。僧人据地承担税役的事实于此明矣。

当然，敦煌文书中明确记载因占有土地而承担税役的主要是僧众，而不见尼众，这种现象应与尼僧很少作为户头等因素有关。如前所说，归义

---

① 唐耕耦、陆宏基编：《敦煌社会经济文献真迹释录》第2辑，第26页。
② 唐耕耦、陆宏基编：《敦煌社会经济文献真迹释录》第1辑第408页和宁可、郝春文辑校《敦煌社邑文书辑校》第380页对该件文书中个别文字的释录有所不同，此处移录时对二者录文和图版均进行了参照。

军时期,有的尼僧可以作为世俗家庭中的成员请地,而请得土地的这些尼僧理应会承担相应的税役。

讨论至此,我们会自然而然地想到一个问题,那就是既然敦煌僧人像普通百姓一样要承担官府税役,且僧人还要在寺院上役,那么为何还有众多的人出家为僧呢?对此问题,我们不排除因信仰而出家者,但是经济利益的驱使亦至关重要。

与吐蕃归义军时期的敦煌相似,公元5至7世纪的高昌国僧尼亦要向官府承担税役,而对高昌国僧尼出家的经济原因,姚崇新先生认为:"在高昌国,虽然僧尼跟世俗民众一样要承担官府的各种租税赋役,但是正像学者们所指出的那样,高昌国的租税赋役有僧俗之别。根据学者估算,僧人的租税赋役较世俗民众为轻,这正是租税赋役区分僧俗的意义所在。所以,在僧人承担租税赋役成为国家定律而不可改变的情况下,选择出家仍然有一定的经济利好。而且,根据高昌国僧人遗产的继承规则,僧人的个人财富的最重要部分最终仍然会回归其所在的世俗家族内,因而选择出家对整个家族有益无害。所以僧尼游离于宗教与世俗之间首先应是其世俗家族利益的内在要求。"①那么,敦煌地区僧人所负担的税役是否比世俗民众轻呢?郝春文先生曾依据敦煌文书残卷北敦15440(能字40号)《贞明七年(921)四月道钦惠永等状》认为僧人免役的原则有两条:一是房内有兄弟者可免役,二是房内有侄男眷属者可部分免役。并进而认为:"在经济方面,单丁出家者税役负担自然有增无减,但多丁户有人出家后兵役和徭役就会有所减轻。"②其实,郝春文先生的讨论限于资料的缺乏仅仅是从役负方面进行的,而并未涉及僧人及其家庭赋税的轻重问题。我们认为,对于僧人出家的经济利益,可以将请得土地与俗家亲属生活在一起和没有请得土地或常住在寺院的僧人分开来讨论。不可否认的是,当时敦煌有的僧人确实是居于俗家的,对于请得土地俗居在家的这些僧人,我们从相关敦煌文书中似乎看不出他们因出家而在赋税方面得到优减,从归义军请田制下据地征税的税收制度来判断,他们据地纳税的负担应该不会被减轻,但是

---

① 姚崇新:《在宗教与世俗之间:从新出吐鲁番文书看高昌国僧尼的社会角色》,《西域研究》2008年第1期,第58页。

② 郝春文:《唐后期五代宋初敦煌僧人的税役负担》,《敦煌学辑刊》1998年第2期,第1—9页。

在役使负担方面可能会有所减免。具体情况是,若僧人即便是壮年僧人与俗家亲人生活在一起,一般是由俗家亲人中的丁口来承担官府役使。如 P.3774《丑年(821)十二月沙州僧龙藏牒——为遗产分割纠纷》中第 57—59 行载:"右齐周不幸,父母早亡。比日以来,齐周与大哥同居共活,并无私己之心。今见齐周出家,大哥便生别居之意。"为什么齐周大哥在因齐周出家后而决定与齐周分家别居呢? 其原因就在于齐周出家后其身份为僧人,故官府役使就要由其兄来承担,而在此之前是由齐周负担"差税身役,直至于今"。而其兄"身役、知更、远使,并不曾料"。当然,僧人俗居为户,若其家再无其他丁口的话,该僧人亦要承担役负,如 S.528《三界寺僧智德状》记载智德被差"口承边界,镇守雍归"。若智德有兄弟,则不会亲自承担役使,因其与师僧和老父亲生活在一起,故只能由其来承担。故在这种情况下,僧人出家最多只能是僧人本人可能会在家中还有其他丁口的前提下得到免役,而对于整个世俗家庭而言,其役负并没有得到减轻,而这可能亦是归义军政权允许僧人居于俗家的原因之一。至于对那些没有请得土地或常住寺院的僧人来说,在"据地征税"的请田制度下,他们当然是免于纳税的,与土地相关的役使亦应当得到免除,至于有的杂差役则另当别论了。

虽然僧人的出家对于其世俗家庭基于土地的税役负担并没有减轻,但是拥有土地而与俗家亲属生活在一起的这些僧人对于俗家的意义则是积极的,因为出家不会影响到他们参加生产劳动,他们不但可以经营农业,而且还会通过经营商业、贷便等活动而获得经济收入,这无疑对世俗家庭是至关重要的。同时,无论是居于俗家还是常住寺院,亦不论有无土地,凡是出家僧尼均还可以不定期从僧团领得一份宗教收入——儭利,亦还可通过为他人做法事来赚取布施之物[①]。这是僧人相对于世俗人来说一个新的收入来源,因而僧人还会拥有一定的私有财产。同时,敦煌僧尼在离世时可以并不依照佛教经律的规定将自己的财产一定留给僧团,而是可以留给自己的俗家亲人,这无疑会给俗家亲属带来新的经济利益。

(二)掌控僧尼土地所有权的变更

如前所论,在吐蕃归义军时期敦煌土地私有化背景下,敦煌僧尼可以像世俗百姓一样占有土地,吐蕃和归义军政权亦将僧尼的土地纳入到普通

---

① 参郝春文《唐后期五代宋初敦煌僧尼的社会生活》,第 240—368 页。

百姓行列中,在承认甚至授予僧尼土地的同时,又对僧尼据地征税课役,从而加强了对僧尼私有土地经济的管理。但是,吐蕃和归义军政权对僧尼占有土地的管理,不仅体现在征税课役上,同时还体现在对僧尼土地所有权的变更进行处理上。如前引 P.2222B 中僧张智灯在请得对赵黑子绝户地的所有权时要经官府批准。又前引 P.3394 中僧张月光和吕智通在博换土地后还要"入官措案为定",即在官府进行备案登记,若后有人来说他才是张月光换给吕智通的土地的真正主人时,则要由张月光"觅上好地充替",并且亦要"入官措案"。又 P.2222V《唐咸通六年(865)正月张祗三请地状》载:

1　敦煌乡百姓张祗三等状。
2　　　　僧词荣等北富鲍壁渠上口地六十亩。
3　右祗三等,司空准敕矜判入乡管,未
4　请地水。其上件地主词荣口云,其地不辨(办)承料。
5　伏望
6　将军仁明监照,矜赐上件地,乞垂处分。
7　牒件状如前,谨牒。
8　　　　咸通六年正月日百姓张祗三谨状。①

该件文书说明,僧人的土地和其他世俗人的土地一样,在无力承担税役或无力耕种时,可以被别人请射而成为他人地产,但是必须经得世俗政权的同意,同时还要备案登记。

总之,吐蕃和归义军政权非常注重对僧尼地产的管理,由于僧尼私有经济是敦煌佛教经济的重要组成部分,故吐蕃和归义军政权对僧尼地产的管理亦是其对敦煌佛教经济管制的重要内容。

---

① 唐耕耦、陆宏基编:《敦煌社会经济文献真迹释录》第 2 辑,第 468 页。

结 论

吐蕃归义军时期敦煌佛教有其特殊的时代背景和地域特征,佛教经济的构成亦较为复杂,除了寺院经济、僧尼私有经济之外,还包括敦煌最高僧务管理机构——"都司"及其下设其他机构的经济、莫高窟等石窟寺的经济、敦煌兰若和佛堂的经济等。

都司是吐蕃在攻占敦煌以后为了维系自己对敦煌地区的统治而设置的僧务管理机构,都司拥有自己的独立经济,其收入来源有地产、油梁、碾硙和布施等。同时,都司下设机构如儭司、大众仓、行像司、灯司、公廨司等均掌管着相关财产,并设有相关负责人,但最高管理者仍为都僧统或都教授。

在吐蕃归义军时期,敦煌寺院经济总体上在向前发展,但由于不同寺院在主要收入来源如布施、利息、碾硙、油梁和地产等方面存在差距,故敦煌寺院经济的发展呈现出不平衡性,有的寺院经济实力较为雄厚,有的寺院经济力量薄弱甚至贫困潦倒。敦煌寺院在财产管理方面是甚为严密而成熟的,设置有不同的管理机构和管理人员,并采取不同的管理方式对寺院财产进行着管理。如在管理机构方面,除了设置佛物所(或称佛帐、佛帐所、佛物处)、常住处、仓司外,有的寺院有时还设置堂斋司、修造司、招提司、功德司、公廨司等机构。管理人员除了寺院纲管之外,还有老宿、典座、直岁,甚至普通僧众,寺院非常注重对管理人员进行监督及对其失职等不善行为进行处罚。在管理过程中,管理人员往往组织成"团"、"所由"等形式,并在寺院的财务交接文书中实行连署制度。至于管理方式具体有便、贷、算会和点检等。

敦煌石窟如莫高窟、榆林窟和西千佛洞等与其他寺院一样拥有自己的独立经济,如有自己的寺户或常住百姓,有自己的地产和布施等收入,有相关财务管理人员。同时,石窟经济还受到都司与世俗政权的干预。

虽然敦煌兰若和佛堂可以通过布施、借贷等方式获得土地、斛斗等经济收入,但从总体上来看,兰若和佛堂经济是较为萧条的,有的兰若和佛堂根本没有经济经营,其仅仅是供相关人员或组织从事各种活动的场所。

　　由于在僧团内部和世俗社会地位的不平等,敦煌僧尼在享有宗教收入和世俗收入的机会方面亦不平等,从而导致在僧团内部出现了上层僧尼与下层僧尼之间、僧众之间、尼众之间、僧众和尼众之间存在经济收入差距的现象,这种现象在僧众和尼众之间表现尤甚。同时,由于有的敦煌僧尼和自己的俗家亲属生活在一起,他们与俗家亲属之间有着密切的经济关系,生活上互为依存,故敦煌僧尼在离世时可以将自己的私有财产不遵照佛教经律的规定留给僧团而是留与俗家亲属。

　　吐蕃和归义军政权在支持敦煌佛教发展的同时,还注重通过对寺院财产的核算监督、向寺院征税课役、对寺院属民建立专门的户册甚至进行放免、控制寺院宅舍的来源等方式加强对寺院经济的管制。在僧尼私有经济方面,虽然吐蕃和归义军政权允许僧尼通过不同途径拥有地产,但又通过向僧尼据地征税课役和掌控僧尼土地所有权的变更等方式加强对僧尼地产的管理。

主要参考文献

一、古籍

[北魏]杨衒之著,周振甫译注《洛阳伽蓝记译注》,江苏教育出版社,2006年。

[北齐]魏收撰《魏书》,中华书局,1974年。

[梁]释慧皎撰,汤用彤校注《高僧传》,中华书局,1991年。

[梁]释宝唱著,王孺童校注《比丘尼传》,中华书局,2006年。

[唐]李百药撰《北齐书》,中华书局,1972年。

[唐]房玄龄等撰《晋书》,中华书局,1974年。

[唐]长孙无忌等撰,刘俊文点校《唐律疏议》,中华书局,1983年。

[唐]道宣撰《续高僧传》,《高僧传合集》本,上海古籍出版社,1991年。

[唐]李林甫等撰,陈仲夫点校《唐六典》,中华书局,1992年。

[唐]释义净著,王邦维校注《南海寄归内法传校注》,中华书局,1995年。

[后晋]刘昫等撰《旧唐书》,中华书局,1975年。

[宋]王溥撰《唐会要》,中华书局,1955年。

[宋]司马光编著,[元]胡三省音注《资治通鉴》,中华书局,1956年。

[宋]王钦若等编《册府元龟》,中华书局影印本,1960年。

[宋]窦仪等撰,吴翊如点校《宋刑统》,中华书局,1984年。

[宋]赞宁撰,范祥雍点校《宋高僧传》,中华书局,1987年。

[清]董诰等编《全唐文》,中华书局影印本,1983年。

中国社会科学院历史研究所宋辽金元史研究室点校《名公书判清明集》,中华书局,1987年。

[日]圆仁著,[日]小野胜年校注,白化文、李鼎霞、许德楠修订校注,周一良审阅《入唐求法巡礼行记校注》,花山文艺出版社,2007年。

二、敦煌吐鲁番文献

北京大学图书馆、上海古籍出版社编《北京大学图书馆藏敦煌文献》第1—2册,上海古籍出版社,1995年。

敦煌研究院编《敦煌莫高窟供养人题记》,文物出版社,1986年。

俄罗斯科学院东方研究所圣彼得堡分所、俄罗斯科学出版社东方文学部、上海古籍出版社编《俄藏敦煌文献》第1—17册,上海古籍出版社,1992—2001年。

上海古籍出版社、法国国家图书馆编《法国国家图书馆藏敦煌西域文献》第1—34册,上海古籍出版社,1995—2005年。

国家文物局古文献研究室、新疆维吾尔自治区博物馆、武汉大学历史系编《吐鲁番出土文书》(录文本)第1—10册,文物出版社,1981—1991年。

甘肃藏敦煌文献编委会、甘肃人民出版社、甘肃省文物局编《甘肃藏敦煌文献》第1—6卷,甘肃人民出版社,1999年。

黄永武主编《敦煌宝藏》第1—140册,新文丰出版公司,1982—1986年。

宁可、郝春文辑校《敦煌社邑文书辑校》,江苏古籍出版社,1997年。

任继愈主编,中国国家图书馆编《国家图书馆藏敦煌遗书》第1—146册,国家图书馆出版社,2005—2012年。

荣新江、李肖、孟宪实主编《新获吐鲁番出土文书》,中华书局,2008年。

沙知辑校《敦煌契约文书辑校》,江苏古籍出版社,1998年。

上海古籍出版社、上海博物馆编《上海博物馆藏敦煌吐鲁番文献》,上海古籍出版社,1993年。

上海古籍出版社、天津市艺术博物馆编《天津市艺术博物馆藏敦煌文献》第1—7册,上海古籍出版社,1996—1998年。

上海图书馆、上海古籍出版社编《上海图书馆藏敦煌吐鲁番文献》第1—4册,上海古籍出版社,1999年。

唐耕耦、陆洪基编《敦煌社会经济文献真迹释录》第1辑,书目文献出版社,1986年;第2—5辑,全国图书馆文献缩微复制中心,1990年。

王尧、陈践译注《敦煌吐蕃文献选》,四川民族出版社,1983年。

武田科学振兴财团、杏雨书屋编《敦煌秘笈》(影片册)第1—9册,武田科学振兴财团印行,2009—2013年。

赵和平辑校《敦煌表状笺启书仪辑校》,江苏古籍出版社,1997年。

浙藏敦煌文献编委会编《浙藏敦煌文献》,浙江教育出版社,2000年。

郑炳林《敦煌地理文书汇辑校注》,甘肃教育出版社,1989年。

郑炳林《敦煌碑铭赞辑释》,甘肃教育出版社,1992年。

中国社会科学院历史研究所、中国敦煌吐鲁番学会敦煌古文献编辑委员会、英国国家图书馆、伦敦大学亚非学院合编《英藏敦煌文献(汉文佛经以外部分)》第1—14卷,四川人民出版社,1990—1995年。

[英]F. W. 托马斯编著,刘忠、杨铭译注《敦煌西域古藏文社会历史文献》,民族出版社,2003年。

[日]池田温《中国古代写本识语集录》,东京大学东洋文化研究所,1990年。

三、专著与文集

巴俄·祖拉陈瓦《贤者喜宴》,民族出版社,1986年。

陈国灿《斯坦因所获吐鲁番文书研究》,武汉大学出版社,1995年。

陈国灿《唐代的经济社会》,文津出版社,1999年。

陈国灿《敦煌学史事新证》,甘肃教育出版社,2002年。

陈大为《唐后期五代宋初敦煌僧寺研究》,上海古籍出版社,2014年。

范文澜《唐代佛教》,人民出版社,1979年。

方广锠《中国写本大藏经研究》,上海古籍出版社,2006年。

冯培红《敦煌的归义军时代》,甘肃教育出版社,2013年。

郭道扬《中国会计史稿》,中国财政经济出版社,1982年。

韩国磐主编《敦煌吐鲁番出土经济文书研究》,厦门大学出版社,1986年。

郝春文《唐后期五代宋初敦煌僧尼的社会生活》,中国社会科学出版社,1996年。

何兹全主编《五十年来汉唐佛教寺院经济研究》,北京师范大学出版社,1986年。

胡戟、傅玫《敦煌史话》,中华书局,1995年。

黄敏枝《宋代佛教社会经济史论集》,台湾学生书局,1989年。

姜伯勤《唐五代敦煌寺户制度》,中华书局,1987年。

姜伯勤《敦煌社会文书导论》,新文丰出版公司,1992年。
姜伯勤《敦煌艺术宗教与礼乐文明》,中国社会科学出版社,1996年。
雷绍锋《归义军赋役制度初探》,洪业文化事业有限公司,2000年。
李德龙《敦煌文献与佛教研究》,中央民族大学出版社,2010年。
李正宇《敦煌学导论》,甘肃人民出版社,2008年。
梁启超《佛学研究十八篇》,中华书局,1989年。
刘进宝《唐宋之际归义军经济史研究》,中国社会科学出版社,2007年。
陆离《吐蕃统治河陇西域时期制度研究》,民族出版社,2011年。
陆离《敦煌的吐蕃时代》,甘肃教育出版社,2013年。
罗彤华《唐代民间借贷之研究》,台湾商务印书馆,2005年。
明成满《唐后期五代宋初敦煌寺院财产管理研究》,兰台出版社,2011年。
乜小红《中国中古契券关系研究》,中华书局,2013年。
任继愈主编《中国佛教史》(第一卷),中国社会科学出版社,1981年。
荣新江《海外敦煌吐鲁番文献知见录》,江西人民出版社,1996年。
荣新江《归义军史研究——唐宋时代敦煌历史考索》,上海古籍出版社,1996年。
石小英《八至十世纪敦煌尼僧研究》,人民出版社,2013年。
唐长孺主编《敦煌吐鲁番文书初探》,武汉大学出版社,1983年。
唐耕耦《敦煌寺院会计文书研究》,新文丰出版公司,1997年。
汤用彤《汉魏两晋南北朝佛教史》,上海书店,1991年。
王尧编著《吐蕃金石录》,文物出版社,1982年。
王尧、陈践编著《敦煌吐蕃文书论文集》,四川民族出版社,1988年。
王尧、陈践译注《敦煌古藏文文献探索集》,上海古籍出版社,2008年。
吴永猛《中国佛教经济发展之研究》,文津出版社,1976年。
谢稚柳《敦煌艺术叙录》,上海古籍出版社,1996年。
谢重光《汉唐佛教社会史论》,国际文化事业有限公司,1990年。
谢重光、白文固《中国僧官制度史》,青海人民出版社,1990年。
严耕望《魏晋南北朝佛教地理稿》,上海古籍出版社,2007年。
杨际平、郭锋、张和平《五—十世纪敦煌的家庭与家族关系》,岳麓书社,1997年。
杨秀清《敦煌西汉金山国史》,甘肃人民出版社,1999年。

杨铭《吐蕃统治敦煌研究》,新文丰出版公司,1997年。
杨铭《吐蕃统治敦煌与吐蕃文书研究》,中国藏学出版社,2008年。
游彪《宋代寺院经济史稿》,河北大学出版社,2003年。
湛如《敦煌佛教律仪制度研究》,中华书局,2003年。
张曼涛主编《佛教经济研究论文集》,大乘文化出版社,1977年。
张弓《汉唐佛寺文化史》(上、下),中国社会科学出版社,1997年。
郑炳林主编《敦煌归义军史专题研究》,兰州大学出版社,1997年。
周一良《魏晋南北朝史札记》,中华书局,1985年。
[俄]丘古耶夫斯基著,王克孝译《敦煌汉文文书》,上海古籍出版社,2000年。
[法]戴密微著,耿昇译《吐蕃僧诤记》,中国藏学出版社,2013年。
[法]童丕著,余欣、陈建伟译《敦煌的借贷——中国中古时代的物质生活与社会》,中华书局,2003年。
[法]谢和耐著,耿昇译《中国五—十世纪的寺院经济》,甘肃人民出版社,1987年。
[日]周藤吉之等著,姜镇庆、那向芹译《敦煌学译文集——敦煌吐鲁番出土社会经济文书研究》,甘肃人民出版社,1985年。
[日]池田温编《讲座敦煌·3·敦煌の社会》,大东出版社,1980年。
[日]池田温编《讲座敦煌·5·敦煌汉文文献》,大东出版社,1992年。
[日]池田温著,龚泽铣译《中国古代籍帐研究》,中华书局,2007年。
[日]道端良秀《唐代佛教史の研究》,法藏馆,1957年。
[日]道端良秀《中国佛教社会经济史の研究》,平乐寺书店,1983年。
[日]竺沙雅章《中国佛教社会史研究(增订版)》,朋友书店,2002年。
[日]诸户立雄《中国佛教制度史の研究》,平河出版社,1990年。

四、论文

白文固《唐代僧尼道士受田问题辨析》,《甘肃社会科学》1982年第3期。
白文固《唐代僧籍管理制度》,《普门学报》第15期,2003年。
才让《敦煌藏文文献P.T.849号〈印度高僧德瓦布扎事略〉研究》,载增勤主编《首届长安佛教国际学术研讨会论文集》第二卷,陕西师范大学出版总社有限公司,2010年。

陈国灿《唐代的民间借贷——吐鲁番敦煌等地所出唐代借贷契券初探》，载唐长孺主编《敦煌吐鲁番文书初探》，武汉大学出版社，1983年。

陈大为《归义军时期敦煌净土寺与都司及诸寺的经济交往》，《敦煌学辑刊》2004年第1期。

陈大为《唐后期五代宋初敦煌僧寺/僧与尼寺/尼贫富状况的比较》，《中国社会经济史研究》2009年第4期。

公维章、文澜《敦煌寺院中的会计——直岁》，《敦煌学辑刊》1997年第2期。

高启安《敦煌的"团"组织》，《中国藏学》2012年第2期。

郭永利《晚唐五代敦煌佛教寺院的纳赠》，《敦煌学辑刊》2005年第4期。

郝春文《唐后期五代宋初敦煌寺院中的博士》，《中国经济史研究》1993年第2期。

郝春文《唐后期五代宋初沙州僧尼的宗教收入（一）——兼论儭司》，载《庆祝潘石禅先生九秩华诞敦煌学特刊》，文津出版社，1996年。

郝春文《唐后期五代宋初沙州僧尼的宗教收入（二）——儭状初探》，载敦煌研究院编《段文杰敦煌研究五十年纪念文集》，世界图书出版公司，1996年。

郝春文《唐后期五代宋初沙州僧尼的宗教收入（三）——大众仓试探》，《敦煌学辑刊》1996年第2期。

郝春文《唐后期五代宋初沙州僧尼的宗教收入（四）——为他人举行法事活动之所得》，《敦煌学辑刊》1997年第1期。

郝春文《归义军政权与敦煌佛教之关系新探》，载《周绍良先生欣开九秩庆寿文集》，中华书局，1997年。

郝春文《关于唐后期五代宋初沙州僧俗的施舍问题》，《唐研究》第3卷，北京大学出版社，1997年。

郝春文《唐后期五代宋初敦煌僧人与寺院常住斛斗的关系（上、下）》，《首都师范大学学报（社会科学版）》1998年第3、4期。

郝春文《唐后期五代宋初敦煌寺院常住什物的数量及与僧人的关系》，《敦煌研究》1998年第2期。

郝春文《唐后期五代宋初敦煌僧人的税役负担》，《敦煌学辑刊》1998年第2期。

郝春文《唐后期五代宋初敦煌僧尼遗产的处理与丧事的操办》,《敦煌研究》1998 年第 3 期。

郝春文《唐后期五代宋初敦煌僧尼的生活方式》,载杨曾文、方广锠主编《佛教与历史文化》,宗教文化出版社,2001 年。又载胡素馨主编《佛教物质文化:寺院财富与世俗供养国际学术研讨会论文集》,上海书画出版社,2003 年。

郝春文《〈勘寻永安寺法律愿庆与老宿绍建相诤根由状〉及相关问题考》,戒幢佛学研究所编《戒幢佛学》第 2 卷,岳麓书社,2002 年。

黄敏枝《南北朝寺院经济的形成与发展》,载张曼涛主编《佛教经济研究论文集》,大乘文化出版社,1977 年。

何兹全《中古时代之中国佛教寺院》,《中国经济》第 2 卷第 9 期,1934 年。

何兹全《中古大族寺院领户研究》,《食货》第 3 卷第 4 期,1936 年。

何兹全《佛教经律关于寺院财产的规定》,《中国史研究》1982 年第 1 期。

姜伯勤《敦煌寺院文书中"梁户"的性质》,《中国史研究》1980 年第 3 期。

姜伯勤《唐西州寺院家人奴婢的放良》,载《中国古代史论丛》第 3 辑,福建人民出版社,1982 年。

姜伯勤《敦煌寺院碾硙经营的两种形式》,《历史论丛》1983 年第 3 辑。

姜伯勤《突地考》,《敦煌学辑刊》1984 年第 1 期。

姜伯勤《论敦煌"守庄农作"型外庄与"合种"制经营》,《敦煌研究》2006 年第 6 期。

金滢坤《吐蕃统治敦煌的社会基层组织》,《中国边疆史地研究》1998 年第 4 期。

金滢坤《吐蕃统治敦煌的户籍制度初探》,《中国经济史研究》2003 年第 1 期。

金滢坤《敦煌社会经济文献缀合拾遗》,《敦煌研究》2006 年第 2 期。

金滢坤《敦煌社会经济文书定年拾遗》,《首都师范大学学报(社会科学版)》2006 年第 1 期。

冷鹏飞《唐末沙州归义军张氏时期有关百姓受田和赋税的几个问题》,《敦煌学辑刊》1984 年第 1 期。

雷学华《唐代敦煌的寺院经济》,《中南民族学院学报》1989 年第 1 期。

李正宇《敦煌地区古代祠庙寺观简志》,《敦煌学辑刊》1988 年第 1、2 期合刊。

李德龙《敦煌遗书所反映的寺院僧尼财产世俗化》,《山西大学学报(哲学社会科学版)》1995年第2期。

刘安志《敦煌吐鲁番文书所见唐代"都司"考》,《魏晋南北朝隋唐史资料》第20辑,2003年。

刘红运《敦煌文书中所见的"庄"、"田庄"、"庄田"、"庄园"非封建庄园说》,《敦煌学辑刊》2000年第2期。

刘进宝《归义军土地制度初探》,《敦煌研究》1997年第2期。

刘进宝《归义军政权初期的人口调查和土地调整》,《敦煌研究》2004年第2期。

陆离《唐五代敦煌寺户制度源流辨析》,载季羡林等主编《敦煌吐鲁番研究》第6卷,北京大学出版社,2002年。

陆离《吐蕃僧官制度试探》,《华林》第3卷,中华书局,2003年。

陆离《吐蕃统治时期敦煌僧官的几个问题》,《敦煌研究》2005年第3期。

罗彤华《归义军时期敦煌寺院的迎送支出》,《汉学研究》2003年第1期。

罗彤华《从便物历论敦煌寺院的放贷》,载郝春文主编《敦煌文献论集——纪念敦煌藏经洞发现一百周年国际学术研讨会论文集》,辽宁人民出版社,2001年。

马德《莫高窟与敦煌佛教教团》,载季羡林等主编《敦煌吐鲁番研究》第1卷,北京大学出版社,1996年。

马德《10世纪敦煌寺历所记三窟活动》,《敦煌研究》1998年第2期。

马德《浙藏敦煌文献〈子年金光明寺破历〉考略》,《敦煌研究》2001年第3期。

明成满《归义军时期敦煌寺院的"厨田"》,《中国农史》2009年第2期。

明成满《从敦煌文书看唐五代时期寺院的财产管理方式》,《宁夏社会科学》2010年第6期。

明成满《唐五代敦煌普通僧尼参与教团管理研究》,《南京师大学报(社会科学版)》2012年第3期。

乜小红《中国古代佛寺的借贷与"便物历"》,《中国史研究》2011年第3期。

宁可、郝春文《敦煌社邑的丧葬互助》,《首都师范大学学报》1995年第6期。

荣新江《九、十世纪归义军时代的敦煌佛教》,载葛兆光主编《清华汉学研究》第 1 辑,清华大学出版社,1994 年。

苏金花《试论晚唐五代敦煌僧侣免赋特权的进一步丧失——兼论归义军政权的赋税制度》,《敦煌研究》2000 年第 3 期。

苏金花《唐后期五代宋初敦煌僧人私有地产的经营》,《中国经济史研究》2000 年第 4 期。

苏金花《唐后期五代宋初敦煌僧人的社会经济生活》,《中国经济史研究》2003 年第 2 期。

苏金花《唐五代敦煌寺院土地占有制形式》,《中国社会经济史研究》2004 年第 3 期。

唐长孺《唐肃代期间的伊西北庭节度使及留后》,《中国史研究》1980 年第 3 期。

唐刚卯《唐代请田制度初探》,《敦煌学辑刊》1985 年第 2 期。

唐耕耦《唐五代时期的高利贷——敦煌吐鲁番出土借贷文书初探》,《敦煌学辑刊》1985 年第 2 期、1986 年第 1 期。

唐耕耦《关于敦煌寺院水硙研究中的几个问题》,《文献》1988 年第 1 期。

唐耕耦《敦煌写本便物历初探》,北京大学中国中古史研究中心编《敦煌吐鲁番文献研究论集》第 5 辑,北京大学出版社,1990 年。

唐耕耦《敦煌寺院会计文书》,《北京图书馆馆刊》1996 年第 1 期。

唐耕耦《四柱式诸色入破历算会牒的解剖》,载《周绍良先生欣开九秩庆寿文集》,中华书局,1997 年。

陶希圣《唐代寺院经济概说》,《食货》第 5 卷第 4 期,1937 年。

田德新《敦煌寺院中的"都头"》,《敦煌学辑刊》1996 年第 2 期。

田德新《敦煌寺院中的都师》,《敦煌学辑刊》1997 年第 2 期。

王尧《敦煌吐蕃文书 P.T.1297 号再释——兼谈敦煌地区佛教寺院在缓和社会矛盾中的作用》,《中国藏学》1998 年第 1 期。

王祥伟《归义军时期敦煌寺院的吊孝活动》,《敦煌学辑刊》2006 年第 2 期。

王祥伟《吐蕃归义军时期敦煌寺院的人事活动》,《敦煌学辑刊》2007 年第 4 期。

王祥伟《日本杏雨书屋藏四件敦煌寺院经济活动文书研读札记》,《中国社会经济史研究》2011 年第 3 期。

吴永猛《佛教经济研究的回顾》,《华冈佛学学报》第 4 期,1980 年。
吴廷璆、郑彭年《佛教海上传入中国之研究》,《历史研究》1995 年第 2 期。
谢重光《略论唐代寺院僧尼免赋特权的逐步丧失》,《中国社会经济史研究》1983 年第 1 期。
谢重光《关于唐后期五代间沙州寺院经济的几个问题》,载韩国磐主编《敦煌吐鲁番出土经济文书研究》,厦门大学出版社,1986 年。
谢重光《魏晋隋唐佛教特权的盛衰》,《历史研究》1987 年第 6 期。
谢重光《晋唐寺院的商业和借贷业》,《中国经济史研究》1989 年第 1 期。
谢重光《吐蕃占领期与归义军时期的敦煌僧官制度》,《敦煌研究》1991 年第 3 期。
杨际平《吐蕃时期敦煌计口授田考——兼及其时的税制和户口制度》,《甘肃社会科学》1983 年第 2 期。
杨际平《吐蕃时期沙州社会经济研究》,载韩国磐主编《敦煌吐鲁番出土经济文书研究》,厦门大学出版社,1986 年。
杨际平《唐末宋初敦煌土地制度初探》,《敦煌学辑刊》1988 年第 1、2 期合刊。
杨际平《唐代西州青苗簿与租佃制下的地税》,《新疆社会科学》1989 年第 1 期。
杨发鹏《论晚唐五代敦煌地区佛教在全国佛教中的地位——以僧尼人口为中心》,《敦煌研究》2011 年第 1 期。
杨森《敦煌唐宋时期的"助供"》,《敦煌研究》1998 年第 4 期。
姚崇新《试论高昌国的佛教与佛教教团》,载季羡林等主编《敦煌吐鲁番研究》第 4 卷,北京大学出版社,1999 年。
姚崇新《在宗教与世俗之间:从新出吐鲁番文书看高昌国僧尼的社会角色》,《西域研究》2008 年第 1 期。
袁德领《法心与莫高窟第 119 窟》,《敦煌研究》1998 年第 4 期。
袁德领《归义军时期莫高窟与敦煌寺院的关系》,《敦煌研究》2000 年第 3 期。
张德钧《"招提"解》,《现代佛学》第 1 卷第 10 期,1951 年 6 月。
张弓《唐五代敦煌寺院的牧羊人》,《兰州学刊》1984 年第 2 期。
张弓《唐代的寺庄》,《中国社会经济史研究》1989 年第 4 期。

张弓《唐五代的僧侣地主及僧尼私财的传承方式》,《魏晋南北朝隋唐史资料》第 11 期,1991 年。

张久献、段小强《晚唐五代敦煌寺院与中原田庄比较研究》,《西北民族研究》2005 年第 2 期。

赵青山《唐末宋初僧职判官考——以敦煌文献为中心》,《敦煌学辑刊》2013 年第 1 期。

郑炳林《晚唐五代敦煌贸易市场的物价》,《敦煌研究》1997 年第 3 期。

郑炳林、邢艳红《晚唐五代宋初敦煌文书所见都师考》,《西北民族学院学报(哲学社会科学版)》1999 年第 3 期。

郑炳林《晚唐五代归义军政权与佛教教团关系研究》,《敦煌学辑刊》2005 年第 1 期。

郑显文《日本〈令集解·僧尼令〉与唐代宗教法比较研究》,《政法评论》2001 年卷,中国政法大学出版社,2001 年。

郑显文《唐代〈道僧格〉研究》,《历史研究》2004 年第 4 期。

周奇《唐代国家对僧尼的管理——以僧尼籍帐与人口控制为中心》,《中国社会经济史研究》2008 年第 3 期。

[日]堀敏一著,张宇译《中唐以后敦煌地区的税制》,《敦煌研究》2000 年第 3 期。

[日]北原熏《晚唐五代の敦煌寺院经济——收支决算报告を中心に》,载池田温编《讲座敦煌·3·敦煌の社会》,大东出版社,1980 年。

[日]那波利贞《梁户考》,《支那佛教史学》第 2 卷第 1、2、4 号,1938 年。

[日]那波利贞《中晚唐时代に于ける敦煌地方佛教寺院碾硙经营に就まて(上、中)》,《东亚经济论丛》第 1 卷第 3、4 号,1941 年。

[日]那波利贞《中晚唐时代に于ける敦煌地方佛教寺院碾硙经营に就まて(下)》,《东亚经济论丛》第 2 卷第 2 号,1942 年。

[日]三岛一《唐代寺库の机能の一二について》,载《池内博士还历记念东洋史论丛》,座右宝刊行会,1940 年。

[日]三岛一《唐代寺院の常住僧物利用に就いての一知见》,载《和田博士古稀记念东洋史论丛》,讲谈社,1961 年。

[日]三岛一《敦煌文书より见た唐代寺院财政史の一知见》,二松学舍大学《东洋学研究所集刊》,1970 年。

［日］藤枝晃《敦煌の僧尼籍》,《东方学报》(京都)第 29 册,1959 年。

［日］藤枝晃《吐蕃支配期の敦煌》,《东方学报》第 31 册,1961 年。

［日］土肥义和《莫高窟千佛洞と大寺と兰若と》,载池田温编《讲座敦煌·3·敦煌の社会》,大东出版社,1980 年。

［日］塚本善隆著,周乾溁译《北魏之僧祇户与佛图户》,《食货》第 5 卷第 12 期,1937 年。

［日］竺沙雅章《敦煌の寺户について》,《史林》第 44 卷第 5 期,1961 年。

［日］竺沙雅章《敦煌の僧官制度》,《东方学报》第 31 册,1961 年。

［日］竺沙雅章《敦煌吐蕃期の僧官制度——とくに教授について》,载《布目潮渢博士古稀记念论集·东アジアの法と社会》,汲古书院,1990 年。